本书为江苏省社会科学基金课题
"新时代工匠精神与大学生职业文化融通机制研究（19JYB016）"的阶段性成果。

U06533211

大学生心理素质训练教程

DAXUESHENG XINLI SUZHI XUNLIAN JIAOCHENG

（第二版）

主　编　顾晓虎　高远

副主编　刘翠英

2025年
修订

南京大学出版社

图书在版编目(CIP)数据

大学生心理素质训练教程 / 顾晓虎,高远主编. —
2版. —南京:南京大学出版社,2019.11(2025.8重印)
ISBN 978 - 7 - 305 - 22611 - 3

Ⅰ. ①大… Ⅱ. ①顾… ②高… Ⅲ. ①大学生—心理
素质—素质教育—高等学校—教材 Ⅳ. ①G444

中国版本图书馆 CIP 数据核字(2019)第 174571 号

出版发行　南京大学出版社
社　　址　南京市汉口路 22 号　　　邮　编　210093
书　　名　**大学生心理素质训练教程(第二版)**
　　　　　DAXUESHENG XINLI SUZHI XUNLIAN JIAOCHENG (DIERBAN)
主　　编　顾晓虎　高　远
副 主 编　刘翠英
责任编辑　王日俊
照　　排　南京开卷文化传媒有限公司
印　　刷　盐城市华光印刷厂
开　　本　787 mm×1092 mm　1/16　印张 17.5　字数 482 千
版　　次　2019 年 11 月第 2 版　2025 年 8 月修订第 11 次印刷
ISBN　978 - 7 - 305 - 22611 - 3
定　　价　46.00 元

网　　址:http://www.njupco.com
官方微博:http://weibo.com/njupco
微信服务号:njuyuexue
销售咨询热线:(025)83594756

第二版（修订）前言

党的二十大报告明确提出"推进健康中国建设，重视心理健康和精神卫生"，将心理健康工作纳入国家战略布局，强调"培育自尊自信、理性平和、积极向上的社会心态"，为新时代心理健康教育工作指明了方向。2021年发布的《教育部办公厅关于加强学生心理健康管理工作的通知》明确指出："加强心理健康课程建设。发挥课堂教学主渠道作用，帮助学生掌握心理健康知识和技能，树立自助互助求助意识，学会理性面对挫折和困难"。健康的心理是一个人全面发展必须具备的条件和基础，每个人都是自己健康的第一责任人，大学生也越发重视自身的心理健康。越来越多的学生积极主动参加学校开展的各类心理健康教育活动，愿意主动求助，有更多的成长需求，对课堂知识的渴求、期待与心理技能提升的要求也逐年提高。

在落实立德树人根本任务与国家心理健康战略双重驱动下，如何更好引导学生客观正确地认识、分析自我，获得直观、直接的自我提升的方法、技巧、技能，已成为高校心理健康教育的核心课题。本教材延续了团体辅导为主要教学形式的思想，将理论与实践训练融合，使学生在接受理论知识同时受到专业的实践训练，学生心理素质水平得到全面提高，优化心理资本。本次教材修订立足三大维度系统革新：

其一，政策导向层面，严格对标党的二十大"培育时代新人"要求及《全面加强和改进新时代学生心理健康工作专项行动计划》，将"培养什么样的人"的价值引领融入教材体系，构建心理健康与思想政治教育协同育人机制。

其二，青年需求层面，针对"Z世代"大学生心理特征，动态更新"心理韧性""成长型思维"等前沿理论，遴选"饭圈文化""就业焦虑"等热点案例，配套《被讨厌的勇气》等经典读物及影视资源，打造"理论—案例—延伸"三维学习生态。

其三，实践创新层面，系统优化教学体系与资源，每个专题配套"无领导小组讨论""团队冲突调解"等职场情境模拟方案，新增《"和谐班级你我共创"团体辅导方案》，并构建立体化资源体系，整合心理测评量表、成长反思与实训指导方案，打造"教材载体—工具矩阵—实践链路"三位一体教育生态。

本次修订深度践行OBE（成果导向教育）理念，构建"目标—能力—评价"三位一体育人闭环。2025年春季学期增补的《亲密关系提升》专题,基于"培养大学生健康人际关系建构能力"的核心成果反向设计,通过"情感沟通技巧""冲突解决策略""边界管理与自我关怀"等模块,精准对接"Z世代"青年婚恋观转型期的心理需求;教材资源库同步嵌入"人际亲密能力问卷",从主动表露、负向决断、情感支持等维度量化能力水平,形成"需求诊断—技能训练—效果追踪"的OBE实施闭环。作为OBE理念的创新实践,将"培养担当民族复兴大任的时代新人"总目标分解为"心理韧性提升""社会情感学习""生命价值认同"等可测度子成果,通过"年度需求调研—学期效果评估—动态内容迭代"机制确保与国家战略同频共振。

本教材使用十余年,覆盖学生超5万人次,深度融合"大思政课"理念,实现了"心理健康教育与课程思政深度耦合""西方心理学理论与中国文化语境创造性转化""个体成长需求与国家战略有机统一"三大突破。学生反馈突出"案例共鸣感强""训练可操作""资源易获取"三大特点,同步建立持续优化机制,形成"教学反馈—内容迭代"闭环。

我们深知,新时代心理健康教育仍面临诸多挑战,期待使用者通过教学实践持续丰富本体系,共同推进心理健康教育中国化、时代化发展征程。此次修订得到扬州大学等高校的专家指导,吸纳一线心理教师实践智慧,在此致以诚挚的感谢。教材虽经反复打磨,仍难免疏漏,恳请广大师生、同行不吝赐教,共筑心理健康教育的"中国方案"。同时,在此次修订过程中,我们借鉴了大量国内外的相关论著和文章等,在此谨向原作者一并表示诚挚的感谢!

编 者

2025年6月

目　录

幸福人生　从"心"起航

——大学生心理素质训练概述

认知重启：这不是一堂课，而是一场青春远征

"学心理＝我有病？""幸福课＝鸡汤洗脑？"

——撕掉这些标签！真正的心理素质训练，可以让你获得三大强身装备：

● 修心铠甲——在焦虑时代守护心灵绿洲

● 破壁引擎——把困境转化为创新燃料

● 星图导航——将个人轨迹嵌入民族复兴星河

　　进入21世纪后，随着社会的发展，竞争日趋激烈，生活节奏加快，人们感受到更多的压力，大学生也不例外。其实心理学家荣格早就提醒人们，要防止远比自然灾害更危险的人类心理疾病的蔓延。事实上，我们越来越强烈地感受到，心理健康已经成为影响大学生成长、成才的重要因素，心理素质训练已经成为高校不容忽视的教育内容。

　　大学生作为中国社会中文化层次较高的群体，一向被认为是最活跃、最健康的群体之一，具有生命力强、思想活跃、对于事物敏感的特点，但其生理、心理、人际交往等方面正处在迅速变化的过程中，正处于一个从不成熟向成熟、从未成年人向成人过渡的时期，呈现出过渡性的特点，比如社会阅历浅，生活经验不足，独立性不强，无父母常在身边，容易受外界思潮的冲击，产生心理困惑、冲突矛盾，所以是心理状态极不稳定的一个群体，尤其遇到负性生活事件时，更容易引发各种心理问题。有计划、有目的地对大学生实施心理素质训练，不仅可以解决或矫治学生的心理问题或心理疾病，帮助他们更好地适应环境，更为重要的是，心理素质训练还可以促进学生身心健康，形成健全人格，充分发挥潜能，渐渐自我实现。

心理健康终生受益

　　在经历了两千多年对人类心理活动的探索之后，人们终于接受了这一描述——心理是人脑对于客观现实的能动反映。首先，心理是脑的机能。人脑是结构极为复杂、机能极为敏感的物质。当人脑由于外伤或疾病而遭到破坏时,人的心理就会部分或全部失调。其次,心理是客观现实的能动反映。客观现实是人的心理活动的源泉,人的所有心理活动无一不是外界现实的反映,离开了客观现实,心理则成为无源之水、无本之木,也就是说,如果一个人不接触客观现实,那么他的心理无从产生和发展。最后,人脑对于客观现实的反映不是简单的"镜像",而是人在社会生活实践中积极能动的映像。同样的事物,不同的人有不同的反映,同一人在不同的情境中反应也往往相异。

判断一个人心理是否正常,则从下述三点考虑。一是心理活动与外部环境是否具有统一性,即观察一个人的心理活动和行为,能否正确地反映外部世界,与环境保持和谐统一;二是心理过程是否具有完整性和协调性;三是个性心理是否具有相对稳定性。

自有人类以来,人们便不断祈求着健康。然而,什么是健康?这一问题并不是所有人都能正确回答的。长期以来,人们习惯把健康理解为身体不生病或不衰弱,也就是"无病即健康"的观念。这种认识虽有一定的道理,但不完全正确,在不同历史时期、不同的社会文化条件下,人们的理解不尽相同,因此,首先要准确地把握健康的内涵。

大学生心理健康测试[①]

以下 40 道题,如果感到"常常是",画"√";如果感到"偶尔是",画"△";如果感到"完全不是",画"×"。

( )1. 平时不知为什么总觉得心慌意乱,坐立不安。

( )2. 上床后怎么也睡不着,即使睡着也容易惊醒。

( )3. 经常做噩梦,惊恐不安,早晨醒来就感到倦怠无力、焦虑烦躁。

( )4. 经常早醒 1~2 小时,醒后很难再入睡。

( )5. 学习的压力常使自己感到非常烦躁,讨厌学习。

( )6. 读书、看报甚至在课堂上也不能专心一致,往往自己也搞不清在想什么。

( )7. 遇到不称心的事情便长时间地沉默少言。

( )8. 感到很多事情不称心。

( )9. 哪怕是一件小事情,也总是放不开,整日思索。

( )10. 感到现实生活中没有什么事情能引起自己的乐趣,郁郁寡欢。

( )11. 老师讲概念,常常听不懂,有时懂得快忘得也快。

( )12. 遇到问题常常举棋不定,迟疑再三。

( )13. 经常与人争吵发火,过后又后悔不已。

( )14. 经常追悔自己做过的事,有负疚感。

( )15. 一遇到考试,即使有准备也紧张焦虑。

( )16. 一遇挫折,便心灰意冷,丧失信心。

( )17. 非常害怕失败,行动前总是提心吊胆,畏首畏尾。

( )18. 感情脆弱,稍不顺心,就暗自流泪。

( )19. 自己瞧不起自己,觉得别人总在嘲笑自己。

① 蔡培培.大学生心理健康教育[M].成都:电子科技大学出版社,2011:8~9.

（　）20. 喜欢跟比自己年幼或能力不如自己的人一起玩或比赛。

（　）21. 感到没有人理解自己，烦闷时别人很难使自己高兴。

（　）22. 发现别人在窃窃私语，便怀疑是在背后议论自己。

（　）23. 对别人取得的成绩和荣誉常常表示怀疑，甚至嫉妒。

（　）24. 缺乏安全感，总觉得别人要加害自己。

（　）25. 参加春游等集体活动时，总有孤独感。

（　）26. 害怕见陌生人，人多时说话就脸红。

（　）27. 在黑夜行走或独自在家时有恐惧感。

（　）28. 一旦离开父母，心里就不踏实。

（　）29. 经常怀疑自己接触的东西不干净，反复洗手或换衣服，对清洁极端注意。

（　）30. 担心门没锁好和可能着火，反复检查，经常躺在床上又起来确认，或刚一出门又返回检查。

（　）31. 站在经常有人自杀的场所，例如，悬崖边、大厦顶、阳台上，有摇摇晃晃要跳下去的感觉。

（　）32. 对他人的疾病非常敏感，经常打听，生怕自己也身患同病。

（　）33. 对特定的事物、交通工具、尖状物及白色墙壁等稍微奇怪的东西有恐惧倾向。

（　）34. 经常怀疑自己发育不良。

（　）35. 一旦与异性交往就脸红心慌或想入非非。

（　）36. 对某个异性伙伴的每一个细微行为都很注意。

（　）37. 怀疑自己患了癌症等不治之症，反复看医生或去医院检查。

（　）38. 经常无端头痛，并依赖止痛或镇静药。

（　）39. 经常有离家出走或脱离集体的想法。

（　）40. 感到内心痛苦无法解脱，只能自伤或自杀。

【评分与结果解释】

统计一下，你一共选择"√"_____ 个，"△"_____ 个，"×"_____ 个。

计算一下，"√"得 2 分，"△"得 1 分，"×"得 0 分，你的总分是 _____。

0～8 分，表明你的心理非常健康，请你放心。

9～16 分，表明你的心理大致还属于健康的范围，但应有所注意，也可以找老师或同学聊聊。

17～30 分，表明你的心理有了一些障碍，应采取适当的方法进行调适，或找心理辅导老师帮帮你。

31～40 分，表明你有可能患了某些心理疾病，应找专门的心理医生进行检查治疗。

41 分以上，表明你有了较严重的心理障碍，应及时找专门的心理医生治疗。

一、健康和心理健康

健康是一个历史的、发展的概念，社会生产水平不同，人们对于健康的认识和理解也呈现为不同的形态。健康的内涵从早期的整体生命健康观到近代的片面生理健康观，进入现代又回到了整体生命的健康观,在经过了这样一个否定之否定的辩证过程后,现代人对于健康的认识与理解无论是在广度上还是在深度上,都有了质的变化:健康不再是"非病理"的生理状态,也不再局限于个体的身心。它直接关涉人们生活的幸福感,是人类孜孜以求的一种"美好人生"和"幸福生活"。

(一)现代健康理念的内涵

具体来看,现代健康理念有以下几个特征[①]:

1. 全面健康

这是现代健康理念中最重要、最突出的特征。早在 20 世纪 40 年代,世界卫生组织就在其成立宪章中指出,健康是一种涉及个人身体的、心理的和社会适应的健全状态,强调健康不仅是躯体状况的反映,它还必须同时包含心理活动的正常和社会适应的完满,是这三个方面的综合体现,这一概念被广为采用。在 1989 年,世界卫生组织在对健康定义的重新阐述中增加了道德健康的内容。由此,健康的内涵扩展为生理、心理、社会、道德四个方面。

生理健康,是指人体各个器官系统发育良好,功能正常,体质健壮,精力充沛,能保持良好的工作和生活状态,它是其他健康层次的基础。心理健康以生理健康为基础并高于生理健康,是生理健康的发展。社会适应健康,是指每个人在不同时间、不同岗位上对各种社会角色均有良好的适应能力,能胜任各种社会和生活角色,包括职业角色、家庭角色以及婚姻、家庭、工作、学习、娱乐中的角色转换与人际关系等。道德健康以生理健康、心理健康为基础,并高于生理健康和心理健康,是生理健康和心理健康的发展。道德健康是人类健康中最根本、最重要的标志,世界卫生组织强调健康并不是一个纯"个人性"的范畴,也就是说,健康不仅在于个体要有健康的身体、心理,能够适应社会,而且还应该包含个体对社会的责任,即它还应该包含个体对健康的社会环境的自觉维护和建构。道德健康要求个人不能以损害他人利益的方式来满足自己的需要,并能够按照社会认可的道德行为规范约束自己及支配自己的思维和行为,具有辨别真伪、善恶、荣辱、美丑、是非的观念和能力,能为人们的幸福作出贡献。道德健康的最高标准是"无私利他",基本标准是"不损害他人利益",不健康的表现是"损人不利己"。

2. 全程、全员健康

全程健康是全人健康理念的时间形式,指的是个体生命活动在其生命发展的各个阶段都应处于良好状态。各个阶段的生命活动方式不同,年龄特征有异,因此与各个阶段个体的生命活动的不同方式相适应,健康的具体表现形式也应该是各不相同的。从这个意义上讲,不同阶段的个体的健康标准是不同的,适用于个体所有年龄阶段的一般的、抽象的健康标准是不存在的。

全员健康就是指人人都应该享有健康。1978 年,国际初级卫生保健大会发表的《阿拉木图宣言》指出:"健康是基本人权,达到尽可能的健康水平,是世界范围内的一项最重要的社会性目标。"世界卫生组织的《组织法》也明确指出,健康是每一个人都享有的基本权利之一,它不会因为人种、宗教、政治信仰、经济以及社会地位的不同而有所差异。全员健康包

---

① 陈家麟.学校心理健康教育:原理、操作与实务[M].北京:教育科学出版社,2010:6~10.

括两个层面的含义,从个人的层面来看,它强调和重视每一位社会公民的生存权与发展权,人的健康同我们的生命与财产一样重要,神圣不可侵犯;从社会的层面来看,它强调人与环境的和谐发展,或与社会发展的共生性。健康不局限于个人需要的范围,它还是社会环境可持续发展的重要因素,同时又是保证社会稳定发展的重要条件。以人类为主体建构起来的社会环境需要每个人的健康来支持,当然,稳定而健康的社会环境也是促进个人健康发展的重要条件。

3.动态性和谱系性

心理健康的动态性,有两层含义:首先是指健康不是一个静止的固定状态和水准,而是趋向发挥更高机能潜在力量的进步方向,是生存、自我更新和创造性的调整及实现的良好状态,它贯穿整个生命连续的进化过程。法国著名生物学家及病理学家杜博思认为,"完全健康"和"完全疾病"都是不存在的,健康仅仅是一个相对的、动态性的概念。其次,健康的动态性是指健康是个体与环境交互作用的功能关系,它是遗传、环境、自身及其经验交互作用的一种功能状态。人的健康必须使自己的生产方式与所生活的生物形态保持一种均衡的状态。社会文化学的研究表明,即使处于相同的社会文化背景下,由于区域性的自然生态环境的不同,人们所选取的生活方式也是不同的,其对健康行为的影响也必然不同。

健康的谱系性,是指健康状态的发展呈现出一定的阶段性和连续性。20世纪70年代后期,很多学者开始对世界卫生组织的健康概念进行反思,认为这一解释过于理想化,因为依据这个解释,没有人会是健康的。因此,健康的谱系理念就其实质来看,所代表的是现代人对于健康的一种务实态度。汤纳特尔认为,健康要符合现代人的实际,健康也是一个变化的过程,它应该是"个体在现实可能状态下的最佳完善感",尽管并非人人都能够达到完全健康水平,但是人们可以通过努力获得最佳的健康水平。

近年来,对健康水平的谱系划分比较有代表性的观点是由莱维尔和克拉克等人提出的,他们将健康状态由高到低划分为四种水平:第一种水平是理想的或希望的健康状态,即世界卫生组织关于健康的定义,是人类对健康的追求所要达到的最高层次,是人类健康的最高标准。这是一群体力、体质和心理状态都非常优秀的人。第二种水平是现实的健康状态,是现实生活中大多数人实际的健康状况,他们的体能可以适应一般的学习和运动,其精神状态通过自己的努力可以进行有效的自我调节,而有些社会生活则要求要进行适当的训练,这部分人群被称为普通健康人群。第三种水平是亚健康状态,这是一种非健康、非疾病的中间状态,机体虽然无明显的疾病,但呈现出一种活力降低、各种适应能力不同程度减退的生理状态。由于他们随时都有可能成为不健康的个体,因此被视为需要注意、关心的群体。第四种水平是健康障碍,这一人群是一些患有身心疾病的群体,他们被认为是不健康的人,必须由医生或相关方面的专家进行训练和指导。一般而言,除非是现代医学无法治愈的疾病,四种不同水平的健康状态之间是可以相互转换的,它们是一种可逆的关系。

(二)心理健康的内涵

关于心理健康的定义仍然存在着争议,由于各人所处的社会文化背景不同,研究立场、观点和方法相异,迄今尚未有统一的意见。

总的说来,尽管每个学派甚至每个学者都有自己关于心理健康的定义,但他们所下定义的要义无外乎以下两点：第一，心理健康是心理的一种功能状态；第二，这种功能状态具体表现为个体内部协调与外部适应的统一。因此，我们认为心理健康是旨在充分发挥个体潜能的内部心理协调与外部行为适应相统一的良好状态。

这一定义表明，心理健康既表现在个体与环境互动时的适应行为上，也蕴含在相对稳定并处于动态发展和完善中的心理特质上，这两者又是辩证统一的，表现在个体与环境互动时的适应行为正是其内在的良好心理特质使然，而个体在对环境的良好适应中，又发展并完善了自己的心理特质。

二、心理健康的标准

和心理健康的定义一样，心理健康的标准问题迄今仍是有争议的问题。[①] 究其原因，可以从客观和主观两个方面分析。就客观原因而言，迄今为止，衡量人心理健康与否远不如衡量人生理健康与否时所采用的身体各项形态、生理和功能指标那样具体而客观，而心理健康与不健康是一个连续体的两端，难以划出明确的界线。就主观原因而言，对心理健康标准的实际把握的分歧，来自不同研究者对心理健康标准理论研究的分歧，这种分歧主要表现在研究者确定心理健康标准的依据上。综合国内外有关文献，研究者确定心理健康标准的依据有统计学标准、社会规范标准、主观经验标准、生活适应标准、心理成熟标准以及生理学标准。

上述标准中，前五种标准遵循的都为"众数原则"，即假定社会成员中绝大多数人心理行为是正常的，偏离这一正常范围的心理行为可视为异常。对"众数原则"，研究者历来存有争议，其中马斯洛可作为代表。马斯洛认为，人生而就有天性，天性本善，至少是中性的。但人的天性需在环境条件（尤其是一定的社会环境）下才能发展成现实的人格或心理品质。如果环境适宜，人就能顺其天性发展出良好的人格或心理品质；反之，就可能压抑、扭曲人的天性，发展出不良的人格或心理品质。在极端情况下，可能一个社会中占主导地位的文化条件本身就是异常的、压抑人性的，大多数人在此条件下都可能不能顺其本性发展，结果出现多数人心理不健全的情况，亦即出现大量"适应良好的奴隶"。这样，"众数"所代表的人格就不是什么健全人格。显然，以"众数"作为衡量心理健康的标准是荒谬之举。在否定"众数原则"之后，马斯洛提出了一条与众不同的研究心理健康标准的思路，称为"精英思路"。马斯洛认为，那些人类的"精英"即自我实现的人是其内在本性发展得最为充分的人，这样的人才代表着真正的心理健康。因此，心理健康的标准应根据心理健康者的心理品质来确定，即以自我实现者共同具有的那些心理特点作为心理健康的标准。由于自我实现者在全人口中只占极少数，他们在常态分布中处于一侧的尖端，故又称"尖端样本统计学"。

因此，在研究心理健康标准方法论上的两种不同思路导致了两种不同的心理健康标准：根据"众数原则"研究所得出的心理健康标准称为适应标准或生存标准，据"精英思路"研究所得出的心理健康标准称为发展标准。生存标准立足于个人生命存在，目标是最有利于保存与延长生物寿命，故强调无条件适应环境，绝对顺从社会世态（主流文化）；发展标准着眼于个人与社会的发展，冀求最有价值地创造生活，强调能动地适应和改造环境，通过挖

① 陈家麟.学校心理健康教育：原理、操作与实务[M].北京：教育科学出版社，2010：22～27.

掘个人最大身心潜力满足个体发展的需要,成为崇高、尊严、自豪的人。

结合上述两种思路来理解心理健康的标准,我们发现,心理健康其实是一个相对的概念,它只有在与同一年龄的人心理发展水平的比较中才能显现其价值,正常与异常是相对的,从不健康到健康只是程度不同而已,也就是说,人的心理健康水平可分为不同的等级,是一个从健康到不健康的连续体。而人与人之间的个别差异,地域与地域之间、民族与民族之间、国与国之间的社会文化背景差异,又决定了心理健康标准不能绝对化。心理健康不是一种固定不变的状态,而是一个变化和发展的过程。健康是没有止境的,每一个人都应该追求心理健康和心理发展的更高层次,以充分发挥自身潜能,达到自我实现。综上所述,一般认为,心理健康有以下标准。①

第一,智力发展正常。智力正常是一个人学习、生活、工作最基本的心理条件,是人适应周围环境、谋求自我发展的心理保证,因而是心理健康的首要标准。无论是世界卫生组织提出的国际疾病分类体系(ICD-9),还是美国精神病学会发表的《精神疾病诊断和统计手册》(DSM-Ⅳ),抑或是中华医学会精神疾病分类,均把智力发育不全或阻滞视为一种心理障碍和异常行为。美国智力落后协会(AAMD)规定,智力落后指在发展期就表现出来的、与适应行为缺陷并存的一般智力机能严重低常,并规定智商(IQ)低于70分为典型的智力落后。心理健康的人,智力发展水平虽然各有不同,但都能使个人的智慧在学习、工作和生活中得到充分表现,并对其中出现的各种问题、困难和矛盾都力求有效地认识和克服、解决。

第二,情绪稳定乐观。情绪稳定乐观是心理健康的主要标志。在心理健康者身上,积极情绪多于消极情绪,乐观情绪占主导地位。这是因为只有当一个人经常保持愉快乐观的情绪时,他才能善于从生活中寻找乐趣,对生活充满希望。诚然,一个人在其生活、学习及工作中难免因遭受挫折而心情不快。心理健康与不健康的主要区别,不在于是否产生消极情绪,而在于这种消极情绪持续时间的长短,以及它在人的整个情绪生活中所占的比重是否恰当。心理不健康者只一味陷入消极情绪中不能自拔,而心理健康者则能主动调控自己的不良情绪以适应外界环境,这就是情绪稳定性的表现。情绪的稳定性还表现在情绪的强度和持续时间上:心理健康者情绪反应与客观刺激相适应,"当喜则喜,当忧则忧",且能做到适度表现,适可而止。

第三,意志品质健全。意志是一种有意识、有目的地行动并克服内外困难的心理过程。意志是人意识能动性的集中体现,是个性的重要精神支柱。心理健康者的意志品质具有如下特点:① 行动目的明确,独立性强。即指善于按照自己合理的创见提出行动的目的、方法并实现之,对行为结果敢于负责。独立性以强烈的批判意识为主要特征,是与理智地分析和吸取他人的合理意见相联系的。② 善于当机立断,果敢性强。即指在复杂的情况中能迅速有效地采取决定,及时、勇敢地投入行动,而不是优柔寡断、草率鲁莽。③ 行动不屈不挠,坚毅性强。即一方面表现为坚定的意志,在任何时候、任何条件下都不动摇对既定目标的执着追求;另一方面表现为意志的毅力,即善于长期维持与目标相符合的行动,克服困难,坚持到底。④ 心理承受力强,自制力好。自制力强的人,一方面能控制与实现目标不一致

① 陈家麟.学校心理健康教育:原理、操作与实务[M].北京:教育科学出版社,2010:33～35.

的思想情绪与外界诱因,保证执行已经采取的、有充分依据的决定;另一方面,为了崇高的目标,能够忍受各种痛苦和磨难,必要时甚至能做到视死如归。

第四,行为协调适度。人与动物的根本区别在于,人的行为有自觉的目的,受意识的支配。在正常情况下,对一个有自我意识的人来说,他总是知道自己在做什么,也知道为什么做,并能预见行为的过程和结果,使自己的行为服从于一定的目的和要求。人心理活动的各个方面都会在人的行为中得到反映,所以人的行为像是心理的镜子,通过它可以反映出人的心理是否正常。一个心理健康者,其行为应有如下特点:① 行为方式须与年龄特点相一致;② 行为方式须与社会角色相一致;③ 行为反应强度须与刺激强度相一致;④ 行为的一贯和统一。

第五,人际关系和谐。人际关系是人与人之间由于交往而产生的一种心理关系。和谐的人际关系既是心理健康不可或缺的条件,也是增进心理健康的重要途径。正像丁瓒教授所指出的那样:"人类的心理适应,最重要的就是对人际关系的适应。所以人类的心理病态,主要是由于人际关系失调而来。"人际关系和谐的表现是:① 乐于与人交往,既有广泛而稳定的人际关系,又有知己的朋友;② 在交往中能保持独立而完整的人格,知人知己,不卑不亢;③ 能客观地评价别人,取人之长,补己之短,严于律己,宽以待人;④ 在交往中能用尊重、信任、友爱、宽容和理解的态度与人友好相处,能接受和给予爱与友谊;⑤ 与集体能保持协调的关系,能与他人同心协力、合作共事,并乐于助人。

第六,人格完整独立。人格也称个性,它是将一个人与另一个人区别开来的独特的心理特性。心理健康教育的最终目标是使人保持人格的独立完整性,培养健全的人格。人格健全的主要标志是:① 人格结构的各个要素都不存在明显缺陷与偏差;② 具有正确的自我意识,能了解自己,接受自己,客观评价自己,既不妄自尊大,做力不能及的工作,也不妄自菲薄,放弃可能发展的机会,生活目标与理想切合实际,不产生自我同一性的混乱;③ 以积极进取的、符合社会进步方向的人生观、价值观作为人格的核心,具有高度的社会义务感和责任感,希望通过对自己身心潜能和创造力的开发来体现自身的价值并贡献于社会。

以上心理健康的标准只是一个相对的衡量尺度,它只反映了个体在适应社会生活方面应具有的最基本心理条件,而不是心理健康的最高境界。据此判断一个人是否符合心理健康的标准时,应注意一个人是否心理健康与一个人是否有不健康的心理和行为并不是一回事,不能简单地根据一时一事下结论。心理健康是较长一段时间内持续的状态,心理健康者并非毫无瑕疵。一个人偶尔出现一些不健康的心理和行为,并不意味着此人一定心理不健康。有的时候,只要他能适应社会生活,仍应视为心理健康。同时应注意到心理健康具有相对性、动态性的特点,每个人的心理状态都会随着环境的变化而不断发生变化。

大学生心理素质面面观

大学生正处于青年中后期向成年初期转化的过程,生理和心理上都处于迅速变化的过程之中,但其心理上的发展和成熟绝不像生理上的发展和成熟来得那样稳定。由于大学生阅历尚浅,社会经验不足,适应力低;情绪波动大,调节力差;面对挫折,承受力较弱;独立生活的能力较弱,对自己、对社会的认识还难以全面、准确,而其所承担的学习任务较重,对自我的期望较高,对社会的期盼较高,又极易受外界诸种社会因素的影响而产生心理上的矛盾和冲突,因而很难自觉积极地驾驭自己、主宰自己。同时,社会竞争的日趋激烈,高速度、快节奏的生活方式带来的巨大压力使得大学里的竞争相比社会上的竞争一点也不少。当较差的心理素质遭遇到过大的压力和过高的期望,大学生心理问题就变得格外突出了。

心理问题是指各种心理及行为异常情形,通常把心理问题根据其严重程度分为心理困扰、心理障碍和精神病三种。心理困扰主要是指各种适应问题、应激问题、人际关系问题等;心理障碍主要是指神经症、人格异常和性心理障碍等轻微失调;心理疾病是指人脑机能活动失调,丧失自知力,不能应付正常生活,不能与现实保持恰当接触的严重的心理障碍。

一、大学生心理素质发展中的常见问题

总体而言,我国当代大学生的心理发展是健康的,罹患心理障碍和精神病的学生并不多,多数学生遇到的都是一般性心理困扰。但是,即使是一般性心理困扰也会在很大程度上影响学生的发展,而且对一般性心理困扰,若不及时调节和疏导,持续发展下去就可能导致心理障碍或精神疾病。大学生常见的心理问题主要表现在以下几个方面:

(一)入学适应问题

进入大学的新生在较长一段时间内不能很好地适应学校新的环境,由此引起心理上的焦虑感、罪恶感、疲倦感、烦乱感、无聊感、无用感和行为上的不良症状,这种现象被称为"新生适应不良综合征"。究其原因,进入大学校园面对的学习环境、生活环境、人际环境等一系列变化,要求大学生在自我认知、行为方式、同学交往等各方面予以调整和适应,而大学生的自理能力、适应能力和调整能力普遍较弱,所以,入学适应问题广泛存在,出现了自我定位的摇摆、奋斗目标的迷茫、新生活方式适应困难、社交困惑等,特别严重的甚至不能坚持正常学习,想休学、退学。

(二)学习问题

大学学习与中学学习在学习目的、学习内容和学习方式等方面有着巨大的差异。具体表现为大学学习目的具有多样性,大学教育面对的是就业和考研等多种目标,具有不确定性,必须明确自己的目标;学习内容具有广泛性、专业性、探索性,以专业内涵为核心,学习的涉及面广、学习程度深,专业能力强,既要学习专业知识,还要选修相关专业课程、外语、计算机,考取各类证书,如驾驶证、会计证、监理证、教师证,以适应激烈的市场竞争;学习方式具有全方位性、自主性,不能仅仅听课、完成作业,需要自主学习,加强自我管理,充分利用图书馆等各类资源。学生必须改变中学沿袭已久的学习方式,否则易导致心理问题。

(三)人际关系和恋爱问题

大学生活中最棘手的问题莫过于人际关系问题了。大学是以集体生活为特征的,来自各地、兴趣爱好各异、生活习惯不同的同学共同生活,密切接触,难免产生矛盾,尤其对于中学时代缺乏住读经验的学生而言,这是不小的变化。大学生交往不再受父母、老师的限制,交往的范围扩大,但是心理的闭锁、敏感、羞怯、冲动等特点使得大学生相互之间的交往不如中学融

洽,处理人际关系相对困难,经常遇到各种困难,从而产生困扰、焦虑等心理问题,这些问题甚至会严重影响他们的正常生活和健康成长。

恋爱问题一直是大学校园的热门话题,也是大学生尤为关注的问题之一。大学生处于青年中后期,性发育成熟是重要特征,恋爱、婚姻问题是不可避免的。由于中学时期青春期教育不够,很多大学生根本没有弄懂什么是真正的爱情,分不清好感和爱情,对异性的神秘感和渴望交织在一起,同时大学生间流行的或正确或谬误的种种观念的干扰影响以及心理上青春后期的闭锁、敏感、羞怯等特点,导致了大学生对于爱情内心巨大的苦闷、彷徨和冲突,而对性知识和性行为的不恰当理解与认识,因性压抑、性自慰而产生的羞耻感、极度自责与恐惧感等,严重影响到大学生的生活和学业。

(四)情绪问题和应对挫折问题

情绪在人的心理生活中处于一个特殊的位置,它与人的心理健康息息相关。情绪的异常变化往往是心理疾病的先兆,有人认为,情绪在心理疾病中处于核心地位。大学生在成长过程中,由于经验不足,视野不够开阔,对社会的认识理想化,充满幻想,学习、生活中的种种变化往往易于激发过高的情绪反应,一旦目标达成有变,会引发挫折反应,严重者甚至会遭遇极端危机事件。因此,心理素质训练必须关注大学生的情绪管理,引导其正确地辨别、理解、表达自己和他人的情绪,正确地应对挫折,面对各种危机事件,积极、妥善地自我调节。

(五)择业和职业生涯规划问题

就业是人生的重要转折点,也是目前学子们最为关心的问题,随着年级的升高,求职择业变成大学生最大的心理压力。面对择业,大学生的心理是复杂而多变的,鉴于成绩的高低、家庭条件的好坏、自我评价的高低等,大学生们的表现各不相同,有的急于求成,有的悲观失望,有的盲目攀高,有的则消极依赖。大学生求职择业过程中产生的种种矛盾心态、迷茫和困扰干扰了他们正常的就业心态。心理素质训练必须从职业生涯规划入手,训练学生从自我分析入手,对职业的要求和自己专业能力的差距有客观和科学的认识,为自己的职业发展做出理性的长远规划。

二、影响大学生心理素质发展的因素分析

大学生的心理活动是一个复杂的动态过程,因此引起大学生心理问题的因素也是复杂多样的,主要包括外在环境因素和个人内在因素。其中,外在环境因素包括社会因素、学校因素、家庭因素;个人内在因素包括个体生理因素和个体心理因素,主要是指个体心理因素等方面。[①]

(一)社会因素

当今社会处于转型时期,市场经济带来物质产品的巨大丰富、利益格局的重新调整、贫富差距的加大,同时伴随的是文化、价值的多元化,要求个体做出抉择。社会的变迁其实也是一种心理态度、人生价值观和思想行为的更新、定位和变革的过程,此时出现的一些社会问题都会对刚刚步入社会的大学生产生巨大的冲击,势必会造成大学生们的适应困难。同时,随着人

① 罗之勇,刘雪珍.大学生心理素质训练[M].北京:教育科学出版社,2011:13~15.

才培养和就业制度改革中的竞争愈演愈烈,大学生普遍感到巨大的压力,在毕业生就业自主择业、双向选择以及社会上失业、下岗人数居高不下的背景下,面临着社会日益苛刻的就业门槛,大学生们在学习、考证、参加兼职等实践活动中疲于奔命,压力陡增。另外,大学生的世界观、人生观、价值观尚处于形成、修正阶段,可塑性强,网络时代的超量信息良莠不齐,而大学生由于思想不成熟,缺乏经验,信息的加工处理能力不强,容易导致理论与现实的激烈冲突,这些冲突和压力如果得不到及时解决,就会产生心理问题或心理障碍。

（二）学校教育因素

随着高等教育逐步适应市场,专业拓宽,重视学生的适应力与能力的培养,应试教育逐步弱化,学生缴费上学,自主择业,市场增加了对高校和学生的约束机制;同时,大学生学习的内容、方式等方面的变化都对大学生提出了新要求,这一切都直接冲击着当今大学生的心理。他们必须承担上学的部分教育成本,面对求学、择业过程中选择机会的增多、选择难度的增大,学业竞争的激烈和残酷,他们有着更多的焦虑、不安、失落,无所适从。而择业过程中,人才市场的不规范更深地刺激着大学生的心理。学生既希望参与竞争,又担心失利;既希望手中握有更多的机遇,又担心失去原有的保障。

（三）家庭因素

家庭的影响也是环境因素的重要方面,如家长对子女的教育方式、父母本身的价值观和态度、父母的人格特征、父母的社会交往和关系、家庭的经济和氛围等都会给大学生带来影响。父母的关爱是孩子人格健全发展的基石;轻松愉快的家庭氛围是良好心理素质形成的前提;家庭成员间的人际氛围直接影响到每个成员的心理,对个性逐渐成熟的大学生更具有特别的意义。父母的教养态度和教养方式直接影响孩子的行为和心理,民主、平等而非命令、居高临下的,开明而非专制的,潜移默化而非一味娇宠的教养态度与教养方式有利于学生心理的健康发展;家庭结构的变化如单亲家庭、重新组合家庭等因素必然会对正在读书的大学生心理产生一定影响;家庭经济状况特别困难的学生易产生心理不适感。父母是孩子的第一任教师,父母对孩子的成长与成才的影响是长久而深远的,家庭环境给学生带来的心理方面的影响也是深远而长久的。

（四）个体心理因素

个体心理活动过程中的冲突与挫折,是影响心理健康的另一类因素。一方面,处于青年期的大学生虽然生理已经发育成熟,但是心理上还正处于逐步走向成熟的过程当中,心理与生理成熟之间的落差,很容易导致心理失衡。大学生的心理还不够稳定,心理状态仍带有一定的幼稚性、依赖性和冲动性。加之一些大学生成长较为顺利,入学前多在比较优越的环境中长大,遇到的挫折少,心理承受能力低,一旦在生活中遇到一定的困难与挫折,很容易产生各种心理问题。另一方面,研究发现,大学生人格中的不良因素与心理障碍呈正相关关系,也就是说,一些特殊的人格特征是导致心理障碍和精神病的内在因素之一。对其中部分存在一定心理障碍的大学生进行人格分析发现,他们当中大部分的性格属于内向不稳定型,即他们的心理有一定的易损伤性和对生活事件的易感受性,其性格的缺陷表现为内向、心胸狭窄、抑郁性高、神经质、多愁善感又难以表露、自卑感严重、自信心不强、对社会现实和所处环境难以适应、活动范围狭小等。

三、大学生心理素质发展过程中问题的调适

总体而言,大学生们拥有良好的心理品质,只要他们树立科学的健康观,充分认识心理健康在全面提高自身素质和发挥自身潜能过程中的重要作用,积极寻求外界帮助,自觉维护和增进自身的心理健康,他们就有能力调节和处理成长过程中所遇到的各种压力和问题,成为社会和时代需要的人才。

(一)掌握心理卫生知识

大学生已经开始走向成熟,认知能力较强,自我意识已基本建立,拥有了自我教育的能力。因此,每个大学生都应增强心理卫生意识,了解心理卫生的知识,掌握心理问题的鉴别方法和常用的心理状态的调节技巧,了解寻求心理帮助的各种常规途径;同时,积极参加各种实践活动,丰富生活体验,增加社会阅历,广泛交往,开阔视野,以此提高大学生的心理自助及助人能力。

(二)建立合理的生活秩序

大学生要勤用脑,合理用脑。心理学研究表明,勤用脑不但不会用坏脑子,反而会越用越灵,但用脑必须合理,劳逸结合,活动多样化。如连续学习时间不宜过长,不要因持续用脑而经常引起大脑的疲劳,不同的学习内容宜合理安排,不要使大脑某一部分的细胞负担过重,比如在经过一番计算、分析、记忆等学习活动后,可安排听听音乐、欣赏图画,开展一些想象活动,或学习某些动作技能等,使大脑相关部位的活动得到适当的调节。要适时用脑,讲究最佳时间,在人脑精力最为充沛、大脑皮层处于高度兴奋与清醒状态时进行学习。大脑细胞在一天之内的活动是有一定节律的,这种节律既有共同的特点,又有个人的特征,早晨6~7时、上午8~11时、下午2~4时、晚上7~10时是大脑皮层机能状态相对活跃的时间;而以个人特征来看,有的人清晨状态最佳,有的人在晚上、深夜时精神最为集中,思维最活跃。所以,大学生可根据个人大脑活动的节律,建立合理的生活学习秩序,做到学习负担适量,生活节奏合理,这样才能提高学习效率,学得轻松愉快。

(三)调节不良情绪

积极愉快的情绪是心理健康的重要特征之一,而不良情绪容易使人产生不健康的心理状态。不良情绪主要有两类,一类是那些过分强烈的情绪,如激情和应激。一定的激情和应激在正常人的生活和行动中是避免不了的,但如果它们程度过分强烈,并时常发生,就属于不良情绪。另一类不良情绪是持续性的消极情绪,如长时间的忧愁、悲伤、抑郁、愤怒、恐惧、焦虑等。作为具有主观能动性的个体,人不仅能作用于外部世界,同样也能够认识并作用于自身,人完全可以有意识地对自己的不良情绪作有效的调节,具体方法有以下几种:

1. 解决问题法

首先要清楚地认识到造成不良情绪的直接原因,找到问题的症结所在。其次,对症下药,着手解决具体问题。解决问题时需要以勇敢的精神来面对眼前的困境,用理智的态度去分析问题、提出假设、检验假设。

2. 转移注意法

在引起不良情绪的问题中,有些是一时难以解决的,或者根本无法解决,比如亲人去世等。

这时，沉湎于其中，悲伤、忧愁等都无济于事，而应该运用转移注意法来调节不良情绪。在转移注意过程中，要运用意志努力，使自己尽量远离不良情绪的情境，将注意转向能引起良好情绪的事物上，在转移注意时，新事物与原刺激情境的差别愈大，不良情绪愈容易得到调节。

3. 合理宣泄法

不良情绪会造成机体的高度紧张，合理的宣泄则能释放出机体内所积聚的能量，使机体如释重负，重新获得平衡，从而起到调节不良情绪的作用。

合理的宣泄有多种途径：可以针对引起不良情绪的刺激进行宣泄，比如，极度悲伤时的哭泣、愤怒时的大吼等；可以通过倾诉进行宣泄，将自己心中的喜、怒、哀、惧等积压的情绪向知心朋友坦诚相告，在朋友的理解和劝慰中，不良情绪会得到很有效的调节；还可以通过活动进行宣泄，比如，可以将心中郁闷、焦虑、愤怒等发泄在体育活动中，发泄在具有象征性的物体上等。

4. 语言调节法

语言既可以引起某种情绪反应，也能抑制某种情绪反应，所以在遇到不良情绪时，有意识地进行自我语言提示对调节不良情绪有一定作用。比如在愤怒时，提醒自己"不要发怒""制怒"；在忧愁时，劝慰自己"想开些""乐观些"；在恐惧时，鼓励自己"没什么大不了的""兵来将挡，水来土掩"等。另外，还可以针对自己个性中经常表现出来的不良情绪，将一些名言、警句写在显著的位置，这就可以起到经常调节引导情绪的作用。

（四）建立良好的人际关系

良好的人际关系既是心理健康的标志之一，也是保持心理健康的重要途径。健康的心理是需要丰富的营养的，而最重要的营养就是爱。当个人遭遇到挫折，陷入各种消极境遇中时，来自同伴的支持和呵护是大学生恢复健康心态的巨大支持系统，因此，和谐的人际关系被视为是青年人人生成长的"护卫舰"。

人际交往要遵循基本原则，比如真诚待人，尊重对方，善于赞美，学会宽容等。同时还要掌握一定的交往技巧，包括聆听的技巧，要求耐心、虚心、会心；谈话的技巧，如选择何种话题、转移话题、注意"小"事；讲究非言语技巧，选择服饰，目光交流，体态、声调得体，保持合适距离等。

（五）健全心理防卫机制

在人们的精神生活中，存在一种倾向，即自觉或不自觉地把主体与客观现实之间所发生的矛盾和问题，用自己较能接受的方式加以解释和处理，以减少痛苦和不安，这种反应形式就是心理防卫机制。心理防卫机制有积极和消极之分，消极的心理防卫机制虽然可以暂时缓解焦虑，远离痛苦，但就像失眠者久服安眠药副作用大。故而个体应采用积极的防卫机制，根本上解决心理问题，不留后遗症。

心理问题的产生往往是由于外来事件与个体原有的认知不一致，导致冲突，无法排解而导致的。若在对外来信息进行加工处理时，调整自己的认识，对之进行重组、修饰后，使得外部刺激与心理认知实现协调一致，避免心理矛盾冲突激化所造成的心理困境，则为积极的心理防卫机制。常见的有以下几种：

1. 合理化

通过一些理由为自己开脱,以减轻痛苦,缓解紧张,使内心获得平衡的办法。弗洛伊德指出,常见的合理化有两种:一是希望达到的目的没有达到,心理便否定该目的的价值或意义,俗称"酸葡萄效应";二是未达到预定的期望或目标,便提高现状的价值或意义,俗称"甜柠檬效应"。

2. 转移法

通过转换认知,更新观念,换个角度重新解释外部环境信息,以减少或消除外界信息和认知体验的矛盾冲突。如某同学为某次重大考试失利而痛苦,他应该放弃"成王败寇"的理念,多记取"是金子,在哪儿都会发光"的名言,那么他沮丧的心情会大大好转。

3. 升华法

在遭遇重大事件、心理压抑的情况下,一旦用新的认知来替代,认识到其中蕴含的积极因素,从而消除消极的心理,往往带有突然领悟的性质。"失败乃成功之母""化悲痛为力量"就是升华。德国文豪歌德年轻时遭遇失恋后极为痛苦,几度自杀,但他最终将自己破灭的感情当作素材,写成了世界名著《少年维特之烦恼》一书。

4. 补偿法

内外部因素导致个体最佳目标受挫,采取种种方法来弥补,以减轻、消除心理上的困扰。在目标受挫后,可以更替原有的行动目标,或变换实现目标的途径,或克服实现目标过程中的障碍,实现具有长远价值的目标。比如优秀运动员意外伤残,无法再参加比赛,便转向了体育科研,在帮助其他运动员取得成功的同时也实现了自己的价值,使原先未能实现的目标得到补偿。

5. 降温法

一个人的目标或抱负水平越高,其效价就越高,但失败的可能性也越大。当个体目标不能实现时,会有受挫感,产生心理紧张或痛苦。避免或缓解这种状况的一个有效措施,就是当受挫时及时调整目标,使之更加切合实际,易于实现。

思政点睛

从钱学森"航天精神"到抗疫"生命至上","中国奇迹"的密码是亿万心灵的共振。当你用"坐标仪"锚定个人与国家的引力交点,用"星轨图"汲取前辈的精神光能,这趟"心"之旅程便有了终极导航:

修己心→锻造堪当大任的钢筋铁骨

利家国→把青春热血写入民族复兴的星河史诗

♥ 心理素质训练 ABC

训练心理素质可以帮助我们幸福地生活学习,教会我们科学地观察与领悟,学会调节心理,促进自身成长。

人的素质按其发展水平或发展层次可以分为身体素质、心理素质和社会文化素质。心理素质居于素质结构的中间层次[1],是先天生物因素和后天社会因素的合金,它影响着自然生理素质的发展,综合或整合着社会文化因素的积淀。心理素质为生理素质、社会文化素质的发展提供了良好的心理基础。良好的心理素质促进身体健康,促进生理素质的顺利发展,促进生理潜能的发挥,同时为社会文化素质的提高提供必要的前提条件。

心理素质是指个体在成长发展过程中形成的比较稳定的心理机能,是心理品质和心理能力的统一体,它包括人所有的心理活动过程和心理活动结果。或者说,心理素质是以先天的禀赋为基础,在环境的教育、影响下形成并发展起来的稳定的心理品质。心理素质具有整体性(心理素质的各个属性、特征、品质是相互联系、相互制约的)、稳定性、可变性、差异性、隐蔽性(内隐的、无法直接认识)、潜在性(心理素质作为内在特质是潜藏着的,是沉淀在心理深层的文化潜在意识)等特点。心理素质是一个人心理健康的基础,心理健康实质上是个体通过对心理素质的整合所表现出来的持续、高效、满意的状态,是心理素质的外在表现形态。

针对心理素质的特性,通过多种形式,创造条件,努力提高心理机能,开发心理潜能,就是心理素质训练。

◉ 一、心理素质训练的目标和任务[2]

开展大学生心理素质训练的总目标就是全面贯彻党的教育方针,适应未来社会对人才素质的要求,努力提高全体学生的心理素质,促进学生全面、健康地发展。在目标层次上,有适应目标和发展目标之别:适应目标是帮助学生解决好成长过程中遇到的各种心理问题;发展目标则是积极开发个体心理潜能,培养学生的健康人格。

高等学校开展大学生心理素质训练的任务是多方面的,主要包括以下内容:

第一,帮助学生提高自我认识能力,树立自尊、自爱、自信、自强的意识和积极向上、乐观豁达的人生态度。

第二,培养学生具有坚强的意志品质和战胜各种挫折的信心,学会积极面对和正确处理学习、生活和工作中的各种压力与挑战,提高适应环境、适应社会的能力。

第三,培养学生健康的情绪情感和自我控制、自我调节情绪的能力以及正确进行人际交往的能力,帮助他们正确对待他人,树立团队精神。

第四,积极培养学生的创新精神和实践动手能力,学会学习,促进学生各种潜能的综合开发与发展。

第五,解决学生成长过程中出现的各种心理问题,帮助他们排除心理障碍,不断优化学生的个性心理品质。

第六,培养学生树立健康的爱情观、性观念和性心理,帮助他们处理好成长中遇到的各种性问题和恋爱问题,学会建设婚姻家庭的技巧。

第七,帮助学生学习职业生涯发展规划的方法和技巧,指导他们进行职业生涯发展规划的

---

①　班华.心育论[M].合肥:安徽教育出版社,1994:32~33.

②　崔建华等.大学生心理素质拓展教育[M].厦门:厦门大学出版社,2009:9~15.

设计和训练,使他们掌握对自我的资源开发、资源整合、资源补充、资源利用的能力。

第八,积极预防学生中由于心理问题引发的各种突发事件,建立健全学生的合理危机干预系统,进行必要的危机干预。

高校在实施大学生心理素质训练的过程中,不仅要讲智力因素,更要讲非智力因素,对个人发展产生积极影响的那些因素,讲人的综合素质。所以,心理素质训练不仅要注意预防学生的心理疾病、开展心理健康教育,更应将其作为开发大学生非智力资源的重要途径,通过心理素质训练优化大学生的心理品质,开发心理潜能,协调心理行为,促进大学生健康全面的发展。

二、心理素质训练的原则和方法

(一)心理素质训练的原则

心理素质训练的原则是高等学校开展大学生心理素质教育工作的基本指南,是对心理素质训练工作的规律性总结和概括,对于指导高校的大学生心理素质训练工作具有十分积极的意义。

1. 客观性原则

客观现实性是大学生心理素质训练的源泉。实事求是,一切从大学生的实际出发、从大学校园的生活环境出发,才能把握心理素质训练的基本方向,贴近大学生的身心特点和发展规律,符合大学生的实际需求,促进大学生心理素质的有效提升。

2. 主体性原则

把大学生作为心理素质训练的主体,充分发挥主体的主观能动作用,是大学生心理素质训练的重要原则。通过调动学生主体内部的学习积极性,把所接受的心理素质训练知识与体验,不断内化为学生稳定的心理特征和主动自觉的精神,实现学生主体内在本质的变化和飞跃。

3. 实践性原则

理论联系实际是每一门学科都应遵循的原则。大学生心理素质训练不仅要重视理论知识的传授,更要注重学生在学习中的实践锻炼和亲身体验。在理论的指导下,让学生通过亲身参与和互动分享来进一步体验所学知识对自己的指导意义,深切感受心理素质训练对自己成长与发展的重要性,看到自己前进的每一步。

4. 系统性原则

大学生心理素质训练不单单是讲一门课程或做一个团体心理训练的事情,它更是一个系统性工程,需要多层次、多形式、多角度、多内容、多方面的综合实施。包括从入学教育到毕业指导的全程化;从教师到学生共同参与的全员化;从观念转变到环境建设的全面化;从授课、咨询、讲座、训练到宣传、体系建设、危机干预、协会活动、心理普查的全方位化。只有这样,才能使心理素质训练真正收到实效。

5. 发展性原则

一切事物都在发展变化着。大学生在校期间,正处在青春中期到接近成年人的青春后期,是一个人从少年到成年发展的最重要阶段,生理和心理迅速发展,不断接受新的知识,思想在不断变化,各种观念交织纷杂,所以我们必须遵循发展的原则,找准规律,分清主次,因人施教,有针对性地进行心理素质训练。

6. 专兼职结合的原则

高校开展大学生心理素质训练,必须坚持专兼职结合的原则,既要发挥专职教师全心全意服务于学生的优势,又要发挥兼职教师形式多样地进行心理素质训练的优势,全员参与,多角度渗透,全方位施教,心理素质训练才会产生潜移默化的作用。

(二)心理素质训练的方法

学生心理素质训练的途径多种多样,方法层出不穷,有各自的功能,有各自的特点,有各自的侧重面,有各自的适用范围。主要方法有以下几种。

1. 访谈法

在大学生心理素质训练过程中,访谈法是比较常用的方法之一。它主要包括:

(1)个体心理咨询。在一对一的交谈中,通过具有专业资格的心理老师的帮助,协助学生解决好他们在学习、生活、工作中遇到的各种心理问题,缓解心理压力,改变认知,调整行为,达到对生存环境的适应。

(2)团体心理咨询。在专业心理老师的带领和指导下,对存在相似心理问题的学生进行集体心理辅导,通过看到、听到团体内同学的相似问题而缓解心理压力;通过互相交流发现存在问题的原因;通过互相讨论找到解决问题的办法;通过模仿和实际练习实现对问题的解决,进而适应现有的生活环境。

(3)在新生心理普查的基础上预约面谈。根据筛查结果,约请有关学生进行面谈,了解他们入学之初遇到的各种问题和面临的困惑,有针对性地帮助他们解决好入学初期遇到的问题,有助于他们顺利度过今后四年的大学生活。

(4)开放式的会谈、小型座谈会。了解学生普遍面临或存在的问题,有的放矢地予以讲解和梳理帮助学生化解心理困惑,以良好的心态面对生活、学习以及交友。

2. 测验调查法

测验调查法主要借助各种量表、问卷有目的地了解学生目前的心理状况、潜隐的心理态度、对某一问题的看法、某些特定情况的形态等。包括新生心理健康状况普查、专题心理调查、特定群体或特殊对象的调查等,如"贫困学生心理状况调查""大学生网络成瘾情况调查""大学生消费状况与消费观念调查""大学生择业心态调查""大学生恋爱观调查"等。

3. 实践法

实践法在大学生心理素质训练中应用得比较广泛,学生也较乐于接受,在实践的过程中,学生接受教育的效果也比较显著。主要有以下几个方面:

(1)在学校心理健康教育系统中担任工作。让经过选拔和系统培训的学生朋辈心理辅导员担任学生班级的心理保健员或心理危机干预机制中的学生心理卫生监察员,使他们在工作实践中学会关心他人、体谅他人、认识到学习心理科学知识的重要性。

(2)组织团体心理辅导。特别是发展性团体心理辅导,比如如何进行人际交往、如何处理恋爱、择业心理训练、如何应对考试、职业生涯发展规划训练、青年领袖才能训练等,使学生在实际的训练与体验中,心理素质得到不断的提升,心理状态得到渐进的调整,对自我情绪的认识与管理能力得到很好的发展。

(3)积极开展学生心理社团的活动。鼓励更多的学生参加心理社团的活动,从中得到学习和参与的机会,获得组织能力和团队精神的培养,通过各种各样的活动学会自助和助人,掌握更多的心理学知识和进行自我心理调节的本领与技巧。

(4)组织学生参加学校的心理健康教育活动和心理科学知识的宣传普及工作。通过这些活动,让广大学生受到心理健康知识的教育,提高心理素质,促进自我人格的完善。

4. 讲授法

讲授法主要是指教师授课或开讲座、学生作为听众和受教育者为主的心理健康教育形式。

(1)大学新生心理健康教育专题讲座。一方面向新生介绍学校心理健康教育与心理咨询机构及其服务内容和时间地点,另一方面为学生讲授心理保健常识和大学生常见心理问题的预防知识,同时对新生心理健康状况作详细说明和进行普查,保证心理普查的真实性和准确性。

(2)开设心理健康教育课程。针对大学生比较集中或比较关注的心理问题常年开设心理健康教育课程,如"学校心理卫生""大学生心理学""大学生常见心理问题及其防治""人际交往心理学""性心理与性健康""社会心理学"等。

(3)开设心理专题讲座。结合当前大学生的实际生活或热点问题,有针对性地举办各种心理专题讲座是高校学生心理健康教育常见的方法之一。如举办"大学生活与新生心理适应""考试与心理""网络是把双刃剑""爱与被爱""进入职场——毕业生心理准备""自信的培养"等。通过举办专题心理讲座,帮助学生更好地认识和处理个人所面临的实际问题,走好大学生活的每一步。

(4)举办学生心理图书学习心得交流或演讲。在高校里,让大学生进行自我教育和自我管理,不仅提高了学生的自律意识,还培养了学生的组织与管理能力。通过对心理图书学习体会的交流与讲演,让学生介绍自己阅读心理图书的体会和收获,讲出自己的成长和经验,启发和带动更多的学生自觉学习心理科学知识,能够非常有效地增强学生的心理保健意识和自助助人的能力。

5. 宣传法

宣传法在学校心理素质训练中具有其他方法无法替代的作用与功能。

(1)以纸质材料为媒介的宣传工作。包括报纸、专刊、宣传手册、画报、卡片、宣传板报、传单等。纸质材料宣传的好处是图文并茂、唾手可得、容易阅读、易于传递、便于收藏,可重复浏览,可做资料使用。

(2)校园有线广播宣传。校园有线广播宣传的内容可包括心理科学知识、心理卫生常识、心理调适技巧、心理活动信息、学生心得交流等。有线广播的优势在于时效性强、接受效果好、传输速度快、普及面广、便于收听等。

(3)校园有线电视宣传。现在一些高校已经建立了有线电视网,随着高校的改革与发展,校园有线电视得到普及。利用有线电视网络进行心理健康教育的宣传工作,可以收到事半功倍的效果。其所具有的形象生动、可视性强、重复收看、印象深刻的优势是其他宣传不可比拟的。特别是通过表演学生生活的心理剧演播,不仅可以让学生更清楚地看到现实生活中的自己和他人,还能使学生更深刻地发现自己在生活中的一些误区,从而自觉主动地进行自我调整与完善。

(4)校园网络宣传。有条件的学校可以建立自己的心理素质教育网站,可以在网站内设置多个内容的宣传栏目,包括科普知识、心理教师介绍、心理学家简介、信息传递、个案分析、培训内容介绍、心理活动动态等;亦可设立互动式的窗口,在规定的时间里为学生解答问题或通过电子邮件的方式回答学生提出的心理问题;还可以设立学生心理宣泄室,给学生一个发泄心理积郁的窗口;更可以设立一个学生好建议、好意见信箱,多方面地听取学生对学校心理素质教育的意见或建议,以利于进一步完善学校的心理素质教育工作和机制。

总之,高校学生心理素质教育的方法千万个,途径千万条,只要方法得当,符合学生的特点,能够满足学生的需求,促进学生的成长,就一定能收到良好的效果。

三、大学生心理素质训练计划

【训练目的】

通过训练学习促进学生全面认识自我、提高与完善自我,不断增强社会适应力、社会竞争力。着重提高学生的自我认识、人际交往能力、自我调适能力、压力管理能力、情绪管理能力、团队合作与竞争能力等。

【训练原则和方法】

训练原则:理论联系实际原则、科学性与思想性统一原则、直观性原则、启发性原则、巩固性原则、发展性原则、因材施教原则。

训练方法:讲授法、讨论法、案例分析法、角色扮演与模拟、训练与实践法。

【训练重点、难点】

训练重点:自我认识、人格完善、人际交往技能、亲密关系的处理、情绪管理与压力调适、团队合作与竞争。

训练难点:各类成长命题的自我调适能力的提升。

【训练形式】

结合理论知识的讲授与体验训练,以团体辅导模式进行,注重感受经验的深化,指导学生生活实际。

【训练安排】

训练课程分为 16 单元进行,90~120 分钟/单元/次。

具体安排如下:

单元	单元名称	单元目标	活动内容及流程	时间	所需材料
1	凝心聚力共同成长	去除陌生感,获得初步相识的一些经验,体会与人交往的感受,培养小组气氛,初步建立信任,形成团队,建立团体公约	1. 简介课程目标、意义 2. 热身活动:握手＋滚雪球＋我的标志性造型 3. 相似圈 4. 团队初创 5. 建立契约 6. 总结分享	10 分钟 30 分钟 15 分钟 45 分钟 10 分钟 20 分钟	油画棒 海报纸 团体承诺书

单元	单元名称	单元目标	活动内容及流程	时间	所需材料
2	主动适应 积极改变	协助新生快速适应大学生活,觉察适应的过程,认识大学的特点,建立快速反应机制,尽快完成角色转变。	1. 暖身活动:双手交叉 2. 自我探索:你的适应能力如何 3. 进入大学后的五个"最" 4. 急速大考验 5. 五步脱困训练法 6. 总结分享	10 分钟 10 分钟 20 分钟 30 分钟 40 分钟 10 分钟	工具单
3	平衡自我 握手自信	认识了解自我发展水平与状态,回顾成长历程,发现新优势,建立和谐平衡的状态。	1. 暖身活动:捉蜻蜓 2. 自我探索:自我和谐量表 3. 我是谁 4. 自我认识法 5. 我的历史 6. 认识我是你的荣幸 7. 总结分享	10 分钟 15 分钟 15 分钟 20 分钟 20 分钟 30 分钟 10 分钟	
4	管理情绪 优化心境	觉察情绪变化带来的身体感受,觉察并识别他人的情绪状态,思考应对策略,掌握情绪调节与管理的方法。	1. 暖身活动:雨点变奏曲 2. 自我探索:你的情绪稳定吗? 3. 情绪大竞猜 4. 情绪红绿灯 5. 表格分析法 6. 认知三栏目技术 7. 情绪控制五步法 8. 总结分享	5 分钟 5 分钟 20 分钟 20 分钟 20 分钟 20 分钟 10 分钟 10 分钟	工具单
5	提升意志 掌控命运	认识意志力的价值与自我水平,提升面对与克服困难的勇气、信心,学会接受现实与承担责任。	1. 暖身活动:花开花落 2. 自我探索:意志力测试 3. 举手仪式 4. 突出重围 5. 我的故事 6. 接受现实 7. 承担责任 8. 总结分享	5 分钟 5 分钟 15 分钟 15 分钟 15 分钟 15 分钟 15 分钟 15 分钟	
6	健全人格 完善自我	认识自我气质类型基本特点,培养自我积极人格品质,如自信、乐观等。	1. 暖身活动:选图看性格 2. 自我探索:气质类型测试 3. 看我走过来 4. 变身乐天派 5. 优点大轰炸 6. 总结分享	10 分钟 10 分钟 20 分钟 20 分钟 20 分钟 10 分钟	
7	讲究策略 快乐学习	体会学习动机与成绩的关系,学会进行时间管理,掌握有效的学习方法,学会自我放松。	1. 暖身活动:吹气球比赛 2. 自我探索:大学生学习动力自测 3. 放置"大石头" 4. 大学生时间管理自我诊断 5. 选对方法,有效学习 6. 自我放松训练 7. 总结分享	10 分钟 5 分钟 15 分钟 10 分钟 20 分钟 30 分钟 10 分钟	气球若干 沙子、鹅卵石、大块石头、木桶、工具单

单元	单元名称	单元目标	活动内容及流程	时间	所需材料
8	学会交往和谐生活	引导学员觉察自我人际关系状态,领会人际沟通的关键要素,体会语言沟通与非语言沟通差异等。	1. 暖身活动:姓名链 2. 自我探索:人际关系综合诊断 3. 有缘相识 4. 你说我做 5. 搭筷子 6. 总结分享	10 分钟 10 分钟 15 分钟 15 分钟 30 分钟 10 分钟	工具单、A4 纸、筷子、矿泉水瓶、计时器
9	健康恋爱甜蜜人生	促使学员感受恋人之间的"同频共振"效应,体会默契的重要性,深入探讨爱情的真谛,明确自己的爱情观,理智面对失恋等。	1. 暖身活动:双人舞 2. 自我探索:你的恋爱观正确吗? 3. 爱情是什么 4. 我心目中的那个 TA 5. 假如 6. 自我探索:面对失恋,你能突围吗? 7. 失恋与蔡克尼森效应 8. 总结	20 分钟 10 分钟 15 分钟 15 分钟 15 分钟 10 分钟 15 分钟 10 分钟	面巾纸、工具单、音乐
10	合作竞争助力大学	引导成员认识个体与团体的相互依存关系,良性竞争,提高解决问题的能力,同时进行课程总结与回顾	1. 暖身活动:花式握手 2. 自我探索:团队合作学习能力探测 3. 坐地起身 4. 合力搭塔 5. 穿越 6. 总结与分享	10 分钟 10 分钟 10 分钟 50 分钟 30 分钟 10 分钟	A4 纸 20 张/组,胶带、记号笔、剪刀
11	绿色网络环保心情	教导学生如何对网络活动做正确的选择,了解网络世界负面的影响。正确进行时间管理,使用学习资源。	1. 热身活动:ViVo 2. 自我探索:网络依赖自查 3. 网络中的我 4. 时间馅饼 5. 舍不得 6. 自我调控与管理训练 7. 总结与分享	15 分钟 10 分钟 15 分钟 25 分钟 25 分钟 20 分钟 10 分钟	A4 纸、圆珠笔、工具单
12	职业生涯规划未来	帮助学生了解自我职业倾向类型,合理书写职业生涯规划书。	1. 暖身活动:生涯"幻游" 2. 自我探索:霍兰德的职业爱好问卷 3. 书写我的生涯规划书 4. 总结与分享	15 分钟 15 分钟 60 分钟 30 分钟	音乐、工具单
13	就业准备赢在职场	协助学生探索职业价值观,提升就业技能,做好面试准备。	1. 暖身活动:你的事业心怎样? 2. 价值拍卖 3. 自我探索:你的就业缺点在哪里? 4. 模拟面试 5. 写好自荐信 做好简历 6. 总结与分享	10 分钟 40 分钟 10 分钟 20 分钟 30 分钟 10 分钟	工具单、货币等

续表

单元	单元名称	单元目标	活动内容及流程	时间	所需材料
14	珍爱生命构建和谐	引导学生探索生命价值观,正确看到生命的意义与价值,回顾生命历程,学会感恩。	1. 暖身活动:应对危机能力测试 2. 我的五样 3. 我的墓志铭 4. 自我探索:自杀态度问卷 5. 生命的思考 6. 我的生命线 7. 我所了解的父母 8. 总结与分享	5分钟 15分钟 20分钟 10分钟 15分钟 25分钟 20分钟 10分钟	工具单、纸、笔
15	幸福增值拥抱生命	引导成员思考、感受幸福的力量,彼此爱的支持与信任。	1. 暖身活动:句子接龙"幸福是" 2. 自我探索:大学生主观幸福感 3. 幸福之旅 4. 总结与分享	15分钟 10分钟 60分钟 30分钟	眼罩
16	心理咨询助你成长	构建自我支持系统,学会有效使用身边资源,探索原生家庭于个人的影响,学会同理心表达,学会换位思考。	1. 暖身活动:你有心理咨询需求吗? 2. 我的支持系统 3. 自我探索:社会支持评定量表 4. 原生家庭 5. 同理心的表达 6. 总结与分享	15分钟 20分钟 10分钟 25分钟 30分钟 20分钟	工具单、纸笔

主动适应　积极改变

你可能正在经历：

"调剂到冷门专业,每天上课像在考古"

"北方人在南方上学,澡堂没隔间直接社死"

——当环境剧变让你想"躺平"时,主动破局恰是青年最酷的成长宣言。

托尔斯泰说:"世界上只有两种人:一种是观望者,一种是行动者。大多数人都想改变这个世界,但没有人想改变自己。"其实,要改变现状,首先得适应现状,适应现状就要改变自己。从某种意义上讲,这个世界上唯一能改变的就是自己。只有改变自己、适应环境,才能使自己成为最大的赢家。美好的大学生活从适应开始,我们准备好了吗?

【身边的故事】

故事一:江苏苏北地区某大学大一新生小李,江苏无锡人,独生女,从小备受父母呵护。父母望女成凤心切,只希望小李好好学习,其他的事情全由父母包办。小李一方面为了逃避父母的管束,一方面由于成绩因素,就离开家乡到异地求学。小李看着一路上陌生的城市,心中些许失落,盛夏酷暑又向她提出了严峻的挑战,进校报到后第二天就开始了军训。炎热的气候、严格的纪律、艰苦的训练、不合口味的饮食、陌生的环境,与她想象中的轻松、浪漫、美好的大学生活形成了强烈的反差。同寝室的同学来自南京、南通、徐州等地,如果她们说家乡话,小李根本听不懂。一次内务检查中,小李的被子没叠成豆腐块儿,被罚在烈日下站军姿,心情十分沮丧;回到寝室也不愿意与同学交流,只好打电话向父母哭诉,随后又去找辅导员,以不适应当地的气候、饮食和大学的人际环境为由,提出退学申请。

走进大学校门,并不等于就是合格的大学生。大一同学都面临着一个对新环境的适应问题,如果对这一问题缺乏清醒的认识,心理准备不足,就会出现类似小李适应不良的症状。如果能够坚持弃旧迎新站稳脚跟,就会逐步感受到重生的喜悦,不断成长,这就是积极适应的过程。积极适应要求我们在短期内完成个人角色的转换,在各方面做出相应的调整,转变角色,从接受管理向自主管理发展。

故事二：大一新生晓丹说，她是"被管大的一代"，在家父母管，吃饭、睡觉、家务、学习等一切都是家长和老师安排好的，除了学习，什么事情都不用自己考虑。可是上了大学后，什么事情都要自己想、自己做。晓丹觉得，住集体宿舍，没有一点隐私；到食堂就餐，饭菜难以下咽；自己整理内务，每天花很多时间在洗衣服、整理物品上。课余时间都要自己安排，经常不知道自己应该做什么、怎样做，很不习惯；上大学前，没有钱就直接跟父母要，上大学后生活费是父母按月打到卡中，往往还没到月底就花完了，每个月都有几天要吃泡面，为此她感到很迷茫。

大学的学习内容、方式等与高中阶段差异极大，部分同学需要较长时间方能适应。高中是一间教室，有固定课程，又有老师和家长的督促，学生的学习是被动式的。大学则全然不同，内容丰富，课程多，教师对学生学习干预较少，学生课余自由支配时间较多，强调自主学习，需要制订合理可行的学习计划、确切的学习目标，找到适合自己的学习方法，并坚持按计划学习，主动学习。

【自我探索】

在社会情境中，适应是个体或群体调整自己的行为使其合乎所处社会环境需要的过程，具有良好的社会适应性才能应对复杂多变的社会环境。其实人的成长过程，就是社会适应性不断提高的过程。良好的心理适应能力是心理素质结构中重要的内容之一。

你的心理适应能力如何？[①]

下面的问题能帮助你进行社会适应能力的自我判别，每个陈述有三个选项，请将最适合自己的选项填到题号前括号内。A 是；B 无法肯定；C 不是。

（　　）1. 我最害怕转学或转班级，每到一个新环境，我总要经过很长时间才能适应。

（　　）2. 每到一个新的地方，我很容易同别人接近。

（　　）3. 在陌生人面前，我常常无话可说，以至感到尴尬。

（　　）4. 我最喜欢学习新知识或新学科，它给我一种新鲜感，能调动我的积极性。

（　　）5. 每到一个新地方，我第一天总是睡不好，就算在家里，只要换一张床，有时也会失眠。

（　　）6. 不管生活条件有多大变化，我也能很快习惯。

（　　）7. 越是人多的地方，我越感到紧张。

（　　）8. 在正式比赛或考试时，我的成绩多半不会比平时练习差。

（　　）9. 我最害怕在班上发言，全班同学都看着我，心都要跳出来了。

（　　）10. 即使有的同学对我有看法，我仍能同他（她）交往。

（　　）11. 老师在场的时候，我做事情总有些不自在。

（　　）12. 和同学、家人相处，我很少固执己见，而乐于采纳别人的看法。

（　　）13. 同别人争论时，我常常感到语塞，事后才想起该怎样反驳对方，可惜已经太迟了。

（　　）14. 我对生活条件要求不高，即使生活条件很艰苦，我也能过得很愉快。

---

① 测试来源：李汉华.大学生心理健康教育[M].北京：北京理工大学出版社，2011：39～40.

（　　）15. 有时自己明明把课文背得滚瓜烂熟,可在课堂上背的时候,还是会出差错。

（　　）16. 在决定胜负成败的关键时刻,我虽然很紧张,但总能很快地使自己镇定下来。

（　　）17. 我不喜欢的东西,不管怎么学也学不会。

（　　）18. 在嘈杂混乱的环境里,我仍能集中精力学习,并且效率较高。

（　　）19. 我不喜欢陌生人来家里做客,每逢这种情况,我就有意回避。

（　　）20. 我很喜欢参加社交活动,我感到这是交朋友的好机会。

【评分与结果解释】

单数号题(1、3、5、7……)A 是:－2 分;B 无法肯定:0 分;C 不是:2 分。

双数号题(2、4、6、8……) A 是:2 分;B 无法肯定:0 分;C 不是:－2 分。

将各题的得分相加,即得总分。

单号题	1	3	5	7	9	11	13	15	17	19	合计
得　分											
双号题	2	4	6	8	10	12	14	16	18	20	合计
得　分											
合　　　计											

35～40 分:心理适应能力很强,能很快适应新的学习、生活环境,与人交往轻松、大方,给人印象极好,无论在什么样的环境,都能应付自如,左右逢源。

29～34 分:心理适应能力良好。

17～28 分:心理适应能力一般,当进入一个新的环境,经过一段时间的努力,基本上能适应。

6～16 分:心理适应能力较差,依赖于较好的学习、生活环境,一旦遇到困难则易怨天尤人,甚至消沉。

5 分以下:心理适应能力很差,在各种新的环境中,即使经过一段相当长时间的努力,也不一定能够适应,常常困惑,因与周围事物格格不入而十分苦恼。与他人的交往中,总是显得拘谨、羞怯,手足无措。

如果你在这项测查中得分较高,说明你的心理适应能力较强。但是,如果你得分较低,也不必忧心忡忡,因为一个人的社会适应能力是随着年龄的增长、知识经验的丰富而不断增强的。只要你充满信心、刻苦学习、虚心求教、加强锻炼,你一定会成为适应社会的成功者。

【体验训练】

暖身活动:双手交叉

一、活动目的

1. 演示强迫性的改变可能引起的不自在和随之而来的抵触情绪。

2. 感悟习惯是可以改变的,关键是改变的意识和行动,也就是积极主动地适应。

二、活动操作

1. 请成员按照平时的习惯把双手交叉握在一起。

2. 请注意看自己的拇指和各个手指是怎样交叉的(是左手大拇指在上还是右手大拇指在上)。

3. 然后请大家按相反的顺序再将手指交叉(例如本来左手大拇指在上的改为右手大拇指在上),大家此时的感受如何?

为了减轻这种对改变的抵触情绪,我们应当采取什么样的技巧?

4. 请你按照你所不习惯的叉手动作连续做 20 遍。

5. 请准备好最后再做一遍叉手动作(随便哪只手在上面),请问:有多少人改变了刚才的叉手习惯?这说明了什么?

三、相关讨论

1. 当手指采取与平时不同的习惯姿势时,你们有没有觉得异样或不自在,为什么?

2. 怎样去改变?

3. 做完这个游戏你有什么感受和发现?

其实改变一个习惯需要有意识地去练习——思想上的接受,行动上的参与。而到了新环境下的适应也正是如此。了解很多行为方式只是个人习惯不同,每个人都有每个人的习惯。当我们去体验别人的习惯时,会发现特别不舒服。在生活中,别人的处事方式可能和你完全不同,而对方给你的感觉也可能十分不舒服。所以我们每个人都要学会接纳不同,理解他人,提高自己对于环境各方面的适应。

活动一:进入大学后的"五个最"

一、活动目的

引导学生自我思考大学里自己是怎样的、对大学的感觉又是怎样的,通过明晰感受和目标进而更好地度过适应期。

二、活动操作

1. 分发给班级成员"进入大学后的五个最"提纲,让大家就自己现在的感受完成。

"进入大学的五个最"提纲:

进入大学后,我最满意的是:_____;

进入大学后,我最高兴的是:_____;

进入大学后,我最关心的是:_____;

进入大学后,我最想做的是:_____;

进入大学后,我最担心的是:_____。

2. 小组内交流。

3. 请各组派一名代表,概括小组成员的想法。

4. 总结:刚进入大学,大家有一些迷茫、困惑是正常的,因为每个人到新的环境都要有一段适应期,角色的转变也需要一定时间。但同时,我也看到了大家渐而渐深的默契,有了这份默契和精神情感支持,大家会走得更顺利的!

活动二：急速大考验

一、活动目的

促进成员之间相互熟悉,增进沟通,发挥集体力量探讨解决问题的有效办法和途径。

二、活动准备

将学生分成6～8组。

三、活动操作

1. 分发给各小组紧急任务单(每组填写具有不同特征的事物,越多越好)。

2. 回收各组填写好的任务单。

3. 随机从任务单中圈出3个答案,尽量选择难度大的、有挑战性的答案。

4. 交叉各组的任务单(第1组交给第2组,第2组的交给第3组,依此类推)。

5. 让小组成员从圈出的3个答案中任选1个,通过集体造型的方式展现出来。

四、注意事项

1. 温馨提示:在活动一开始只需说明大家要完成一个任务,引导大家尽可能多地写出具有相应特征的事物。回收各组任务单之后,再出其不意地说出要以集体造型的形式表现出其中的一些答案。

2. 任务单提示:请尽可能多地写出具有该特征的事物。

第1组任务单:会飞的　第2组任务单:会发光的　第3组任务单:会喷水的

第4组任务单:有毛的　第5组任务单:会发声的　第6组任务单:会跳的

第7组任务单:球形的　第8组任务单:白色的　第9组任务单:有尾巴的

活动三：五步脱困训练法

"五步脱困训练法"是帮助受困者认识错误信息是导致内心困惑的祸根,从而解决对新环境适应不良而产生的困惑。

一、活动目的

通过改变说话的方式矫正受困者绝对化的思维方式和错误认知,明确行动目标和途径。

二、活动准备

了解训练步骤:

第一步,困境:我做不到A。

第二步,改写:到现在为止,我尚未能做到A。

第三步,因果:因为我过去不懂得……(自己可以控制可以改变的因素),所以到目前为止,尚未能做到A。

第四步,假设:当我学到或懂得……我便能做到A。

第五步,未来:我要去学……我将会做到A。

三、活动操作

1. 结合自己实际情况选定训练主题。

2. 使用本法进行训练。

四、以英语学习中的困境为例,见表2-1所示。

表 2 - 1

步骤	内容	专家点评
第一步 困境	我学不好英语	这是他现在的内心困境。这句话看起来像是一句真理,然而,他却让自己陷入一个狭小的空间里。他反复地这样告诉自己,结果真的会越来越学不好英语。心里的困惑由此产生
第二步 改写	到现在为止,我尚未能学好英语	这样改写,可以把事情划清时间指标,让自己将以前与未来分开,以前没学好并不代表将来也学不好;让自己看到希望,不是绝对学不好,而是时间未到
第三步 因果	因为我过去的学习方法不对,而且不够用功,所以目前为止,尚未能学好英语	到目前为止,为什么没学好英语呢?我们需要客观冷静地找一下原因。找到失败的原因,这是成功的前提。自己找到原因:方法不对及用功不够,这些都是可以控制的因素,也是决定性因素
第四步 假设	当我找到了正确的学习英语的方法,并且刻苦用功,我便能学好英语	我们将前面三步中的负性词语"学不好",改为正性词语"能学好",让自己有了能学好的信心
第五步 未来	我要去向老师和英语成绩好的人请教,请他们介绍一些好的学习方法给我。并且,我会多花一些时间在英语学习上,我想,这样我是可以学好英语的	经过以上四个步骤,我们现在可以描绘一下美好的未来了,这也是一种自我暗示的方法。告诉自己,未来要如何去做,利用可以控制的资源制造机会,坚信,我们是可以摆脱心理困境的

◇ **自我评估与小结**

1. 通过活动,你是否更加清晰、客观地认识自我,接纳自我?

_____

2. 通过活动,对于你更好融入大学的大家庭有哪些启发?

_____

3. 通过活动,你是否对大学生生活做出了初步的计划?

_____

【知识链接】

➢ 大学新生常见适应问题

　　大学新生刚离开中学校园,进入大学校园,面对全新的学习、生活和人际关系环境,面对由"中学生"到"大学生"的角色转换,面对由依赖到相对独立的转变,不同程度地存在适应性问题。如思想不稳定,使部分新生缺乏对专业学习的兴趣和动力;独立生活能力不足,使部分新生在日常生活中无所适从;处理人际关系的能力不足,使部分新生不能适应由"熟人环境"到"陌生人环境"的变化,在新环境中感到孤寂;学习、生活和人际交往等方面的实际困难所带来的心理困扰,以及心理调适的相关知识和能力不足,使不少新生不同程度地存在心理问题。概括起来,大学常见的适应问题主要表现在以下几个方面:

一、生活应对的烦恼

生活适应问题在刚入大学的新生中较为常见。在校大学生平均年龄处于 18～22 岁之间，他们在生理上多已发育成熟，但其心理发展远没有成熟，仍带有一定的幼稚性、依赖性和冲动性。新生来到大学后，在生活环境、生活方式、生活习惯等方面需要进行全面的调整适应。

1. 生活环境变化带来的不适应

陌生的校园、陌生的脸孔、全新的语言环境、崭新的校园内外文化生活，怎样适应新的生活、新的环境，这是大学新生进入校园后首先就要面临的问题。但是大学生活并不像想象中的那样诗情画意，新生经过了一个月的熟悉后，往往会因为期望过高而产生失落和迷茫，这严重阻碍了他们对大学生活的适应。一些调适能力差的学生迟迟不能重新唤起激情，终日处于无动力的涣散状态中，白白浪费了一个学期甚至更长的宝贵时间。

2. 生活方式带来的不适应

从生活方式上看，进入大学，首先就是要学会独立生活。同学们要打理好自己的生活起居，同时也要学会管理钱财。

绝大多数中学生一般都是就近入学，生活起居都由父母操持，有自己独立的生活学习空间。即使是寄宿制中学，学生离家也不太远，一般一周可以回家一次。而大学完全是集体生活，衣、食、住、行、学等日常问题，包括待人接物都要自己安排。因而一些适应能力较差的学生会感到不习惯、不适应、束手无策、郁郁寡欢，不愿意与别人沟通交流、感到孤独无奈，甚至晚间常常独自偷偷哭泣。

大学生要加强对自我理财的管理。我们在调查中发现，有些新生一个月的生活费不到十天就能花完，完全没有规划，这也主要源于以往父母包办，无须自理造成的。因此，新入学的大学生要尽快学会理财，要根据家庭收入情况合理规划好自己的生活费用，明白哪些是必需的，哪些开支是没必要的，最好能做一个生活账本，帮助自己积累理财经验。

3. 生活习惯不同带来的不适应

大学宿舍一般是 4～8 人同居一室。由于受各地风俗、习惯、气候及经济发展水平的影响，在同一间宿舍里的不同学生在饮食、卫生习惯、作息安排等方面都存在差异。外向的同学喜欢说个不停，内向的则少言寡语；有的人喜欢早睡早起，有的则早上不起晚上不睡。这样一来，爱卧谈的打扰喜欢早睡的，爱静的同学被朋友多的人弄得烦躁不已。因此，大学新生不仅要改变自己的生活习惯，同时还要和宿舍同学的生活习惯相互适应。而每个人的生活习惯一时又难以改变，有相当一部分新生因为生活习惯相差太远而要求调换宿舍，严重者还导致神经衰弱、抑郁，有的甚至休学、退学。

二、学习能力的困扰

1. 学习目标和要求不适应

中学阶段，学生都有一个明确的学习目标：考大学，为了实现这一目标，暂时放弃其他兴趣爱好，专心学习，争取金榜题名。进入大学之后，高考这盏明灯也随之熄灭，一时不知目标所在，出现了动力真空。很多学生对学习提不起兴趣，终日玩耍，出现旷课、打游戏、夜不归宿等现象,不思进取,学习成绩直线下降。有的同学习惯了被动学习,一旦失去教师、家长的监督便不能自律,在看似轻松的大学学习氛围中随波逐流。另外,大学更看重理论联系实际的能力,理工科看重动手操作能力,文科则要考核联系实际分析和解决问题的能力,这些都对大学新生学习的独立性和创造性提出了更高的要求。而学习目标不明确的学生常常学习懒散,听课时注意力涣散,课后不愿复习,也就很难满足大学学习独立性和创造性的要求。

2. 学习内容和方式不适应

大学的学习内容多是接受大规模的专业知识教育和专业技能训练,无论在深度还是广度上,大学专业课程与中学基础课程相比,都有极大的变化。大学需要学习的课程一般都在 30 门以上,每个学期课程都不相同,学习内容的激增加上各种资格证书的考试,使得大学生学习任务大大加重。并且,大学教师大多按照自己的理论体系授课,强调启发、研讨、自学,课堂讲授时间少、覆盖内容多、讲课速度快、内容跨度大。尤其是低年级基础课、公共课采取大班授课形式,有些课程,教师只提纲挈领,一节课下来就讲了三四章甚至半本书。而大学新生往往尚未学会合理安排空余时间,就在从一个教室到另一个教室的奔波中,让大量宝贵时间白白浪费掉,到期末考试才发现自己学习跟不上,导致挂科。

3. 课后管理模式不适应

有一位新同学在问卷调查中这样写道:"我们似乎成了没人管的羔羊。辅导员一周还不到我们宿舍一次,上课的老师如同屏幕上的明星一样,下课就不见了,难道我们就要在这样的状态下度过大学生活么?"实际上,刚从中学跨入大学的新生,普遍都感到对大学管理不适应,他们渴望有人监督、有人管理,不了解、不适应大学的管理特点,面对每天大部分的自由时间无所适从,不能充分地利用课后时间,于是就出现了这样或那样的心理和行为问题。面对和中学有巨大差别的管理方式,那些心理和行为适应能力较差的新生,大都感到空虚、无聊、难以适应。由于空虚,有的学生刚入学不久就谈恋爱,或沉迷网络游戏,在感情世界和网络世界中寻找寄托,因此影响学业,贻误了美好的青春年华。

▶ 三、人际交往的困难

社会心理学家指出:"良好的人际关系是一个人心理正常发展,个性保持健康和生活具有幸福感的重要条件之一。"对于大学生而言,学会营造良好的人际环境,对今后的学习、生活和健康都有很重要的意义。可是,虽然每个成长中的大学生都希望自己在未来的大学生活中能够拥有良好的人际关系,但是真正开始大学生活的时候,才发现自己在交往过程中会出现很多问题。

1. 师生之间的人际关系无奈加无招

在大学,往往一个辅导员要承担众多班级所有学生的各项管理工作,因此不可能对每个学生都像高中老师那样关心到位。班级的许多具体工作大多由学生自己或班干部组织完成,加之没有固定教室,所以大部分同学天天见到辅导员老师的机会不多。大学的任课老师又多是大班授课或者下课走人,课后时间与学生交流得少,不像高中老师那样谆谆教导。这种突然的、宽松的空间距离对于一直被父母和老师严格"看管"的新生来说很不适应。另外,有些学生害怕老师,不敢和老师打招呼,即便有了问题也不知道该如何与老师交流,面对日渐疏远的师生关系更加无所适从。

2. 同学之间的关系单纯加失望

刚刚跨入大学校门的新生,大多是带着兴奋和憧憬的心情而来,想通过人际交往去认识世界,获得友谊,因此,人际交往的需求极其强烈。然而,他们对同学关系的追求又很单纯,富有理想化色彩,往往希望交往不带任何杂质,当遇到更多更复杂的同学关系时,就会对周围的同学失去信心,整日郁郁寡欢,心情沮丧;而更多的同学面对复杂的同学关系则不知如何处理,经常被苦闷和烦恼的情绪所困扰。原因就在于大部分新生在上大学之前,往往拥有的是以学习为圆心、以学校到家的距离为半径的狭窄的交往圈,形成的是不掺杂任何利益关系的、单纯的交往模式。但是到了大学,同学们交往的圆心不再固定,半径也参差不齐,因此,大家不再是同心圆,同时还会有很多利益因素在其中,同学之间难免会产生一些矛盾和冲突。

3. 室友之间的关系冷漠加对抗

由于宿舍里的同学分别来自不同的城市和家庭,他们在思想观念、价值标准、生活方式等方面都存在着明显的差异。另外,现在大部分新生都是独生子女,不懂得关心他人、理解他人,看问题片面、偏激,还有着自私、任性的个性特征,因此,在遇到实际问题的时候往往容易发生冲突,小到吵架,大到厮打,致使本该和睦的室友关系演化成冷漠和对抗的关系。

➢ 掌握适应能力方法,提高新生心理健康水平

◉ 一、顺其自然法

小王一直对大学充满幻想,在他想象中的大学,高楼深院环境优美,老师知识渊博、风度翩翩,同学积极进取、和善恭谦,大学生活丰富多彩、轻松浪漫。然而,当他真正踏入大学的新环境以后,现实生活的苦恼却与过去富有理想色彩的高期望形成强烈反差。起先他很苦恼,但渐渐想开了,觉得"既来之,则安之",不知不觉,一年过去了,小王觉得一切都豁然开朗了,自己的大学还是很可爱的。

顺其自然法就是对不可避免到来的事情要"泰然处之",对待不可改变的事情要"既来之,则安之",对待不可挽留的事情要"失之坦然",对待得意的事情要"淡然视之",这种调适法的核心是要在整个适应过程中保持一种自然、宁静、平常的心态,要着眼于自己的目的去做应该做的事情。但顺其自然也不是出现了不安就听凭这种不安去支配行动,屈服于现状,要理智地认识到对不满进行抵制、反抗或回避、压制都是无意义的。主动直面得失成败,特别是要坦然接受在适应过程中产生的各种困难。新生使用顺其自然法,既有助于避免或减轻在适应过程中产生的焦虑、急躁和抑郁情绪,又有利于生活情趣的提高。

◉ 二、积极暗示法

小罗一直知道自己想要什么,他知道只有不断提高自己的能力,才可以在将来的就业中占据一定优势,所以空余时间,他几乎都在图书馆度过,但看到别人恣意潇洒,又会觉得大学的美好时光不用来挥霍,留下美好回忆,就太没意思了。小罗处在激烈的思想斗争中很是苦恼。在自己反复权衡之下,他还是觉得提升能力最重要,为了避免自己的决心动摇,他每天早上起来都要对着镜子自我暗示。长此以往,小罗果真能够在别人恣意潇洒的时候,心如止水地学习下

去了。

大学生入校后容易产生迷茫、失落、自卑、怀旧等心理。克服大学生的心理障碍,可以采用心理暗示法,它是用积极、含蓄、间接的办法对人的心理状态产生迅速影响的过程,它用一种积极提示让我们在不知不觉中接受影响。只要我们想美好的事情,美好的心态就跟着来。美国心理学家威廉斯说:"无论什么见解、计划、目的,只要以强烈的信念和期待进行反复的思考,那它必然会置于潜意识当中,成为积极行动的源泉。"新生学会正确运用积极暗示法可充分调动潜在的心理资源,不仅有助于提高效率、增强自信、保持平静的心态,而且有利于增强自我效能感和成就感,为顺利适应大学生活奠定积极的心理基础。

三、合理比较法

小菲在竞选班委时落选了,她很是伤心,觉得自己一无是处,什么都比不上别人。小菲的想法有点以偏概全,一次的失败就彻底否定自己,其实这根本说明不了什么。失败的时候,我们应该冷静分析,现在的我和以前的我是不是有变化,要充分肯定自己的成绩和实力,增强自己的信心。在将自己与别人进行比较的时候,一定要确定在一个点上,如只能将自己的演讲能力和别人的演讲能力进行比较。另外,在比较的时候要全面分析自己,这样才能得到公平、客观的评价结果。

进入大学后不久,多数新生都能强烈地感受到校园的评价内容不再是一元的学习,因此,很多新生一时难以适应大学新环境的多元评价方式,导致一些新生茫然不知所措,很难正确认识和评价自我,建立与新环境相适应的评价方式。新生在重新建立自我评价方式时,可以采用以下几个维度进行合理比较。

1. 自我纵向比较,肯定自己,增强自信

多数新生在进入大学后总是无意识地用别人的优点和自己的缺点来进行比较,结果可想而知,容易产生自卑、消极等不良情绪。其主要问题是没有进行合理比较,没有把自己和别人放在统一的天平上。这时候我们应该冷静分析,现在的我和以前的我是不是有变化,要充分肯定自己的成绩和实力,增强自己的信心。看到自己的不足时,要树立克服不足的信心,并努力纠正它。

2. 点对点比较,正确归因,坦然面对

点对点比较,就是将自己与别人进行比较的时候,一定要确定在一个点上,如只能将自己的演讲能力和别人的演讲能力进行比较,这样才能有公平、客观的评价结果。同时还要正确地归因:能够通过努力赶上对方,证明自己还有潜力;如果努力也不能实现,就坦然面对。

3. 点面结合比较,客观分析,提高自己

点面结合的比较,就是在比较的时候要全面分析自己。新生在与别人的比较中,应该认识到每个人都有优缺点,但也不要"只见树木,不见森林",只有点面结合,才能客观地分析比较,不断提高自己、丰富自己。

四、交友谈话法

小王在上大学之前从未住过学校,处理好和舍友之间的关系对他来说是一个不小的挑战,毕竟他没有兄弟姐妹,很难适应突然间多了好几个朝夕相处的"兄弟"的感觉。况且近距离的相处,不可避免地会出现摩擦,毕竟大家都是家里的独生子女,考虑事情也一直从自己的角度去思考。在大学里出现这种状况其实很正常,不必过多担忧,知错能改就好,解决问题的最好办法就是沟通。沟通能让你在了解别人的同时又能让别人了解你,避免矛盾激化。

适应期间,新生会在学习、生活、人际关系、环境适应等方面产生困惑,而同龄人的交流会更有说服力,辅导员的指导会更能打开视野和心结。所以,新生应该主动地与辅导员、高年级的学生、其他新生或同乡交友、沟通,向他们倾诉苦闷,与他们共同探讨对策,倾听他们的建议和意见,寻求他们的情感性社会支持。这不仅有助于新生减缓消极情绪,丰富社会、人生经验,而且对顺利适应也有非常重要的促进作用。

五、心理咨询法

从开学到现在已经一个多月了,小健在各方面适应得都不太好,很压抑,经同学介绍向大学生心理咨询中心的老师咨询,现已有所好转。

心理咨询是运用心理学的方法,对心理适应方面出现困惑并希望解决的来访者提供心理援助的过程。现在所有的高等院校都设有大学生心理健康教育中心,教育中心的辅导老师会遵守关爱、尊重、平等、保密的原则,以诚心、爱心、耐心接待每一位来讨论问题的同学,帮助来访学生树立心理健康意识,优化心理品质,增强心理适应能力,守护心理健康,新生可主动前往寻求帮助。

> **思政点睛**
>
> 从"一五计划"奠定工业基础,到"双碳"目标引领绿色转型——国家每次战略转身,都呼唤青年主动适配时代需求。今日你为听懂方言多问一句,为跨专业合作迈出一步,就是在练习未来建设现代化强国的核心素养:变革力。

【经典心理实验】

21 天效应

在行为心理学中,人们把一个人的新习惯或理念的形成并得以巩固至少需要21天的现象,称之为21天效应。也就是说,一个人的动作或想法如果重复21天,就会变成一个习惯性的动作或想法。

● **习惯的形成大致分为三个阶段**

第一阶段:1~7天左右。此阶段表现为"刻意,不自然",需要十分刻意地提醒自己。你会觉得有些不自然、不舒服,你应该认真参照书中的理论方法去做,克服这些情况。

第二阶段:7~21天左右。此阶段表现为"刻意,自然",你已经觉得比较自然,比较舒服了，但是一不留意，你还会恢复到以前，因此，你还需要意识控制，刻意地提醒自己改变。

第三阶段：21～90天左右，此阶段表现为"不经意，自然"，无须意识控制，其实这就是习惯，这一阶段被称为"习惯性的稳定期"。一旦跨入这个阶段，你就已经完成了自我改造，这个习惯已成为你生命中一个有机的组成部分，它会自然而然地不停为你"效劳"。

● 理念与习惯的形成需要一个过程

美国的凯尔曼(1961)经研究发现，它也需经过三个阶段：

第一阶段，顺从。即表面接纳新理念或开始新习惯，在外显行为上表现出尽量与新的要求一样，而在实质上未发生任何变化。此时，最易受到外部奖励和惩罚的影响，因为顺从可获得奖励，不顺从就会遭到惩罚。可见，新理念、新习惯的形成一开始多数是受到外在压力影响而产生的，自发的是极为少见的。

第二阶段，认同。认同是在心理中主动接纳新理念、新习惯的影响，比顺从更深入一层，因此，此时意识成分更加浓厚，不再是被动的、无奈的，而是主动地、有意识地加以变化，使自己尽可能接近新理念、新习惯。

第三阶段，内化。此时，新理念、新习惯已完全融于自身之中，无任何不适之处，已彻底发挥新理念、新习惯的作用。一般而言，这三个阶段对非特异的理念、习惯只需21天便可形成，这是大量实验与实践的结果。

新理念、新习惯的形成需要不断地重复，即使简单的不断重复也是十分有效的。21天效应不是说一个新习惯只要经过21天便可形成，而是21天中这一新理念、新习惯要不断地重复才能产生效应。

强度低的、简单的新理念、新习惯的形成就可能会形成得快一些，强度大的、复杂的新理念、新习惯就可能形成得慢一些。另外，新理念、新习惯的性质对形成的时间来说也会有影响。

此外，有一点是明确的，如果旧习惯就是我们想要改变成新习惯的，也就是两者的关系是密切相关的，应该说它们是同步的、对立的时候，也就是"破"的时候，同样需要21天才会产生效应。

如果您决定改变或者养成一个习惯，可以这样开始：

1. 坚持这个习惯21天。

2. 让自己清楚地了解到新习惯带来的好处，因为感情远远比理性的强迫更有动力。

3. 把它当作一个试验，而非一个心理斗争。这将有助于集中对待，随时调整和正确对待结果。

4. 远离那些可能再次触发你旧习惯的地方。

5. 将计划写在纸上，并告诉你的朋友，给自己一种压力。

6. 保持简单。建立习惯的要求只需要几条就可以了，保持简单，从而更容易坚持。

7. 不要追求完美。一步一步地做起，不要指望一次就全部改变。

成功，就是简单的事情反复地做。之所以有人不成功，不是他做不到，而是他不愿意去做那些简单而重复的事情。

所以，只要你开始做，并一天一天地坚持下去，你就会取得意料之外的效果。

【拓展阅读】

➤ 心灵书籍——《心动力、新起点：大学新生心理适应》①

　　本书主要聚焦于帮助学生面对和解决大学生活适应、自我认识、生命教育、情绪管理、人际关系、恋爱、生涯管理七个大学阶段的重要议题，运用生动有趣的故事、深入浅出的解析、行之有效的方法、丰富多样的练习帮助学生解读各种成长性问题，并通过方法指导和练习实践，使问题化解于萌芽之中，防患于未然。本书以积极心理学为导向，引领学生从进校开始，就着眼于认识自我、规划自我、管理自我、发展自我，并在这一过程中主动培养和塑造爱、创新、坚持、行动力等积极的心理品质，朝着一个更好的自己不断前行。

相关书评：

　　本书主要分为两个部分，第一部分提出大学阶段的七个重要议题；第二部分是联系部分，充分把理论和实践联系在一起，让学生能够在学习过程中通过实践练习更好地成长。书中第一章主要围绕大学生刚进校后的环境适应和心理适应来展开，也是本书主题的体现，是核心内容的开始；第二至七章主要围绕大学生自我认识、应对挫折、管理时间、管理情绪、人际交往、认识爱情、职业生涯等方面展开，通过相关的练习帮助大学生更快、更好地处理大学生面临的各种问题。本书特别适合大学新生阅读，也可用于指导大学生心理成长类课程使用。

---

① 张强等. 心动力、新起点：大学新生心理适应［M］.科学出版社.2015.

平衡自我　握手自信

这些场景你是否熟悉?

"看到学霸简历,觉得自己是来人间凑数的"

"刷到网红光鲜生活,焦虑得睡不着"

——当比较让你陷入自我撕裂时,你需要一场认知升级:真正的自信,是看见独一无二的自己如何连接家国山河。

福特说:"无论你认为你能或者认为你不能,你都是对的。"爱默生说:"自信是成功的第一秘诀。"古希腊先哲苏格拉底大声疾呼"认识你自己"。中国古谚也说:"知人者智,自知者明。"《孙子兵法》也特别强调"知己知彼,方能百战不殆"。由此可见,正确的自我认知与自信对一个人的成功与幸福是多么重要。作为新时代的大学生,我们认识自己了吗?

【身边的故事】

故事一:某女大学生,二十一岁,大学三年级,来自农村,经济拮据,平时舍不得买东西,看到舍友天天有意无意地炫耀网上淘来的宝贝时,内心很酸。虽然成绩不错,大一时曾获得二等奖学金,同学对她评价还可以,可她固执地认为同学都因她家庭困难而"鄙视"她,觉得自己在经济、沟通、气质,以至于机遇上都不及城里来的同学,而产生了处处不如人的消极心理。同时,她又不甘心落后于各方面都优秀的同学,想以优异的学习成绩来显示自己的独特才能。由于处处想与人比高下,又担心别人超过自己,这样必定会受到别人的冷嘲热讽,开始出现了注意力难以集中、多疑、容易愤怒等情况。

这样的女生在大学里并不鲜见,只是表现形式与程度不同而已,由于自我认识的偏差而导致自尊与自卑的矛盾体验,使得心理失衡。为了掩饰自己的自卑,常常封闭自我、伪饰自我,用偏颇的方式来解决问题,使自己越陷越深,其内心体验痛苦不堪。她的自我认识走入了误区,自我体验直接影响了心理健康。如何帮助她恢复自我平衡,建立并保持自信,需要我们进一步思考。

故事二:张某,女,在某普通本科院校念大二,成绩中等。自己身边的同学,有的经常得一等奖学金,有的已经成为预备党员,有的在社团或学生会小有成就,有的在校内外创业或兼职打工赚不少钱,生活都过得有滋有味,而自己的生活空空如也。虽然她经常去图书馆,读了很多不同类型的书,但是始终找不到自己的人生方向。别人想干什么,自己也想干什么,但是自己又没有勇气,还怕自己不会统筹时间而耽误了学习时间,对自己的生活是各种迷茫。

个体有自我实现的需要,但是在实现之前,自己要知道自我实现的目标是什么,梳理目标的过程,也是自我意识逐渐清晰的过程。故事中的女孩非常羡慕别人的生活,但是在自我认识尚未准确定位的前提下,她无法分辨清楚:别人要的生活是不是属于自己的生活,要找到自己的生活需要对自我有一个全面、深刻的认识。

【自我探索】

自我意识是一个人对自己的认识和评价,包括对自己心理倾向、个性心理特征和心理过程的认识与评价。正是由于人具有自我意识,才能使人对自己的思想和行为进行自我控制和调节,使自己形成完整的个性。只有具备平衡的自我,才更有利于个人的发展。下面的测试可以帮助大家深入了解自我意识和谐程度,看看自己是否具备适度水平的自我效能感。

自我和谐量表(SCCS)①

下面的题目请结合自己的实际情况,如实作答,用1～5表示该句话与您现在的看法相符合的程度。每个人对自己的看法都有其独特性,因此答案没有对错之分,请认真填写。

1 完全不符合,2 比较不符合,3 不确定,4 比较符合,5 完全符合

(　　)1. 我周围的人往往觉得我对自己的看法有些矛盾
(　　)2. 有时我会对自己在某方面的表现不满意
(　　)3. 每当遇到困难,我总是首先分析造成困难的原因
(　　)4. 我很难恰当表达我对别人的情感反应
(　　)5. 我对很多事情都有自己的观点,但我并不要求别人也与我一样
(　　)6. 我一旦形成对事物的看法,就不会再改变
(　　)7. 我经常对自己的行为不满意
(　　)8. 尽管有时得做一些不愿意的事,但我基本上是按自己意愿办事的
(　　)9. 一件事好就是好,不好就是不好,没有什么可含糊的
(　　)10. 如果我在某件事上不顺利,我就往往会怀疑自己的能力
(　　)11. 我至少有几个知心朋友
(　　)12. 我觉得我所做的很多事情都是不该做的
(　　)13. 不论别人怎么说,我的观点决不改变
(　　)14. 别人常常会误解我对他们的好意
(　　)15. 很多情况下我不得不对自己的能力表示怀疑
(　　)16. 我朋友中有些是与我截然不同的人,但这并不影响我们的关系
(　　)17. 与朋友交往过多容易暴露自己的隐私

① 汪向东,王希林,马弘.心理卫生评定量表手册[M].北京:中国心理卫生杂志社,1999:314～317.

（   ）18. 我很了解自己对周围人的情感

（   ）19. 我觉得自己目前的处境与我的要求相距太远

（   ）20. 我很少去想自己所做的事是否应该

（   ）21. 我所遇到的很多问题都无法自己解决

（   ）22. 我很清楚自己是什么样的人

（   ）23. 我能很自如地表达我所要表达的意思

（   ）24. 如果有足够的证据，我也可以改变自己的观点

（   ）25. 我很少考虑自己是一个什么样的人

（   ）26. 把心里话告诉别人不仅得不到帮助，还可能招致麻烦

（   ）27. 在遇到问题时，我总觉得别人都离我很远

（   ）28. 我觉得很难发挥出自己应有的水平

（   ）29. 我很担心自己的所作所为会引起别人的误解

（   ）30. 如果我发现自己某些方面表现不佳，总希望尽快弥补

（   ）31. 每个人都在忙自己的事，很难与他们沟通

（   ）32. 我认为能力再强的人也可能遇上难题

（   ）33. 我经常感到自己是孤独无援的

（   ）34. 一旦遇到麻烦，无论怎样做都无济于事

（   ）35. 我总能清楚地了解自己的感受

【评分与结果解释】

各分量表的得分为其所包含的项目分直接相加。三个分量表包含的项目及题号见计分表所示：

自我与经验的不和谐	1	4	7	10	12	14	15	17	19	21	23	27	28	29	31	33	常模	总分
得分																	46.13±10.01	
自我的灵活性	2	3	5	8	11	16	18	22	24	30	32	35					常模	
得分																	45.44±7.44	
自我的刻板性	6	9	13	20	25	26	34										常模	
得分																	18.12±5.9	
合计																		

"自我与经验的不和谐"反映的是自我与经验之间的关系，包含对能力和情感的自我评价、自我一致性、无助感等，它所产生的症状更多地反映了对经验的不合理期望。

"自我的灵活性"与敌对、恐怖有显著相关，可以预示自我概念的刻板和僵化。

"自我的刻板性"不仅同质性信度较低，而且与偏执有显著相关。

此外，还可以计算总分，方法是将"自我的灵活性"反向计分，再与其他两个分量表得分相加，得分越高表示自我和谐程度越高。大学生群体中，低于74分为低分组，75～102分为中间组，103分以上为高分组。

自我效能感量表(GSES)①

请仔细阅读下面的一些描述,每个描述后有四个选项,请根据真实情况,把最符合您情况的选项填在括号内。(1 完全不正确;2 尚算正确;3 多数正确;4 完全正确。)

(　　)1. 如果我尽力去做的话,我总是能够解决问题的。

(　　)2. 即使别人反对我,我仍有办法取得我所要的。

(　　)3. 对我来说,坚持理想和达成目标是轻而易举的。

(　　)4. 我自信能有效地应付任何突如其来的事情。

(　　)5. 以我的才智,我定能应付意料之外的情况。

(　　)6. 如果我付出必要的努力,我一定能解决大多数的难题。

(　　)7. 我能冷静地面对困难,因为我信赖自己处理问题的能力。

(　　)8. 面对一个难题时,我通常能找到几个解决方法。

(　　)9. 有麻烦的时候,我通常能想到一些应付的方法。

(　　)10. 无论什么事发生在我身上,我都能够应付自如。

【评分与结果解释】

总分是_____。分数越高说明自信心越高。

1~10分,你的自信心很低,甚至有点自卑,建议经常鼓励自己,相信自己是行的,正确地对待自己的优点和缺点,学会欣赏自己。

10~20分,你的自信心偏低,有时候会感到信心不足,找出自己的优点,承认它们,欣赏自己。

20~30分,你的自信心较高。

30~40分,你的自信心非常高,但要注意正确看待自己的缺点。

【体验训练】

暖身活动:左抓右逃

一、活动目的

快速营造轻松愉悦的氛围,集中学员注意力于训练中。

二、活动操作

1. 请所有成员手拉手围成一个大圈,先伸出左手掌心向下,再伸出右手,食指朝下,再把你的左手放在紧挨同伴右手的食指上。

2. 下面将朗读《乌鸦和乌龟的故事》,当出现"乌鸦""乌龟"这两个词语中的任何一个时,请马上用左手去抓同伴右手的食指,同时把你右手的食指快速从他的左手下逃出来,这就叫"左抓右逃"。

活动一:我是谁

一、活动目的

认识和接纳独特的自我,了解他人。

---

① 王才康,胡中锋,刘勇.一般自我效能感量表的信度和效度研究[J].应用心理学,2001,7(1):37~40.

二、活动操作

1. 指导者可以先找一个同学示范,连续让他回答"我是谁"。当他说出一些众所周知的特征时,如"我是男人",指导者告诉大家,这种回答不能反映个人特征,应尽量选择一些能反映个人特征的语句。

_____

2. 指导者请学员们开始边思考边回答"我是谁"这个问题,至少写出20个。

_____

3. 当看到最后一位放下笔时,请同学们在小组内交流。任何人都抱着理解他人的心情认真倾听,去认识小组里一个个独特的人。

_____

4. 请每个小组派代表发言,交流学习的感受。

_____

活动二:我的历史

一、活动目的

协助参加者了解自我的成长历程、处理方式、反思能力。

二、活动操作

1. 仔细回想0~12岁期间的自我

(1) 我通过什么认识世界? 喜欢这些方式吗? 为什么?

_____

(2) 我最想干的事情是什么? 我达到目的了吗? 成败时的体验是什么?

_____

(3) 我是如何与小朋友们相处的? 我为拥有很多朋友而骄傲吗? 为什么?

_____

2. 仔细回想13~18岁期间的自我

(1) 我通过什么认识世界? 喜欢这些方式吗? 为什么?

_____

(2) 我最想干的事情是什么? 我达到目的了吗? 成败时的体验是什么?

_____

(3) 我是如何与朋友们相处的? 我为拥有很多朋友而骄傲吗? 为什么?

_____

3. 仔细回想18岁至今的自我

(1) 我通过什么认识世界? 喜欢这些方式吗? 为什么?

_____

(2) 我最想干的事情是什么? 我达到目的了吗? 成败时的体验是什么?

_____

(3) 我是如何与朋友们相处的? 我为拥有很多朋友而骄傲吗? 为什么?

_____

活动三：认识我是你的荣幸①

一、活动目的

让学生认识自己的优点并大声说出来。

二、活动操作

1. 所有人在团体内慢慢走动，遇到想与之交流的人停下，握手作自我介绍，然后说"认识我是你的荣幸，因为我有许多的优点，这里我只说三个……"至少说出自己三个优点。

2. 双方都说完后，继续自由走动，找到另外一个人说出自己的优点。

3. 10分钟后停止，看10分钟内谁找到的人最多。

三、分享与讨论

1. 在第一次说自己的优点时有什么样的感受？

_____

2. 在第二次或者以后几次说跟第一次有什么不同？为什么？

_____

3. 我们平时在生活中是怎样面对自己好的方面的？现在有什么不同的感觉？

_____

【知识链接】

➤ 自我意识概述

自我意识是个体对自己以及自己与他人、周围世界关系的意识，是人格结构中的核心内容。自我意识是人的心理区别于动物心理的重要标志，是人的意识的本质特征。自我意识是认识外界客观事物的条件，是人的自觉性、自控力的前提，对自我教育有推动作用，还是改造自身主观因素的途径，它使人不断地自我监督、自我提高、自我完善。总之，一切社会环境因素对人发生影响，都必须通过自我意识的中介而发挥作用，因而在个体心理的形成和发展中起着不可缺少的重要作用。

◉ 一、自我意识的结构

自我意识是对自我整体的反映，它依赖于感知、注意、记忆、思维等认知活动，但它又不是一个单纯的认知过程，常常伴随着个体情感和意志活动的参与。自我意识是一个具有复杂层次结构的心理系统，其心理结构可以从多个角度来分析。

1. 从意识活动形式划分

自我可以分为认知、情绪和意志自我三种形式，即自我认知、自我体验、自我调控。

自我认知又称自我认识，是指个体对自己身心状况及自己与周围环境关系的认识。它包括自我感觉、自我观察、自我概念、自我分析和自我评价等，主要涉及"我是什么样的人""我为什么是这样的人"等问题。

_____

① 吴少怡.大学生团体辅导与团体训练[M].济南：山东大学出版社，2010.6.

自我体验是指个体对自己的态度,它包括自爱、自尊、自信、自卑、优越感和责任感等,主要涉及"我是否满意自己""我能否悦纳自己"等问题。

自我调控是指个体对自己行为的调控、自己对待他人态度的调控和自己对自己态度的调控,包括自律、自立、自制和自励等,主要涉及"我怎样调控自己""我怎样才能成为理想的那种人"。

2. 从意识活动的内容划分

自我包括生理自我、社会自我和心理自我。

生理自我是指个体对自身身体和生理状况的意识,对自我意识的最初形态。0～3岁,是自我意识的萌芽阶段,在最初并不能很好地区分自己与周围的事物,而认为是一样的。儿童在2～3岁时能够用第一人称代词"我"来表达自己的意思。掌握"我"字是自我意识萌生的主要标志。

社会自我是指个体对自己在社会关系、人际关系中的角色、地位、作用、权利和义务等的意识。3岁到青春期是社会自我的发展阶段,这个阶段的个体特别注重社会经验对自己的重要影响,看重他人的评价,个体在这个时期初步实现社会化。社会自我至少年期基本成熟。

心理自我是指个体对自己的心理和行为特征,如气质、性格、能力、兴趣、态度和理想等的意识,从青年期开始心理自我逐步发展完善。个体自我评价越来越客观、公正和全面,并具有社会道德感,在此基础上形成自我理想,追求最有意义和最有价值的目标。

3. 从自我概念的角度划分

自我意识可以分为现实自我、投射自我和理想自我。

现实自我是指个体对自己当前总体实际状况的基本看法,是一个相对的客观的存在。

投射自我是个体想象他人对自己的评价或想象自己在他人心目中的形象,这是个体的主观映像。在不同的个体身上,投射自我的客观性程度差异较大。

现实自我与投射自我如若一致,则个体产生加快自我发展的倾向;反之,个体会感到别人不理解自己,或试图改变现实自我。

理想自我是个体想要达到的比较完美的形象,这也是个体的主观映像,是对将来我的认识,是个人的目标和理想。理想自我如果建立在现实自我基础上,符合社会期望,那么自我意识会获得快速发展。理想自我和现实自我的统一,是自我同一性的一部分。

现实自我、投射自我、理想自我如若一致,是个体自我意识发展水平高的体现;如果三者有矛盾,则会引起个体内心混乱,甚至产生严重的心理问题。

另外,还可以从与他人的关系维度来看,可以把自我分为个体自我、关系自我和集体自我;从时间的维度可以将自我分析为过去自我、现在自我和将来自我等。①

二、埃里克森的自我意识发展理论

美国新精神分析学派的代表人物埃里克森认为,人的自我意识发展持续一生,但要经历不同的发展阶段,每个阶段都有一个核心课题,他把自我意识的形成而后发展过程划分为八个阶段,在每一个阶段上都存在一个由生物学的成熟和社会文化环境、社会期望之间的冲突和矛盾所决定的发展危机,或称为矛盾冲突(见表3-1)。对危机的积极解决有利于自我力量的增强,有利于个人适应环境。这八个阶段不可逾越,但时间早晚因人而异。

---

① 黄希庭.心理学导论[M].北京:人民教育出版社,2007:588.

表 3-1　埃里克森的自我意识发展阶段和相应品质

年龄段	心理社会危机	相应获得的品质	
		积极的	消极的
婴儿前期(0～1.5 岁)	信任感—怀疑感	希望、信任	恐惧、不信任
婴儿后期(1.5～3 岁)	自主感—羞怯感	意志(自制力)	自我怀疑
幼儿期(3～6 岁)	主动感—内疚感	支配感、目标	无价值感
童年期(6～12 岁)	勤奋感—自卑感	能力、勤奋	无能
青少年期(12～18 岁)	自我同一—角色混乱	忠诚、自信	不确定感
成年早期(18～25 岁)	亲密感—孤独感	爱和友谊	泛爱(杂乱)
成年中期(25～65 岁)	繁衍感—停滞感	关心他人、创新	自私自利
成年晚期(65 岁以上)	完美感—绝望感	智慧	绝望和无意义感

其中影响大学生比较多的是自我同一性。它是埃里克森提出的青少年阶段需要完成的主要任务,是一种对于我是谁、我将走向何方、我在社会中处于何种地位的稳定连续感。该阶段的成长危险是自我同一性的混乱,或称角色混乱,即个体对自我的认识和发展产生种种困惑,主我和客我矛盾加剧,不能统一,以至于不能很好地确定自我形象和人生目标,出现焦虑和不安,甚至产生内心痛苦。因此,埃里克森认为培养与发展自我同一性是青少年心理成熟与健康的焦点。

美国心理学家马萨研究发现,青少年有四种同一性状态。[①]

(1)同一性获得,这类人已经度过了危机阶段并做出了最终决定,找到了现实自我和理想自我的最佳接合点。这类人为数不多。

(2)同一性早定,这类人不假思索地接受父母或传统的观念,完全没有自己的价值判断,缺乏独立思考和自主性,没有经历过自我确认中的痛苦思考。这种听话式的早定往往是脆弱的,一旦现实自我和理想自我不能统一时,他们往往束手无策、不知所措,甚至陷入自我迷惘中。

(3)同一性延缓,这类人正在经历着埃里克森预言的危机,他们需要做出一个承诺,但仍然在各种选择之间犹豫不决。

(4)同一性混乱,这类人还没有认真思考同一性问题,更不用说做出什么承诺了。这类人往往得过且过,稀里糊涂地打发日子。

上述四种自我同一性的类型与每个大学生成长的环境与条件不尽相同有关,也与大学生本人的需要以及其他身心特点不尽一致有关。不论目前处于哪一类状况的大学生都可找到理想自我与现实自我的最佳接合点,关键在于本人的努力及家长、学校和社会的积极影响。

三、自我意识发展的模式

自我意识的发展呈一种螺旋式上升的趋势,其发展模式为分化、矛盾和统一,即经历着分化—矛盾—统一——再分化—矛盾—统一的过程。个体经由每一次的自我分化、矛盾和在一定条件下的统一后,自我意识便向前发展了一步。

---

① 黄希庭.心理学导论[M].北京:人民教育出版社,2007:145.

1. 自我分化

自我分化是自我意识发展的开始。个体进入青春期后，儿童时那种笼统的"我"被打破了，明显出现了两个"我"：客体我和主体我、现实自我和理想自我。自我的明显分化，使个体主动地关注到自己的内心世界和行为，开始意识到自己那些尚未被完全注意到的"我"的各方面，于是自我内心活动复杂多了，自我观察、自我沉思明显多了起来。

2. 自我矛盾

在自我意识的发展过程中，随着自我的分化，主我在认识和评价客我时，发觉现实自我与理想自我之间、现实自我与投射自我之间往往有较大的差距，个体行为面对多种抉择，于是出现内心冲突，甚至不安和痛苦。这种自我矛盾是发展过程中不可避免的，是一种正常的现象。

3. 自我统一

自我矛盾的产生虽然给个体带来不安和苦恼，但正是这种矛盾和冲突激发了个体奋发进取的积极性，促使个体去正确地认识自我，实事求是地修正理想自我中某些不切实际的过高标准，并且努力奋斗，改善现实自我，有效地控制自我，使理想自我与现实自我相互趋近，求得自我的统一。而不是那种放弃理想自我，让理想自我去迁就现实自我，也不是过高地估计现实自我，认为理想自我能够轻而易举地实现。这是一种积极、健康的统一，是自我认知、自我体验与自我调控的统一，是主体与客观现实的统一。

➢ 大学生自我意识的完善与塑造[①]

◉ 一、大学生自我意识发展中的失误

大学生自我意识发展的水平较高，不少大学生经过认真思索，甚至痛苦的徘徊，逐步达成自我同一性，找到理想自我与现实自我的最佳接合点。然而仍有部分大学生在自我意识发展过程中，存在着一些失误和缺陷，影响到他们的健康成长。

1. 过度自我接受和过度自我拒绝

自我接受是心理健康的表现，而过度自我接受的人往往高估自我，对自己的肯定评价往往有过之而无不及，拿放大镜来看自己的长处，甚至把缺点也视为自己的长处。他们常常盲目乐观，自以为是，处理不好人际关系，同时对自己要求过高难以完成而产生挫败感。自我拒绝是指不喜欢自己，不能容忍自己的缺点和弱点，否定、抱怨、指责自己。过度的自我拒绝是更严重、更经常的自我否定。事实上，许多同学都有不同程度的自我拒绝，这可以促进他们不断修正自己。

2. 自尊心太强与自卑感太重

一般而言，自尊心和自卑感普遍存在于每个大学生身上，而且两者往往难以分开和消除。既有积极的一面，也有消极的一面；或是促进，或是阻碍。自尊心太强的人，总认为自己比别人高明，缺失自知之明，甚至唯我独尊，以"我"为中心。而自卑感太重的人，则会屈服于外在环境的压力，自暴自弃，被失败感和羞耻心所困扰，过分介意他人的评价，主体性衰弱，悲观、孤僻、忧郁。

3. 过分的独立意向与过分的依赖心理

大学生经历了心理的"断乳"，从依附走向独立，由于心理尚未完全成熟，在走向独立的过

---

① 桑志芹，李绍珠.大学生心理健康教程［M］.南京：江苏人民出版社，1999：36～58.

程中,有时会"矫枉过正",表现出过分的独立意向,对父母成人的建议要求不论正确与否,一概加以简单排斥,表现出明显的逆反心理,这其实是不利于他们的健康成长的。与此相反,有些大学生仍然时时事事依赖父母,缺乏自主性和独立性,表现出过分的依赖心理。

在自我意识的发展过程中,大学生们的上述表现是正常的,但需要高度重视,并加以调整,以促进大学生自我意识的健康发展。

二、大学生健全自我意识的塑造

1. 正确认识和评价自我

正确认识和评价自我是塑造、完善自我意识的基础,但是真正认识自己、全面评价自我并非易事,但学生可以从以下几方面努力。

(1) 与他人比较,认识和评价自己,个人认识与评价自己的能力、价值、品德以及个性特征往往是通过与他人的比较来实现的。

(2) 从他人对自己的态度中认识和评价自我,在相互交往中,不断深化对自己的认识,同时也在认识和评价他人,在评价他人的过程中,也接受他人对自己的评价。当然,大学生应注意观察和分析大多数人的态度,不要只看到自己好朋友的态度,只听他们的意见,避免偏颇。

(3) 通过反省自己的心理活动和行为来认识和评价自我,要将自己作为一个认识的对象,严于解剖自我,敢于批评自我。

(4) 积极参与实践活动,通过活动成果认识和评价自我,大学生有各自潜在的天赋和才能,通过积极参加各种活动,使自己的各种天赋与才能有机会表现出来,取得优异的成绩,被自己所认识,以便进一步全面评价自我和发展自我。

(5) 客观、辩证地认识与评价自我,大学生不论在与别人相比较,或从他人对自己的态度中,或通过自我反省等获得关于自我的信息,都应该进行分析、综合与比较,实事求是地全面评价自我,不要以偏概全,不以一时一事作结论。只有通过客观、辩证的分析与综合,才能正确认识自我和全面评价自我。

乔韩窗口(如图 3-1)将一个人的自我分为 4 个部分,A 为自己认识到、别人也认识到的公开的我;B 为自己认识到、别人未认识到的秘密的我;C 为自己未认识到、他人认识到的盲目的我;D 为自己和他人均未认识到的潜在的我。实践表明,一个人 A 的部分越大,其自我认识就越正确,自我评价越全面,心理就越健康,越有利于自身发展。因此,大学生应该如实展示自我,并主动征求他人的意见,留心观察和分析他人对自己的态度,力求缩小 C 的部分,力争全面认识自我;同时按照自己的本来面目展示自己,决不有意掩饰自己,以缩小 B 的部分。

		自我观察	
		认识到	未认识到
他人观察	认识到	A 公开的我	C 盲目的我
	未认识到	B 秘密的我	D 潜在的我

图 3-1　乔韩窗口:帮助你认识自我

2. 积极接受和悦纳自我

对于大学生而言,认识自我固然不易,接受和悦纳自我常常更难。积极接受自我,就是对自己本来的面目抱认可、肯定和喜悦的态度。乍看起来,似乎没有人不喜欢自己,其实不然。大学生自我分析以后,往往对自己多方挑剔、评头论足,不仅个体身心有缺陷的年轻人会对自己不满,甚至各方面优于常人的大学生也会对已不满,有些大学生的不满过于强烈,甚至可能不承认自己的本来面目,不如实地展示自我。其实这是极其有害的。积极接受和悦纳自我不仅有助于心理健康,而且有助于密切人际关系,同时有助于正确认识自我和评价自我,才能更好地发展。

接受和悦纳自我表现为自尊和自信。自尊是一种良好的心理状态,就是自我肯定,是个体对自我形象的主观感受,可以是过分的或不合理的。一般来说,心理健康的人自尊感比较高,认为自己是一个有价值的人,并感到自己值得别人尊重,也较能够接受个人不足之处。培养正确的自尊心,首先要寻找个人自尊的支点,即自己突出的优势和长处;其次要有正确的方向,把个人的自尊上升为集体、国家的自尊。

自信是一个人相信自己有能力实现自己既定目标的心理倾向,是建立在对自己正确认知基础上的、对自己实力的正确估计和积极肯定,是心理健康的一种表现,是学习、事业成功的有利心理条件。心理学上与自信最接近的概念是班都拉提出的自我效能感。自我效能感是指个体对自己在组织、执行行动,达到目标的过程中的能力的判断和信念,是人对自己能够实施某一行为的自信度和能力感。影响自我效能感高低的主要因素是个体成功的体验和替代性经验以及成败归因,因此,大学生提高自我效能感的方法是参加力所能及的活动,增加成功的机会,建立对自己能力的信念,另外还要学会正确合理的归因方式。

3. 努力塑造和超越自我

认识自我、悦纳自我是为了塑造自我、超越自我。首先,按照社会的需要和个人的特点设计自我,大学生应将理想和现实结合起来,遵循社会的需要,从自己的特点着眼来发展自己,不去做力所不能及的事,就一定能施展自己的聪明才智。其次,努力发掘与充分利用自己的潜能,每个人都有尚未被揭示和充分可利用的自我发展与自我超越的可能性,大学生通过各种活动发掘自己的天赋与潜能,并加以发扬光大。再次,有效地调控自我,在追求理想、塑造自我的过程中,应将根据社会需要和自己特点确定的远大理想分解成符合实际的、经过努力可以达到的子目标,将长远目标与阶段目标结合起来,循序渐进,逐步加以实现。最后,增强自信心与自制力,可以使人最大限度地发挥聪明才智,激励自己不断奋进,同时使自己能够理智地对待周围发生的事件,有意识地调控自己的思想和情绪,约束自己的行为,成为驾驭现实的主人。

认识自我、悦纳自我、塑造自我的历程是个体一生的课题,这条成长的路有许多痛苦,也很神奇,它通常会给我们带来"噢,原来是这样"的顿悟。这一痛苦的过程让我们在神奇的体验中不断地获得自我的成长。

思政点睛

从王进喜"拼命拿下大油田"的铮铮誓言,到徐颖用青春解码北斗卫星——中国脊梁的自信,源于将"小我"嵌入"大我"的坐标。当你用"优势平衡轮"整合个人禀赋与时代机遇,就是在践行"四个自信"最生动的青春版本。

【经典心理实验】

"延迟满足"实验

发展心理学研究中有一个经典的实验,称为"延迟满足"实验。实验者发给 4 岁被试儿童每人一颗好吃的软糖,同时告诉孩子们:如果马上吃,只能吃一颗;如果等 20 分钟后再吃,就给吃两颗。有的孩子急不可待,马上吃掉了糖;而另一些孩子则耐住性子、闭上眼睛或头枕双臂做睡觉状,也有的孩子用自言自语或唱歌来转移注意消磨时光以克制自己的欲望,从而获得了更丰厚的报酬。研究人员进行了跟踪观察,发现那些以坚韧的毅力获得两颗软糖的孩子,到上中学时表现出较强的适应性、自信心和独立自主精神;而那些禁不住软糖诱惑的孩子则往往屈服于压力而逃避挑战。在后来几十年的跟踪观察中,也证明那些有耐心等待吃两块糖果的孩子,事业上更容易获得成功。

实验证明:自我控制能力是个体在没有外界监督的情况下,适当地控制、调节自己的行为,抑制冲动,抵制诱惑,延迟满足,坚持不懈地保证目标实现的一种综合能力。它是自我意识的重要成分,是一个人走向成功的重要心理素质。

【拓展阅读】

➤ 弗洛伊德的人格结构论

奥地利著名心理学家弗洛伊德的人格结构理论和人格发展理论中都强调了自我意识的健康发展是以后心理健康的关键,认为人格由本我(id)、自我(ego)、超我(superego)三部分构成,人的大多数行为都是由本我、自我和超我共同活动的结果。本我是唯一与生俱来的人格结构,它由先天的本能、原始的欲望所组成,处于心灵的最底层,只知道满足和释放而不知道约束自己,其遵循的原则只为快乐,不顾及任何生理上或社会性的限制,并要求立即得到满足。它像一个幼儿,当他看见想要的东西时,不论这东西是不是别人的或可能是有害的,他会不顾一切要得到它。即使长大成人了,这样的"反射动作"也不会消失。本我为人格的活动提供能量,即"力比多",本我的冲动都是潜意识的,是我们察觉不到的。

在新生儿与外部世界互动的前两年,人格结构的第二个部分自我逐渐发展起来。它是本我在与现实打交道的过程中分化出来的,因为本我是一种原始的快乐欲望,在现实生活中是行不通的,所以经过大脑思考就产生了一种自我的意识,让它来解决本我与现实的矛盾和冲突,自我的工作就是把来自本我的冲动保留在潜意识中。自我遵循现实原则来适应环境中的一些条件和限制,满足本我的冲动。与本我的无意识不同,自我能自由地运作于知觉到的意识和潜意识中。

当儿童成长到 5 岁左右,人格结构的第三个部分超我开始形成。超我所代表的是社会要求,特别是来自父母的价值和标准。超我的一部分称为良心,是个人的道德标准。当个人的行为违反了这种标准时,便会受到良心的责备而感到内疚。超我的另一部分称为自我理想,是个人在幼年时受到父母赞扬或奖赏的那些行为。超我若缺乏控制力则可能使一个人成为不良少年、罪犯,或具有反社会人格;超我若过分严格则可能使人产生压抑感或难以承受的内疚感。

人格结构的三部分常常处在相抗衡的状态之中。健康人的自我会防止本我和超我过分操纵其人格,自我的目的是找到一条途径同时能满足本我和超我的需求。不过,这往往是相当困难的。人的潜意识是人格三部分的战场,自我既要和现实保持联系,同时又要协调人格的其余两部分的要求。

➤ 心灵书籍——《认识自己,接纳自己》①

本书中,作者结合大量的科研成果,从积极心理学角度告诉我们:要想拥有轻松快乐的人生,你需要做出最明智的改变。首先你要真正认识自己,知道什么能改变,什么不能改变。然后,学会与自己不完美的一面相处,而不是致力于消除它。最后要清楚,虽然改变是可能的,但它也是有限度的。简单来说,就是认识自己、接纳自己和智慧地改变自己。

改变之前,我们需要真正认识到:什么能改变,什么不能改变,这样才能事半功倍。首先,你要接受一个事实:那些源自遗传性人格特质的问题是无法改变的。什么是遗传性人格特质的问题呢? 就是那些与基因、遗传相关的东西,比如性取向、肥胖体质、攻击性人格特质等。就拿最常见的减肥来说吧,想一想,身边是不是有很多减肥者,一直在控制自己的饮食,把正餐换成代餐或者水果,甚至干脆不吃,但大部分人都减肥失败。这个时候,他们是不是经常怪罪自己,意志力不够、不够坚持,才会失败? 但作者说,把减肥和意志力放在一起,才是我们对于减肥最大的误区。因为研究发现:肥胖很大程度上与我们的基因有关,而不是意志力。也就是说,我们的基因决定着我们的肥胖程度,因此,不管我们多努力去改变自己,也是徒劳的。就算有些人采用了一些方法减肥成功,也会在 4、5 年内重新恢复原来的体重。所以,"人定胜天"这个说辞,放在拥有肥胖基因的人身上是不合适的。

作者简介:

本书作者马丁·赛利格曼曾以历史最高票数当选美国心理协会主席,在宾夕法尼亚大学心理学系担任教授期间,开设应用积极心理学专业,他是世界上公认的"积极心理学之父"。

---

① [美]赛利格曼.认识自己,接纳自己[M].任俊译.万卷出版公司,2010.

管理情绪　优化心境

> **这些冲动你是否体验过？**
> 　　"热搜新闻让我怒发十条骂战朋友圈"
> 　　"被室友冤枉后想砸门怒吼"
> 　　——当情绪野马脱缰时，你需要明白：真正的情绪自由，是让感性热血灌溉理性家园，而非"焚毁公共草坪"。

拿破仑说："能控制好自己情绪的人，比能拿下一座城池的将军更伟大。"实践也说明，能够控制住自己情绪的人才是最强有力的人。范仲淹的"不以物喜，不以己悲"，既是一种超凡脱俗的人生境界，也是一种举重若轻的处世方略。无论风雨，无论泥泞，我们均应保有积极的心态。因为，积极的心态像太阳，照到哪里哪里亮；消极的心态像月亮，初一十五不一样。从年龄上看，作为大学生已经是"成人"了，但我们的情绪与心境"成人"了吗？

【身边的故事】

故事一：小薇是某高校的学生。高中时，她是班里的学习尖子，但高考那年因身体原因和临场发挥欠佳，没能考上重点大学。当时她心里很不是滋味，不想读普通本科学校。父母再三做她的思想工作，说是先上大学为好，只要她好好学习，大四再考研，家里一定尽全力支持她。进校以后，父母经常到学校来帮她洗衣叠被，并走访老师，鼓励她一心一意学习，不要分心。父母的过分关注使她背上了沉重的心理包袱，她总担心自己万一考研失败该怎么办，越担心越难以集中精力学习。大四刚开始，她的精神就变得越来越紧张，出现了明显的情绪问题，失眠、焦虑、肠胃功能紊乱全找上了她。她已经无法安心看书，经常出现头脑空白的状态。她去找心理咨询老师，想调整状态，安心复习。

焦虑情绪在很多情况下是有用的，例如，在生命安全受到威胁时，焦虑的生理唤醒有助于人逃离危险境地；当物质利益受到威胁时，焦虑情绪也能让你快速地做出转移的准备；当自尊感和自信心受到威胁时，焦虑情绪会促使我们勇敢地面对现实，成功地到达胜利的彼岸。故事中的同学在备考复习阶段的焦虑情绪在每个人身上都会出现，而且任务对个体越重要，焦虑情绪就会越严重；个体越没有成功的把握，焦虑情绪就会变严重。如果面对困难和压力却没有任何焦虑感,反倒是不正常的现象。缺乏焦虑感会让人缺乏动力,失去紧张感也会影响人的学习、工作的态度和效率。咨询师帮助小薇的最终目的不是完全清除焦虑情绪,而是让她的焦虑回归到比较合理的状态。

故事二:她原是某二流大学的普通学生,清秀孤独,心怀梦想。大三时,她给电台主持人写了封自荐信,并很快获得了面试和实习的机会。毕业后,她不畏艰难,坚持自己的梦想,踏实而用心去工作。面对镜头,她总是神情淡定,柔和的声音里透出冷静和坚持。工作之余,她会抽出一些时间给自己。她喜欢旅行,喜欢爬山。她说,爬山可以消除自己对生命的疑虑,地域变动会减小内心在封闭时所承受的震荡。她还喜欢摄影、阅读和写作。她以莱蒙托夫的一首诗表达自己的状态:"一只船孤独地航行在海上,它既不寻求幸福,也不逃避幸福。它只是向前航行,底下是沉静碧蓝的大海,而头顶是金色的太阳。"——她是柴静。

柴静从大学起就开始执着地追求自己的梦想,无论遇到什么事情都执着地、快乐地坚持自己的梦想,并一步步走向成功;工作之余,她也能主动地去做一些事情来调节自己的生活和情绪。很多人都追求快乐,我们也喜欢用"天天快乐"来祝福朋友,但是这种境界似乎是可望而不可及的,更何况在经历人生的不同事件时对应产生的各种情绪——包括诸如愤怒、恐惧等所谓的负面情绪也都是有其存在的正面意义的。即便如此,我们还是希望能拥有更多的快乐和更纯粹的幸福,期待本章的内容能给你带来一些启发。

【自我探索】

情绪稳定被视为一个人心理成熟的重要标志。所谓情绪稳定,主要是指一个人能积极地调节、控制自己的情绪,在短时间内没有大起大落的变化,不太会时而心花怒放,转瞬又愁眉苦脸。当然,一个人的情绪与他先天的神经类型有关系。一般来说,粘液质的人情绪生来就比较稳定,而胆汁质的人情绪生来就不太稳定。因而可以说,情绪稳定的人不一定心理成熟,但心理成熟的人情绪必然是稳定的。

你的情绪稳定吗?①

你的情绪是稳定的吗? 如果你想知道结果,不妨完成下面的题目。每题有三个选项,请根据自己的情况选择,将选项填在题前的括号内。

(　　)1. 我有能力克服各种困难。

   A. 是的　　　　　　　　B. 不一定　　　　　　　C. 不是的

(　　)2. 猛兽即使是关在铁笼里,我见了也会惴惴不安。

   A. 是的　　　　　　　　B. 不一定　　　　　　　C. 不是的

(　　)3. 如果我能到一个新环境,我要

   A. 把生活安排得和从前不一样　　　　　　B. 不确定

   C. 和从前相仿

---

① 高兰,向纯.大学生心理健康教育新编[M].北京:国防工业出版社,2011:87~89.

（　）4. 整个一生中，我一直觉得我能达到所预期的目标。

　　　A. 是的　　　　　　　B. 不一定　　　　　　C. 不是的

（　）5.我在小学时敬佩的老师,到现在仍然令我敬佩。

　　　A. 是的　　　　　　　B. 不一定　　　　　　C. 不是的

（　）6.不知为什么,有些人总是回避或冷淡我。

　　　A. 是的　　　　　　　B. 不一定　　　　　　C. 不是的

（　）7.我虽善意待人,却常常得不到好报。

　　　A. 是的　　　　　　　B. 不一定　　　　　　C. 不是的

（　）8.在大街上,我常常避开我不愿意打招呼的人。

　　　A. 极少如此　　　　　B. 偶然如此　　　　　C. 有时如此

（　）9.当我聚精会神地欣赏音乐时,如果有人在旁高谈阔论。

　　　A. 我仍能专心听音乐　　　　　　　B. 介于 A、C 之间

　　　C. 不能专心,并感到恼怒

（　）10.我无论到什么地方,都能清楚地辨别方向。

　　　A. 是的　　　　　　　B. 不一定　　　　　　C. 不是的

（　）11.我热爱所学专业和所从事的工作。

　　　A. 是的　　　　　　　B. 不一定　　　　　　C. 不是的

（　）12.生动的梦境经常干扰我的睡眠。

　　　A. 经常如此　　　　　B. 偶然如此　　　　　C. 从不如此

（　）13.季节气候的变化一般不影响我的情绪。

　　　A. 是的　　　　　　　B. 介于 A、C 之间　　C. 不是的

【评分与结果解释】

　　第 1、4、5、8、9、10、11、13 题,A:2分 B :1分 C:0分; 第 2、3、6、7、12 题,A :0 分 B:1分 C:2分。你的总分是_____。

　　17~26 分表明你的情绪稳定。

　　你的情绪稳定,性格成熟,能面对现实,通常能以沉着的态度应付现实中出现的各种问题,行为充满魅力,有勇气,有维护团结的精神。有时也可能由于不能彻底解决生活的一些难题而强自宽解。

　　13~16 分表明你的情绪基本稳定。

　　你的情绪有变化,但不大,能沉着应付现实中出现的一般性问题,然而在大事面前,有时会急躁不安,不免受环境的支配。

　　0~12 分表明你的情绪不稳定。

　　你的情绪较易激动,容易产生烦恼,不容易应付生活中遇到的各种阻挠和挫折,容易受环境支配而心神动摇,不能面对现实,常常急躁不安,身心疲乏,甚至失眠等。要注意控制和调节自己的心境,使自己的情绪保持稳定。

情绪评估与表达测试①

本测试旨在帮助你了解自己觉察、分辨自己和他人情绪和情绪自我表达的能力。共 21 题,根据您的实际情况作答,把选项填在题号前的括号内,A"是"、B"也许"和 C"否"。

(　　)1. 你是否知道自己生气时的表情和动作?
(　　)2. 你是否知道自己高兴时的表情和动作?
(　　)3. 你是否能把自己烦恼的情绪用言语清楚地表达出来?
(　　)4. 你是否能很快地察觉到自己是在生气?
(　　)5. 你是否能分辨兴奋和愉快两种情绪的不同?
(　　)6. 你是否能清楚区别自己高兴的情绪有几种?
(　　)7. 你是否能察觉自己对别人的情绪表达不适当?
(　　)8. 你是否能以言语向别人表达自己的心情是悲伤还是忧伤?
(　　)9. 你是否能以适当的表情来表达自己的喜怒哀乐?
(　　)10. 你是否了解自己的情绪状况(起伏、大小)?
(　　)11. 你是否能从别人的脸部表情上立刻察觉到他的情绪?
(　　)12. 你是否能从别人的肢体动作上立刻察觉到他的情绪?
(　　)13. 你是否能从别人的话中很快知道他的情绪状态?
(　　)14. 你是否了解别人说话的内涵、想法和感受?
(　　)15. 你是否能把别人说话的内涵、想法和感受表达出来?
(　　)16. 你是否能接纳别人的想法,虽然自己不同意他的观点?
(　　)17. 当别人述说苦恼时,你是否能感同身受?
(　　)18. 你是否能设身处地从他人的角度来了解他的作为?
(　　)19. 对于你亲近的人是否会说你很了解他?
(　　)20. 你是否觉得自己很能体会别人的心情?
(　　)21. 你是否觉得自己是善于表达情感的人?

【评分与结果解释】

A 得 3 分,B 得 2 分,C 得 1 分,然后把分数加起来,你一共选择"A"_____个,"B"_____个,"C"_____个,你的总分是_____。

50~63 分,你有很好的情绪表达与评估能力,了解自我,能有效地察觉及区别自己的情感。

35~49 分,你有还不错的情绪表达与评估能力,只是有时对有些情绪不是那么肯定,建议多去体察自己的情感状态。

21~34 分,你的情绪表达与评估能力有待加强,建议多观察自己和别人的言语和非语言行为,或者参加一些社交团体活动,这样有助于提高这方面的能力。

① http://wenku.baidu.com/view/b5a90e11f18583d04964599a.html

【体验训练】

暖身活动:"雨点变奏曲"

一、活动目的

由心理游戏"雨点变奏曲"活动导入,学员可以亲身体验心情变化,同时激发学习兴趣,活跃课堂气氛。

二、活动操作

1. 指导者先后引导大家以如下四种方式发出声音:(1) 手指互相敲击;(2) 巴掌轮拍大腿;(3) 大力鼓掌;(4) 轮踩双脚———每种声音发出时,指导者都双手渐渐抬高(表示声音渐强),双手渐渐压下(表示声音渐弱)。

2. 如何将发出的声音变成有节奏的东西呢? 是不是可以提醒学员利用一种自然界的现象来使我们发出的声音变得美妙动听? 指导者引导大家想象一下这些声音和下雨是不是十分相似。

譬如:

(1) 轮踩双脚———"雷声"

(2) 手指互相敲击———"小雨"

(3) 巴掌轮拍大腿———"中雨"

(4) 大力鼓掌———"大雨"

(5) 鼓掌加踩脚———"狂风暴雨"

如何将我们发出的声音变成有节奏的东西呢? 刚才的声音有点乱,我们一起用声音来描绘一曲《雨点变奏曲》。

3. 引导语:"天空灰蒙蒙的,开始下小雨,渐渐地,小雨变成中雨,中雨变成大雨,大雨又变成暴雨,暴雨又变成大雨,大雨变成中雨,又渐渐变成小雨。慢慢地,雨停了……最后雨过天晴。"随着不断变化的手势,让学员发出的声音不断变化,场面会非常热烈。

4. 最后,让我们以暴风骤雨的掌声开始我们今天的训练。

活动一:情绪大竞猜

一、活动目的

通过角色扮演,能辨认各种情绪并了解它发生的原因,知道各种情绪反应对身心行为的影响,并初步学习表达情绪的有效方法。

二、活动准备

准备好角色扮演用的题目、个案;每小组8人左右。

三、活动操作

1. 设置情景,轮流抽签进行角色扮演,其他人猜测,将情景与表演对应起来。

(1) 有人把你的电脑里面比较重要的资料弄没了;

(2) 不知道自己啥时候得罪了同学,他告诉你晚上会找人一起"给你点颜色瞧瞧";

(3) 当你正在家里看你喜欢的电视节目时,妈妈突然把它调到了别的频道;

(4) 你把好朋友送你的一件很重要的纪念品弄丢了;

(5) 你在公共汽车上被人踩了一脚;

(6) 同学们喊你的绰号;

(7) 在某次竞赛或考试中你获得了第一。

2. 讨论:

在碰到以上各情景时,你会有何种情绪产生?

(1) _____   (2) _____   (3) _____

(4) _____   (5) _____   (6) _____

(7) _____

3. 你如果有不适当的情绪反应,会有什么结果?(每次思考/讨论一种情绪)

就自己在日常生活中因不适当的情绪反应造成不良后果的情形举例。

因为_____(事件),我_____(如何想的),于是
我_____(如何做的),结果_____。

4. 针对自己比较难以应对的情景,请小组成员根据情景,设计多种应对方式进行角色扮演表演。

5. 逐个观看并进行评论,可以参考以下几个问题:

(1) 面对引起自己消极情绪的事件,思考对该事件的看法,想一想有没有其他的解读呢?

(2) 对事件的不同的解读带来的感受有什么不同?

(3) 在动怒或指责别人之前有没有站在对方的角度上去考虑?

(4) 如果给情绪表达一个缓冲时间,是否能够减少人际冲突、提升沟通效益?

(5) 你觉得引发情绪的主体是_____。

(6) 该为你自己的情绪负责的人是_____。

活动二:情绪红绿灯

一、活动目的

学会控制情绪,避免冲动行为。

二、活动操作

红灯	1. 停下,镇定,心平气和。 ——可运用减压操、腹式呼吸法或其他不伤害自己、不伤害他人的转移注意力的方法。
黄灯	2. 说出问题所在,并表达出你对此的感受。 ——"我觉得……"
	3. 确定一个建设性的目标。
	4. 想出多种处理方案。
	5. 考虑上述方案可能产生的后果。
绿灯	6. 选择最佳方案,付诸行动。

三、以突然听到别人说自己讨厌的情景为例

红灯	1. 对方骂我"你真讨厌",这句话真的让我很生气,让我冷静地想一想,然后再做打算。
黄灯	2. 对方这样骂我肯定事出有因,但他这样骂我真的让我不能接受,我感到很恼火。
	3. 我想知道对方为什么这样骂我,并让他知道我现在的感受。
	4. 怎么办? 争吵? 打一架? 好好谈一谈?
	5. 争吵只会加剧双方的矛盾,不行。打一架更是无济于事,弄不好还打出祸事来,这也不行。好好谈一谈? 嗯,是个好主意。怎么谈呢? 我们双方现在的心情都不好,一定得找个机会好好谈一下。
绿灯	6. 选择最佳时机,互相沟通,相互理解,做到和睦相处。

在参与情绪红绿灯活动的过程中,个体通过对情景的对比来区别运用"我觉得……"对自己表达的内容所达到的效果,以便主动应用到日常生活中去。

在实际生活中,如果我们能够运用上述的"情绪交通灯法",不仅能够很好地避免情绪失控,而且会增进彼此之间亲切、融洽及和谐交往。

附:简易减压操

动作一:头尽量后仰,闭目,咬紧牙齿,均匀呼吸,持续一分钟。

动作二:低头,下巴尽量抵住胸脯,双眼尽量向上看,均匀呼吸,持续一分钟。

动作三:双拳紧握,双上肢屈曲,感受整个上肢肱二头肌的紧张感,持续一分钟。

动作四:双臂包裹抱紧胸部,体会胸腔挤压而产生的呼吸紧张感,持续一分钟。

动作五:收紧臀部,绷紧背部,双腿抬高,双足尽力向前绷紧,持续一分钟。

以上训练,当肌肉紧张持续约30秒后,应深吸一口气,屏住呼吸30秒,感受心率加快、肌肉酸楚,然后彻底放松,呼气。

活动三:表格分析法

一、活动目的

通过思辨、内省的方法来解决问题,列表格,对自己的情绪状态等进行梳理,找到更合理有效的情绪表达方式。

二、活动操作

1. 对比分析法

借用"既生瑜何生亮"的故事来进行分析,心胸狭窄的周瑜在临死前发出这个感慨,个中透露出强烈的嫉妒和无奈。一起填写下面的对比分析表格,见表4-1所示。

表4-1

对比分析法(本例用于调适嫉妒情绪)		
对比项目	周瑜	诸葛亮
年龄	年少	年长
外表	英俊	一般

续表

对比项目	周瑜	诸葛亮
文才	高	高
武艺	高	无
勇敢	突出	一般
谋略	高	高
实力	兵多将少	兵少将寡
家属	娇美	普通
……	……	……

2. 行为分析法

以无意间听到同宿舍同学说自己坏话为例,对行为分析法进行说明,具体见表4-2所示。

表4-2

行为分析法(本例用于调适易怒情绪)			
问题	行为	行为过程	结果分析
自己无意当中听到同宿舍同学在说自己坏话	骂对方	对方回骂、对方打人、打架……	自己受伤住院、对方受伤住院,赔医疗费,甚至面临违纪处分……
	责问对方	对方不予理睬、对方推卸责任……	气愤、委屈、尴尬……
	仇视对方	拉拢同学孤立他、找机会刁难他……	从此两人分道扬镳、相互对立,在宿舍待不下去了,要求更换宿舍……
	转身离开	转换环境,去做别的事情	消减愤怒

以上两种表格分析法在生活中也是很实用的,简单易操作,清晰明了,同学们不妨尝试一下。

活动四:认知三栏目技术

一、活动目的

学会运用合理情绪(ABC)疗法,通过改变认知失真、错误认知等来改变人的消极情绪以及消极情绪带来的负面反应行为。

二、活动操作

将一张纸一分为三,从左到右分别写上随想、认知失真、合理思想。

当你有心理困惑时,请你坐下来,按照以下三个步骤进行:

1. 将你当时头脑中出现的随想通通写在纸上,不要让它们老是盘旋在你的头脑中,想到什么写什么。

2. 当所有的随想都写下来以后,对每一种随想进行分析,将其与前面的"认知失真表现"进行对照,找出你的认知失真,准确地揭示你对事实的歪曲。

3. 练习对失真的思想进行无情的反击,以更客观的观念取代非理性观念。

三、以下面几种随想为例,进行练习(见表4-3)

表4-3

随想	认知失真	合理的反应
1. 被老师当众批评,真丢死人了!	极端化思维	每个人都会有错,所以被人批评是正常的事,没有什么丢人不丢人的。虽然老师当众批评我,让我很难堪,但也不至于那么可怕。没有时间观念,的确不是什么好习惯,以后尽力改正。
2. 我真是个失败者,怎么会落到这样落魄的地步?	人格化,以偏概全	不对,我能进入大学,就说明我很优秀,在学习方面我一点也不比别人差,今天的事只是一个小插曲而已,改掉就好。
3. 计算机等级考试不知怎么弄的,把表格部分做没了,至少有15分呢!这下玩完了!	夸张,以偏概全,极端思维	没了就没了,后悔也于事无补,也就15分的事,还有85分呢,其他题做好了及格就没问题了,85分再扣掉20分都还有希望呢;拿不到高分也没关系,到时候就发张证书,没有分数的,再退一步说,还可以再考的。
4. 今天真倒霉,偶尔迟到一次就被老师点名当旷课了,一整天都在上演着悲剧,我怎么就那么背呀?	诅咒,心理过滤	今天虽然遇到这么多烦心事,但一整天也不全是倒霉的,也不算是最糟糕的,还有补救的办法;我不能尽想着不愉快的事,这会越想越不愉快的,我应该忘记这些烦恼,让自己的情绪尽快调整好,准备明天要做的事。其实我也有运气好的时候啊,比如我一出门就能乘到公交,上街淘到既喜欢又便宜的衣服了,我忘记带伞的时候不下雨了……
……	……	……

利用认知三栏目技术将每天的典型情绪反应记录下来,并利用认知疗法认真分析,持续做一周的练习,逐渐培养以理性思考主动调整情绪的习惯。

◇ 自我评估与小结

1. 通过活动你认识到自己的情绪发生的真正原因有哪些?

_____

2. 遇到不良情绪的时候如何控制自己的情绪,然后进行反思?

_____

3. 尝试将ABC疗法应用到平时人际交往中改善人际关系,可以怎么做?

_____

【知识链接】

➤ 情绪管理的含义和原则

一、情绪管理的含义

情绪管理这个概念最初由美国哈佛大学心理学博士丹尼·戈尔曼(Daniel Goleman)在其

重要著作《情绪智商》中提出的。广义的情绪管理是指通过研究个体和群体对自身情绪和他人情绪的认识、协调、引导、互动和控制,充分挖掘和培植个体和群体的情绪智商,培养驾驭情绪的能力,从而确保个体和群体保持良好的情绪状态,并由此产生良好的管理效果。狭义的情绪管理主要是指自我情绪管理,主要包括体察自己的情绪、适当表达自己的情绪和以适宜的方式处理情绪等三方面的内容。

二、情绪管理的原则[①]

1. 不责备

不责备,即对事不对人,只对这事不满意,而非对人不满意。情绪是相互传染的,责备只会引起新的矛盾。

2. 不逃避

通常逃避的方式有睡觉、暴饮暴食、沉迷网络等。逃避并不能真正地缓解情绪。在处理负面情绪时,要敢于正视事实,不回避问题,想办法解决它。

3. 不遗忘

不少人以为遗忘了就好了,其实不然。遗忘了,似乎会让你心静一点,但是事情最终没有得到解决,这个问题就会进入人的潜意识,就像一枚定时炸弹,总有一天它会跳出来影响或是破坏你的生活。

4. 不屈从

解决一个问题,不应委曲求全。如果当事人委屈了自己,很勉强地牺牲了自己的某些利益以换来某些结果,这样虽然事情从表面上是平息了,但这个问题还是没有解决,负面情绪仍在你的内心,它的攻击矛头是指向自己的。而且负面情绪会越积越多,这对人的健康及生活是有害的。应在不伤害对方的情况下保全自己,这才是一个双赢的结果。

➤ 情绪的体察和接纳

一、体察此时此地的情绪

要管理情绪,首先是要觉察到情绪。体察自己的情绪,就是要了解自己"当下的"情绪状态,将心中那份模糊而又澎湃的能量化为具体的感觉,究竟我的"难受"是生气、失望、伤心,还是压力大呢?接着可以做进一步的分析,不妨问自己:"我为什么有如此的感觉""发生了什么事造成我现在的感觉"。只有察觉到自己的情绪,才可能对自己的情绪做到很好的处理。

有时候我们为情绪困扰,不是因为情绪本身有问题,而是我们对情绪的了解与认识不足,使用了错误的情绪处理模式及方法,比较常见的如抑制自己的某种情绪,以至于带来了种种我们不愿看到的结果。

例如,有的人一紧张就会脸红,他们想去控制脸红。"控制者与被控制者是什么关系?我

---

① 朱坚,王水珍.健康之路　从心起步——大学生心理调试与发展[M].北京:科学出版社,2010:146～147.

脸红,我控制脸红,那么,脸红和你是什么关系?"脸红就是我,脸红本来就是我自身的一部分。所以,一旦我试图控制脸红,就是制造了分裂,脸红和我不再是一体,脸红被我当成了异己。这就是失序的根源,我把本来属于我自己的一部分排挤成异己,于是它开始对抗我。这是更大的失序,于是我更想控制,而这个异己由此成长得更厉害,最终它成为我极大的苦恼了。

再如悲伤,你遇到悲剧,自然会悲伤。这悲伤不是外物,不是异己,而是你自身,和你是一回事。在悲伤产生的那一刻,你不是别的,你就是悲伤,悲伤就是你。然而,你试图消灭悲伤,并为此付出巨大的努力,于是悲伤成了异己。你对抗得越厉害,这个悲伤就成为越重要的异己,并最终体现在你的人格上,甚至身体上。愤怒、恐惧、嫉妒等一切情绪都是同样的含义。美国心理学家肯·威尔伯的妻子患了乳腺癌去世,她意识到自己癌症的根源之一就是她被压制的愤怒等负面情绪。本来,她试图消灭它们,但最终自己与它们一同被消灭。

"忧伤、愤怒、焦虑、嫉妒等都不是问题,问题是我们试图消灭它们,我们视它们为失序,我们由此想控制,以为控制的局面是秩序。其实,真正的秩序是自由,是顺其自然,是活在当下。"[①]

一个乐观的人不是简单的每天乐呵呵,他会真实地去体验当下的情绪,体察它带来的生理和心理感受,体悟生命的每一次实实在在的经历。他在引发挫折、愤怒或痛苦的事件发生时,不会一直问自己:"为什么这样?""怎么可以这样?",而是问"我该用什么方式处理?""它让我得到了什么?""它让我失去了什么?"在体验不适的同时,善待自己的感觉,及时调适负面的感觉,强化积极的感觉,把它们看作帮助自己成长的机会。

二、接纳正常的情绪

有许多人认为人不应该有负面情绪,不肯承认自己有负面的情绪。其实负面情绪不等于不健康情绪。正常情绪并不是指时时刻刻都处于阳光状态,而是指个体所体现出的情绪应与自己所遇到的事件呈现出一致性。比如失恋了,伤心一段时间是正常的;比如遇到抢劫,恐惧是正常的;比如亲人去世了,悲伤是正常的。当个体的情绪体验符合客观事件时,第一时间暗示自己:我现在的情绪是正常的。有了这样的接纳,情绪张力就会下降,内心自然恢复平静。

无论人是什么性别、年龄、职务、地位,都会有各种各样的情绪。喜、怒、忧、思、悲、恐、惊这些人类的基本情绪,构成了人们丰富的情感体系,也构建了我们丰富多彩的生活。

很多时候人的痛苦并不是来源于情绪本身,而是源于对情绪的抵触。如果辩证地去分析,每种情绪背后都有其所属的正面价值,我们平常所谓的负面情绪也是深具正面意义的。清楚每种情绪和感觉都是一份推动力,会引领个体到达一个新高度,打破经验的束缚,为自己做一个正确的选择。

➤ 情绪的有效表达

一、情绪是如何表达的?

情绪一般通过表情和肢体语言表达。

---

① 武志红著.七个心理寓言[M].北京:世界图书出版公司,2008:24～25.

表情是我们最常见的情绪表达方式,心理学家研究发现,全世界的人都有相似的表情模式,它们分别是:恐惧、厌恶、高兴、惊奇、轻蔑、生气、悲伤。这些表情,无论是哪个国家、哪个民族的人都能准确识别。除了跨文化的相似性,实际上还有很多表情存在明显差异,单纯依靠表情线索判断人们的情绪状态是不可靠的,你还需要其他很多辅助线索去准确判断人们的情绪。①

除了表情,肢体语言也能表达情绪状态。由于肢体语言多是无意识的举动,因此,肢体表现会更真实地表达情绪状态。表4-4中列出了九种常见的肢体语言所表达的情绪含义供大家参考。

表4-4　肢体语言的情绪含义

典型动作	情绪含义
环抱双臂	愤怒,不欣赏,不同意,防御或攻击
用手敲击桌子	无聊或不耐烦
咬嘴唇	紧张,害怕或焦虑
身体前倾	注意或感兴趣
避免目光接触	冷漠,逃避,不关心,没有安全感,恐惧或紧张
玩弄身边的小东西	特别紧张或掩饰内心的恐慌
走动	发脾气或受挫
轻抚下巴	正在犹豫,很可能会接纳对方的观点
用力缩下巴	畏惧或驯服

不过,肢体语言和情绪状态并非一一对应关系,例如环抱双臂可能是因为寒冷。不同文化背景下,相同的姿势可能表达完全不同的含义。例如,伸出食指,在美国表示让对方稍等,在法国表示请求对方回答问题,在缅甸表示请求、摆脱,在新加坡表示最重要的,在澳大利亚则表示"请再来一杯啤酒"。

二、如何有效地表达情绪

人们时常在表达情绪,但是我们的表达常常是无效的,或者是具有破坏性的——比如抱怨、无原则地发泄等,伤人伤己,妨碍沟通。如恋爱中的女孩对约会迟到的男友一般会这样表达:"这么晚才来,你心里根本不在意我""你太不像话了,做事情老是磨磨唧唧的",这样的表达往往趋向于批评、指责、抱怨,主语是"你",如此常会导致战火升级,沟通无从谈起,只会让彼此变得疏离,甚至关系破裂。

有效的情绪表达涉及两个原则:一是就事论事的原则;二是为自己的情绪负责的原则。

在表达的过程中可以参照以下四个步骤进行:

1. 陈述客观事实

在表达负面情绪时,切忌发牢骚,而是要表明自己产生负面情绪的原因,并给对方一个解释的机会。要明确说明导致这种情绪的缘由,以加强对方了解因果关联性,并且避免被认为是

---

① 高兰,向纯.大学生心理健康教育新编[M].北京:国防工业出版社,2011:62~63.

在无的放矢。比如："你临时改变了工作计划,让我无法进行后面的工作,我很生气"比"你老是改变主意,我很生气"要更容易沟通。

2. 表明自己的想法

如上面提到的约会迟到的例子,女孩可以调整成这样的表达方式:"你这么晚才来,我很担心""我一个人在这儿等你很害怕",这样的表达,加上温柔的语气,会让男方觉得女孩对自己的牵挂及爱意,自然会怜惜女方,进而调整自己的行为。

3. 为自己的情绪负责

在表达自己负面情绪时要为自己的情绪负起责任,不要说"你让我生气"之类的话,因为这么做是在推卸责任,把对方当成是自己情绪问题的症结,容易激起对方的反感或压力,往往引发冲突。有效的情绪表达是客观表达自己的情绪,应该把自己当成情绪的主体,主语是"我":"因为××事情,我感到很生气"。在表达时,不要做评论式的人身攻击,只要客观描述,这样既能清楚地表达自己,又能避免刺激对方。

4. 表达自己的期望

如果能在摆事实、说原因、表明态度之后再比较明确地向对方表达自己对这类事情的期望,对方不但能理解你的真实感受,而且也不会被激怒,同时还明白了自己以后到底需要怎样改进。这样的情绪表达堪称完美。还是前面约会的例子,女孩在说完男孩迟到,自己很担心、焦急的情况之后,再加一句"如果你能早点到,我会觉得很幸福",相信男孩在下次约会中一定会心甘情愿地提前赴约。

有效情绪表达的四步骤可以用图 4-1 表示:

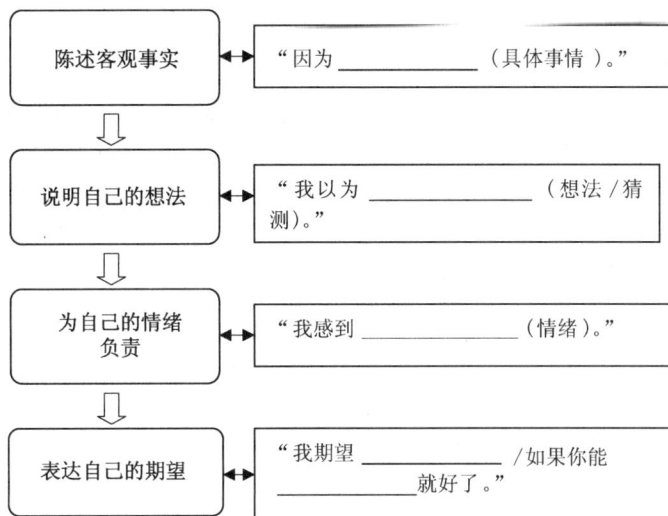

图 4-1　有效情绪表达步骤示意图

➤ 情绪的合理调节

当遭遇负面情绪的侵扰,对自己或他人造成不良影响,我们便需要调整自己的认知或行为来摆脱不良情绪的控制,驾驭情绪。

一、调整认知

20 世纪 50 年代心理学家埃利斯(A.Ellis)在美国创立了情绪 ABC 理论。他认为人的情绪不是由某一诱发性事件的本身所引起的,而是由主体对该事件的解释和评价所引起的。这就构成了 ABC 理论的基本观点。在 ABC 理论模式中,A 是指诱发性事件;B 是指个体在遇到诱发事件之后相应而生的信念,即他对这一事件的看法、解释和评价;C 是指特定情景下,个体的情绪及行为的结果。

情绪 ABC 理论可以用图 4-2 说明:

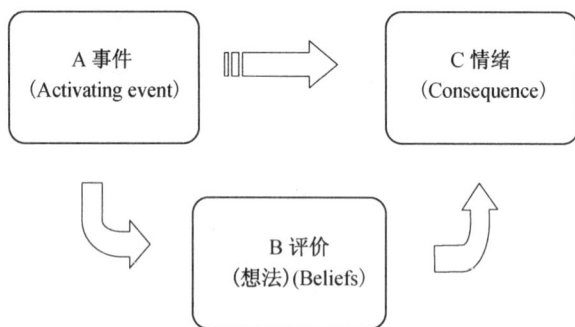

图 4-2

例如:同样是报考英语六级,结果两个人都没过。其中一个人认为这次考试没过是因为自己准备不够充分,还需要继续努力,争取下次能通过;另一个人认为自己精心准备了很长时间都没过,是不是自己太笨了,同学一定会笑话自己的。两种不同的想法就会导致两种不同的情绪和行为反应:前者感到没什么大不了的,而后者非常伤心。从这个简单的例子可以看出,人的情绪及行为反应与人们对事物的想法、看法有直接关系,在这些想法和看法背后,有着人们对一类事物的共同看法,这就是信念。这两个人的信念,前者在合理情绪疗法中被称为合理的信念,而后者被称为不合理的信念。合理的信念会引起人们对事物适当、适度的情绪和行为反应;而不合理的信念则相反,往往会导致不适当的情绪和行为反应。当人们坚持某些不合理的信念,长期处于不良的情绪状态,最终导致情绪障碍的产生。

不合理的信念简称非理性信念,它具有以下三个特征:

1. 绝对化的要求

它是指人们常常以自己的意愿为出发点,认为某事物必定发生或不发生的想法。它常常表现为将"希望""想要"等绝对化为"必须""应该"或"一定要"等。例如,"我必须成功""别人必须对我好",等等。这种绝对化的要求之所以不合理,是因为每一客观事物都有其自身的发展规律,不可能以个人的意志为转移。对于某个人来说,他不可能在每一件事上都获成功,他周围的人或事物的表现及发展也不会依他的意愿来改变。因此,当某些事物的发展与其对事物的绝对化要求相悖时,他就会感到难以接受和适应,从而极易陷入情绪困扰之中。

2. 过分概括化

人们常常把"有时""某些"过分概括化为"总是""所有"等。用埃利斯的话来说,这就好像凭一本书的封面来判定它的好坏一样。它具体体现在人们对自己或他人的不合理评价上,典型特征是以某一件或某几件事来评价自身或他人的整体价值。例如,有些人遭受一些失败后,就会认为自己"一无是处""毫无价值",这种片面的自我否定往往导致自卑自弃、自罪自责等不良情绪。而这种评价一旦指向他人,就会一味地指责别人,产生怨怼、敌意等消极情绪。我们应该认识到"金无足赤,人无完人",每个人都是不完美的,都有犯错误的可能性。

3. 糟糕至极

这种观念认为如果一件不好的事情发生,那将非常可怕和糟糕。例如,"我英语四级没过,一切都完了""我没评上优秀,不会有前途了"。这些想法是非理性的,因为对任何一件事情来说,都会有比之更坏的情况发生,所以没有一件事情可被定义为糟糕至极。如果一个人坚持这种"糟糕至极"的观念时,当他遇到他所谓百分之百糟糕的事时,他就会陷入不良的情绪体验之中,一蹶不振。

在日常生活和工作中,当遭遇各种失败和挫折,要想避免情绪失调,就应多检查一下自己的大脑,看是否存在一些"绝对化要求""过分概括化"和"糟糕至极"等不合理想法;如果有,就要有意识地用合理观念取而代之。

二、积极暗示

(1) 给自己一个微笑。人的微笑,首先是给自己的。当绽开笑脸时,实际上已经在给自己一个暗示:我很快乐。微笑将驱走你的焦虑和烦闷,带来轻松、愉快和自信。

(2) 设计一个鼓励自己的常用语。好多人都有自己的习惯用语,它们以很高的频率出现。比如,有人喜欢说"烦死人";有人喜欢说"没问题";也有人喜欢说"真有意思"。不同的习惯用语能带给人不同的心理感受,一个豁达、乐观的口头语能让自己在很丧气时一下释然。

(3) 以"理想我"的眼睛看生活。人们都喜欢在心中设计自己未来的形象,这个形象就是我们的"理想我"。路上有块砖头,在小爬虫看来,它是庞然大物;对我们来说,一脚踢开,小事一桩。学习、生活中的好多麻烦,如果站高一点,换个角度看,也是类似的感觉。我们都希望未来的自己更加成熟、坚强、自信,有足够的能力处理人生事务,当用"理想我"的视角去审视当下的境遇就会拥有更加理性、豁达的想法和更加积极的应对方式。

(4) 将积极情绪与某种行为建立起联系。有人会说"我洗完澡就感觉心情舒畅",也有人说"我跨上摩托车就觉得特舒坦",他们实际上是把这些事情跟自己的心情建立了一种固定的联系,每当做这件事时,就有了相应的心情。这种心理暗示的方法我们不妨借用到情绪管理中来。

(5) 来点"阿Q精神"。鲁迅的《阿Q正传》的主人公阿Q每次遭到人欺凌就用"精神胜利法"来自我安慰,让自己心里好受一些。"阿Q精神"确实有点自欺欺人,但有些令人烦恼和不如意的事摆在面前,如能改变,当然该向好处努力;如已成定局,无法换回,不妨来点"阿Q精神"宽慰自己,承认现实,摆脱心理困境,追求精神胜利。

三、适当宣泄

人生总不可能永远是鸟语花香。在琐碎的生活中,人们经常会遇到各种委屈、苦恼与憋闷的事,每当此时,当事人的确需要释放自己的负面情绪。但是,莫名其妙地乱发泄,会使人感到不近情理,甚至会伤害无辜,或者伤害自己,所以,应当为它选择理智而道德的方式。这样的方

式很多,主要可以总结为以下几种:

(1) 眼泪宣泄法。不管男人、女人,伤心悲痛时就让自己的眼泪尽情地流吧,最好能哭出声音,嚎啕大哭。

(2) 运动宣泄法。把一切不开心宣泄在激烈的运动和激情的舞蹈之中,让汗水把不良的情绪带走。

(3) 倾诉宣泄法。找个知心的朋友,或在虚拟的世界里,通过倾诉或者书写、绘画等方式把心里的感受表达出来,不要憋在心里。

(4) 喊笑宣泄法。在无人的地方,尽情地喊、尽情地笑,把伤心喊走、把悲痛笑没。

(5) 模拟宣泄法。用没有生命的物质设一个假想敌,把一切不满都往它那里发泄。打完,骂完,你的仇怨也许会减轻一些。

(6) 环境宣泄法。不开心时,去郊外走走,找一处风景怡人的地方,让清新的空气、恬静的景色舒缓心情;或者听一段舒缓、愉悦的音乐,让自己躁动的心平静下来。

四、活在当下

美国精神病学专家皮尔斯(Frederick S.Perls)创立了格式塔疗法,又称完形疗法。该疗法主张通过增加对自己此时此地躯体状况的知觉,认识被压抑的情绪和需求,整合人格的分裂部分,从而改善不良的适应。根据格式塔疗法的原理,在情绪调节方面可以从以下十个方面着手:

(1) 活在现在。不要老是惦记明天的事,也不要总是懊悔昨天发生的事,把精力集中在今天要干什么上。

(2) 活在这里。记住你就生活在此处此地,不要对尚未发生的事杞人忧天。

(3) 停止猜想,面对实际。比如当你遇到老师或领导,你向他们打招呼,可他们没反应,于是你开始心里嘀咕他们为什么这样,是不是对自己有意见,或许其实你没料到,他们那时可能正心事重重,没有留意到你罢了。很多心理上的障碍往往都是没有事实根据的"想当然"造成的。

(4) 暂停思考,多去感受。人们整天所想的就是怎样做好工作,怎样搞好人际关系,而忘记在路途中还可以去更多地观赏美景,聆听音乐。过分强调了逻辑思维,忽略了直觉,导致我们变成了一台失去情感的机器。格式塔疗法强调在思考基础上去"感受",让感受调整、丰富你的思考。

(5) 接受不愉快的情感。愉快和不愉快是相对而言的,同时也是相互存在和相互转化的。让我们建立正确的态度:既要接受愉快的情绪,也要有接受不愉快情绪的思想准备。

(6) 不随意下判断。人们往往容易在别人稍有差错和失败时就立刻下结论。格式塔疗法认为,正确处理人际关系的正确做法是:先不要对别人下判断,先要说出你是怎样认为的。这样做就可以避免不必要的摩擦和矛盾,而你自己也可以避免产生无谓的烦恼和苦闷。

(7) 不盲目地崇拜偶像和权威。现代社会有很多变相的权威和偶像,他们会禁锢你的头脑,束缚你的手脚,比如金钱、地位、学历等。不要盲目附和众议,从而丧失独立思考的习性;也不要无原则屈从他人,从而被剥夺自主行动的能力。

(8) 我就是我。从自己的起点做起,充分发挥潜能。从我做起,从现在做起,做好我能做好的事。

(9) 对自己负责。人们往往容易逃避责任,考试不好怪罪学校不好、家庭环境不好;工作不好,推诿领导不力、条件太差等,总把过错都推到客观原因上。格式塔疗法这项原则就是要求自己做事自己承担责任。

(10) 正确的自我估计。每个人在社会上都有自己的特定位置,都要履行一定的权利和义务。如果不按规范做必然要受到社会和他人对你的谴责和反对。

> **思政点睛**　从孔子"克己复礼"到抗疫"青春守沪",中华文明始终将情绪管理视为修身齐家的基石。当你用"情绪碳账户"减少网络戾气排放,用"古今修身法"传递理性能量,就是在参与构建清朗网络空间与和谐社会——这恰是新时代公民的"情绪国防"。

【经典心理实验】

人为什么会感到快乐? 为什么会感到痛苦?

我们千方百计做成了一件事,这满足了我们获得成功的希望,于是我们就感到欢欣鼓舞;反之,如果我们的努力没有得到相应的回报,我们就会不高兴,甚至感到痛苦。除了这个原因,心理学家还发现了一些别的原因。其中一个很重要的发现就是,刺激脑的某些部位也能产生欢乐或痛苦的情绪。原来,在我们的大脑里有专门分管快乐和分管痛苦的情绪中枢。

心理学家奥尔兹曾用微电极技术研究老鼠的脑功能。微电极是一种极小的电极,可以插入脑的各个部位,而不影响动物的健康和各种功能。我们可以利用微电极向所插入的部位施加电流刺激,以观察动物有何反应。奥尔兹在研究过程中偶然发现,如果在某个地点对老鼠的下丘脑部位附近进行电流刺激,那么这只老鼠以后就老爱往这个地方跑。这引起了奥尔兹和同事们的兴趣,于是,他们精心设计了一个实验。

他们做了一个控制电流刺激的开关装置——横杆,可以由老鼠自己掌握。只要老鼠一按这根横杆,埋藏在下丘脑附近的那个微电极就产生电流刺激,持续时间为 0.5 秒。实验开始了,奥尔兹等人看到了一个令人惊讶的情景:老鼠一旦学会按压横杆来获得刺激后,就会以近乎疯狂的热情来刺激自己。每只老鼠都以极高的频率按压横杆,平均频率为 2 000 次/小时,有的竟高达 5 000 次/小时,而且要连续按压 15～20 小时,直至筋疲力尽,呼呼睡去。但老鼠一醒来,就又去按压横杆。

奥尔兹等人为了进一步搞清老鼠对这种刺激的迷恋程度,特意在老鼠和横杆之间摆上一个通有很强电流的架子。但老鼠竟不顾触电的痛苦,拼命穿过架子,扑向那根能给它们以刺激的横杆。奥尔兹通过进一步实验还发现,把微电极插入脑部的另一个重要系统:边缘系统,也能看到老鼠拼命按压横杆的情景。所以,许多心理学家认为,在下丘脑和边缘系统内存在着快乐中枢。老鼠之所以一个劲儿地按横杆,就是因为刺激这个快乐中枢后,可以体验到欢快的情绪。

后来,这个实验在医院脑外科病人那里也得到了类似的结果。医生征得病人的同意之后,在动手术时顺便刺激了一下相应脑部位。他们发现,病人挺喜欢这种刺激,如果把开关——横杆交给病人,他也很乐于去按压几下。这说明人脑中也有快乐中枢。

既然有快乐中枢,那么有没有痛苦中枢呢?心理学家把微电极插入其他一些脑部位,同时把开关装置改装一下,使老鼠按压横杆时截断电流刺激。实验时对老鼠的这些脑部位进行电流刺激,老鼠会很不舒服,并学会按压横杆截断电流。这些部位可能就是老鼠的痛苦中枢。

人们推测在老鼠的下丘脑存在"快乐中枢",用同样的方法也找到了"痛苦中枢"。这一实验结果立即在社会上引起轰动。人们不禁要问:"人的下丘脑中有快乐中枢和痛苦中枢吗?"

20世纪60年代,美国医生扎克布森和汤尔可逊大胆地进行了尝试,用电极刺激病人下丘脑的有关部位。人们惊讶地看到被刺激病人面带微笑,表示感觉良好。当然,此结果尚不能充分证明人脑中存在"快乐中枢",但这些发现促使人们对情绪的脑机制进行深入的研究。

【拓展阅读】

➢ 快乐的三个层次

第一个层次:竞争式的快乐

从竞争中得到的快乐是最低的快乐层次。竞争可见于运动、游戏、赌博,以及商业、战争、学术等领域。在这些领域里,当得胜或超越他人的时候,会觉得快乐。然而这种竞争式的快乐总是短暂的,迟早会尝到被击败的滋味。永远有下一场战役有待获胜,而且在每一场比赛中,只有一个优胜者或者一支优胜队伍,其他的人都被界定为"失败者"。

第二个层次:条件式的快乐

条件式的快乐比竞争式的快乐更为常见,往往把快乐和特定的外在条件连接在一起。例如,热恋中的我们往往是处在有条件的意识状态中,觉得一切都美妙极了;然而过了几年,我们的批评变多了,兴致少了……条件式的快乐永远不会长久,因为条件总是会改变的,迟早会发现事情并不如当初所想象的,那时可能又开始变得快快不乐了。

第三个层次:无条件的快乐

无条件的快乐就是至乐。处在这种意识状态中,我们不需要外界的能量或刺激,就能感觉到快乐和祥和。毫无条件地生活,就是接受自己的种种可能性,并欢迎及接纳转变。处在至乐里,无论不舒适或是愉悦,我们同样欣然接受;我们不执着于结果,而能享受和体验充实丰盛的人生,我们对沿途的幸福安逸与种种经验充满了感恩之心,而能心平气和地对待他人和自己。我们放下评判或者求对的需求,从容地宽恕一切。

➢ 心灵书籍——《如何控制自己的情绪》[①]

本书的作者,一位风光无限的顶级企业家,曾堕入消极情绪的黑暗世界,数年间无法自拔,甚至到了死亡的边缘。后来,他发现了情绪方程:"遗憾=失望+责任感""绝望=苦难-意义""焦虑=不确定性×无力感""幸福=想要拥有的÷拥有想要的",等等;创造情绪方程的过程,也是他理顺纠结、重启人生的过程。

有了这些情绪定律,人们可以用加、减、乘、除来运算经常找不到头绪的情绪波动。比如,当陷入焦虑之中,就去看看是否因为面临的不确定性在增加,且事情超出了自己的能力;如果有了猜忌心,那么就反思一下,是自己的自尊心太强,还是感觉到了不被信任。情绪是细腻的,

---

① 奇普·康利.如何控制自己的情绪:最有效的22个情绪管理定律[M].北京:中信出版社,2013.

常常像丝线一样缠绕，时时对照情绪方程，我们就可以拎起主线，破解情绪困境，掌控自己的情绪。

每天早上照镜子正衣冠，可以呈现美好的外表；时时参照《如何控制自己的情绪》，可以让内心静好。

经典的情绪方程如下：

（1）绝望＝苦难－意义

绝望就是当承受苦难变得毫无意义时的结果。在一个人的低谷时期（对弗兰克尔来说，即他被投入集中营时），苦难实际上是一个常量，所以为了降低绝望感，最好是把注意力转移到寻求更多的意义上。

（2）失望＝期望－现实

（3）工作狂＝你在逃避什么？/你为何而活？

（4）真实性＝自我觉知×勇气

（5）喜悦＝爱－恐惧

（6）自尊＝成功/虚荣

当然，答案很大程度上取决于我们如何定义成功和虚荣。詹姆斯的看法是，如果我们对现状的认知，也就是我们所取得的成就（成功）超过了我们的潜力——也就是我们认为我们应该取得的成就（虚荣），我们的自我感觉就会非常好。

（7）焦虑＝威胁×关切

认识到有一些所谓的威胁只是我们的想象，只是我们对于不确定性的不适应。当我们对于某件事情关切，有觉得受到威胁的时候，我们就会焦虑，所以，要应对焦虑，我们有以下两种选择：① 降低对事情的关切，也就是学会超脱的眼光。在这方面，悲观主义可以给予我们帮助，当我们认识到人生不过一场梦，一切都是虚幻的，死亡面前人人平等，我们就能够超脱。② 降低对威胁的预期，乐观主义者总是能够往好的方面想，并且相信问题总会解决，一切都会是完美的。

（8）幸福＝想要拥有的（知足）÷拥有想要的（欲望）

这看起来像一道脑筋急转弯，我们可以这样想："想要拥有的"就像践行感恩，意思是珍惜你生命中的好运。"拥有想要的"对我而言，意味着你正追求那些将会给你带来满足感的东西，却潜在地忽略了你已经拥有的。换句话说，感恩和满足感之间的对抗在现代社会里正在上演。尽管我们有很多方法可以把感恩植入到我们的生活中，但只要我们对满足感的需求提升了我们的欲求，我们的幸福就会转瞬即逝。

提升意志 掌控命运

> **这些放弃的瞬间你是否经历过?**
> "考试单词背到 abandon 就真的 abandon 了"
> "健身卡变成洗澡卡,腹肌永远在明年"
> ——当意志力频频"熄火"时,你需要一场认知革命:真正的坚持,是把个人目标焊进时代发展的铁轨。

沃勒指出:"尽管我们用判断力思考问题,但最终解决问题的还是意志,而不是才智。"生活也告诉我们,滴水穿石,不是因其能力卓越、力量强大,而是因其坚韧不拔、锲而不舍。所以,只有具有坚韧的意志,才能拥有伟大的生活。每个大学生对大学都充满期待,对未来都充满憧憬,都想将"生活的理想"变成"理想的生活",但现实警醒我们,心动不如行动,行动必须意坚。为了梦想成真,我们必须具有"铁杵成针"的坚韧意志。

【身边的故事】

故事一:小唐原是一名品学兼优的学生,进入大学后,没有了教师和家长的监督和要求,开始玩手机游戏并且日趋痴迷,学习成绩一落千丈。老师和家长多次找他谈话,他认识到迷恋网络游戏的害处,而且即将面临期末考试,他也想改掉这个坏习惯,但网络游戏的吸引力实在太大了,他感到很烦恼。

人是唯一能够自觉地确定行动目的的动物,但是在目的达成的过程中,受外界的影响随波逐流,往往导致一事无成。关键是要调控自己的行为,制止不合乎目的的行为,采取合乎目的的行为,不管遇到何种困难,都要坚持到底,直至目标达成。每个人都会面临多个目标的抉择,这一考验显现出个人意志的巨大作用。

故事二:常州市首位"江苏十佳青年学生"称号获得者小盛从小由于运动神经受损,走路这个对于常人来说非常自然的活动,成了横亘在她生活道路上的一道坎。人民公园的老人都认识她,因为她无论冬夏都在那里练习走路。她幼年最大的理想就是像其他孩子一样背起书包上学堂。为了实现这个理想,她吃尽了苦头:为了增加腿部的力量,双腿绑上沉重的沙袋一步一挪;为了训练身体的平衡,不知摔了多少跟头;听说针灸能治病,头上扎满了银针也从不喊一声痛。

正是凭着这种顽强的意志,凭着这种深藏在心底关于读书、关于上学的梦想,7 岁那年,她终于站了起来,蹒跚而行。许多医生称其为医学上的一个奇迹,为她的毅力和康复的成效而感叹。上学之后,小盛几乎把所有的精力都寄托在五彩缤纷的书本上。早在上小学时,她就广泛涉猎了文、史、哲等方面的书籍;进入高中后,她写了大量的读史笔记,并开始在各类报刊上发表。她的作品以其风格的大气、思考的深入引起了广泛的注意,大家都觉得这远远超出了她的年龄,表现出一个有思想、有才华、有热情的年轻学子的优秀潜质。她约 6 万字的读史笔记已经在整理之中,准备结集出版。

　　在人生的道路上,每个人都渴望成功与喜悦,失意和挫折是难免的。面对失意和挫折,人有多种选择:勇敢地面对还是一蹶不振? 如果有一天失意悄悄来临,与你紧紧握手,愿你失意不失志,勇敢地去面对挫折和逆境。一个用心修炼和提升意志力的人,将会获得巨大无比的力量。这种力量不仅能够完全地控制一个人的精神世界,而且能够让人的心智达到前所未有的高度。

【自我探索】

　　具有坚强意志和顽强毅力是事业成功的重要心理条件。纵观古今,那些拥有辉煌人生纪录的人都具有超常的意志力。在竞争激烈、变化万千的今天,具有优秀的意志品质显得尤其重要。

意志力测试

　　你的意志力如何? 完成下面的题目可以大体了解自己的意志力。试题共 26 道,每道试题有 5 种答案:

A. 完全符合　B. 比较符合　C. 有时符合　D. 不太符合　E. 完全不符合

(　　)1. 我每天都坚持跑步、打太极拳、练气功或散步等体育活动。

(　　)2. 我给自己订的计划,常常因为主观原因不能如期完成。

(　　)3. 如没有特殊原因,我每天都按时起床,从不睡懒觉。

(　　)4. 我的作息没有什么规律性,经常随自己的情绪和兴致而变化。

(　　)5. 我信奉"凡事不干则已,干必成"的格言,并身体力行。

(　　)6. 我认为做事情不必太认真,做得成就做,做不成拉倒。

(　　)7. 我做一件事的积极性,主要取决于这件事的重要性,即该不该做,而不在于这件事的兴趣,即不在于想不想做。

(　　)8. 晚间我躺在床上,有时下决心第二天要干一件重要的事情,但到第二天这种劲头又消失了。

(　　)9. 当学习和娱乐发生冲突时,即使这种娱乐很有吸引力,我也会马上决定去学习。

(　　)10. 我常因读一本引人入胜的小说或看一部精彩的电视剧而不能按时入睡。

(　　)11. 我下决心办成的事情,不论遇到什么困难,都坚持下去。

(　　)12. 我在学习和工作中遇到困难,首先想到的就是问问别人有什么办法。

(　　)13. 我能长时间做一件很重要而又枯燥无味的工作。

(　　)14. 我的兴趣多变,做事情常常是"这山望着那山高"。

(　　)15. 我决定做一件事时,常常说干就干,决不拖拉或让它落空。

(　　)16. 我办事喜易怕难,爱拣容易的做,难的能拖就拖,能推则推。

（　　）17. 对于别人的意见，我从不盲从，总喜欢分析、鉴别一下。

（　　）18. 凡是比我能干的人，我不太怀疑他的看法。

（　　）19. 遇事我喜欢自己拿主意，当然也不排斥听取别人的建议。

（　　）20. 遇到复杂的情况，我常常举棋不定，许久不能做出决断。

（　　）21. 我喜欢做我从来没有做过的事情，不怕一个人独立负责重要的工作。

（　　）22. 我生性胆怯，没有十二分把握的事情，我从来不敢去做。

（　　）23. 我和同事、朋友、家人相处很有克制力，从不无故乱发脾气。

（　　）24. 在和别人争吵时，总爱说一些过头话，甚至大吵大闹，尽管事后感到后悔，但事情发生时总忍不住。

（　　）25. 我深信"有志者事竟成"的信条。

（　　）26. 我相信机遇，我认为机遇的作用超过个人的努力。

【评分与结果解释】

序号为单数的题目，A、B、C、D、E 依次为 5、4、3、2、1 分。凡是序号为双数的题目，A、B、C、D、E 依次为 1、2、3、4、5 分。

单号题	1	3	5	7	9	11	13	15	17	19	21	23	25	合计
得分														
双号题	2	4	6	8	10	12	14	16	18	20	22	24	26	合计
得分														
总分														

【评分与结果解释】

110 分以上：表明你的意志很坚强；

91～110 分：表明你的意志比较坚强；

71～90 分：表明你的意志一般；

51～70 分：表明你的意志比较薄弱；

50 分以下：表明你的意志很薄弱。

【体验训练】

人与人之间、强者与弱者之间、大人物与小人物之间最大的差异，就在于其意志的力量，即所向无敌的决心。一旦确立了目标，就要坚持到底，不在奋斗中成功，便在奋斗中死亡。

暖身活动：花开花落

一、活动目的

促进成员快速建立连接，营造信任和谐的氛围。

二、活动操作

学员双手搭在左右伙伴的肩膀上，围成一圈；在训练员的口令下往前踏步；计算能走动几步。第二阶段：共五个口令，分别为花开、花落、风吹、草动、水落石出；分别对应的动作是后仰、前屈、左仰、右仰、蹲下、踮脚。

活动一：举手仪式

一、活动目的

1. 让学生体验坚持所需要的耐心和毅力，培养学生的意志力。

2. 让学生认识到意志力的培养要从小事做起。

二、活动准备

秒表一只。

三、活动操作

1. 全体同学按体操队形站立，每个人的两只手臂伸直向胸前平举，身体不准晃动，坚持10分钟（教师可根据学生实际情况选择时间的长短），看谁能坚持到最后。

2. 团体分享：

（1）当时间过了一半的时候，你有什么感受？

（2）当你坚持到最后的时候，你有什么感受？

（3）在坚持的过程中遇到了哪些困难，你是如何克服的？

（4）你觉得这个游戏对你的学习生活有什么启发？

四、注意事项

1. 若在室外，注意避开高温或冷天。

2. 主持人本人最好也参与这个游戏，和学生一起体验，给学生树立一个榜样。

3. 游戏过程中，为了打发难挨的时间，主持人可在学生举手的时候播放一些激励性的歌曲或音乐，主持人本身也可给他们喊一些激励的口号等。等时间到时，主持人要给予那些坚持到最后的同学以鼓励，此外游戏还可继续做下去，把时间再拉长一分钟，看还有哪些同学能坚持。若有些同学能坚持到最后，主持人应当在全班同学面前大力表扬，以鼓励他们。

活动二：突出重围

一、活动目的

1. 培养学生在面临巨大危机的时候，保持冷静的头脑并具有克服困难的信心、勇气。

2. 培养学生用智慧解决问题的能力和坚持到底不服输的精神。

二、活动操作

1. 以15～20人为一组，所有同学手拉手围成一个圈，这个圈被称为"包围圈"。

2. 主持人讲解游戏规则：

假定你被人包围了，情况十分危急，包围圈是由许多人手拉手围圈而成，要求你尽快想办法冲出包围圈。可采取钻、跳、推、拉、诱骗等任何方式（不以伤害人为原则），力求突围挣脱，冲出包围圈；其他同学则站立，手拉手围成一个包围圈；外围的同学必须尽全身气力、心计，绝不让被包围者逃出；若圈内的同学从某两个同学手拉手的缝隙中逃出，则这两个同学双双要进入圈内作为被包围者。

3. 游戏开始：

主持人可通过随机抽学号的方式，让一名同学站在包围圈团体中央开始游戏。倘若被围的同学灰心失望,一时冲不出"包围圈",则主持人可增加两名同学到圈内作为"突围者",其他的同学可鼓励他继续努力。一段时间后,换其他成员。

4. 分享其突围的感受。讨论:

(1) 闯关突围你想起什么?

(2) 突围者成功了几次,失败了几次,为什么会失败?

(3) 突围者在游戏中感觉如何? 单兵作战容易吗?

三、注意事项

1. 注意场地安全。有人称这个游戏为"暴力游戏",游戏的场地最好在草地上,而不要在坚硬的水泥地面上。在做游戏的时候,一定要向学生讲清楚可能会发生的碰撞以及跌倒等问题,要同学们做好预防,事先须注意移去危险器物。

2. 有健康顾虑者(如患先天性心脏病、心脏功能欠佳者等)不要参加,以防意外发生。

3. 突围方式以不伤害别人为原则。这个游戏虽然可以允许圈内突围者采用钻、跳、推、拉、诱骗等任何方式,但有一点要提醒学生,不可以对外围的同学进行过分的暴力攻击,如用脚踢对方的腿或手等部位。

4. "包围圈"男女同学的搭配问题。这个游戏还有一个用途,那就是用于异性交往中。男女同学的身体接触在日常生活中一般是不被允许的,也是没有什么机会的。而在这个游戏中,男女同学手拉手围成一个圈,是游戏的需要并且大家都这么做,一般就不会觉得害羞了。在包围圈的形成过程中,教师可根据班级的实际情况,让男女同学交叉站立,然后手拉手围成一个圈;如果学生们比较保守,不愿意的话,则可先分为男女各一个包围圈,过一段时间,将两个包围圈合并为一个,同样可达到目的。

活动三:我的故事

一、活动目的

了解自己的意志力

二、活动操作

1. 小组里不相识的两个人迅速组成搭档,分 A、B 角色,A 先向 B 讲述一件凭借自己的意志力完成的事情;角色互换。

2. A 再向 B 讲述由于自己意志不坚强放弃的而事后看来是很遗憾的一件事;角色互换。

3. 每人讲述 3 分钟。

三、讨论

1. 曾经仔细体会过自己的意志力吗? 自己是个意志力坚强的人吗?

_____

2. 当凭借意志力完成某种挑战时,心情是怎样的?

_____

3. 在困难面前选择放弃的时候,心情是怎样的?

_____

活动四:接受现实

一、活动目的

通过体验,使学生认识到承认错误是需要勇气的,让学生意识到敢于承认错误是自身敢于承担责任的表现。

二、活动操作

1. 学生在比较空的场地围成一圈。随机或自愿报名参加游戏,根据场地大小决定人数多少,人数一般在16~20人左右,也可更多。

2. 学生按照体操队形站立,站4~5排,每排4~5人,前排侧平举,后排前平举。

3. 主持人发出口令:主持人喊一时,举左手;喊二时,举右手;喊三时,抬左脚;喊四时,抬右脚;喊五时,不动。学生按要求做。主持人和不参加游戏的同学做监督者。

4. 出错时,出错的人要走出来站到大家面前先鞠一躬,然后单膝下跪,举起右手高声说:"对不起,我错了!"出错的同学退出,游戏重新开始,以此循环,可根据实际情况选择终止,也可直到最后剩下一个同学。

5. 集体分享感受。

三、注意事项

喊出"对不起,我错了"这句话或许对一些同学来说并不算难,但要当着众多同学的面下跪,可能有些同学不能接受,也有些同学认为这是对人的不尊重。因此,做游戏之前,主持人一定要事先和学生沟通,向学生解释清楚,取得他们的认同,千万不要强行做,不然会给主持人和学生之间带来不必要的误解。

活动五:承担责任

一、活动目的

1. 让学生正确看待自己的错误。

2. 让学生学会做一个负责任的人。

二、活动操作

将全班同学分为不同的小组,每组4人,两人相向站着,另外两人相向蹲着,一个站着的人再和一个蹲着的人分为一组。

站着的两个人进行"剪刀,石头,布"猜拳,猜拳胜者,则由和猜拳胜者一组蹲着的人去刮对方输的一组中蹲着的人的鼻子。

输方轮换位置,即站着的人蹲下,蹲着的人站起来继续开始下一局。若开始的新局中,上次胜方站着的人在猜拳中输掉,则上次胜方蹲着的人要被上次输方站着的人刮鼻子;在接下来的一局中,胜方也轮换位置,即原来站着的人蹲下,蹲着的人站起来,开始新的局。活动可反复进行几个回合,由小组成员自行决定。

问题讨论:

如何看待自己的责任和别人的过错?

当自己的同伴失败的时候,有没有抱怨?

同组的两个人有没有同心协力对付外面的压力？

三、注意事项

作为对输方一组同学的惩罚，除了刮鼻子外，可以采用做俯卧撑的办法，具体数量可参考学生的实际能力大小。

主持人要注意观察失败一方的两个同学在面临惩罚时所出现的情绪反应。

【知识链接】

一个用心修炼和提升意志力的人，将会获得巨大无比的力量，这种力量不仅能够完全地控制一个人的精神世界，而且能够让人的心智达到前所未有的高度。

拥有意志力，你就能掌控你的身体；拥有意志力，你就能掌控你的大脑；拥有意志力，你就能掌控你的命运。意志力是一把开启成功之门的神奇钥匙。

一、意志的内涵

意志，是人为了一定的目的，并根据目的自觉地组织、调节和支配自身的行动，克服困难，实现预定目标的心理过程。它是人的意识能动性的集中表现，是人类特有的心理现象。

意志行动是有目的的行动。人的有目的行为和动物迥然不同。虽然，动物在适应环境的过程中也作用于周围环境，但正如恩格斯所说："如果说动物不断地影响它周围的环境，那么，这是无意地发生的，而且对于动物本身来说是偶然的事情。但是人离开动物愈远，他们对自然界的作用就愈带有经过思考的、有计划的、向着一定的和事先知道的目标前进的特征。"他进一步指出："一切动物的一切有计划的行动，都不能在自然界上打下它们的意志的印记。这一点只有人才能做到。"①它在人主动地变革现实的行动中表现出来，对行为（包括外部动作和内部心理状态）有发动、坚持和制止、改变等方面的控制调节作用。

人的行动是由各种不同的动机决定的，这些动机是为了保证生存和满足各种需要而产生的。当一个人意识到自己或社会有某种需要时，就会产生满足需要的愿望，从而进一步有意识地确定追求的目的，拟定达到目的的计划，并做出行动。这种行动始终是由意识调节支配的，是自觉的、指向于一定目的并与努力克服所遇到的障碍相联系的。从产生动机到采取行动的这种心理过程就是意志。意志行动不同于生来具有的本能活动和缺乏意识控制的不随意行动，而是属于受意识发动和调节的高级活动。人的生活、学习和劳动都是有目的的随意行动，都是人类所特有的意志行动。

二、意志、挫折、压力与抗逆力的交互作用

意志、挫折、压力与抗逆力并非相互独立的心理机制，它们构成一个动态的心理生态系统，四者在个体适应环境的过程中相互渗透、互为条件、互为结果，形成螺旋式上升的成长循环。其交互过程遵循"目标导向—挑战响应—系统重构"的循环逻辑，本质是心理韧性的生长模型。

① 恩格斯.自然辩证法[M].北京：人民出版社，1971：157～158.

其核心机制可概括为:意志驱动目标行动,挫折触发压力反应,抗逆力重构认知与行为,最终反哺意志的强化。通过图 5-1 四元交互作用机制逐一分析说明各维度发生、发展过程及功能作用,对于大学生认识、理解、把握心理发生、发展的规律,获得追求幸福的能力大有裨益。

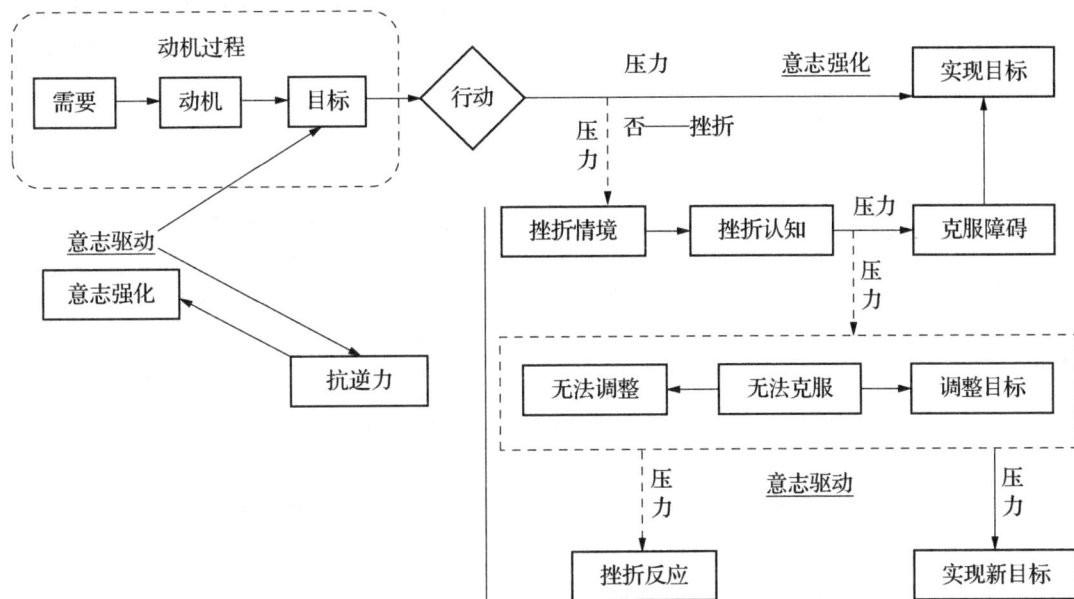

图 5-1 四元交互作用机制

1. 意志:目标的启动与维持

意志是人类目标行为的神经引擎,通过前额叶—伏隔核回路激活多巴胺系统,将抽象目标转化为持续行动力。当个体确立高价值目标(如职业晋升或学术突破),该机制驱动资源定向调配,表现为突破舒适区的坚持行为——如考研者对抗睡眠惰性的晨间复习,或运动员带伤坚持康复训练。神经影像学揭示其深层矛盾:高目标价值同时刺激腹侧被盖区(奖赏中枢)与杏仁核(恐惧中枢),形成动力与压力并存的神经印记。高目标投入引发三重危机:一是生理耗竭,长期高压扰乱皮质醇节律(如创业者持续失眠);二是能力断层,目标难度超越现实技能(如基础薄弱者挑战奥赛)时,行动链断裂;三是认知偏差,计划谬误导致成功率误判等。

实证显示目标价值每提升 1 个标准差,受挫后负面情绪激增 32%。高效意志系统需建立动态平衡:一是神经可塑性调节,持续训练增厚前扣带回皮层灰质,提升认知灵活性;二是目标弹性化设置,将刚性目标("必须 TOP3")转化为光谱目标("争取最佳可行结果");三是预案机制调整,同步规划主路径与应急路径(如创业者设定市场占有率目标时预留融资 B 方案)。

成功与失败两者本质差异正在于是否理解意志既是突破边界的推进器,也是需要精密调控的脆弱点。唯有在执着追求与灵活适应间保持张力,才能使意志真正成为心理韧性发展的基石。

2. 挫折:目标受阻的认知—情绪枢纽

挫折是指个体有目的的行为受到阻碍而产生的紧张状态与情绪反应。挫折产生于目标与现实障碍的冲突,其作用机制包含情境触发、认知评估、压力转化三层交互。第一,对人们有动机、目的的活动造成的内外障碍或干扰的情境状态或条件的出现,即挫折情境,构成刺激情境的可能是人或物,也可能是各种自然、社会环境。第二,人们对挫折情境的知觉、认识和评价,即挫折认知。第三,个体处于挫折情境之中所产生的烦恼、困惑、焦虑、愤怒等负面情绪的系列反应,即挫折反应,而由此交织而成的心理感受,即挫折感。其中,挫折认知是核心因素,挫折反应的性质及程度主要取决于挫折认知。

挫折体验与意志强度呈倒 U 型关系:中等投入者(如孤注一掷的创业者)因沉没成本与控制感失衡成为敏感峰值区;而超高意志者(如十年备战的运动员)启动抗逆预设——重构障碍为成长必经路(如爱迪生千次实验认知),应激代谢效率提升 40%。学业场景凸显差异:同遇考试失利,前者陷于"能力缺陷"抑郁,后者转向策略优化。

3. 压力:身心资源的动态调配器

在迈向目标的过程中无论是否成功,也往往都会伴有压力,亦称为应激,它是紧张或唤醒的一种内部心理状态,它是人体内部出现的解释性的、情感性的、防御性的应对过程。压力是挫折与抗逆力的核心中转站,作为 HPA 轴主导的神经—内分泌调度系统,在意志驱动目标时呈现双向调节:意志力可降低压力感知阈值(如创业者兼顾多重任务时形成动力场),而适度压力通过激活交感神经为意志提供"生理燃料"。但当目标超越意志阈值(完美主义者意志消耗快 40%),压力会抑制前额叶活动,引发"目标越崇高—挫败越强烈"的悖论,此时杏仁核反应超出前扣带回调节能力。

压力性质由资源—需求比(R/D 值)仲裁:当社会支持、技能储备等资源达到压力强度的 1.5 倍(如备考者拥有导师支持+科学计划),压力转化为抗逆力训练场;若资源跌破压力强度的 0.8 倍(如打三份工的单亲母亲),系统必然滑向崩坏。临床对照揭示分野:程序员限期修复漏洞后前额叶—小脑连接增强,技能显著跃升;而连续值班 36 小时的医生出现杏仁核—前额叶连接断裂,陷入职业倦怠。

压力本质是价值中立的身心动员机制,其终极走向取决于个体对神经资源库的调度精度与认知框架的引导艺术。维持 R/D 值于黄金区间,方使压力成为抗逆力最有效的淬火场。

4. 抗逆力:系统的重构引擎

抗逆力(resilience),台湾学者称之为"复原力",香港学者称之为"抗逆力""压弹",大陆也有学者称之为"心理弹性""韧性",大致相当于"挫折承受力""耐挫力"等概念,是指一个人处于困难、挫折、失败等逆境时的心理协调和适应能力。具体而言,就是个体具有的某些特质或能力,如适应性、恢复性、抗压性、胜任力等,使个人处在危机或压力情境时,能发挥健康的应对策略。抗逆力作为优势视角的理论内核,是个人面对逆境时能够理性地做出建设性、正向的选择和处理方法。抗逆力是个人的一种资源和资产,能够引领个人在身处恶劣环境下懂得如何处理不利的条件,从而产生正面的结果。同时,抗逆力也是一个过程,可以通过学习获得并且不断增强。抗逆力高的人能够以健康的态度去面对逆境。

抗逆力是深植个体的心理潜能,需逆境激活方能显现。当危机来袭(如失业或重大失败),这种内在力量通过与环境的交互作用启动三重重构机制:认知重构首先修正灾难化思维(如将失业转化为"职业探索契机"),前额叶抑制杏仁核过度反应(fMRI 显示激活比降 0.62);资源调用随即激活保护因素——社会支持网络缓冲情绪冲击,技能储备库提取解决策略,乐观信念提升希望感神经介质,实证显示拥有 3 项以上保护因素者抗逆效能提升 2.3 倍;最终成长转化整合创伤经验,BDNF 促进海马体神经新生,发展出情绪调节策略等成熟应对模式,实现 81%幸存者报告的创伤后成长。

重构过程呈现四种分化路径:功能失调(如沉溺毒品)与丧失性重构(自我价值崩塌)体现保护因素失效;平衡性重构维持原状;唯抗逆性重构实现生命跃迁。环境作为关键变量,健康生态使抗逆力如种子生根发芽。系统通过持续校准认知精度与资源调度效率,将逆境转化为神经韧性的淬炼场,最终完成从"生存适应"到"成长超越"的进化。

5. 螺旋上升的交互循环

意志、挫折、压力与抗逆力构成生命成长的动态引擎,其自增强回路遵循五阶演进:意志启动目标→挫折检验可行性→压力激活应对资源→抗逆力重构系统→意志韧性升级。如大学生立志考研设定"名校目标"驱动复习(意志)→模拟考试失利(挫折)→焦虑转化为每日增时复习(建设性压力)→调整复习计划并寻求导师帮助(抗逆力重构)→最终形成更坚韧的学习信念(意志强化,韧性提升)。

抗逆力的发展本质上是心理资源的动态博弈,其中挫折、压力与意志构成相互塑造的三角关系。挫折作为抗逆力的原始触发器,其价值在于打破心理平衡状态:当个体遭遇目标受阻(如项目失败、人际冲突),认知失调会激活自我修正机制,这种"创伤后成长"效应已被心理学证实。

压力在此过程中扮演双重角色,其转化方向取决于抗逆力水平。高抗逆力者能将压力解读为挑战信号,触发前额叶皮层的策略性应对,此时压力激素皮质醇的短期升高反而提升注意力集中度;而低抗逆力者则陷入情绪耗竭,压力转化为慢性健康风险。如职场中面对相同工作负荷,抗逆力强的员工将压力视为提升机会,其问题解决效率提升较快,而抗逆力弱者出错率增加过半。

意志作为循环的驱动核心,既决定个体是否主动进入挑战区,又受抗逆力提升的反哺。坚强意志促使人选择困难但有价值的目标(如创业者放弃稳定工作),这种选择本身构成抗逆力训练;而抗逆力增强后,个体处理压力的认知资源损耗减少,形成"意志投入—抗逆力增强—意志效率提升"的正向螺旋。

意志、挫折、压力、抗逆力构成一个以目标适应为核心的动态系统。意志提供方向性动力,挫折揭示现实差距,压力动员身心资源,抗逆力则通过认知行为重构实现系统升级。四者的交互本质是心理韧性的生长过程——每一次循环都在解构旧平衡、建立更具适应性的新平衡,推动个体在"挑战—应对—成长"的螺旋中持续进化。

三、大学生意志力的培养

自强不息的意志力可以战胜困难,摧毁艰险,就像冬天里玩耍的小男孩兴奋地踩踏着严寒冰冻的土地却不知疲倦,渴望冒险的冲动点亮了他的眼睛,头脑中刮起的坚定骄傲的风暴驱使他勇敢地走向未知。

意志力使平凡人变得伟大。意志力是人类精神领域一个不可分割的组成部分,在我们每个人的生命之中,意志力都发挥着异常重要的作用。罗伊斯这样说:"从某种意义上说,意志力通常是指我们全部的精神生活,而正是这种精神生活在引导着我们行为的方方面面。"

意志力是人格中的重要组成因素,对人的一生有着重大影响。人们要获得成功必须要有意志力作为保证。早在2 400多年前的孟子就说过:"天将降大任于斯人也,必先苦其心志,劳其筋骨,饿其体肤,空乏其身,行拂乱其所为,所以动心忍性,曾益其所不能。"这段话生动地说明了意志力的重要性。要想实现自己的理想,达到自己的目的,需要具有火热的感情、坚强的意志、勇敢顽强的精神,克服前进道路上的一切困难。

1. 积极主动

不要把意志力与自我否定相混淆,当它应用于积极向上的目标时,将会变成一种巨大的力量。美国东海岸的一位商人知道自己喝酒太多,然而他从事的是一种很烦人的工作,在进餐前喝几杯葡萄酒似乎能让人紧张的心情得到放松。可酒和累人的活又使得他昏昏欲睡,因此常常一喝完酒便呼呼大睡。有一天,这位经理意识到自己是在借酒消愁,浪费时光,于是他决定不再贪杯,而是把更多的时间用在儿女身上。刚开始时很不容易,常常想起那香气四溢的葡萄酒,但他告诫自己现在所做的事将有所得而不是有所失。后来的事实证明,他越是关心家庭和子女,工作起来的干劲也就越大。

主动的意志力能让你克服惰性,把注意力集中于未来。在遇到阻力时,想象自己在克服它之后的快乐,积极投身于实现自己目标的具体实践中,你就能坚持到底。

2. 下定决心

美国罗得艾兰大学心理学教授詹姆斯·普罗斯把实现某种转变分为四步:

抵制——不愿意转变;

考虑——权衡转变的得失;

行动——培养意志力来实现转变;

坚持——用意志力来保持转变。

有的人属于"慢性决策者",他们知道自己应该减少喝酒量,决策时却优柔寡断,结果无法付诸行动。

为了下定决心,可以为自己的目标规定期限。玛吉·柯林斯是加州的一位教师,对如何使自己臃肿的身材瘦下来十分关心。后来她被选为一个市民组织的主席,便决定减肥6公斤。为此,她购买了比自己的身材小两号的服装,要在3个月之后的年会上穿起来。由于坚持不懈,柯林斯终于如愿以偿。

3. 目标明确

普罗斯教授曾经研究过一组打算从元旦起改变自己行为的实验对象,结果发现最成功的是那些目标最具体、明确的人。其中一名男子决心每天做到对妻子和颜悦色、平等相待,后来,他果真办到了。而另一个人只是笼统地表示要对家里的人更好一些,结果没几天又是老样子,照样吵架。

不要说诸如此类空洞的话:"我打算多进行一些体育锻炼"或"我计划多读一点书",而应该具体、明确地表示:"我打算每天早晨步行45分钟"或"我计划每周一、三、五的晚上读一个小时的书"。

4. 权衡利弊

如果你因为看不到实际好处而对体育锻炼三心二意的话,光有愿望是无法使你心甘情愿地穿上跑鞋的。

普罗斯教授对前往他那儿咨询的人劝告说,可以在一张纸上画好4个格子,以便填写短期和长期的损失和收获。假如你打算戒烟,可以在顶上两格填上短期损失"我一开始感到很难过"和短期收获"我可以省下一笔钱",底下两格填上长期收获"我的身体将变得更健康"和长期损失"我将推动一种排忧解闷的方法"。通过这样的仔细比较,聚集起戒烟的意志力就更容易了。

5. 改变自我

光知道收获是不够的,意志力的培养最根本的动力产生于改变自己形象和把握自己生活的愿望。道理有时可以使人信服，但只有在感情因素被激发起来时，自己才能真正加以响应。

汤姆每天要抽三盒烟，尽管咳嗽不止，却依然听不进医生的劝告，我行我素，照抽不误。"有一天，我突然意识到自己真是太笨了。"他回忆说，"这不是在'自杀'吗？为了活命，得把烟戒掉。"由于戒烟能使自己感觉更好，汤姆产生了改掉不良习惯的意志力。

6. 注重精神

法国 17 世纪的著名将领图朗瓦以身先士卒闻名，每次打仗都站在队伍的最前面。在别人问及此事时，他直言不讳道："我的行动看上去像一个勇敢的人，然而自始至终却害怕极了。我没有向胆怯屈服，而是对身体说：'老伙计，你虽然在颤抖，可得往前走啊！'结果毅然地冲锋在前。"

大量的事实证明，让自己好像有顽强意志一样地去行动，有助于使自己成为一个具有顽强意志力的人。

7. 磨炼意志

早在 1915 年，心理学家博伊德·巴雷特曾经提出一套锻炼意志的方法，其中包括从椅子上起身和坐下 30 次，把一盒火柴全部倒出来然后一根一根地装回盒子里。他认为，这些练习可以增强意志力，以便日后去面对更复杂、更艰难的挑战。巴雷特的具体建议似乎有些过时，但他的思路却给人以启发。例如，你可以事先安排星期天上午要干的事情，并下决心不办好就不吃午饭。

来自新泽西州的比尔·布拉德利是纽约职业篮球队的明星，除了参加正常的训练，他是每天一大早来到球场，独自一个人练习罚犯规球的投篮瞄准。"功夫不负有心人"，他终于成为球队里投篮得分最多的人。

8. 坚持到底

俗话说"有志者事竟成"，其中含有与困难作斗争并且将其克服的意思。普罗斯在对戒烟后重新吸烟的人进行研究后发现，许多人原先并没有认真考虑如何去对付香烟的诱惑。所以尽管鼓起勇气去戒烟，但是不能坚持到底，当别人递上一支烟时，便又接过去吸了起来。

如果你决心戒酒，那么不论在任何场合里都不要去碰酒杯。倘若你要坚持慢跑，即使早晨醒来时天下着暴雨，也要在室内照常锻炼。

9. 实事求是

如果规定自己在 3 个月内减肥 25 公斤，或者一天必须从事 3 个小时体育锻炼，那么对这样一类无法实现的目标，最坚强的意志也无济于事。而且，失败的后果最终将使自己再试一次的愿望化为乌有。

在许多情况下，将单一的大目标分解为许多小目标不失为一种好办法。打算戒酒的鲍勃在自己的房间里贴了一条标语——"每天不喝酒"。由于把戒酒的总目标分解成了一天天具体的行动，因此第二天又可以再次明确自己的决心。一到了周末，鲍勃回顾自己 7 天来的一系列"胜利"时信心百倍，最终与酒"拜拜"了。

10. 逐步培养

坚强的意志不是一夜间突然产生的，它在逐渐积累的过程中一步步地形成，中间还会不可避免地遇到挫折和失败，必须找出使自己斗志涣散的原因，才能有针对性地解决。

玛丽第一次戒烟时，下了很大的决心，但以失败告终。在分析原因时，玛丽意识到需要做点什么事来代替拿烟，于是后来她买来了针和毛线，想吸烟时便编织毛衣。几个月之后，玛丽彻底戒了烟,并且还给丈夫编织了一件毛背心,真可谓"一举两得"。

11. 乘胜前进

实践证明,每一次成功都将会使意志力进一步增强。如果你用顽强的意志克服了一种不良习惯,那么就能获取与另一次挑战决斗并且获胜的信心。

每一次成功都能使自信心增加一分,给你在攀登悬崖的艰苦征途上提供一个坚实的"立足点"。或许面对的新任务更加艰难,但既然以前能成功,这一次及今后也一定会胜利。

意志力总是与人的感受、知识一起发挥作用,但不能因此而认为人的感受、知识等同于意志力,也不能把欲望、是非感与意志力混为一谈。一个人可以违背他的意志力,而听凭他的感官来摆布,也可以调动自己的意志力,而使自己免受自己情感的摆布。意志力发挥作用的过程有时是为人们所熟悉的,而有时却是以某种秘密的方式悄悄进行的。但一般来说,当一个人完全受意志力的支配后,就感觉不到欲望、情绪和感官等力量的存在了,意志力可能会完全根据道德伦理的标准来采取行动;或者完全将道德问题搁在一边,不去理会道德的要求,而根据其他某种因素来采取行动。

做任何事情都不会一蹴而就,都需要耐心与始终如一的努力。一个坏毛病的改正,一个学习计划的制订与执行,处理好与同学的交往,以及养成从未有过的一个好习惯,都离不开坚强的意志。逃避、倒退、怯懦是坚强意志的对立面。只有坚持不懈地克服困难,才能形成良好的意志品质,才能把握自己的人生之旅,才能走向成功的彼岸。他们在体验到成功的喜悦的同时,才能真正感受和理解意志的价值。

思政点睛　　从王进喜用身体搅拌泥浆保油田,到万步炎团队三十年造出"海牛Ⅱ号"——中国建设者的意志力密码,是把个体生命熔铸进民族复兴的炉火。当你用"使命进度条"对齐国家刻度,用"故障树"激活集体智慧,就是在锻造大国工匠的意志基因。

【经典心理实验】

跳蚤实验

心理学家将一只跳蚤放进没有盖子的杯子内,结果,跳蚤轻而易举地跳出杯子。紧接着,心理学家用一块玻璃盖住杯子,这样,跳蚤每次往上跳时,都因撞到这块玻璃而跳不出去。不久,心理学家把这块玻璃拿掉,跳蚤却再也不愿意跳了。

这个"跳蚤实验"给予我们很大的启示,其实,在很多情况下,人也和跳蚤一样:经过一段时间的努力而没有达到预定目标时,便灰心丧气,认为这件事自己永远都办不到,并忽视自身力量的壮大和外界条件的改变,放弃实现目标的努力。久而久之,形成思维定势,陷在失败的经验中爬不出来,一次次丧失唾手可得的机会,最终一事无成,白白耗费一生。

有位哲人说过:"有些人遇到挫折,就轻易放弃;结果往往是在距离金子3英寸的地方停下来。"伟人之所以是伟人,就是能不屈不挠地去实现预定目标,即使遇到再大的困难,也永不放弃。

【拓展阅读】

➤ 心灵书籍——《意志力》①

让人们说说自己最大的优点，我们往往会说自己诚信、善良、幽默、勇敢、富于创造力，甚至谦虚等，但是很少有人会说自己的优点是意志力强。

曾经有研究者在问卷中列出二十几个"性格优点"，在世界各地调查了几千人，发现选择"意志力强"作为自身优点的人最少。不过，当研究者问到"失败原因"时，回答"缺乏意志力"的人最多。

由此可见，大多数人们都缺乏意志力，但是好在我们的意志力强弱或者是否缺乏意志力不是绝对的，通过修炼，我们也可以增强我们的意志力。

佛罗里达州立大学心理教授——罗伊·鲍迈斯特和《纽约时报》科学专栏作家——约翰·蒂尔尼两位作者强强联手，写了《意志力》这本经典之作，对意志力做了一番研究。一位负责从心理学的角度探索意志力运用的规律，一位将书写得好懂、好玩儿。

意志力不再说不清、道不明，人人都可以修炼意志力。接下来就让我们跟随作者一起去探寻意志力的魅力。

修炼意志力之前我们要知道的事：

（1）成功与意志力是分不开的；

（2）我们的意志力是有限的。

修炼我们的意志力可以从以下几方面做起：

（1）设置清晰的目标。所以我们在修炼意志力的第一步，就要设置清晰的目标，设置一个长期目标的同时再设置一个比较具体的短期目标。

（2）让他方来监督自己。我们在修炼意志力的同时，可以通过他方来监督自己，防止自己放弃。他方可以是朋友、智能手机或可以帮助监督自己的网站等，这会更好地帮助我们修炼意志力。

（3）预设底线。预设底线的本质就是，把自己"锁在正道"上。需要明白，我们会遇到强大的诱惑，我们的意志力会减弱，可能会偏离正道。所以，我们把偏离正道的可能性变为零，或者把偏离正道变得超级丢脸或"罪大恶极"。

（4）设置明线。对于很多人来说，停下来喝一杯是没坏处的，就像有些人可以在派对上享受一根香烟、接下来几个月再不抽烟一样。但是，如果我们是那种一喝起来或一抽起来就控制不了自己的人，那么我们不能把那杯酒或那根烟看作孤立事件。我们一杯酒都不能喝，即使是在朋友的婚礼上，因为破例喝了第一杯，就会破例喝第二杯，长期下去，我们是戒不了酒的。零容忍是一条明线：完全戒除，任何时候都不例外。所以，修炼意志力的一条策略就是设置明线，如果不能坚持就完全戒除。

（5）经常奖励。同样重要的是为每个小进步设置一个小奖励，绝不要低估小奖励的激励作用。我们怎么能让人们花两分钟时间认真刷牙？买给他们一支电动牙刷，刷牙满两分钟，就可以看到牙刷上露出一个笑脸。博朗就有几款这样的电动牙刷。我们不要低估一些小

---

① 罗伊·鲍迈斯特,约翰·蒂尔尼.意志力[M].中信出版社.2017.

奖励的激励作用,修炼意志力的同时也要经常得到奖励,而且必须是对自己有用的小奖励。

(6) 不要忘了小事情。提高意志力一个简单而老式的方法是,稍微花点意志力保持干净整洁。像对上述准备考试的学生来说,也许他们并不在意袜子是否没洗,被子是否没叠,但是这些环境线索会微妙地影响我们的大脑和我们的行为,甚至会影响到他人,会进一步地损耗我们的意志力。所以在保持意志力花在正道上的前提下,我们可以稍微花点意志力在保持干净整洁这件小事上。

坚强的意志才是能够帮助我们笑到最后、笑得最好、笑得最有意义的秘诀。在人生中,在事业上,在家庭中,只有意志力顽强的人才能走得更远。

➤ 经典影片《荒岛余生》

剧情简介:

查克(汤姆·汉克斯饰)任职于美国联邦快递,系统工程师的职业决定了他的生活忙碌,充满时间紧迫感。而查克总能把一切工作都井井有条地安排在每天的日程里,时间就在他的控制之下。他无暇顾及的只是女朋友凯莉(海伦·亨特饰)。

一场飞机失事改变了这一切。所有人都以为查克丧生于这场灾难中,然而事实上他活了下来,被困在一个荒无人烟的小岛上。荒岛上的生活就连吃喝都成问题,查克成了现代鲁滨孙。另一方面,他在这里却因为与大自然依存,与险境搏斗,与孤独做伴,与饥饿抗争,得到了以前从来没有领悟到的感受。当他回到现代社会时,人生有了新的开始。

相关影评:

"我一定要继续呼吸,即使已经没有盼望的理由。我要继续呼吸,因为明天太阳将会升起,谁知道潮水会带来什么?"

1. 这广告打得比《雄狮》里的谷歌地球还厉害!

2. 联邦快递广告词:我们的运货员是十分尽责的,他们一直有着一个当快递员的操守和信仰,我们的快递员就算是困在荒岛四年,四年后,我们一样会把快递送到家。

3. 这部电影的遗憾是没能快速切入正题,对于查克在荒岛的描写还不够真实。

4. 当查克飘到荒岛时,荒无人烟,于是 wilson 成了他的灵魂寄托。

5. 男主站在人生的十字路口上面对的又是一种孤独,包裹里装的是希望与方向!

健全人格　完善自我

这些诱惑你是否挣扎过？

"成绩注水拿到优秀，该坦白还是装傻？"

"小组作业复制粘贴，反正查重率不到10％……"

——当功利主义病毒入侵时，你需要一场人格革命：真正健全的人格，是在无人处依然选择对齐国家品格的坐标轴。

"富贵不能淫，威武不能屈，贫贱不能移"，这是对理想人格的经典概述。"人因为可爱而美丽，而不是因为美丽而可爱"，这是对现实人格的生动诠释。健全的人格既需要体育来"野蛮其体魄"，也需要德育、智育来"文明其精神"，更需要美育来"陶冶其情操"。作为当代大学生，我们要常怀感恩之心，常思责任之德，常行敬人之行，不断地修炼自我、完善自我、超越自我，努力做一个富有人格魅力的人。

【身边的故事】

故事一：小俊和小磊同为大一新生，高中时两人成绩都名列前茅，但高考都发挥失常。刚得知高考的分数时，小俊表现得极度悲伤，痛苦不堪，关上门痛哭了一大场，一整天不愿出来吃饭，且久久不能释怀。他怎么也无法接受这一事实，直到进大学已经快一个学期了，还无法走出阴影，仍处在极度的悲观失望中，生活失去了目标，整天茫然若失。小磊的表现却完全不同，面对不够理想的成绩，小磊虽心里难过，但很快就接受了现实，振作了起来，开始冷静地思考和规划自己的大学生活。进入大学后，他很快地就适应了大学生的新生活，并为自己确立了新的目标——一定要报考重点大学的研究生，英语要过六级，计算机要过三级，要让自己的大学四年过得充实而有意义，所以他每天都很忙碌、充实、开心。

两个人经历同样的挫折，却表现出截然不同的反应特点：一个是悲观失望，不能自拔；一个是面对挫折，积极乐观。他们两人显现出来的是人格上的差异。人格是综合各种心理特性的组织结构，是个体区别于他人的、独特的、稳定的心理品质。

故事二:进入大学以来,小龙总觉得周围的人都不喜欢他,都对他不满,这让他十分郁闷和苦恼。三年来,他几乎没有朋友,与同学之间也很少往来。其实,小龙内心十分想交朋友,但同学就是不喜欢他,因为他常常看不惯、瞧不起身边的人。小龙常常抱怨现在的大学生思想特别不成熟,行为举止很幼稚,特别是自己身边的同学,俨然就是中学生的生活状态,自己不想上课,还怪老师照本宣科。一次,去食堂打饭,小龙看见炒出来的蔬菜色泽不好,就大声嚷嚷:"这菜喂猪差不多。"刚巧同班两位女同学正在打这种菜,她俩回过头来狠狠地丢下两个白眼。一次,全班组织去郊游,班委提前召集大家商量方案,大多数同学都想去郊外的风景区游玩,可小龙却认为风景区没什么好玩的,也没有什么意义,坚决要求一起去附近的儿童福利院,结果讨论会不欢而散。最后全班还是去了风景区,大家却没有通知小龙。事后,小龙知道了很是生气和不满。小龙很苦闷,自己平时只是爱说真话、大实话而已,为什么现在的人不能理解呢?他还说:"如果坚持真理就注定孤独的话,我宁可坚持下去,走自己的路让别人说去吧!"

小龙的遭遇是大学校园中颇为常见的现象,小龙在与他人的交往中有一种以自我为中心的倾向。这一倾向是在长期的生活过程中逐渐形成的,已经成为他不自觉的、习惯化的心理活动方式,他考虑问题、处理事情都以自我为中心,很少去考虑别人的需求和感受。所有的这些问题,都是我们每个人各自独特的人格在发挥"魔力",今天让我们一起来揭开人格的神秘面纱,走进人格,认识人格。

【自我探索】

人格决定一个人的生活方式,甚至决定一个人的命运,因而是人生成败的根源之一。不同的遗传、生存及教育环境,形成了各自独特的心理,人与人没有完全一样的人格特点。有的心理学家用气质和性格分别指代人格中不同的两个方面:气质是指心理活动表现在强度、速度、稳定性、灵活性和指向性等方面动力性质的心理特征,它是个体呈现出来的典型的、稳定的人格特征,是与生俱来的高级神经活动的特点,是人格的基础;性格则是个人对现实的稳定态度以及习惯化了的行为方式,是人格的最为核心的内容,是个体在长期的生活实践活动中逐渐形成的。

气质类型诊断量表[①]

本测验共有 60 个问题,只要你能根据自己的实际行动表现如实回答,就能帮助你确定自己的气质类型。但必须做到:

(1)回答时请不要猜测题目内容要求,也就是说不要考虑应该怎样,而只回答你平时怎样,因为题目答案本身无所谓正确与错误之分。

(2)回答要迅速,不要在某道题上花过多时间。

(3)每一题都必须回答,不能有空题。

(4)在回答下列问题时,你认为很符合自己情况的在题前记 2 分,比较符合的在题前记 1分,介于符合与不符合之间记 0 分,比较不符合的记−1 分,完全不符合的记−2 分。

① 蔡晓军,张立春.自助与成长——大学生心理健康教育[M].北京:教育科学出版社,2010.

（　　）1. 做事力求稳妥，不做无把握的事。

（　　）2. 遇到可气的事就怒不可遏，想把心里话全说出来才痛快。

（　　）3. 宁肯一个人干事，不愿很多人在一起。

（　　）4. 到一个新环境很快就能适应。

（　　）5. 厌恶那些强烈的刺激，如尖叫、噪音、危险的镜头等。

（　　）6. 和人争吵时，总是先发制人，喜欢挑衅。

（　　）7. 喜欢安静的环境。

（　　）8. 善于和人交往。

（　　）9. 羡慕那种能克制自己感情的人。

（　　）10. 生活有规律，很少违反作息制度。

（　　）11. 在多数情况下情绪是乐观的。

（　　）12. 碰到陌生人觉得很拘束。

（　　）13. 遇到令人气愤的事，能很好地自我克制。

（　　）14. 做事总是有旺盛的精力。

（　　）15. 遇到问题常常举棋不定，优柔寡断。

（　　）16. 在人群中从不觉得过分拘束。

（　　）17. 情绪高昂时，觉得干什么都有趣；情绪低落时，又觉得干什么都没有意思。

（　　）18. 当注意力集中于一件事时，别的事很难使我分心。

（　　）19. 理解问题总比别人快。

（　　）20. 碰到危险情境，常有一种极度恐惧感。

（　　）21. 对学习、工作、事业怀有很高的热情。

（　　）22. 能够长时间做枯燥、单调的工作。

（　　）23. 符合兴趣的事情，干起来劲头十足，否则就不想干。

（　　）24. 一点小事就能引起情绪波动。

（　　）25. 讨厌做那种需要耐心、细致的工作。

（　　）26. 与人交往不卑不亢。

（　　）27. 喜欢参加热烈的活动。

（　　）28. 爱看感情细腻、描写人物内心活动的文艺作品。

（　　）29. 工作学习时间长了，常感到厌倦。

（　　）30. 不喜欢长时间谈论一个问题，愿意实际动手干。

（　　）31. 宁愿侃侃而谈，不愿窃窃私语。

（　　）32. 别人说我总是闷闷不乐。

（　　）33. 理解问题常比别人慢些。

（　　）34. 疲倦时只要短暂的休息就能精神抖擞，重新投入工作。

（　　）35. 心里有话宁愿自己想，不愿说出来。

（　　）36. 认准一个目标就希望尽快实现，不达目的，誓不罢休。

（　　）37. 学习、工作同样一段时间后，常比别人更疲倦。

（　　）38. 做事有些莽撞，常常不考虑后果。

（　）39. 老师讲授新知识、技术时,总希望他讲慢些,多重复几遍。

（　）40. 能够很快地忘记那些不愉快的事情。

（　）41. 做作业或完成一件工作总比别人花的时间多。

（　）42. 喜欢运动量大的剧烈体育活动,或参加各种文娱活动。

（　）43. 不能很快地把注意力从一件事转移到另一件事上去。

（　）44. 接受一个任务后,希望把它迅速完成。

（　）45. 认为墨守成规比冒风险强些。

（　）46. 能够同时注意几件事物。

（　）47. 当我烦闷的时候,别人很难使我高兴起来。

（　）48. 爱看情节起伏跌宕、激动人心的小说。

（　）49. 对工作抱认真严谨、始终一贯的态度。

（　）50. 和周围的人总是相处不好。

（　）51. 喜欢复习学过的知识,重复做已经掌握的动作。

（　）52. 希望做变化大、花样多的工作。

（　）53. 小时候会背的诗歌,我似乎比别人记得清楚。

（　）54. 别人说我"出语伤人",可我并不觉得这些。

（　）55. 在体育活动中,常因反应慢而落后。

（　）56. 反应敏捷,头脑机智。

（　）57. 喜欢有条理而不甚麻烦的工作。

（　）58. 兴奋的事常使我失眠。

（　）59. 老师讲新概念,常常听不懂,但是弄懂以后就很难忘记。

（　）60. 假如工作枯燥无味,马上就会情绪低落。

【评分与结果解释】

把每题得分填入下表题号中并相加,计算各栏的总分。

气质类型	胆汁质(A)		多血质(B)		粘液质(C)		抑郁质(D)	
	题号	得分	题号	得分	题号	得分	题号	得分
题号及得分	2		4		1		3	
	6		8		7		5	
	9		11		10		12	
	14		16		13		15	
	17		19		18		20	
	21		23		22		24	
	27		25		26		28	
	31		29		30		32	
	36		34		33		35	
	38		40		39		37	

续表

气质类型	胆汁质(A)		多血质(B)		粘液质(C)		抑郁质(D)	
	题号	得分	题号	得分	题号	得分	题号	得分
题号及得分	42		44		43		41	
	48		46		45		47	
	50		52		49		51	
	54		56		55		53	
	58		60		57		59	
合计								

1. 如果某类气质得分明显高出其他三种,均高出 4 分以上,则可定为该类气质。如果该类气质得分超过 20 分,则为典型型;如果该类得分在 10～20 分,则为一般型。

2. 两种气质类型得分接近,其差异低于 3 分,而且又明显高于其他两种,高出 4 分以上,则可定为这两种气质的混合型。

3. 三种气质得分均高于第四种,而且接近,则为三种气质的混合型,如多血-胆汁-粘液质混合型或粘液-多血-抑郁质混合型。

4. 如 4 栏分数皆不高且相近(<3 分),则为 4 种气质的混合型。

多数人的气质是一般型气质或两种气质的混合型,典型气质和数种气质的混合型的人较少。

【体验训练】

暖身活动:选图看性格①

这是一个看图游戏(如图 6-1),请选出你最喜欢的一张图片。

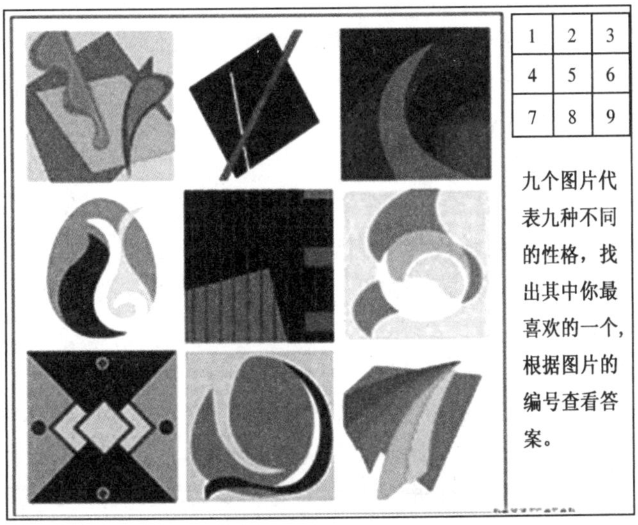

1	2	3
4	5	6
7	8	9

九个图片代表九种不同的性格,找出其中你最喜欢的一个,根据图片的编号查看答案。

图 6-1

---

① 叶林菊.心理素质的养成与能力训练[M].天津:南开大学出版社,2009.

（一）每张图片的答案

1. 代表你是个感性的人

2. 代表你很稳重

3. 代表你是个积极疯狂的人

4. 代表你是个十分普通的人

5. 代表你是个很自信的人

6. 代表你是个爱好和平的人

7. 选这个结果的人的性格是最好的,代表完美

8. 代表你是个很浪漫的人

9. 代表你是值得别人信任的人

（二）相应图片的解释

1. 无忧无虑、顽皮、愉快的人

你喜欢自由自在、无拘无束的生活。你的座右铭是:生命只能活一次,因此你尽量享受每一刻。你好奇心旺盛,对新事物抱有开放的态度;你向往改变,讨厌束缚;你觉得身边的环境不断在变,而且经常为你带来惊喜。

2. 独立、前卫、不受拘束

你追求自由及不受拘束、自我的生活。你的工作及休闲活动都与艺术有关。你对于自由的渴求有时候会使你做出出人意料的事。你的生活方式极具个人色彩,你永远不会盲目追逐潮流。相反地,你会根据自己的意思和信念去生活,就算是逆流而上也在所不惜。

3. 时常自我反省,敏感的思想家

你对于自己及四周的环境能够比一般人控制得更好更彻底。你讨厌表面化及肤浅的东西,你宁愿独自一人,也不愿跟别人闲谈,你跟朋友的关系却非常深入,这令你的心境保持和谐安逸。你不介意长时间独自一人,而且绝少会觉得沉闷。

4. 务实、头脑清醒、和谐

你作风自然,喜欢简单的东西,人们欣赏你脚踏实地,他们觉得你稳重,值得信赖。你能够给予身边的人安全感,你给人一种亲切、温暖的感觉。你对于俗气的、花花绿绿的东西都不屑一顾,对时装潮流抱着怀疑的态度;对于你来说,衣服必须是实用及大方得体的。

5. 专业、实事求是、自信

你掌管自己的生活,你相信自己的能力多于相信命运的安排。你以实际、简单的方式去解决问题。你对日常生活中所遇到的事物抱有现实的看法,并且能够应付自如。人们知道你可担重任,因此都放心把大量工作交给你处理。你那坚强的意志使你时刻都充满信心,未达到自己的目标之前,你决不罢休。

6. 温和、谨慎、无攻击性

你生性随和,但处事谨慎。你很容易认识朋友,但同时享受你的私人时间及独立生活。有时候,你会从人群中抽身而出,一个人静静地思考生活的意义,并自娱一番。你需要个人的空间,因此有时会隐匿于美梦当中,但你并不是一个爱孤独的人。你跟自己及这个世界都能够和谐共处,而你对现状亦非常满意。

7. 具有分析力、可靠、自信

你对事物的灵敏度令你可以发现到旁人忽略了的东西,这些就是你的宝石,你喜欢发掘这些

美好的东西。你的教养对于你的生活有很特别的影响。你有自己高雅独特的一套,无视任何时装潮流。你的理想生活是优雅而愉快的,而你亦希望跟你接触的人们都是高雅而有教养的。

8. 浪漫、爱幻想、情绪化

你是一个感性的人。你拒绝只从一个严肃、理智的角度去理解事物。你的感觉亦十分重要。事实上,你觉得人生必须要有梦想才叫活得充实。你不接受那些轻视浪漫主义及被理智牵着鼻子走的人,而且不会让任何事物影响到你那丰富的感情及情绪。

9. 精力充沛、好动、外向

你不介意冒险,特别喜欢有趣的、多元化的工作。相比之下,例行公事及惯例会令你无精打采。你最兴奋的是可以积极参与任何比赛活动,因为这样你就可以在众人面前大显身手了。

活动一:看我"走过来"

一、活动目的

1. 在游戏中展现自己"走过去"的形象,提升自信。
2. 激发想象力和创造力,展示具有个性的自我形象。

二、活动准备

准备一些球、花、书、报等能够表现生活、学习、运动等场景的实物,选好背景音乐。

三、活动操作

1. 主持人宣布:游戏时要求每一位学生尽量都参加(根据具体课题人数而具体要求),每个学生到讲台上来面对大家,从教室前面往后走。
2. 在"走过来"时,可以运用多种道具,但不允许重复别人的表现方式。
3. 所有学生都走完,评选出"最自信""最热情""最幽默""最佳创意""最具活力""最佳搭档"等奖项。
4. 集体交流、分享感受。

四、注意事项

1. 开始要做好引导工作,给5~10分钟的创意设计与准备时间,鼓励每个人投入活动。
2. 为了避免有学生因怯场而拒绝参加,可允许两人、三人一起组合"走过来",甚至可以提供面具。
3. 主持人可以播放音乐来增加气氛,事先多准备些道具,当学生"走过来"时大家鼓掌激励。

活动二:变身乐天派

一、活动目的

让学生学会积极的自我激励。

二、活动准备

每个人材料1份,笔1支。

三、活动操作

1. 活动介绍。指导语:"大家是否思考过,自己是一个乐观的人,还是一个悲观的人呢?当你遇到困难的时候,你还是一个乐观的人吗? 乐观是天生的品质吗?"

2. 组内活动。给学生呈现一些消极激励的句子,让他们试着把这些消极激励的句子转化成积极激励的句子。例如,我必须**认真做好我的作业,否则我在考试中就不能得到高分,就不能出国留学了**。转换为,我必须**认真做好我的作业,这样我就能得到一个较高的考试分数,将来可以申请出国留学**。让每个同学把这些句子在心中默念一下,然后大声地朗诵出来,体会一下不同的感受。

我必须＿＿＿＿＿＿＿＿＿＿＿＿＿＿＿,否则我 ＿＿＿＿＿＿＿＿＿＿＿＿,
就不能 ＿＿＿＿＿＿＿＿＿＿＿＿＿＿＿。

转换为:我必须＿＿＿＿＿＿＿＿＿＿＿＿＿,这样我就能 ＿＿＿＿＿＿
＿＿＿＿＿＿＿＿＿＿＿＿＿＿＿＿＿。

3. 组间活动。大家匿名列出自己常常使用的消极激励的语句。然后,把每个人写的内容搜集上来,打乱后重新发放给别的小组,让他们把这些消极激励的语句转化成积极激励的语句。然后,让大家把这些句子在心中默念一下,接着大声朗读出来,体会一下不同的感受。

我的感受:＿＿＿＿＿＿＿＿＿＿＿＿＿＿＿＿＿＿＿＿＿＿＿＿

4. 活动总结。要求每个人在大声朗诵和心中默念之后,体会一下不同的心理感受,相互交流一下这种感受。最开始,有的人可能不会感到两种表述方式的差异。随着大家激烈地讨论,一些人会被其他一些积极乐观的同伴所感染,特别是带着情绪,投入地、夸张地朗诵那些句子的人,他们就会从中体验到不同的内心感受。不断重复这两种不同性质的句子,进而产生积极和消极两种自我暗示及情绪体验。

我的感受:＿＿＿＿＿＿＿＿＿＿＿＿＿＿＿＿＿＿＿＿＿＿＿＿

活动三:优点大轰炸

一、活动目的

1. 通过接受赞美,了解自身优点,提升自信心。
2. 学会发现别人的长处,取长补短。

二、活动准备

漂亮的彩纸和笔若干。

三、活动操作

1. 全班学生分组,每组5~8人。在5分钟内,赞美组内同学,把赞美的话写在纸上,团起来或者做成自己喜欢的样子,变成"糖弹"。

2. 写好后,组长喊:"轰炸某某",大家把"糖弹"抛给相应的人。

3. 手中的"糖弹"全部送完后,再打开自己收到的"糖弹"。

4. 小组成员交流自己收到的"糖弹",并把它读出来,安排小组讨论:

(1) 在收到"糖弹"的瞬间与人目光接触时的感受是什么?

＿＿＿＿＿＿＿＿＿＿＿＿＿＿＿＿＿＿＿＿＿＿＿＿＿＿＿

(2) 收到的"糖弹"是怎样的?

＿＿＿＿＿＿＿＿＿＿＿＿＿＿＿＿＿＿＿＿＿＿＿＿＿＿＿

(3) 当你看到别人对自己的赞美,感受如何?

＿＿＿＿＿＿＿＿＿＿＿＿＿＿＿＿＿＿＿＿＿＿＿＿＿＿＿

（4）你是否还有赞美想送出去？

5. 每组选派一名同学在全班内交流，谈谈感受。

【知识链接】

从 2009 年 9 月起，上海交通大学对毕业生将颁发三份成绩单：一份是学业成绩单，一份是能力方面的证书，一份是对人格养成经历方面描述的人格养成证书。向大学生开始颁发"人格证书"的消息一经传出，就引起社会上不小的轰动。人们不禁要问：什么是人格？如何培养大学生健康的人格？为什么要专门颁发"人格证书"？一系列关于人格问题的研究成为社会关注的重要话题。

一、人格的概念

"人格"一词的英文"personality"源于拉丁文"persona"，原意是"面具"，指演员在舞台上戴的面具并用以表明人物身份和性格，这也是人格的最初含义。心理学上的人格内涵极其丰富，但基本包括了两个方面，一方面是个体在人生舞台上所表现出来的种种言行，人格所遵从的社会准则，这就是我们可以直观观察到的外显的行为和人格品质；另外一方面是指个人蕴藏在内、未能表露的特点，即被遮蔽起来的真实的自我。一般认为，每个人的行为、心理都有一些特征，这些特征的总和就是人格。

二、人格的基本特征

心理学中有一句名言说，你像所有的人，全世界的人类所共同具有的特征你都具有；你像一部分人，像你的文化背景下的一些人；你不像任何其他的人。心理学上认为人格有四个特征：整体性、稳定性、独特性、功能性。[①]

1. 人格的整体性

人格的整体性是指人格中的能力、气质、性格、兴趣、价值观等多种成分和特征不是孤立存在的，而是一个有机的整体，具有内在的一致性，受自我意识的调控，协调一致朝着一定的目标，以一个整体而运作。当一个人的人格各个方面彼此和谐一致时，他的人格是健康的，否则，会出现适应困难，甚至出现"分裂人格"。

2. 人格的独特性

人格的独特性是指人与人之间的心理和行为是不相同的。因为每个人都有不同的遗传素质，又在不同的环境条件下发育成长，所以具有自己独特的心理特点。正所谓"人心不同，各如其面"。

强调人格的独特性，并不是排除人格的共同性。文化人类学家把同一种文化陶冶出的共

---

① 蔡晓军，张立春.自助与成长——大学生心理健康教育[M].北京：教育科学出版社，2010.

同的人格特征称为群体人格或众数人格。例如,对民族特征的研究表明,美国人开朗随和,喜欢冒险开拓;德国人谨慎多思;法国人浪漫而富有艺术气质;中国人勤劳勇敢,情感含蓄,善于克制自己。

3. 人格的功能性

人格的功能性是指人格对个人的行为具有调节的功能。人格在一定程度上会影响到一个人的生活方式,甚至会决定某些人的命运。例如,当面对挫折和失败时,坚强者能拼搏发奋,懦弱者却一蹶不振,这就是人格功能的表现。

4. 人格的稳定性

人格的稳定性是指由各种心理特征构成的人格结构是比较稳定的,它对人的行为影响是一贯的,是不受时间和空间限制的。

从时间角度来看,在人生的不同时期,人格的稳定性首先表现为"自我"的持续性。一个人可以失去一部分肉体,改变自己的职业,变穷或变富,幸福或不幸,但他仍然认为自己是同一个人,这就是自我的持续性。

从空间角度来看,人格的稳定性表现在人格特征跨情境的一致性。比如:一个外向型的学生无论是在学校里还是在校外活动中,都善于结交朋友,喜欢聚会,这样经常表现出来的稳定的心理和行为特征就是人格特征,但他偶尔表现出来的安静行为则不属于人格特征。

要注意的是,人格的稳定性并不意味着人格是一成不变的。

三、人格的结构

人格是一个复杂的结构系统,它包括许多成分,其中主要包括气质、性格等方面。

1. 气质

(1)气质的概念。生活中人们经常说起"气质",比如,看到一位身材高挑、长发飘逸、穿着得体、举止文雅的女生时,我们会不由发出赞叹"好有气质呀!"心理学中的气质与日常概念不同,是指心理活动表现在强度、速度、稳定性等方面的心理特征。气质是人的天性,无好坏之分。孩子刚一出生时,就有爱哭和安静的区分,这种差异就是气质差异。"江山易改,本性难移"形象地说明了气质的稳定性。

四个人去看戏,但都迟到了,按照规则,检票员不让他们进去。第一个人立刻面红耳赤地与检票员吵了起来,声称自己有票,一定要进去。第二个人头脑灵活,既然检票员不让他进入,就绕剧场一周发现了一个无人看管的边门,溜进去了。第三个人很有耐心,他慢条斯理地与检票员磨嘴皮子,阐述自己想进去看戏的种种理由,在他的软磨硬泡下,检票员动了恻隐之心,让他进去了。第四个人首先想到的是自己的责任,认为是自己运气不好,难得出来看戏就碰上这等倒霉事,算了,还是回家吧。从故事中我们可以看出,不同的气质类型使个体的心理活动涂上一层独特的色彩。

(2)气质类型。古希腊医生希波克拉底是气质学说的创始人。他认为,人体内有四种体液：血液、黏液、黄胆汁、黑胆汁，根据在人体内四种体液的不同比例将气质分为胆汁质、多血质、黏液质、抑郁质。后来，俄国生理学家巴甫洛夫根据人的高级神经活动特征的不同将气质分成四种类型，沿用了这一命名（见表6-1）。典型的气质类型是不多见的，多数是两种或多种气质的混合型。

表6-1　各气质类型典型特征、适合职业及代表人物

气质类型	典型特征	适合职业	代表人物
胆汁质	日常活动带有强烈的情绪色彩，情绪高时，学习、工作热情高，反之，什么事都不感兴趣。积极参加课外活动，喜欢每一项新的活动，甚至喜欢倡导一些别出心裁的事，尤其喜欢运动量大和场面热烈的活动；完成作业匆匆忙忙，比谁都快，考试交卷争第一；活动效率高，想干的事未完成，饭可不吃，觉可不睡；学习的理解能力和接受能力很快，但不求甚解；说话喜欢与同学争辩，总想抢先发表自己的意见，喜欢在公开场合表现自己，坚信自己的见解；姿态举动强而有力，眼光锐利而富有生气，表情丰富敏捷；喜欢看情节起伏、激动人心的小说和电影，不爱看表现日常生活题材的作品。	出色的导游、推销员、节目主持人、演讲者、外事接待人员、演员、监督员等，他们适应喧闹、嘈杂的工作环境，而对于需要长期安坐、细心检查的工作则难以胜任。	张飞
多血质	内心的体验一般会在面部表情和眼神中明显地表现出来；积极参加学校一切活动，但表现散漫，有始无终；学习疲倦时，只要稍休息一下，便会立刻焕发精神重新投入学习；理解问题总比别人快，但学习常会见异思迁，注意力不容易集中；希望做难度大、内容复杂的作业，但不耐心细致，总希望尽快完成作业；容易激动，但情绪表现不强烈；容易产生骄傲情绪，觉得自己比别人要机智和灵敏；变化迅速，遇到稍不如意的事就情绪低落，稍得安慰或又遇到使他高兴的事，马上就会兴高采烈；善于交际，待人亲切，容易交上朋友，但友谊常不巩固，缺少知心好友。	外交工作、管理工作、公关人员、驾驶员、医生、律师、运动员、新闻记者、演员、军人、警察等，但他们不适宜做过细的工作，单调机械的工作也难以胜任。	王熙凤
黏液质	不爱活动，安静沉稳，很少发脾气，情感很少外露，面部表情单一；课堂上守纪律，静坐听讲不打扰别人，生活有规律，很少违反作息制度；理解问题比较慢，希望老师能多重复几遍；学习认真严谨，始终如一，喜欢复习过去学过的知识，对新知识接受能力差，但弄懂之后就很难忘记；沉默寡言，较少主动搭话；交际适度，通常有几个主要好朋友；善于自制，善于忍耐；兴趣爱好稳定专一、有毅力。	外科医生、法官、管理人员、会计、保育员、话务员、播音员等，多变化、需要灵活的工作使他们感到压力。	林冲
抑郁质	喜欢安静独处，性情孤僻，但是在友爱的集体中，又可能是一个很容易相处的人；办事犹豫不决，优柔寡断，做事情总比别人花费时间多，细心谨慎，稳妥可靠；不爱表现自己，对出头露面的工作尽量摆脱；在陌生人面前害羞，当众讲话常表现出惊慌失措；感情比较脆弱，因为一点小事就会引起情绪波动，容易神经过敏，患得患失；当学习或工作失利时，会感到很大的痛苦；爱看感情细腻、大量描写心理活动的小说和电影。	胆汁质无法胜任的工作他们倒恰到好处，如校对、打字、检查员、化验员、保管员、机要秘书、艺术工作等都是他们理想的工作。	林黛玉

2. 性格

(1)性格的概念。性格是人在对现实的稳定态度和习惯化了的行为方式中所表现出来的个性心理特征。性格表现了一个人的品德,受人的价值观、人生观、世界观的影响,因此性格有好坏之分。性格是在社会生活实践中逐渐形成的,具有个体鲜明的心理特征,它反映了一个人的本质属性,是人与人相互区别的主要方面。例如,鲁迅笔下的阿Q、曹雪芹笔下的王熙凤等人物形象正是作者抓住个体最有代表性的性格特征对人物进行塑造,使读者如见其人、如闻其声。

(2)性格的类型:①

① 按照心理活动的指向性来划分,一般分为外向型与内向型。外向型性格的人感情比较外露,为人开朗活泼,处事不拘小节,遇事当机立断,比较善于交际,但自我克制力较差。内向型性格的人感情比较细腻,处事谨慎小心,做事不露声色,喜欢独来独往,为人耐心诚恳,遇到考验或紧急情况时,能自我控制,大多表现沉着冷静,但有时会优柔寡断,反应缓慢。除典型的外向型和内向型外,还有一种介于两者之间的中间型性格。这一类型的人既有外向的一些特点,又具有内向的部分特征,生活中这种性格的人居多。

② 按照个体对情绪的控制程度来划分,一般分为理智型与情绪型。理智型性格的人,善于用理智控制情绪,自我克制能力强,能尊重客观条件,遵循一定法则冷静地观察事物,依据自己的知识和思维评价事物,不感情用事。情绪型性格的人,情绪体验比较深刻,言谈举止易受情绪左右,爱憎分明、处事有魄力,但有时容易犯冷热病,对集体的事,高兴时积极主动,任劳任怨,烦闷时熟视无睹,置之不理。现实生活中,大部分人也是处于两种倾向都有的中间型性格。

③ 按照个体的独立程度来划分,一般分为独立型与顺从型。独立型性格的人,意志比较坚强,不仅善于独立地发现问题和提出问题,而且勇于坚持自己的正确主张,表现得很有主见。与之相反,有的人什么事都依赖别人的决定和安排,出现困难就想到由别人来解决,常不加批判地接受别人的意见,总是按别人的要求办事,容易受到别人的暗示,独立性差,这类人的性格是典型的顺从型。当然,现实生活中,绝对的独立型或顺从型的人是很少的,大多数人仍属于中间型。

④ 按照个体的言行和情感进行综合的考虑来划分,一般分为A型、B型和C型。A型性格的人一般性格外向,具有强烈的进取心和成功意识,具有过高的抱负、固执、急躁、紧张、易冲动、行为匆忙、时间紧迫感强、生活节奏较快。B型性格的人则表现平静,与世无争,社会适应强,为人处世比较温和,生活有节奏,做事讲究方式,想得开、放得下,与他人关系协调,不气馁、不妄求,较少的抱负。C型性格的人是属于那种情绪受压抑的忧郁性格的人。一般来说能够把对别人的不满藏在心里,害怕竞争、逆来顺受、爱生闷气,与别人友好合作,没有什么原则,爱迁就别人,能够轻易原谅他人。

四、大学生健康人格的培养

我国心理学界认为,大学生健康人格的培养是个体在一定的社会环境下,通过吸收一定的社会文化,加上自身的努力,使人格结构中各个要素得到协调、充分的发展,能有效地适应社会

---

① 蔡迎春,刘峰.大学生心理健康——心灵成长之旅[M].北京:清华大学出版社,2011.

的变化。人格教育是大学教育的重中之重。大学生健全人格的培养可以从以下几个方面来开展：

1. 树立正确的自我意识，进行有效的自我教育

苏霍姆林斯基说："能够促进自我教育的教育才是真正的教育。"在平时的工作、学习和生活中，大学生应该为自己多创造一些条件来进行自我教育，如自我管理、自主调控、自我积累等。随着年龄的增长，大学生的心理发展不断成熟，在这个过程中，大学生要自觉地树立正确的自我意识，对自我心理发展的积极元素进行选择，如自强、勇敢、善良等，从而达到健全人格的目的；对于人格的弱点，要予以纠正，如自卑、胆怯、虚荣等。

2. 丰富自身的文化知识，多参加社会实践

培根有句名言："知识就是力量。"学习科学文化知识、增长智慧的过程也是优化人格的过程。在日常生活中，不少人格缺陷，甚至人格障碍都来自知识的缺乏。在大学校园中，很多同学因为在学业上出现问题，导致对自我失去认同感，产生心理困惑，严重者会产生心理问题。因此，平时我们要多注重丰富自身的文化知识，不仅要从课堂上获取知识，更要在课余时间多听听专家讲座，多进图书馆看看课外书籍等，从各种途径来获取知识。除此之外，我们还要多参加社会实践，注重理论联系实际，将平时所学运用到实践中，只有在社会这个大舞台上展示自己，接受锻炼，才能更好地把握自己的角色，形成自己独特的人格。

3. 从小事做起，培养良好的行为习惯

人格优化要从每一件细微的小事做起。一个人的一言一行往往是其人格的外化，反过来，一个人日常言行的积淀成为习惯就是人格。古语说：勿以恶小而为之，勿以善小而不为，就是要求我们平时要从点滴做起，一个人的坚强、细致、开朗等一系列良好的人格品质都是长期锻炼的结果。平时在生活、学习中，我们可以从每天坚持背几页单词、坚持每天早起、坚持每天半小时锻炼身体等这些事情开始做起，长期做下去，你的行为习惯就会有所改变。

4. 建立良好的人际关系，优化个人的土壤

人际关系作为影响个体人格健康发展的主要因素之一，其好坏是一个人社会适应能力和健康人格的综合体现。大学生进入大学以后，面临着与高中时代不同的环境，人际关系更为复杂。同学来自不同的地域，生活环境不同，造成思维方式很大程度上的差异，这就需要我们及时地调整为人处世的方式。我们日常在和别人相处中应该努力做到：尊重社会习俗，关心他人的需要；要有热情、诚恳的态度，真诚地赞美他人；认识他人的情绪，多与他人沟通意见，具有准确的评价能力；能有效地管理和调节自己的情绪，保持自尊和独立等。

5. 重视心理健康教育，提高心理健康水平

在人格发展过程中，我们肯定会遇到很多自己解决不了的问题，这个时候有一定的心理健康知识对我们来说就很重要，它能让我们第一时间发现问题，让我们不会羞于开口，能主动寻求帮助。每学期，学校都会举办一些专题讲座，也会进行集体咨询、个别辅导，会开设选修课等来解决一些实际问题，我们平时可以多参加这些活动，多补充自己的心理知识，提高自身的心理健康水平。

人格健全的过程，就是心理健康和心理成熟的过程。培养健康人格，是一项系统的自我改造、自我实现的工程，要从小事做起，贵在坚持。当代大学生应从塑造人格做起，努力将自己塑造成为符合时代要求的、具有良好综合素质的现代型人才。

思政点睛　　从焦裕禄"活在百姓心里"到张桂梅"燃灯办学",中国脊梁的人格伟力源于将个体价值焊进人民需求的年轮。当你用"体温计"校准道德刻度,用"防火墙"拦截极端思潮,就是在铸造新时代公民的"人格芯片"——以真才实学服务人民,才是永不贬值的硬通货。

【经典心理实验】

为什么女孩子爱笑?

在社会的任何角落里,我们都可以见到女孩子的笑。有时是莞尔一笑,有时是掩口而笑,有时竟接连不断地笑,甚至笑出了眼泪。令人奇怪的是往往不知她们为了什么,竟会发出莫名其妙或毫无意义的笑。

女孩子爱笑有其复杂的生理原因。笑是感情的外部表现。人的情绪和感情的发生与下丘脑和大脑边缘系统等处的网状结构有直接关系。下丘脑是植物神经的皮层下中枢。1954 年欧德和米尔纳首创埋藏电极法,进行"自我刺激"试验,发现在下丘脑存在"快乐中枢"和"痛苦中枢"。从激发情绪的刺激而来的感觉信息传到下丘脑时,一方面再向上传到肌肉和腺体等"器官"而产生情绪反应。女性荷尔蒙(激素)的存在,导致"快乐中枢"和"痛苦中枢"的平衡与男性不同,从而造成女性的情绪体验和情绪反应与男性不同。

女孩子爱笑的另一个主要原因是复杂的心理原因。在漫长的历史中形成了男女社会心理的差异,出现了性格差异。女性的性格以感情为主、被动为主、封闭为主、融合为主、服从为主、依附为主、自卑为主、隐没自我为主,因而女性对外界事物的反应就没有男性那么理智、主动、开放、对立、支配、独立、优越感和自我突出。于是,笑就成了女性应答复杂社会因素的重要方法之一(另一个方法是哭)。因为笑的含意是含混的,可以做多种理解。当然,我们说的是性格差异的一般规律,生活中也不乏"女人似的男人"和"男人般的女子"。

【拓展阅读】

➤ 人格障碍面面观

世界卫生组织(1986,日内瓦)在 ICD10(International Classification of Diseases)里对几种主要类型的人格障碍描述如下:

(一)偏执型

以猜疑和偏执为特征。主要表现为:无端地猜疑、敌视,对于一些棘手的问题,常怀疑别人有意陷害,并将一切归罪于他人;对很小的问题表现出过度敏感,特别是在遭到拒绝或失败时很容易感到委屈,并为此争辩不休;缺乏幽默感,情感反应死板而僵硬;无足够根据地怀疑被人利用或伤害,表现出好斗和较强的攻击性;不能与家人、朋友、同学友好相处。

(二)分裂型

以观念、行为奇特为特征。主要表现为:内向、退缩、离群独处、回避社交;对人冷漠,缺乏温情和幽默感；对于批评、表扬及别人对他的看法漠不关心；行为怪异，不修边幅，服饰装束奇特；思维、观念奇怪，言语松散，主题不清，表达不明，但并非智能障碍或文化程度低所致；喜欢理论推测而不爱实际行动；多半沉涵于自己的思想和感情之中，爱幻想和有奇异信念（如特异功能、第六感觉等）。

（三）反社会型

以行为不符合社会规范，经常违法乱纪，对人冷酷无情为特征。主要表现为：在感情上对他人"无情无义"，可以对别人的痛苦无动于衷，甚至在某些情况下有意给别人制造痛苦和麻烦；少年时期曾有品行障碍，时常做出不符合社会要求的行为。比如，偷窃、斗殴、赌博、逃学、吸烟、酗酒、欺负弱小等行为；在建立亲密的人际关系以及履行责任方面有严重问题，对亲人和朋友没有责任感和义务感；易惹怒，冲动，并有攻击行为；缺少道德观念，对善恶是非缺乏正确判断，且不吸取教训；极端自私并以自我为中心，使其家庭、亲友、同事、邻居感到痛苦或憎恨。

（四）冲动型

以明显的情感不稳定和行为冲动为特征。主要表现为：情绪极端不稳，易惹怒他人，极易与他人发生争执和冲突；有突发的愤怒和暴力倾向，对导致的冲动行为不能自控；对自己生活和工作中的安排及打算同样表现冲动，缺乏预见性、目的性和计划性；人际关系强烈而不稳定，要么与人关系极好，要么极差，很难维持友谊；冲动时对他人可能有暴力攻击，可能有自杀、自伤行为。

（五）表演型

以高度自我为中心、极端情绪化和戏剧性言行、竭力吸引他人注意为特征。主要表现为：情感反应强烈易变而体验肤浅，表情丰富但矫揉造作；爱出风头，行为夸张、做作，以吸引别人的注意力；过于喜欢表扬，受到批评或阻碍以情感相要挟，如扬言自杀或威胁性自杀，达到目的方才罢休；强烈的自我中心倾向；暗示性强大，容易受他人影响或诱惑；富于幻想，常有自欺欺人之言；说话夸大其词，而且常做一些不适宜的事情去争取成为受关注的中心。

（六）强迫型

以过分谨小慎微、苛求完美、刻板、内心不安全感为特征。主要表现为：对任何事物都要求过高过严、按部就班、墨守成规、拘泥细节、犹豫不决；好洁成癖；常有不安全感，往往穷思竭虑，对实施的计划反复核对，唯恐有疏忽或出差错；主观、固执，要求别人也按其方式办事；过分受束于职责义务与道德规范；缺乏幽默和愉快满足感，没有业余爱好，缺少社会交往。

（七）焦虑型

以一贯感到紧张、提心吊胆、不安全及自卑为特征。主要表现为：对遭排斥和批评过分敏感；不断追求被人接受和受到欢迎；除非得到保证被他人所接受和不会受到批评，否则拒绝与他人建立人际关系；惯于夸大生活中潜在的危险因素，达到回避某种活动的程度；因"稳定"和"安全"的需要，生活方式常受到限制。

（八）依赖型

以过分依赖为特征。主要表现为：过分地缺乏自信和依赖他人，总是通过依靠别人来达到自己的目的；将自己的需要附属于所依赖的人，过分地服从他人的意志；不愿对所依赖的人提出即使是合理的要求；感到自己无助、无能或缺乏精力；沉涵于被遗忘的恐惧之中，不断要求别人对此提出保证，独处时感到难受；当与他人的亲密关系结束时，有被毁灭和无助的体验；经常把责任推给别人，以应对逆境。

➤ 健全人格的 10 个途径

1. 对自己和生活的世界有积极的看法。把自己看作被喜欢的、被需要的、被热情接待的而且有能力的。

2. 和别人有着热情的亲密的人际关系和基本信任的关系。

3. 有时间完全冷静地独处反省，使自己有机会揣摩、体验各种人的情感，而这有助于更好地理解自己的人格。

4. 在学习上、工作上和与人交往上有成功的体验。

5. 接受新思想、新哲学，和有独特见解的人交往。新的思想可以从读书中、从戏曲和音乐的感染中取得，也可从旅行中和陌生人的相识中获得。

6. 找出充分表达自己情绪的方法、嗜好。如和志趣相投的朋友聚在一起有助于基本情绪的释放。

7. 经常提高独立性的程度，逐步减少对他人的依赖而更多地依靠自己的能力和价值体系。如对工作、家庭及人类社会承担更多的责任，在该做该说时，无拘束地表达自己的意见。

8. 具有灵活性和创造性，在任何情境中都按一个标准行事。

9. 关心他人，对他人抱有深切的同情心和爱心。

10. 在每一个生活阶段学会更好地与别人相处。

➤ 心灵书籍——《性格决定命运》[①]

该书不仅让您认识到性格的重要性，而且将通过无数鲜活的事例告诉您：如何发挥性格优势，摒弃性格弱点，从而铸造辉煌的人生。

性格决定命运，性格主宰人生。人的性格渗透于行为的方方面面，同时也影响生活的方方面面。

性格本身并无好坏之分，只要我们应用得好，将性格优势的一面表现出来并加以运用，就会做好你想做的事，成为你想成为的人！

相关书评：

多年之后，大学毕业了，我才发现"好看＋成绩好"这种模式，只是在学校这种相对单一的环境中才适用的标准，而对于漫长一生来说，有太多其他因素更加重要，尤其是性格。

性格决定了你的选择和方向，而选择决定了命运。

性格成了牵绊你的首要因素：总是过分优柔寡断，儿女情长，意志不坚定，没有规划……这些都让你目光短浅。

在生活环境、境遇等客观条件不变的情况下，不同的性格会走出不同的人生。

不只是学习和工作，在婚姻中，在生活的方方面面，同样是"性格决定命运"。

性格，决定了你的选择，决定了你的规划，决定了你人生的大方向。我认为无论是怎样的家庭情况，都应该努力让孩子认识到最重要的一点就是：你到底是个怎样的人？人生最要紧的，不只在于获取物质、感情或是其他，而在于懂得"自我"的重要性，懂得"个性"的重要性，在于认清自己，了解自己，尊重自己，提升自己。

---

① 潘东麟.性格决定命运[M].长春:吉林大学出版社,2010.

讲究策略　快乐学习

这些学习困局你熟悉吗?

"考前通宵背书,考完全忘,感觉大脑是 U 盘不是 CPU"

"刷了 1 000 道题,见到新题型还是懵"

——当努力沦为"知识搬砖"时,你需要一场认知升级:真正的学习是让知识在祖国大地上生根发芽,而非在试卷上昙花一现。

学习能力不仅是人类成为天地之精华、万物之灵长的关键所在,也是每个人放飞梦想、获取成功的重要途径,更是信息化背景下新型生活方式的核心要素。学习没有捷径,但有方法,关键在于持之以恒与勤奋刻苦。让我们牢记"业精于勤而荒于嬉,行成于思而毁于随"的古训,努力将学习作为一种生活方式并将快乐学习进行到底。

【身边的故事】

故事一:伟宏是某大学二年级学生,刚刚接到学业警告通知书,情绪极度低落。刚进大学时,伟宏和所有新生一样,对大学怀有新鲜感,对未来也充满了憧憬。但上了几天课后,伟宏发现,比起高中每天繁重的作业来说,大学实在太闲了,有大把大把的自由时间,每次上完课后,他都不知道要做什么,待在寝室很无聊,他开始想办法找事做,打发时间。他发现一个打发时间的好办法,那就是上网聊天、刷朋友圈、打游戏,这样既不无聊,时间过得很快,而且游戏也很刺激。慢慢地,伟宏迷上了网络游戏,平时经常玩到凌晨上课无精打采。他周末、节假日都通宵在网吧里打游戏,甚至开始出现逃课去网吧的现象。这导致的直接后果是期末考试有三门功课不及格。

伟宏的案例非常典型,具有普遍性。产生这一现象的主要原因是大学新生面对新的学习方式,缺乏自主学习规划能力,不能正确管理时间,合理地安排大学学习和生活。因此,大学生首先要学会做学习规划,即结合自己的实际情况,包括专业特点、兴趣爱好、能力特长、个人理想、优势与不足,合理地制订学习目标,制订每天的学习计划,自主规划好大学学习。

故事二:清华大学学霸姐妹花马冬晗、马冬昕学习成绩分别是所在院系的年级第一名,并双双获得了清华大学最高荣誉——特等奖学金,每年只有五名本科生获此奖项。马冬晗的学习计划表和获清华特等奖学金时的答辩视频被疯转。在她的学习计划表里,从周一到周日,每个小时都做了非常明确的学习安排,网友们看完后评论:"深刻感觉自己连呼吸都在浪费时间"！马冬晗的双胞胎妹妹马冬昕,也是一样传奇。清华大学特等奖学金的第一名是马冬晗,第三名就是她的双胞胎妹妹马冬昕。说起这位化学系的妹妹,成绩丝毫不输马冬晗,不仅学习成绩三连冠,还是清华大学学生会副主席,并当选北京市海淀区第十五届人民代表大会代表。

上大学前,马冬晗的成绩一直很稳定。进入清华,马冬晗习惯性地把自己的大一成绩锁定在"年级前五名,至少也是前十名"。为此,马冬晗每天早上 6:00 起床,6:40 上自习,晚上 10:30 自习室关了门才回宿舍。但是,大一上学期,她在全年级 150 人中考了第 20 名,马冬晗遇到了自小学以来学习中的第一个坎。马冬晗为此每天都不开心,一想到学习就有压力。这时,妹妹马冬昕的法宝——"周计表"起到了扭转乾坤的作用。

如果你在百度上输入"清华大学学霸姐妹花",跳出的第一个网页是马冬晗的作息时间表。时间表上有每天各个时间段的学习生活安排以及具体执行情况和总结反思。姐妹花在清华大学的出色表现可以归结于她们明确的目标、精确的时间管理和超强的计划执行力。

【自我探索】

时间管理策略是大学生学习策略中最为常见的重要组成部分,也是能够反映学生学习状态的重要标志之一。时间管理策略清楚易学,易于监控,有利于大学生改善学习状态、提高学习成就。我们先来对自己的时间管理策略做一个自我诊断。

大学生时间管理自我诊断量表

请你根据日常学习与生活中对待时间的方式与态度,在 A、B、C 选项中选择最适合你的一种答案填在括号内。

(　　)1. 星期天,早晨醒来时发现外面正在下雨,而且天气阴沉,你会怎么办?

    A. 接着再睡　　　　　　B. 仍在床上逗留　　　　　C. 按照生活规律,穿衣起床

(　　)2. 吃完早饭,上课之前,你还有一段自由时间,怎样利用?

    A. 无所事事,不知不觉地过去了

    B. 准备学点什么,但不知道学什么好

    C. 按预订好的学习计划进行,充分利用

(　　)3. 除每天上课外,对所学的各门课程,在课余时间里怎样安排?

    A. 没有任何学习计划,随心所欲

    B. 按照自己最大的能力来安排复习、作业、预习,并紧张地学习

    C. 按照当天所学的课程和明天要学的内容制订计划,严格有序地学习

(　　)4. 每天晚上怎样安排第二天的学习时间?

    A. 不考虑　　　　　　B. 心中和口头做些安排　　C. 书面写出

(　　)5. 为自己拟定了"每日学习计划表",并严格执行。

    A. 很少如此　　　　　　B. 有时如此　　　　　　C. 经常如此

（　　）6. 每天的作息时间表有一定的灵活性,以便留出一定时间去应付预料不到的事情。

A. 很少如此　　　　　B. 有时如此　　　　　C. 经常如此

（　　）7. 当你学习忙得不可开交,而又感到有点力不从心时,你会怎样处理?

A. 开始泄气,认为自己笨,自暴自弃

B. 有干劲和用不完的精力,但又感到时间太少,仍拼命学习

C. 每天花时间分析检查自己的学习时间分配是否合理,找出合理安排学习时间的方法,在有限的时间里提高学习效率

（　　）8. 在学习时,常常被人干扰打断,你怎么办?

A. 听之任之　　　　　B. 抱怨,毫无办法　　　　　C. 采取措施防止外界干扰

（　　）9. 学习效率不高时,你怎么办?

A. 强打精神,坚持学习

B. 休息一下,活动活动,轻松一下,以利再战

C. 把学习暂停下来,转换一下兴奋中心,待效率最佳的时刻到来,再提高效率学习

（　　）10. 阅读课外书籍,怎样进行?

A. 无明确目的,见什么看什么,并常读出声来

B. 能一边阅读一边选择

C. 目的明确,阅读快速,加强阅读能力

（　　）11. 你喜欢什么样的生活?

A. 按部就班,平静如水

B. 急急忙忙,精神紧张

C. 轻松愉快,节奏明快

（　　）12. 你的手表或书房的闹钟经常处于什么状态?

A. 常常慢　　　　　B. 比较准确　　　　　C. 比标准时间快一点

（　　）13. 你的书桌井然有序吗?

A. 很少如此　　　　　B. 偶尔如此　　　　　C. 常常如此

（　　）14. 你经常反省自己处理时间的方法吗?

A. 很少如此　　　　　B. 偶尔如此　　　　　C. 常常如此

【评分与结果解释】

选择 A 得 1 分,选择 B 得 2 分,选择 C 得 3 分。请统计 A_____个,B_____个,C_____个,合计_____分,然后根据下面的评析判断出自己时间管理能力和水平。

35～42 分:表明你有很强的时间管理能力。在时间管理上,是一个成功者,不仅时间观念强,而且还能有目的、有计划、合理有效地安排学习和生活时间,时间的利用率高,学习效果良好。

25～34 分:表明你善于对时间进行自我管理,时间管理能力较强,有较强的时间观念,但是,在时间的安排和使用方法上还有待进一步提高。

15～24 分:表明你时间自我管理能力一般,在时间的安排和使用上缺乏目的性,计划性也较差,时间观念较淡薄。

14分以下:表明你不善于时间管理,时间观念淡薄,不能合理地安排学习、生活,需要好好地训练,逐渐掌握时间管理的技巧。

如果所得的分数较低,需要努力寻求改进方法。首先要增强时间观念。其次要制定时间使用计划,并认真执行,以星期为单位制订一个较长的计划,每天要有"每日学习计划表"和"时间使用表",严格地按照计划学习,并自觉进行检查和总结。最后还要记录和分析一天内使用时间的情况,将在一天里所做的事情及耗用的时间记录下来,然后进行分析。如果做到持之以恒,对时间管理能力的提高是非常有效的。

大学生学习动力自测量表①

这是一份关于大学生学习动力的自我诊断量表,一共有20个问题,请你根据自己的实际情况,逐一对每个问题做"是"或"否"的回答,为了保证测验的准确性,请你认真作答。

( )1. 如果别人不督促你,你极少主动学习。

( )2. 你一读书就觉得疲劳与厌烦,直想睡觉。

( )3. 当你读书时,需要很长的时间才能提起精神。

( )4. 除了老师指定的作业外,你不想再多看书。

( )5. 在学习中遇到不懂的知识,你根本不想设法弄懂它。

( )6. 你常想:自己不用花太多的时间,成绩也会超过别人。

( )7. 你迫切希望自己在短时间内就能大幅度提高自己的学习成绩。

( )8. 你常为短时间内成绩没能提高而烦恼不已。

( )9. 为了及时完成某项作业,你宁愿废寝忘食、通宵达旦。

( )10. 为了把功课学好,你放弃了许多你感兴趣的活动,如体育锻炼、看电影与郊游等。

( )11. 你觉得读书没意思,想去找个工作做做。

( )12. 你常认为课本上的基础知识没啥好学的,只有看高深的理论、读大部头作品才带劲。

( )13. 你平时只在喜欢的科目上狠下功夫,对不喜欢的科目则放任自流。

( )14. 你花在课外读物上的时间比花在教科书上的时间要多得多。

( )15. 你把自己的时间平均分配在各科上。

( )16. 你给自己定下的学习目标,多数因做不到而不得不放弃。

( )17. 你几乎毫不费力就实现了你的学习目标。

( )18. 你总是同时为实现好几个学习目标而忙得焦头烂额。

( )19. 为了应付每天的学习任务,你已经感到力不从心。

( )20. 为了实现一个大目标,你不再给自己制订循序渐进的小目标。

【评分与结果解释】

◎ 上述20道题目可分成4组,它们分别测查你在四个方面的困扰程度:

---

① 量表来源:陈娜,徐颖.高职大学生心理素质模块训练[M].北京:航空工业出版社,2012:121~122。

1～5 题测查你的学习动机是不是太弱;

6～10 题测查你的学习动机是不是太强;

11～15 题测查你的学习兴趣是否存在困扰;

16～20 题测查你在学习目标上是否存在困扰。

◎ 假如你对某组(每组 5 题)中大多数题目持认同的态度,则一般说明你在相应的学习欲望上存在一些不够正确的认识,或存在一定程度的困扰。

◎ 从总体上讲,假如选"是"记 1 分,选"否"记 0 分,将各题得分相加,算出总分。

0～5 分:说明学习动机上有少许问题,必要时可调整。

6～10 分:说明学习动机上有一定的问题和困扰,可调整。

14～20 分:说明学习动机上有严重的问题和困扰,需调整。

【体验训练】

暖身活动:吹气球比赛

一、活动目的

体验学习动机与学习成绩的关系。

二、活动准备

若干气球,一些小礼品。

三、活动操作

1. 检查气球是否完好,将有破损、漏气的气球更换掉。

2. 告诉大家吹着气球玩玩。观察谁的气球吹得最大。

3. 告诉大家在 3 分钟内将气球尽可能地吹大而且不能破,并评选出气球吹得最大的同学,给他发奖品。

4. 交流感受:前后两次各人表现为何不同。

四、活动总结

结合平时的学习,谈谈对学习动机和学习效果之间关系的看法,自己在平时学习中是否存在着动机过强或过弱而影响学习的情况。

活动一:放置大石头

一、活动目的

进行时间管理与自主规划训练。

二、活动准备

一袋沙子、一袋小鹅卵石、几块大石头和一个木桶。

三、活动操作

1. 先将沙子放入木桶,再将鹅卵石、大石头依次放入木桶,记录结果,并清空木桶。

2. 先将大石头放入木桶,再依次放入鹅卵石和沙子,记录结果。

3. 讨论为何按不同的顺序放置,会有不同的结果。

四、活动总结

在大学学习和生活中学会合理规划自己的时间。大石头比喻为最重要的、最有用的事情,鹅卵石是相对次要的事情,沙子则是可以灵活安排的小事。把事情按照"重要性"和"紧急程度"两个标准来划分(如图7-1),看看其位于哪个区域,然后按紧急、重要的程度安排优先顺序来应对(拓展阅读大石头的故事)。

活动二:选对方法,有效学习

一、活动目的

通过对几种学习方法的尝试与比较,总结出一套最有效的学习方法。

二、活动操作

以当天课堂上新学的知识为学习内容,运用以下几种常见学习方法练习,比较出各类方法的学习效果,以便在今后的学习中灵活运用。

1. 听讲。听老师在讲台上说,自己在座位上听。

2. 自己阅读。听声音或阅览图片、文学作品等。

3. 观摩老师的示范或演示。

4. 主动参与小组讨论,并进行归纳和总结。

5. "做中学",将新知识、技能进行实际演练,如解题、做实验、实习等。

6. "当教师",以教师身份把知识点讲解给小组同学。

7. 小组进行讨论,每人都讲解自己的学习中最有效的学习方法,并用表7-1记录下来,思考自己运用过哪些有效的学习方法。

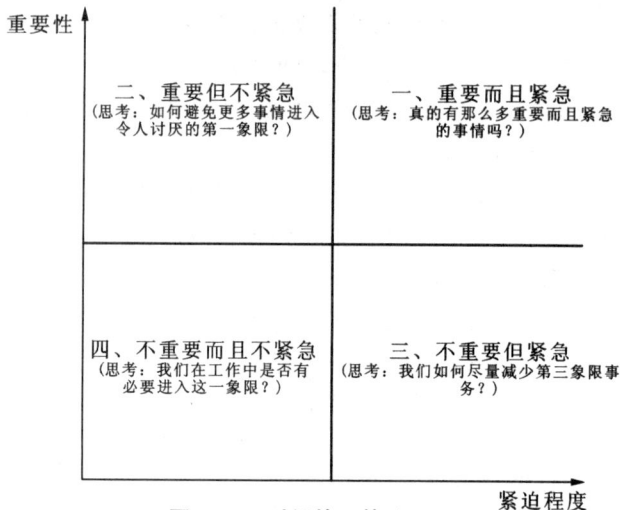

图7-1 时间管理策略图

表7-1 学习方法大搜索①

课程	具体内容	学习方法	学习效果	启发

8. 选某一门课程,讨论最佳学习方法,并在课程学习中运用此法,见表7-2所示。

① 表格来源:徐畅,庞杰.大学生基本素质训练教程[M].北京:清华大学出版社,2012:230~231.

表7-2　课程攻关计划

具体内容	学习方法	原因分析	采取措施	学习效果

三、活动总结

在六种常见学习方法中,最普遍使用的学习方法是听讲法,最有效的学习方法是"当教师"法。但不同的人、不同的学科、不同的学习内容、不同的学习条件下,各种学习方法效果都不同。对于自己所喜欢的、感兴趣的、能学得很好的课程而言,一般都是使用了合适的学习方法。在大学的学习课程中,要选对方法,学习得法,学习会变得充满乐趣。

活动三:自我放松训练[①]

一、活动目的

通过肢体放松,进而进行精神上的放松,减少心理压力。

二、活动操作

坐在感觉舒适的椅子上,微闭双眼,全身放松,按下列步骤进行:

1. 紧握拳头—放松;伸直五指—放松。

2. 收紧小臂—放松;收紧大臂—放松。

3. 耸肩向后—放松;提肩向前—放松。

4. 保持肩部平行向右转头—放松;保持肩部平行向左转头放松。

5. 曲颈使下颚接触胸部—放松。

6. 张大嘴巴—放松;鼻口咬紧牙齿—放松。

7. 使劲伸长舌头—放松;卷起舌头—放松。

8. 舌头用力顶住下颚—放松。舌头用力顶住上颚—放松。

9. 用力睁大双眼—放松;紧闭双眼—放松。

10. 深吸一口气—放松。

11. 胳膊顶住椅子,弓臂—放松。

12. 收紧臀部肌肉—放松;臀部及手用力顶住椅子—放松。

13. 伸直并抬高15厘米至30厘米再放松。

14. 尽可能地收缩腹部—放松;绷紧并挺腹—放松。

15. 伸直双腿,脚趾上翘—放松。

16. 曲趾—放松;翘趾—放松。

休息2分钟,再做一遍。考试焦虑者在考试期间,每晚睡前都按上述要求做两遍。在进行训练期间,注意体验肌肉张弛之间的身体感觉,尝试将此种感觉转移到心理调节上。

---

① 朱卫国,桑志芹.大学生心理健康教程[M].南京:南京大学出版社,2012:66.

【知识链接】

➤ 大学生学习心理概述

大学阶段是我们进行知识学习、能力提升、思想成熟的重要时期,大学的学习目标和学习方式与高中相比,差异很大。了解并把握这一阶段的学习特点,会有力地促进我们的学业进步。

一、大学生学习的特点[①]

1. 学习主体的变化

中、小学时期的学习以教师为主,大学生学习是以教师为主导、学生为主体进行的,这就决定了大学的学习带有一定的创造性,即不仅能举一反三,还能提出自己的独到见解,活用所学知识。

2. 学习的自主性

无论学习内容、学习时间还是学习方式,都更加强调个体在学习活动中承担的角色,主要强调学习的自觉性与能动性。

大学的课程既有公共必修课、专业基础课,还有辅修课程及大量选修课,可以根据自己的专长、爱好、兴趣,自由选择。在选择课程时要考虑:学科内容与职业的契合性、学科的实用性、自己的兴趣及将来的职业生涯选择以及对自身素质的拓展等。

3. 学习的专业性

大学学习是在确定了基本的专业方向后进行的,因此其学习的职业定向性较为明确,即为将来走上工作岗位、适应社会需要所进行的学习;专业与学科群的划分也和大学学习与未来职业生涯紧密联系在一起,而专业学习要求大学生既要了解本专业的前沿知识与经典理论,又要掌握与专业相关的基础知识。

4. 学习方式的多样化

信息时代,教师不再是知识的中心,获取知识的多元化带动了学习方式的变迁,网络又开辟了一条学习的新途径。大学开放式的教学提供了多种多样的成功之路,除课堂教学外,课外实习、课程设计、科研训练计划、学年论文、专家讲授、学术报告及社会实践、咨询服务等都为大学生学习提供了广阔的道路。

5. 知识的学习与能力、素质的培养并重

无知必然无能。高等教育改革强调知识技能的学习与实践能力的培养同样重要。那种受长期应试教育的影响,只重视学习具有实用价值的知识,忽视学生创造能力培养的教育观念,必须摒弃。

6. 研究探索与创新性

大学学习具有一定的探索性,即对书本之外的新观点、新理论进行深入的钻研与探索。大学学习不仅仅在于掌握知识,更在于探究知识的形成过程与科学的研究方法,了解学科发展前

---

① 赵瑞芳,陈树.大学生心理健康——和谐港湾[M].北京:北京航空航天大学出版社,2012:120~122.

沿、存在的问题及解决的思路。目前,高等学校普遍加强大学生创新能力的培养,在课程设置、课程安排、课程衔接上突出学生的主体地位,体现创新,加大了学生实践环节的培养力度,旨在提高大学生的创新能力。

二、大学生学习存在的问题

刚进入大学的学生,没有明确的目标,容易产生空虚、颓废的不良心态,集中体现在对专业没有兴趣,无心学习,无严格的管束后更加放纵自我,沉迷网络等现象。

1. 学习目标不明确

很多大学生学习目标不够明确合理,日常学习缺乏具体可行的学习计划。有的学习目标定位太低,只求考试过关,如期拿到毕业证;有的定位过高,导致个体所追求的"理想"成为"空想"而逐渐丧失斗志,往往觉得毕业遥遥无期,缺乏长远目标,缺乏对未来的规划,导致终日无所事事,时间一点点溜走,临近毕业时顿感后悔;有的学习目标被动模糊,很容易受他人影响和同化。

2. 学习动机不当

虽然很多大学生都有着良好的愿望,希望在大学期间,学习方面超过他人,有突出的表现,但大学毕竟不同于高中,在高中刻苦学习的目的非常明确——考大学。进入大学后,有的学生认为理想实现了,因而产生了放松的念头,加之大学学习上的竞争有着"隐性"的特点,所以在具有强烈学习愿望的同时,推动这一愿望变成行动的动力强度又往往不足,加之远离父母师长的管束,缺少外部学习压力,缺乏引发学习的强化物刺激,而且自身似乎已经"自我实现",难以产生继续学习的需要。因此,往往安于现状,不思进取,导致学习动机水平较低,难以取得学习上的突破和发展。

3. 学习方法不适应

很多大学新生无法适应大学的教学方式,习惯于中学的灌输、接受式的教学方式,养成被动、机械的学习习惯。而大学阶段由于课程内容多、教学进度快、抽象性较强,更多地要求学生学会自主学习。部分新生表现出种种不适应,有的对所处的学习环境不满意;有的哀叹自己选错了学校、院系和专业;有的指责学校的教育教学条件不够如意;有的抱怨师生、同学关系的冷漠和冲突,等等。

4. 缺乏学习方法策略

无论是大一的新生,还是临近毕业的老生,很多人尚未探索出科学的学习策略体系。他们习惯于中学阶段的学习策略和方法,产生学习的定势心理,对不同学科所采用的学习方法趋同,满足于机械识记、题海战术。学习策略多表现为重复的诵读和机械的练习等较低水平的复述策略,而很少对学习内容进行高水平的归纳总结,难以将所学知识整合为一个知识体系,缺少高效率的预习、复习、听课、笔记、阅读、应试等学习方法和策略。

5. 学习缺乏计划性

进入大学后,多数大学生会有一种从过于繁忙劳累的高中学习中获得解脱的感觉,缺少学习的计划性与自主性,学习过程中盲目地顺从他人,产生懈怠、惰性的心理,没有创新。有的人觉得未来没有前途,抱负水平降低,学习热情不足,厌学情绪突出。不满意自己的所学专业,对学习无热情、无兴趣,厌倦刻板的教与学的方式方法,往往产生一种"混"的学习心态,抱着"当一天和尚撞一天钟"的心态,难以取得良好的学习效果。

6. 学习上缺乏毅力

有的大学生缺乏学习的自觉性,没有明确的学习目标和计划,成天惰性十足。有的缺乏坚持性,缺乏学习的决心和恒心,在学习过程中难以保持充沛的精力和毅力。有的难以坚持执行自己所制定的学习计划,知难而退。有的学生缺乏自制力,难以自觉灵活地排除干扰学习的不利因素,因而对于逃课行为的认可度比较高。

➤ 大学生学习策略①

大学与中学学习的最大差别,是对每个学生的自学、探索能力提出更高要求。大学生面对新的学习方式,缺乏自主学习规划控制能力,除了课堂学习,不知道该学习什么、怎么学习。因此,要学会进行自主规划学习,结合自己的个性特征、专业特点,包括兴趣点、能力特长、个人理想、优势与不足等,选择合适的学习策略,合理地制订学习目标,自主规划时间,并合理管理时间。

🔊 一、时间管理策略

大学生首先要学会统筹安排自己的学习时间。有人把人生比作一张大的时间表,对每个人来说,首先要根据自己的总体目标,对时间进行一个统筹的安排,形成一张总体时间表。总体时间表再划分成阶段性的时间表,例如,将一生的时间分成不同的时期,将一生学习的时间表转变为不同的学年时间表、学期时间表、每月时间表、每周时间表以及每天时间表。对每天的活动最好列一张活动优先表,按事情的轻重缓急来选择活动,确保每天都在做最重要的事情,尽量减少无计划、无节制、无意义的活动。

1. 高效利用最佳时间

要掌握人的生物规律,并了解自己的生物钟。在不同的时间段,人的体力、情绪和智力状态是不一样的,不同的学习时间,学习的效果是不一样的。因此,要在人生理功能旺盛、精力充沛的时候从事最重要、最紧张的学习活动,以便最有效地利用学习时间。

首先,要根据自己的生物钟安排学习活动。人的体力、情绪和智力都有自己的运转周期。每个周期控制着各自的机能水平,智力周期以 33 天为一周期,体力大约 23 天为一个周期,情绪大约 28 天为一个周期。每个周期有高潮期、低潮期和临界期。高潮期就是最佳时间。人的智力周期的高潮期大脑清晰、逻辑思维能力强、工作效率高,临界期反应较迟缓,低潮期就更差。

其次,要根据每周学习效率的变化安排学习活动。长期的双休制也形成了智力周期,如星期一和星期五临近休息日,智力机能有下降趋势。

再次,要根据一天内学习效率的变化来安排学习活动。在一天中,我们的智力也是存在周期的。由于我们每个人在一天当中的体内新陈代谢状况和大脑机能状况不同,其最佳时间也就因人而异了。有的大学生是白天型的,早睡早起,一觉醒来,精力充沛,大脑活跃。

① 陈琦,刘儒德.当代教育心理学[M].第二版.北京:北京师范大学出版社,2007.

而有的大学生则是晚上型的,一般早上状态不佳,到了下午逐渐精神起来,夜幕降临时,脑细胞随之转入兴奋状态,精力专注,尤其到了夜深人静时,大脑异常活跃,学习效率很高。还有的人是混合型的,容易适应生活环境和作息制度,不管任何时候,只要经过充分休息后就可以达到最佳状态。当然,大学生的学习主要是在白天,因此,晚上不宜睡得太迟。大学生的普遍现象是"晚上不早睡,早上不早起",甚至睡到中午。这样会导致生物钟紊乱,影响白天的工作、学习。

此外,要根据自己的工作曲线安排学习活动。学习时随着学习的进行,我们的精神状态和注意力会发生变化。一般来说,存在三种变化模式:先高后低、中间高两头低、先低后高。我们每个人要根据自己的模式安排学习内容,确保状态最佳时学习最重要的内容。

2. 灵活利用零碎时间

零碎时间大多是学习的低效时间,如课余、饭前饭后、等人等车、乘车乘船等等。这些时间也可以加以灵活利用。首先,可以利用零碎时间处理学习上的杂事。学习上有些杂事不得不做,这些事不宜使用整段时间来做,而要利用零碎时间做。例如,削铅笔、收拾用具、整理学习环境、整理书包等。一定要注意所有与学习有关的东西都必须有条理地放好,什么东西放在什么地方都要心中有数,用完东西归还原处。其次,读短篇或看报纸杂志,拓宽自己的知识面,或者背诵诗词和外文单词。这实际上等于在进行分散复习,可提高记忆效率。此外,可以进行讨论,与他人进行交流,在轻松的气氛里与人交流,有助于启发创造性思维。

二、努力和心境管理策略

系统性的学习大多是需要意志努力的。为了维持自己的意志努力,需要不断地鼓励大学生进行自我激励。

1. 激发内在动机

对学习本身就有兴趣、好奇心和求知欲是一种重要的内在学习动机,它可以使人敢于克服障碍,迎接挑战,从学习活动中获得快乐,从而持续学习下去。学习的内在动机是可以自我培养的。例如,可以设法通过某些活动,如参观博物馆、展览会,听讲座,观看影像资料等了解某一学科知识在现实生活中的意义以及对将来学习的重要性,激发进一步了解相关知识的愿望,并在求知过程中获得愉快的情绪体验。创造各种机会,多与那些热爱并擅长某一学科的老师和同学等来往,分享他们从这一学科知识中所获得的快乐,逐渐使自己产生对这门学科的兴趣。或者,在实际生活中设法应用所学的知识来解决问题。例如,向别人讲述某些现象的原因,设计小小的工具或活动,用所学知识解决一些日常生活问题等。随着应用和学习,我们会感到知识上的不足,而后愿意学习更多的相关知识。

2. 树立为了掌握而学习的信念

每个大学生学习时都带有不同的目的,这些学习目的大致可以归为两类。一类是为了追求好成绩,即所谓的绩效目标,这种大学生一般特别注重自己在别人心中的地位和形象,生怕别人觉得自己不行。另一类则特别注重自己是否真正掌握,即所谓的掌握目标,这种大学生敢于迎接学习挑战,克服学习上遇到的困难。学习成绩固然重要,因为它也是学习效果的反映,但学习不是为了回答几个选择题,而是掌握某一门知识。因此,除了要在考试中真实反映出自己的能力水平外,更重要的是要给自己设立一个内在的标准来衡量自己的学习是否成功。如此才能关心老师所规定任务之外的知识,在深度和广度上拓展自己的知识,最终通过不断积累来提高自己的能力。

3. 选择中等难度的任务

在挑选学习任务时要挑选那些具有中等难度的任务,中等难度的任务比太易或太难的任务更能激励自己。过难了,自己怎么努力也解不出来;过容易了,不需费什么力,没有多大的成就感。一个一心想着掌握、不断追求成功的大学生往往挑选中等难度的任务,而一个一心为了外在成绩和效果的大学生则总是设法避免因失败而带来的丢脸和难堪,他们不是选择容易的任务就是选择特难的任务。因为容易的任务不会失败,自己不会因失败而丢脸;特难的任务肯定会失败,但别人也难以成功,自己也不会因此被人小瞧。

4. 调节成败的标准

学习时对于成败,要做到自己心中有一杆秤。有时即使自己得了 99 分,别人觉得你学得不错,但自己并不满意,因为题目太容易了,未能反映出自己的真实水平,或者发现自己还有一处关键地方并未弄懂。相反,有时即使自己得了 60 分,别人觉得你一般,但自己很满意了,因为相比自己的过去,自己进步了很多。随着学习的深入和自己能力的变化,要不断调整自己的成败标准。如果标准一直过高,总对自己不满意,结果会造成自责、自卑和情绪低落。相反,如果标准一直过低,自我感觉过于良好,造成盲目的自信,学习也受到影响。因此,只有适时调整自己的内在的成败标准,才能维持自己的学习自信心。

5. 正确认识成败的原因

学习有成功,但也难免失败。人在成功或失败时肯定会产生相应的情绪反应,但积极或消极的情绪并不直接等于自己能力的高低。因此,在反应过后需要冷静下来,客观而正确地认识自己成败的原因,以便在下一次获取成功,避免失败。

一般来说,人在成功时,往往倾向归因于自己能力高,而在失败后自卑的人倾向于认为自己能力不强,过于自我保护的人则可能倾向于找一些主观原因,如“我身体感觉不舒服”“我心情不佳”“我不喜欢那门学科”“我不擅长考试”,也可能会找一些客观原因,如“老师教得不好”“考题不公平合理”“复习时间不够”“运气不好”等。但是,一个人的成败主要还是取决于一个人的努力程度。能力不是一成不变的,更不是天生的,而是通过努力不断积累起来的。如果认为能力是成败的关键,而能力又是天生的、不可改变的,那就会导致两种情况:一种情况是觉得自己能力高的人,认为自己肯定能成功,不需要努力,努力反而显得自己能力不高。为了显示自己能,往往不是选择特难的任务,就是选择特容易的任务,因为这不会导致失败,也就不会丢脸,不会对自己能力产生怀疑。另一种情况是,觉得自己能力低的人,认为自己不是学习的料,怎么也不会成功的,努力也白搭,老师和同学也别来帮我,帮我也没用,因为能力是天生的,改变不了。

6. 自我奖励

当获得了满意的效果后要设法对自己进行奖励。奖励的方式多种多样,可以是暗示自己“我真行”“我成功了”“坚持就能成功”等,也可以是从事一些自己喜欢的活动等。但是要注意,并不是只有获得好成绩后才能获得奖励。每个人的起点不同,但每个人都可在自身的起点上进步和发展。只要自己取得了满意的进步，即使外在分数不高，也值得奖励。因此，要为了掌握而学，设立自己的成败标准。

三、社会性人力资源的利用策略

学习总是需要与人交流的，老师和同学是学习的最重要的社会性人力资源，必须善于利用。

1. 老师的帮助

老师不仅是一座知识库，而且是学习的引路人和促进者。因此，除了老师的讲授，自己一旦有什么疑问无法解答，最好向老师请教。值得注意的是，老师并不一定能给以满意的解答，但这并没有关系。一个人不可能什么事都知道，另外，老师的解答并不一定就是对的。老师也只是从一个角度出发看事物，只代表一种理解。因此，不要过分迷信老师的权威性。关键是得到老师在知识、解决问题以及学习方法上的启发。

2. 同学间的合作与讨论

同学间的相互合作和讨论有助于彼此相互启发，达成对事物的全面理解。同学间的合作存在许多形式，一种是双方或小组学习同样的内容，相互讨论，彼此提问和回答。另一种是双方或小组共同完成同一项任务。此外，同学间还可以相互辅导。由于同学之间背景知识相同，同学根据自己的理解所进行的辅导可能比老师更好懂。相互讨论和辅导可以使双方受益，因为要想辅导别人，自己必须先理清思路，并且还要组织语言表达自己的思想，无疑这将有助于加深对内容的理解。

思政点睛	从钱学森构建"系统论"颠覆航天研发，到华为用数学思维突破芯片封锁——大国崛起的密码，是把知识变成服务人民的利器。当你用"需求锚定仪"校准学习方向，用"知识杂交"攻克民生痛点，就是在践行"把论文写在祖国大地上"的青春誓言。

【经典心理实验】

"内隐学习"实验

达·芬奇在学画之初，他的老师、名画家佛罗基奥教他的第一件事，不是创作什么作品，而是要他一个接一个地"画蛋"，并且一画数年。梅兰芳先生开始学京戏之初，老师说他目光呆滞，是"死鱼眼""吃不了这碗饭"，索性打发他回了。然而梅先生毫不气馁，他决心苦练眼神，每天清晨一起来，他的双目就紧紧追踪盘旋在空中的鸽子，日复一日，年复一年。终于，京剧舞台上出现了一双炯炯放光、顾盼有神的眼睛。这双眼睛幻化出了醉眼朦胧的杨贵妃、脉脉含情的白素贞、飒爽英姿的穆桂英等神采各异的美妙形象。

上述事例告诉我们，是"画蛋"让达·芬奇掌握了光影变化的复杂规律，是"看鸽子"让梅兰芳明了眼神与内心的微妙关系。为什么反复"画蛋"和反复"看鸽子"却能掌握进而驾驭那些常常让人摸不着头脑的艺术规律呢？在他们"画蛋"和"看鸽子"的过程中究竟发生了什么？如今,心理学家们通过多年的实验研究可以理直气壮地回答这个问题了。这是因为,在两位艺术大师一遍又一遍的练习中,发生了一种"自动的""不易觉察的""对复杂规律敏感的"学习——内隐学习,促成了达·芬奇和梅兰芳艺术生命的辉煌。

【拓展阅读】

➤ 时间管理的十条金律①

1. 确立个人价值观;
2. 设立明确的目标;
3. 每天从你的 list 中选出最不想做的事先做;
4. 花最多时间在做最重要的事,而不是最紧急的事上;
5. 安排不被干扰的时间;
6. 严格规定完成期限;
7. 做好时间日志;
8. 学会列清单;
9. 同类事情一次做完;
10. 每分每秒做最有效率的事。

效率并不是指完成很多事情,而是指完成最重要、有用的事。如果你到处奔波就是为了完成小事情,你的确完成了很多事情也很忙碌,但是你到底完成了多少有分量的事情?

时间管理网(timebao.com 谐音:时间宝)是一个致力于推广时间管理方法的非营利性网站,在时间管理网上提供了精选的时间管理方法与工具、经过验证的时间管理软件下载,同时也是时间管理学习者的交流平台。

➤ 大石头的故事

一位讲师在上课时带了一袋沙子、一袋小鹅卵石、几块大石头和一个木桶,问有没有人能把这几种不同形状的东西都装进木桶。一个热心的学生自告奋勇走上讲台随手抓起沙袋就往木桶里倒,然后把小鹅卵石也放了进去,但是轮到大石头的时候,他发现木桶里的空间已经不够了。讲师遗憾地摇了摇头。他把木桶清空了,先把那几块大石头放进木桶,再把小鹅卵石放进去,然后倒入沙子。最后他摇了摇木桶,只见这三种不同形状的东西配合得天衣无缝,把木桶挤得满满的。

如果将你的一周比喻成七个大木桶,而将你每天需要完成的事情按重要性比喻成大石头、小鹅卵石和沙子。仔细想想,现在的你是先倒入沙子呢,还是先放大石头。

为你的下一周做计划,把"大石头"放前面。

1. 列一张任务清单。在每周开始前(星期天的晚上或者星期一的早晨)写下你想在这一周完成的重要的任务。记住是写重要的任务。

---

① 党政论坛编辑部.时间管理的十一条金律[J].党政论坛,2008(2).

2. 保持简单。刚刚开始为下一周做计划时,只需要写 4~6 个"大石头"。不要一开始就列出 10 多个,如果未完成它们,只会打击你的自信心。判断自己每周应该能完成多少重要的事,不要超额。

3. 放置"大石头"。检查你的周程安排(如果你没有,开始定一个),先把已经有预约的事情列出来,然后把你的"大石头"放进去。最好把它们放到一个你绝对能有时间去完成的时候,而非最忙碌的时刻,也不要预留太少的时间,要让自己有充裕的时间去完成。

4. 留些空间。每天早晨检查你的"大石头"和日程安排,不要让自己的日程安排太紧凑。紧凑的日程安排只会让安排的事情混淆,把已经订好的事情往后推迟。

5. 尽早完成。如果可以,把"大石头"放在早晨做,尽量不要放到傍晚或者晚上。因为傍晚和晚上只会让你产生拖延的想法。

6. 感到自豪。如果你的"大石头"都完成了,哇,为自己鼓掌,欢呼!

这些简单的方法为什么会让你的效率翻倍?你要明白效率并不是指完成很多事情,而是指完成最重要、有用的事。我们回顾过去的一周,也许没有完成很多事情,但是可以自豪地说已经把重要的事情完成了,这样你才会觉得开心。学会放"大石头"的艺术,你会发现自己变得更有效率。

➤ 学习中常见的心理现象

1. 高原现象

也叫"学习曲线",又称练习曲线,指一种学习技巧形成过程中练习次数与练习成绩间关系的曲线。在某一期间的练习成绩有停滞现象,在练习曲线上即出现近于平直的一部分线段,叫"高原期"。

学习了一段时间后,你会发现:成绩再提高有困难、成绩忽高忽低、沉浮不定,复习效果逐步减退,甚至停滞不前,头脑昏昏沉沉,什么事都不想干,看不进书也记不住内容,性情易急躁烦闷。出现这些状况,意味着你目前遭遇到心理学上的"高原现象",即学习成绩到一定程度时,继续提高的速度减慢,有的人甚至发生停滞不前或倒退的现象。

攻克途径:找到适合自己的学习方法并及时更新。打牢基础:基础欠佳,知识点不清,在总复习中要及时补上,否则会日积月累,不能自拔。给自己加油:"高原现象"是一种正常的现象,如同运动员在长跑中会出现极点一样,这时只要再坚持一下,激励自己,增强信心,这种感觉就会消失。学习生活规划好:要合理安排好时间,例如,早晨可用于早读,中午休息,下午整理消化当天的学习内容,晚上系统复习,适当地放松自己,转移注意力。

2. 遗忘现象

遗忘就是对记忆的内容不能保持或者提取记忆的内容有困难,其实质是大脑的自动清空。俄国生理学家谢切诺夫说:"记忆是整个心理活动的基本条件,是一切智慧的源泉。如果没有记忆,我们的感觉就会不留下任何痕迹而随即消失,人类将永远处于新生儿的状态。"记忆是一个复杂的心理过程,它包括识记、保持、再认或再现(回忆)三个基本环节。我们最理想的记忆状况是"记住该记住的,忘掉该忘记的"。

德国心理学家艾宾浩斯最早研究了遗忘的发展进程,他发现遗忘的过程是不均衡的,在学习之后立即开始,遗忘呈现先快后慢的趋势,到了某一点后几乎不再遗忘,如图 7-2 所示。根据艾宾浩斯遗忘曲线,我们归纳出的学习经验是学习之后要及时地巩固复习,最好在24小时内进行复习巩固。

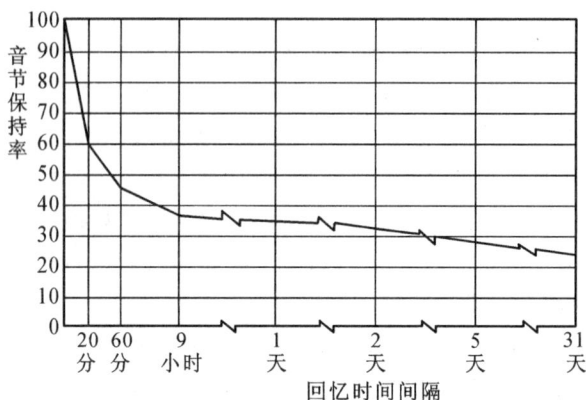

图7-2 艾宾浩斯遗忘曲线图

艾宾浩斯的记忆实验证明,遗忘的进程是不均衡的,在识记后最初的一段时间内,遗忘得比较快,而后逐渐变慢。学习过的材料过了1小时之后,记住的材料仅仅剩下40%左右,再过1天,会忘掉全部材料的2/3,6天之后只剩下25%左右。

如何利用遗忘规律学习。我们可根据遗忘规律,结合自己的实际经验,学会与遗忘作斗争的方法。下面几点建议可供参考:

(1) 及时复习与经常复习。复习时间的分配应该是先密后稀,即开始复习时,间隔时间要短,次数要多,以后间隔可逐渐拉长。

(2) 复习方法要多样化。不必总按固定顺序从头到尾复习,应当重点复习那些难于记忆、易于遗忘的材料,而且每次复习,在内容上必须有所拓展,最重要的材料要在新的水平上和在新的联系中加以复习。

(3) 调动各种感官协同活动。有研究表明,单靠听觉每分钟仅能传达100个单词,而视觉传达的速度则为听觉的一倍。如果视觉和听觉同时起作用,则是听觉的10倍。所以,各种感官同时参加活动越多,越有利于提高记忆的效果。如记忆外语单词,边念边写,就更容易记得牢。

(4) 相似材料要交替复习。实验证明,前后学习材料的性质越相似,记忆效果越差。复习也要避免连续学习相类似的材料,注意使性质相似的材料交替进行。在学习某一种材料以后,应当适当休息,再去学习另一种材料,以免相互影响和相互干扰。

3. 耶尔克斯-多德森定律

一般情况下,学习动机越强烈,学习的积极性愈高,大脑活动的效率会提高,认知操作的速度与质量也会提高,潜能的发挥愈好,取得的效果也愈佳。与此相反,学习动机的强度越低,效率也越差。因此,学习的效率是随着学习动机的增强而提高的。然而,耶尔克斯-多德森定律指出动机强度与工作效率之间并不是简单的线性关系,而是倒U形的曲线关系。也就是说,随着学习动机持续增强,学习效率也在不断提高,但学习动机超过适宜水平后,学习效率不升反降。学习动机强度适宜,学习效率最佳。

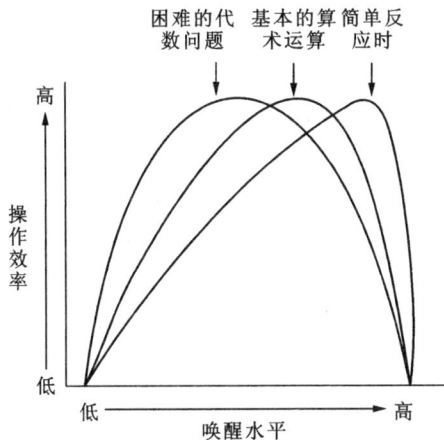

图 7-3　耶尔克斯-多德森定律

耶尔克斯、多德森进一步研究发现,不同难度的学习任务需要动机不同的最佳水平。学习任务越复杂,学习动机的最佳水平也越低;学习任务越简单,学习动机的最佳水平也越高。适度的动机水平是保证学习效率的基本前提。

> ➤ 心灵书籍——《如何学习:用更短的时间达到更佳效果和更好成绩》①

该书是美国教育家亚当·罗宾逊(Adam Robinson)写的一本指导我们如何在学校成为尖子生的学习指南,其所倡导的赛博学习法令诸多学生受益终生。

整本书共分为五章,依次详尽揭秘了尖子生之所以取得优异成绩的套路和需要避开的坑:

学霸的学习态度:态度,是最关键的不同。所有的一切都与态度、高度相关,我们的态度就是我们的信念、设想、期待乃至价值的总和。尖子生们努力学习完全是为了取悦自我,而不是为了去取悦父母,更不是为了向谁证明自己有多么出色。

首先,我们应坚信自己能更好地教好、教会自己。改变学习态度,培养新的学习习惯和技巧确实不容易,但只要迈出第一步,第二步、第三步将变得简单许多。

其次,我们必须摒弃一些错误的观念:

(1)大多数时候,我们需要老师来告诉我们学习什么以及怎么学。想要完全依赖于老师来让我们学得更好是不太实际的。

(2)不相信自己有独立学习或者向同学学习的能力。

(3)我们的学习方式和进度不一定和其他同学同步。不要过度依赖教科书而脱离了实践和延伸阅读。

(4)别再单单为了通过考试或者赢得奖励而去被动学习。我们应该主动积极地去学习,而不是成为学习的奴隶。

(5)考试分数并不一定能真实反映一切,成绩不好也并不就代表我们是懒惰、笨拙、行为不良,有"学习能力缺陷"的一群人。

---

① 亚当·罗宾逊.如何学习:用更短的时间达到更佳效果和更好成绩[M].中国青年出版社.2017.

专题七

学会交往　和谐生活

孔子曰："己所不欲，勿施于人。"这是成功的人际交往的铁律与底线。孟子曰："爱人者，人恒爱之；敬人者，人恒敬之。"他人其实就是自己的一面镜子。从某种意义上讲，人际交往就是一门尊人自尊、助人自助的艺术。在人际交往中，我们要学会倾听，学会赞美，学会将心比心，学会换位思考，以责人之心责己，以恕己之心恕人，以爱己之心爱人……

【身边的故事】

故事一：林某，男，20岁，某本科院校二年级学生。他自认性格十分内向，孤僻，不善言谈，不会处事，很少与人交往。入学一年多来，他和班上同学相处不融洽，跟同宿舍人曾经发生过几次不小的冲突，关系相当紧张。后来，他竟擅自搬出宿舍，与外班的同学住在一起，也因此受到学校纪律处分。从此，他基本上不和班上同学来往，集体活动也很少参加，与同学的感情淡漠，隔阂加深。他认为在班级里自己没有一个能相互了解、相互信任、谈得来的知心朋友，常常感到特别孤独和自卑，情绪烦躁，痛苦之极，而巨大的精神痛苦无处倾诉，长期的苦恼和焦虑使他患上了神经衰弱症。经常性的失眠和头痛使他精神疲惫、体质下降，学习效率极低，成绩急剧下降，考试竟出现了不及格的现象。他的心境和体质也越来越差，深感自己已陷入病困交加的境地，无力自拔，失去了坚持学习的信心。他开始厌倦学习，厌恶同学和班级，一天也不愿再在学校待下去了。于是，他听不进老师的劝告，也不顾家长的劝阻，坚持要求休学。

人际交往是构成人类社会的一个重要条件，具有沟通信息、交流思想情感、协调行为的作用。作为大学生基本活动之一的人际交往活动，既是大学生心理健康的标志之一，也是促进大学生心理健康的途径之一，对于大学生的全面发展有着重要的作用。当下，大学生的人际关系状况并不理想，这不仅影响到他们的心理健康，还会影响到他们的生活。因此提高对人际关系的认知水平，提升人际交往技巧对于大学生有着重要的价值。

故事二:黄某,男,18岁,大学一年级学生。小时候父母的同事、朋友或亲戚到家里来,他都不敢打招呼,总是想办法躲起来。高中以后好一点,但在集体场合还是不敢讲话,除非大部分人都很熟悉。一般的聚会、集体活动都不参加。尤其不敢和女孩子讲话,不敢看女孩子的眼睛,一讲话就脸红。读大学后,他大部分时间都用在学习上,虽然成绩很好,但内心很痛苦,别人无法理解。

交往活动影响人的社会化进程,是促进人认识自我、完善自我的基本途径,是人保持心理健康的有效方式。心理学研究表明,青年期的主要发展任务是建立亲密感,需要建立亲密的人际关系,包括朋友关系的友谊,核心的关系是恋爱和婚姻。不少大学生由于个性和经历少等多方面的原因,人际交往活动经验欠缺,以至于回避甚至恐惧社交活动,无法达成其发展需要。解决这一矛盾则是心理素质训练的任务之一。

【自我探索】

21世纪是人才竞争的时代,拥有良好的人际交往能力尤为重要。了解自我人际关系现状,是提升人际关系能力的起点。

下面的测试是关于人际关系行为困扰方面的诊断量表,它可以帮助我们在开始训练前对自己的人际关系情况有个初步了解与把握,包括在人际关系方面已具备了哪些优势,还有哪些不足是需要改进的,以便我们扬长补短,使自己的人际关系向着积极的方向发展,不断拓展人际圈,更好地适应社会的需要。

人际关系综合诊断量表

请你根据自己的实际情况如实回答,答案没有对错之分。每个问题回答"是"在( )打"√",回答"否"在( )打"×":

( )1. 关于自己的烦恼有口难言。

( )2. 和陌生人见面感觉不自然。

( )3. 过分地羡慕和妒忌别人。

( )4. 与异性交往太少。

( )5. 对连续不断的会谈感到困难。

( )6. 在社交场合,感到紧张。

( )7. 时常伤害别人。

( )8. 与异性来往感觉不自然。

( )9. 与一大群朋友在一起,常感到孤寂或失落。

( )10. 极易受窘。

( )11. 与别人不能和睦相处。

( )12. 不知道与异性相处如何适可而止。

( )13. 当不熟悉的人对自己倾诉他的生平遭遇以求同情时,自己常感到不自在。

( )14. 担心别人对自己有什么坏印象。

( )15. 总是尽力使别人赏识自己。

( )16. 暗自思慕异性。

（　　）17. 时常避免表达自己的感受。

（　　）18. 对自己的仪表（容貌）缺乏信心。

（　　）19. 讨厌某人或被某人所讨厌。

（　　）20. 瞧不起异性。

（　　）21. 不能专注地倾听。

（　　）22. 自己的烦恼无人可倾诉。

（　　）23. 受别人排斥。

（　　）24. 被异性瞧不起。

（　　）25. 不能广泛地听取各种各样意见、看法。

（　　）26. 自己常因受伤害而暗自伤心。

（　　）27. 常被别人谈论、愚弄。

（　　）28. 与异性交往不知如何更好相处。

【评分与结果解释】

打"√"的给 1 分，打"×"的给 0 分，请在下表中计算出总分。

I	题目	1	5	9	13	17	21	25	小计
	分数								
II	题目	2	6	10	14	18	22	26	小计
	分数								
III	题目	3	7	11	15	19	23	27	小计
	分数								
IV	题目	4	8	12	16	20	24	28	小计
	分数								
总分									

0～8 分：说明你在与朋友相处上的困扰较少。你善于交谈，性格比较开朗，主动关心别人，你对周围的朋友都比较好，愿意和他们在一起，他们也都喜欢你，你们相处得不错。而且，你能够从与朋友相处中得到乐趣。你的生活是比较充实而且丰富多彩的，你与异性朋友也相处得比较好。一句话，你不存在或较少存在交友方面的困扰，善于与朋友相处，人缘很好，得到别人的好感与赞同。

9～14 分：说明你与朋友相处存在一定程度的困扰，你的人缘很一般。换句话说，你和朋友的关系并不牢固，时好时坏，经常处在一种起伏波动之中。

15～28 分：说明你在同朋友相处上的行为困扰较严重，分数超过 20 分，则表明你的人际关系困扰程度很严重，而且在心理上出现较为明显的障碍。你可能不善于交谈，也可能是一个性格孤僻的人，不开朗，或者有明显的自高自大、讨人嫌的行为。

以上是从总体上评述你的人际关系。下面将根据你在每一横栏上的小计分数，具体指出你与朋友相处的困扰行为及其可资参考的纠正方法。

◎ 记分表中 I 横栏上的小计分数,表明你在交谈方面的行为困扰程度。

得分在 6 分以上:说明你不善于交谈,只有在极需要的情况下你才同别人交谈,你总难以表达自己的感受,无论是愉快还是烦恼;你不是个很好的倾诉者,往往无法专心听别人说话或只对单独的话题感兴趣。

得分在 3~5 分:说明你的交谈能力一般,你会诉说自己的感受,但不能讲得条理清晰;你努力使自己成为一个好的倾听者,但还是做得不够。如果你与对方不太熟悉,开始时你往往表现得拘谨与沉默,不大愿意跟对方交谈,但这种局面在你面前一般不会持续很久。经过一段时间的接触与锻炼,你可能主动与同学搭话,同时这一切来得自然而非造作,此时,表明你的交谈能力已经大为改观,在这方面的困扰也会逐渐消除。

得分在 0~2 分:说明你有较强的交谈能力和技巧,善于利用恰当的谈话方式来交流思想感情,因此在与别人建立友情方面,你往往比别人获得更多的成功。这些优势不仅为你的学习与生活创造了良好的心境,而且常常有助于你成为伙伴中的领袖人物。

◎ 记分表中 II 横栏上的小计分数,表示你在交际方面的困扰程度。

得分在 6 分以上:表明你在社交活动与交友方面存在着较大的行为困扰。比如,在正常的集体活动与社交场合,你比大多数伙伴更为拘谨;在有陌生人或老师存在的场合,你往往感到更加紧张而扰乱你的思绪;你往往过多地考虑自己的形象而使自己处于越来越被动、越来越孤独的境地。总之,交际与交友方面的严重困扰,使你陷入"感情危机"和孤独困窘的状态。

得分在 3~5 分:表明你在被动地寻找被人喜欢的突破口。你不喜欢独自一个人待着,你需要和朋友在一起,但你又不太善于创造条件并积极主动地寻找知心朋友,而且,你心有余悸,生怕在主动行为后的"冷"体验。

得分低于 3 分:表明你对人较为真诚和热情。总之,你的人际关系较和谐,在这些问题上,你不存在较明显持久的行为困扰。

◎ 记分表中 III 横栏的小计分数,表示你在待人接物方面的困扰程度。

得分在 6 分以上:表明你缺乏待人接物的机智与技巧。在实际的人际关系中,你也许常有意无意地伤害别人,或者你过分地羡慕别人以致在内心妒忌别人。因此,其他一些同学可能会回报你以冷漠、排斥,甚至是愚弄。

得分在 3~5 分:表明你是个多面的人,也许可以算是一个较圆滑的人。对待不同的人,你有不同的态度,而不同的人对你也有不同的评价。你讨厌某人或被某人所讨厌,但你却极喜欢另一个人或被另一个人所喜欢。你的朋友关系某方面是和谐的、良好的,某些方面却是紧张的、恶劣的。因此,你的情绪不稳定,内心极不平衡,常常处于矛盾状态中。

得分在 0~2 分:表明你较尊重别人,敢于承担责任,对环境的适应性强。你常常以你的真诚、宽容、责任心强等个性获得好感与赞同。

◎ 记分表中 IV 横栏的小计分数表示你跟异性朋友交往的困扰程度。

得分在 5 分以上:说明你在与异性交往的过程中存在较为严重的困扰。也许你过分地思慕异性或对异性持有偏见,这两种态度都有各自的片面之处。不知如何把握好与异性同学交往的分寸,使你陷入困扰之中。

得分是 3~4 分:表明你与异性同学交往的行为困扰程度一般,有时可能会觉得与异性同学交往是一件愉快的事,有时又会认为这种交往似乎是一种负担,你不懂得如何与异性交往最适宜。

得分是 0~2 分:表明你懂得如何正确处理与异性朋友之间的关系。对异性同学持公正的态度,能大方地、自然地与他们交往,并且在与异性朋友交往中,得到了许多从同性朋友那里得不到的东西,增加了对异性的了解,也丰富了自己的个性。你可能是一个较受欢迎的人,无论是同性朋友还是异性朋友,多数人都较喜欢你和赞赏你。①

【体验训练】

暖身活动:姓名链

一、活动目的
学会人际沟通的方法,领会沟通的重要性。

二、活动操作
1. 全体成员站成一个圆圈。

2. 宣布规则:活动时不能说话,只能用无声语言向他人表述自己的姓和名的笔画的多少。姓氏笔画最少的成员站在指导者左边,姓氏笔画最多的成员站在指导者的右边,如果遇到姓氏笔画相同,再按名第一个字的笔画的多少站位。依次站成一个圆圈。

3. 请所有成员按照规则要求进行沟通和站位。

4. 等全体成员都确定自己的位置以后,请站在指导者左边的第一位成员向大家介绍自己的姓和名以及各是几画,也可同时介绍自己的兴趣爱好等个人信息。站错位的成员不必再调整自己的站位。

5. 成员依次按上述规则要求顺时针做介绍。

三、相关讨论
1. 站位过程中你发出的信号别人理解吗?
2. 你能理解别人与你沟通的信息含义吗?
3. 站位准确和不准确的人,内心有什么感受?

活动一:有缘相识

一、活动目的
1. 通过游戏让学生体验主动交往的乐趣。
2. 学生在交流中发现共同爱好,寻找志同道合的朋友。

二、活动准备
多种颜色的小方形纸若干,每张纸分别剪成四小块彼此能相互契合的形状。选择欢快的乐曲做背景音乐。

三、活动操作
1. 在背景音乐的欢快气氛下,主持人要求每个参与者到场地中央的盘子里选取一张自己

① 桑作银,汪小容.大学生人际交往心理学[M].成都:西南财经大学出版社,2008.

喜欢的纸片。

2. 根据自己所选纸片的颜色与形状,到群体中寻找能与自己图形契合的"有缘人"。

3. 找到了"有缘人"后,两人坐在一起,相互介绍自己,通过交谈找出彼此间三个以上的共同点。

4. 全班交流分享。

四、注意事项

1. 此游戏比较适合于一个相互陌生的群体。

2. 纸片设计时可以4张相互契合拼成一个正方形,就会出现一人同时可以与两人相契合的情况。主持人可以要求第一个图形契合的人为"有缘人",也可以要求只要是图形能契合的人都为"有缘人"。

3. 有缘人可以是颜色相同形状契合,也可以是颜色不同但形状契合的人,由学生自己理解决定。

4. 游戏还可以继续深入,在两个"有缘人"的基础上接着做"成双成对",继续寻找图形契合的另两个"有缘人"。找到后,四个"有缘人"通过交谈,寻找彼此间存在的三个共同点。

一群陌生人走在一起,如何主动介绍自己、认识他人?"有缘相识"游戏利用小道具——一张不规则的纸片,让你跨出主动交往的第一步。不管他是谁,不知道他在哪里,凭着手中的小纸片,努力去寻找。相信相遇是一种缘分,所以当彼此找到图形契合的"有缘人"时就会特别高兴,开心地坐在一起交谈,挖掘着彼此间的共同点。陌生感没有了,人与人的距离拉近了。当发现彼此有这样那样的相似时,就会特别兴奋、特别珍视。

当主持人要求"有缘人"与大家一起分享共同点时,他们总是自告奋勇,迫不及待,在分享受到大家的认可时更是开心不已。原本一个陌生的群体,由于找到"有缘人",而变得融洽与温馨。

活动二:你说我做

一、活动目的
使学生意识到双向沟通的重要性。

二、活动准备
每人一张A4纸。

三、活动操作

1. 第一轮,要求学生紧闭双眼,不得说话,不得提问,按照指导者的指示语进行操作。

2. 指导者要求学生"首先将纸对折,再对折,再对折,现在撕掉你手中纸的左上角,再将其对折,这次撕掉纸的左下角……现在大家睁开眼睛,将自己手中的纸展开,和旁边的同学手中的纸对比一下,看你们的最后图形一样吗?"

3. 第二轮,同样要求学生紧闭双眼,进行刚才的操作,但这次可以提问。

四、相关讨论

1. 在第一轮中为什么同样的指示语,大家最后的图形却有差异?

2. 第二轮中明显的改变是什么,这种改变带来的结果怎么样?

在生活中我们是否也经常出现只是单向沟通,无反馈,未形成双向沟通,而带来不良后果的情形。人际交往只有通过正向积极的双向沟通,才能不断加强彼此间的关系。

活动三:搭筷子

一、活动目的

培养成员与人沟通协作的能力,体验团队成员之间合作的重要性。

二、活动准备

每组1张桌子,20支筷子和1瓶矿泉水;与组数相同的计时器。

三、活动操作

1. 确定每组1张桌子的位置,并在每张桌子上分发20支筷子和1瓶矿泉水。

2. 分组,每组8个人,按1~8的顺序报数后分别站到本组桌子的四周。

3. 请每组的1~4号成员分别站在本组桌子的四个边上,5~8号成员站在外圈。

4. 指导员说清规则:请1~4号成员每人拿起5支筷子,按1、2、3、4号的顺序每人每次搭1支筷子在瓶盖上,瓶盖上的筷子被谁碰掉了就从谁接着继续搭,直至把20支筷子全部搭在瓶盖上。

记下各组第一轮的用时。

5. 各组的1~4号都搭完20支筷子以后,再请每组的5~8号成员根据指令按照游戏规则再把20支筷子搭到瓶盖上。

记下各组第二轮的用时。

6. 将各组两轮所用时间分别相加,得出各组搭筷子的总成绩。

四、相关讨论

1. 搭筷子过程中,你有什么感受?

2. 当你把筷子碰掉了,你听到了些什么? 当时心里有何想法?

3. 当别人把已搭好的筷子碰掉了,你说了什么? 当时心里有何想法?

4. 当你所在小组搭筷子的成绩结果公布以后,你有何感想?

【知识链接】

人际交往亦指社会交往,指人与人之间通过一定方式进行接触,从而在心理上和行为上发生相互影响的过程。在交往中,交流的主体是个人或群体,交往的方式有直接交往与间接交往、正式交往与非正式交往、单向交往与双向交往等。人际交往作为一种社会现象有两个特点:一是交往双方互为主体,二是交往双方行为互动,即在影响他人的同时也在接受他人的影响。人际关系是人际交往的结果。

一、大学生人际交往中的障碍

处于青年期的大学生,思想活跃、精力充沛、兴趣广泛,人际交往的需要极为强烈。他们力图通过人际交往去认识世界,获得友谊,满足自己物质上和精神上的各种需要。但在交往过程中,有的交往顺利,心情舒畅、身心健康;有的交往受挫,便心情郁闷、身心受损,产生各种不良后果,这在大学生中极为常见。据某咨询中心统计,大学生在各种心理障碍中,人际交往障碍表现最为突出,直接影响他们正常的学习和生活。大学生常见的交往障碍主要表现在以下三个方面:

1. 认知障碍

认知障碍在大学生的人际交往中表现突出，这是由青年期的交往特点所决定的。青年期自我意识迅速增强，开始了主动交往，但其社会阅历有限，客观环境的限制使其不能够全面接触社会，了解人的整体面貌，心理上也不成熟，因而人际交往中常又带有理想的模型，然后据此在现实生活中寻找知己，一旦理想与现实不符，则交往产生障碍，心理出现创伤。另一个是以自我为中心。人际交往的目的在于满足交往双方的需要，是在互相尊重、互谅互让、以诚相见的基础上得以实现的。而有的大学生却常常忽视平等、互助这样的基本交往原则，常以自我为中心，喜欢自吹自擂、装腔作势、盛气凌人、自私自利，从不考虑对方的需要，这样的交往必定以失败而告终。

2. 情感障碍

情感成分是人际交往中的主要特征，情感的好恶决定着交往者今后彼此间的行为。交往中感情色彩浓重，是处于青年期大学生人际交往的一大特点。情感障碍具体体现在以下几个方面：

（1）嫉妒与自卑。嫉妒是一种消极的心理品质，表现为对他人的长处、成绩心怀不满，报以嫉恨，乃至行为上冷嘲热讽，甚至采取不道德行为。嫉妒容易使人产生痛苦、忧伤、攻击性言论和行为，导致人际冲突和交往障碍。如有的同学在恋爱的竞争中失败，转而恶语中伤他人。自卑是一种过低的自我评价。自卑的浅层感受是别人看不起自己，而深层的体验是自己看不起自己。有自卑心理的大学生在交往中常常缺乏自信，畏首畏尾，遇到一点挫折，便怨天尤人，如果受到别人的耻笑与侮辱，更是甘咽苦果、忍气吞声。实际上，自卑并不一定能力低下，而是凡事期望值过高，不切实际，在交往中总想使自己的形象理想完美，惧怕丢丑、受挫或遭到他人的拒绝与耻笑。这种心境使自卑者在交往中常感到不安，因而常将社交圈子限制在狭小的范围内。

（2）自负与害羞、孤僻。自负在人际交往中表现出傲气轻狂、居高临下、自夸自大，过于相信自己而不相信他人，只关心个人的需要，强调自己的感受而忽视他人。与同伴相处，高兴时海阔天空，不高兴时大发脾气。与熟识的人相处，常过高地估计彼此的亲密程度，使对方处于心理防卫而疏远。无论是自卑还是自负，都是导致交往障碍的两个极端。害羞在大学生人际交往中常常表现为腼腆，动作扭怩，不自然，脸色绯红，说话音量低而小，严重者怯于交往，对交往采取回避的态度。过多约束自己的言行，无法充分表达自己的愿望和情感，也无法与人沟通，造成交往双方的不理解或误解，妨碍了良好人际关系的形成。孤僻也会导致交往障碍，具体表现为孤芳自赏，自命清高，结果是水至清则无鱼，人至爱则无朋，与人不合群，待人不随和，或是行为习惯上的某种怪僻使他人难以接受。这样从心理上与行为上与他人有着屏障，自己将自己封闭起来。

3. 人格障碍

人格障碍是另一种常见的人际交往障碍。所谓人格，是指人在各种心理过程中经常地、稳定地表现出来的心理特点，包括气质、性格等。人格的差异带来交往中的误解、矛盾与冲突，人格不健全可直接造成人际冲突。如不同气质类型的人对同一问题的处理方式不一样，胆汁质的人性情急躁，言谈举止不太讲究方式，这会使抑郁质的人常感委屈和不安，造成双方的互相抱怨和不满。而相同性格类型的人（同是内向性格或同是外向性格）也很难相处融洽。[①]

---

① 方平.自助与成长——大学生心理健康教育[M].北京：教育科学出版社，2010：78.

二、人际交往的心理效应

1. 首因效应

首因效应在人际交往中对人的影响较大,是交际心理中较重要的名词。人与人第一次交往中给人留下的印象,在对方的头脑中形成并占据着主导地位,这种效应即为首因效应。我们常说的"给人留下一个好印象",一般就是指的第一印象,这里就存在着首因效应的作用。因此,在交友、招聘、求职等社交活动中,我们可以利用这种效应,展示给人一种极好的形象,为以后的交流打下良好的基础。当然,这在社交活动中只是一种暂时的行为,更深层次的交往还需要硬件完备,这就需要加强在谈吐、举止、修养、礼节等各方面的修养。

首因效应的产生与个体的社会经历、社交经验的丰富程度有关。如果个体的社会经历丰富、社会阅历深厚、社会知识充实,则会将首因效应的作用控制在最低限度;另外,通过学习,在理智的层面上认识首因效应,明确首因效应获得的评价,一般都只是在依据对象的一些表面的非本质的特征基础上而做出的评价,这种评价应当在以后的进一步交往认知中不断地予以修正完善,也就是说,第一印象并不是无法改变的。

2. 近因效应

近因效应与首因效应相反,是指交往中最后一次见面给人留下的印象,这个印象在对方的脑海中也会存留很长时间。多年不见的朋友,在自己的脑海中印象最深的,其实就是临别时的情景;一个朋友总是让你生气,可是谈起生气的原因,大概只能说上两三条,这也是一种近因效应的表现。

如面试过程中,主考官告诉应聘者可以走了,可当其要离开考场时,主考官又叫住他,对他说,你已回答了我们所提出的问题,评委觉得不怎么样,你对此怎么看。其实,考官做出这么一种设置,想借此考察一下应聘者的心理素质和临场应变能力。如果这一道题回答得精彩,大可弥补此前面试中的缺憾;如果回答得不好,可能会由于这最后的关键性试题而前功尽弃。

为加深对"近因效应"的理解,我们举一个"怒责之后莫忘安慰"的例子。美国某职业棒球队的一位名投手,由于某一个后进球员犯了不该犯的失误,气得他当场把棒球手套狠狠地摔在地上,然而在比赛之后,他还是上前拍拍那个后进球员的肩膀说:"不要难过,我知道你也尽了力,好好加油吧!"这是一句多么适时而得体的安慰话。我们何不学他的样子试试。我们也可在怒责之后加上一句:"其实,你还是很不错的。"如果实在一时想不出安慰的话,也应该对挨批评的学生笑一笑,或摸摸他的肩膀。这种一巴掌之后赶紧给他揉揉的做法,能使他忘记前面的一巴掌之痛。这就是"近因效应"给我们的启示。

3. 光环效应

光环效应又称晕轮效应,指人们对他人的认知判断首先主要是根据个人的好恶得出的,然后再从这个判断推论出认知对象的其他品质的现象。如果认知对象被标明是"好"的,他就会被"好"的光圈笼罩着,并被赋予一切好的品质;如果认知对象被标明是"坏"的,他就会被"坏"的光环笼罩着,他所有的品质都会被认为是坏的。光环效应是在人际相互作用过程中形成的一种夸大的社会现象,正如日、月的光辉,在云雾的作用下扩大到四周,形成一种光环作用。常表现在一个人对另一个人的最初印象决定了他的总体看法,而看不准对方的真实品质。有时候晕轮效应会对人际关系产生积极作用,比如你对人诚恳,那么即便你能力较差,别人对你也会非常信任,因为对方只看见你的诚恳。而晕轮效应的最大弊端就在于以偏概全。

当你对某个人有好感后,就会很难感觉到他的缺点存在,就像有一种光环在围绕着他,你的这种心理就是光环效应。"情人眼里出西施",情人在相恋的时候,很难找到对方的缺点,认为他的一切都是好的,做的事都是对的,就连别人认为是缺点的地方,在对方看来也无所谓,这就是种光环效应的表现。光环效应有一定的负面影响,在这种心理作用下,你很难分辨出好与坏、真与伪,容易被人利用。所以,我们在社交过程中,"害人之心不可有,防人之心不可无",具备一定的辩证意识,即人的设防心理。

名人效应是一种典型的光环效应。不难发现,拍广告片的多数是那些有名的歌星、影星,而很少见到那些名不见经传的小人物,因为明星推出的商品更容易得到大家的认同。一个作家一旦出名,以前压在箱子底的稿件全然不愁发表,所有著作都不愁销售,这都是光环效应的作用。

男女朋友之间也经常会出现光环效应。两个恩爱的人在一起,便会觉得双方身上都是优点,没有一个缺点。这就是在刚开始喜欢上一个人的时候,其实只是喜欢上了对方表现出来的某一方面的优点,然后经过光环效应的扩大,使自己觉得对方身上全是优点。

4. 投射效应

投射效应是指以己度人,认为他人具有与自己相同的特性,把自己的感情、意志、特性投射到他人身上并强加于人的一种认知障碍。在人际认知过程中,人们常假设他们与自己具有相同的属性、爱好或倾向等,常认为别人理所当然地知道自己心中的想法。例如,心地善良的人认为世人都是善良的,敏感多疑的人往往会认为别人也不怀好意,自我感觉良好的人便认为他人眼中自己同样也很优秀。

投射使人们倾向于按照自己是什么样的人来知觉他人,而不是按照被观察者的真实情况进行知觉。当观察者与观察对象十分相像时,观察者会很准确,但这并不是因为他们的知觉准确,而是因为此时的被观察者与自己相似。投射效应是一种严重的认知心理偏差。辩证地、一分为二地去对待别人和对待自己,是克服投射效应的良方。

一般来说,投射效应的表现形式主要有两种:

一是感情投射,即认为别人的好恶与自己相同,把他人的特性硬纳入自己既定的框框中,按照自己的思维方式加以理解。比如,自己喜欢某一事物,跟他人谈论的话题总是离不开这件事,不管别人是不是感兴趣、能不能听进去。无法引起别人共鸣,就认为是别人不给面子,或不理解自己。

二是认知缺乏客观性。比如,有的人对自己喜欢的人或事越来越喜欢,越看优点越多;对自己不喜欢的人或事越来越讨厌,越看缺点越多。因而过分地赞扬和吹捧自己喜欢的人或事,过分地指责甚至中伤自己所厌恶的人或事。这种认为自己喜欢的人或事是美好的,自己讨厌的人或事是丑恶的,并且把自己的感情投射到这些人或事上进行美化或丑化的心理倾向,失去了人际沟通中认知的客观性,从而导致主观臆断并陷入偏见的泥潭。

5. 定势效应改为刻板效应

刻板印象是指对某一类事物或人物的一种比较固定、概括而笼统的看法,主要表现为:在人际交往过程中主观、机械地将交往对象归于某一类人,不管他是否呈现出该类人的特征,都认为他是该类人的代表,进而把对该类人的评价强加于他。刻板印象作为一种固化的认识,虽然有利于对某一群体作出概括性评价,但也容易产生偏差,造成"先入为主"的成见,阻碍人与人之间深入细致的认知。例如,一般认为法国人浪漫、美国人现实、中国人踏实;老人弱不禁风、山东人直爽而且能够吃苦、河南人能够吃辣、东北人能够喝酒等。

作为大学生,生活在同一个区域、有着相同家庭背景的往往容易产生共同点,如果学习情况、生活环境、文化程度大致相同,就会具有更多的相同点:爱好、兴趣、观点、态度等。所以,刻板印象的积极作用在于它简化了我们的认识过程。

因为当我们知道他人的一些信息时,常根据该人所属的人群特征来推测他所有的其他典型特征。这样显然不能形成对他人的正确印象,甚至会欺骗我们的思维,导致我们不能客观地评价他人。例如,某学生给人的印象可能是比较爱攻击被人,当他与别人闹矛盾或者发生争执时,通常会认为是该学生的错,而忽略客观地调查事情发生的原因。

因此,大学生在生活和学习过程中既要合理地运用刻板效应,同时也不能被刻板效应蒙蔽了双眼。

6. 距离效应

距离效应又叫"刺猬效应"(Hedgehog Effect),指的是人际交往中需要保持适当的距离,既能保留彼此之间的美好印象,又能避免因为走得太近而带来伤害。此理论在多方面都有所应用。

"刺猬效应"来源于西方的一则寓言,说的是在寒冷的冬天里,两只刺猬要相依取暖,一开始由于距离太近,各自的刺将对方刺得鲜血淋漓,后来它们调整了姿势,相互之间拉开了适当的距离,不但互相之间能够取暖,而且很好地保护了对方。

人们通常希望朋友之间能够亲密无间,夫妇之间能够如胶似漆,上下级之间能够推心置腹。然而,许多人都有这类似的经验和体会:与别人的关系越亲密,越容易经常与其发生摩擦和矛盾,反倒不及与初次见面者交往容易,甚至家庭成员、情侣之间常相互埋怨,正是人际交往距离中"刺猬效应"的表现。"刺猬效应"告诉人们:距离太远让彼此产生疏远感,不易成为肝胆相照的知己;但是,距离太近容易看到对方的缺点,破坏曾经的美好形象,甚至还会伤害彼此。唯有保持合适的距离,才能维持和谐美好的人际关系。①

三、良好人际关系的基本原则

1. 尊重原则

孔子曰:"礼者,敬人也。"在人际交往中互相尊重最为重要,尊重是礼仪的情感基础,只有彼此间相互尊重才能保持良好的人际关系。每个人在人际交往中都处于平等地位,不论种族、国籍、肤色、社会地位如何,只有尊重他人才能赢得他人的尊重。

2. 真诚原则

真诚就是在交际过程中做到诚实守信,不虚伪、不做作。如果缺乏真诚,则不可能达到目的,更无法保证交际效果。因此,运用礼仪时,诚信无欺、言行一致、表里如一。

① 李明,林宁.人际关系与沟通艺术[M].北京:清华大学出版社,2012.

3. 自律原则

自律原则就是要自我要求、自我约束和自我反省,同时更提倡"严于律己,宽以待人"。礼仪就像一面镜子,对照这面"镜子",人们可以发现自己的"美"与"丑",从而自我约束,树立良好的形象,成为一个受欢迎的人。

4. 宽容原则

宽容是一种较高的境界和高尚的情操,一种容纳意识和自控能力,要尊重他人的个人选择,允许别人有行动与见解的自由。在人际交往中,对不同于自己的见解要多容忍、多体谅、多理解,不要斤斤计较、过分苛刻。

5. 适度原则

适度的原则,就是要求应用礼仪时,必须要注意技巧,合乎规范,特别要注意把握分寸。在人际交往中,该行则行,该止则止,适度为佳。

6. 从俗原则

俗话说:"十里不同风,百里不同俗。"在人际交往中要入乡随俗,与绝大多数人的习惯做法保持一致,只有尊重对方特有的习俗,才能增进双方之间的理解和沟通,才能更好地表达我们的真诚和善意,才能有助于我们交往顺畅。[1]

四、人际吸引的影响因素

1. 熟悉与邻近

熟悉能增加吸引的程度。此外,如果其他条件大体相当,人们会喜欢与自己邻近的人。熟悉性和邻近性二者均与人们之间的交往频率有关。处于物理空间距离较近的人们,见面机会较多,容易熟悉,产生吸引力,彼此的心理空间就容易接近。常常见面也利于彼此了解,使得双方相互喜欢。但交往频率与喜欢程度的关系呈倒 U 形曲线,过低与过高的交往频率都不会使彼此喜欢的程度提高,中等交往频率时,彼此喜欢程度较高。

2. 相似性

人们往往喜欢那些和自己相似的人。相似性主要包括:信念、价值观及人格特征的相似;兴趣、爱好等方面的相似;社会背景、地位的相似;年龄、经验的相似。实际的相似性很重要,但更重要的是双方感知到的相似性。

3. 互补

当双方在某些方面看起来互补时,彼此的喜欢程度也会增加。互补可视为相似性的特殊形式。以下三种互补关系会增加吸引力:需要的互补;社会角色的互补;人格某些特征的互补,如内向与外向。当双方的需要、角色及人格特征都呈互补关系时,所产生的吸引力是非常强大的。

4. 外貌

容貌、体态、服饰、举止、风度等个人外在因素在人际情感中的作用也是很大的。尤其是在交往的初期,好的外貌容易给人一种良好的第一印象,人们往往会以貌取人。外貌美能产生光环效应,即人们倾向于认为外貌美的人也具有其他的优秀品质,虽然实际上未必如此。

---

[1] 朱卫国,桑志芹.大学生心理健康教程[M].南京:南京大学出版社,2012.

5. 才能

才能一般会增加个体的吸引力。但如果这种才能对别人构成社会比较的压力，让人感受到自己的无能和失败，那么才能不会对吸引力有帮助。研究表明，有才能的人如果犯一些"小错误"，会增加他们的吸引力。

6. 人格品质

人格品质是影响吸引力的最稳定因素，也是个体吸引力最重要的因素之一。美国学者安德森(N.Anderson,1968)研究了影响人际关系的人格品质。主要研究结果显示排在序列最前面、喜爱程度最高的六个人格品质是：真诚、诚实、理解、忠诚、真实、可信，它们或多或少、直接或间接同真诚有关；排在系列最后、受喜爱水平最低的几个品质，如说谎、假装、不老实等，也都与真诚有关。安德森认为，真诚受人欢迎，不真诚则令人厌恶。[①]

▶ 五、人际关系和谐技术

1. 换位思考

换位思考，是设身处地为他人着想，即想人所想、理解至上的一种处理人际关系的思考方式。人与人之间要互相理解，信任，并且要学会换位思考，这是人与人之间交往的基础。互相宽容、理解，多去站在别人的角度上思考。站在对方的立场去说话，说对方感兴趣的而非自己感兴趣的。

2. 学会倾听

雄辩是银，倾听是金。做到倾听，是一种礼貌，也是一种尊敬他人的表现，倾听让对方喜欢你，信赖你。让对方感觉到你在用心听，让对方感觉你态度诚恳。倾听时不打断不插嘴，点头微笑，眼睛注视鼻尖或前额部位。

3. 赞美

实事求是、措辞得当、态度诚恳。发自内心、恰如其分的赞美，能更好地促进与同学、同事、朋友交往，从而增进相互之间的友情和友谊。若不是发自内心的赞美，那么就不利于自己的身心健康，也会让对方看到自己的虚伪。

4. 避免不必要的争论

人与人之间的争论是很正常的事。但是争论往往都以不愉快的结果而结束。事实证明，无论谁赢谁输都会很不舒服。赢者当时可能获得一种心理满足，但很快会被人际关系恶化的阴影所笼罩，一时的满足心理会烟消云散。输者的心理挫折感更加强烈，往往会演化为人身攻击，对于人际关系是非常有害的，争论的结果往往是两败俱伤，争论中没有赢家。心理学家建议，解决不一致的最好途径是讨论、协商，而不是争论。争论的结果，往往是双方比以前更相信自己绝对正确。

5. 借助他人的智慧

向生活中的成功者学习，最好是你身边的而且人际能力非常好的，经常观察学习他待人处事的方法、技巧、言谈举止，甚至他的手势、眼神等肢体动作；参加人际方面的专项培训；阅读人际方面的书。

---

① 吴建玲.大学生心理健康与心理素质训练[M].广州：华南理工大学出版社,2007.

6. 不亢不卑

很多人见到比自己职位高的人或自己有求于他人时就会紧张,态度也就谦卑起来了,适度的谦卑是应当的,但过度的谦卑则会显得做人没有个性,没有原则。在生活中,我们有时要求人,有时需要迎合人,但聪明的人做这一切时不会因此而让别人瞧不起,而是让他们感觉到自己拥有自己的尊严,让他们觉得自己有分量,这样才会尊重你。要如何做到呢?一方面是我们的实际地位决定的,另一方面看我们给别人的印象感觉如何。在与他人交往中,表现出自尊自重、不卑不亢的态度,不仅可以让你得到别人尊重,而且处理事务、完成工作任务的效果会更好。

7. 交友宜精不宜多

人们常说:"在家靠父母,出外靠朋友。"一点都没有错,你所结交的朋友,对你的成功有绝对的影响力。有85%以上的人都是被动的,如果你能采取主动,你就能掌握整个局面,当代最伟大的篮球巨星迈克尔·乔丹说过一句话:"我不相信被动有收获,凡事一定要主动出击。"

我们时常听到"物以类聚,人以群分",你必须知道你目前的朋友圈中哪些是比你优秀的,哪些是比你差的,哪些是跟你差不多的。假如你希望更好的话,你的朋友一定要比你更优秀,这样就可以告诉你他们成功的秘诀、失败的经验,能够给你不竭的动力,让你成长更快;假如你有一些负面的朋友,你只会原地踏步或后退。

8. 有效的沟通

要使沟通有效,你要做的事很多,一般来说,作为沟通者,你必须知道要把信息传递给什么样的对象,要获得什么样的反应。一样米养百样人,要了解他的出生、背景及性格等,再决定用什么方法沟通。

9. 千万不要忘记别人的名字

一个人最喜欢听到的是自己的名字,当别人能够记住我们的名字的时候,我们会感觉到自己的重要,感到对方很重视我们。曾经有人问一个心理学家:"如何让别人感觉自己很棒?"他的建议是:"你必须在沟通前五分钟,喊五次他的名字,如果你这样做,他会觉得自己非常棒,也会觉得你非常棒。"记住别人的名字,听起来是件很小的事情,但是,小的事情会累积成大事情,永远记住:大成就是小成就的累积。

10. 不要锋芒毕露

有些年轻人,刚踏上工作岗位时,经常不加保留知道什么就说什么,想说什么就说什么,结果往往引起别人的忌恨,并且容易得罪其他人。

11. 建立友谊

我们经常对自己说:"让他带头吧!""让他打电话给我。"我们都会很自然这样做,但是,这不是结交朋友的方法,如果你总是指望别人主动来与你建立友谊,那么,你的朋友就不多。积极与他人交往吧,时时对自己说:"我对他来说也许不是很重要,但对我来说他是重要的,所以我要和他交往。"主动与不相识的人打招呼并且进行一些轻松愉快的谈话,对方会为之振奋,感觉到轻松。具体方法:有机会把自己主动介绍给别人;把你的名字告诉别人;保证自己能正确地称呼别人的名字;正确地写下他的名字;主动与不相识的人说些轻松愉快的话,时常打电话或登门拜访。

12. 讲究信用

守信用,是你人生最大的资产;守信用,是你人格的保证。有了信用,就能成就一切的事情;没有信用,任何的机会都与你无缘。

思政点睛　　从丝绸之路的驼铃相闻,到"一带一路"的民心相通——中华文明五千年不辍的密码,是把差异转化为共生共荣的养分。当你用"三原色"守护网络清朗,用"共情卡"搭建心灵丝路,就是在书写人类命运共同体的青春微代码。

【经典心理实验】

人际关系的相似性因素实验

美国心理学家纽科姆(Newcomb,1961)曾在密执安大学做过一实验,实验对象是 17 名大学生。实验者为他们免费提供住宿四个月,交换条件是要求他们定期接受谈话和测验。在被实验者进入宿舍前先测定他们关于政治、经济、审美、社会福利等方面的态度和价值观以及他们的人格特征。然后将那些态度、价值观和人格特征相似和不相似的学生混合安排在几个房间里一起生活四个月,四个月内定期测定他们对上述问题的看法和态度,让他们相互评定室内人,喜欢谁,不喜欢谁。实验结果表明,在相处的初期,空间距离的邻近性决定人与人之间的吸引,到了后期相互吸引发生了变化,彼此间的态度和价值观越相似的人,相互间的吸引力越强。心理学家的进一步研究还发现,只要对方和自己的态度相似,哪怕在其他方面有缺陷,同样也会对自己产生很大的吸引力。

【拓展阅读】

➤ 心灵书籍——《卡耐基人际交往心理学》①

《卡耐基人际交往心理学》是一本能教会你如何成功交际的心理学书籍。作者在书中从五个不同的方面,教给你如何在人情世故中,汲取与人交往的有益经验。看完这本书,你不仅能够拓宽自己的人际交往边界,而且能够提升自己的情商,让你成长为一个更好的自己。

《卡耐基人际交往心理学》这本书的精华内容包括以下四个部分:

(1) 我们在与别人交往的过程中,应该怎么样改变和提升自己,让自己变得受欢迎;

(2) 我们在生活中,怎么样做才能让别人在与你交往的过程中,感觉到尊重和礼遇;

(3) 在与别人交往的过程中,怎么样打造一个和谐、稳定而又强大的人际关系网;

(4) 我们在与别人交往的时候,有哪些沟通技巧能增加别人对你的好感,维护家庭的幸福。

---

① 戴尔·卡耐基.卡耐基人际交往心理学[M].北京:中国国际广播出版社,2017.

作者简介：

卡耐基(Carnegie，D. 1888 年 11 月～1955 年 11 月)，20 世纪伟大的心灵导师和成功学大师，美国现代成人教育之父，西方现代人际关系教育的奠基人。

他出身贫寒，却不畏任何困难和刁难，执意进行人类学研究，后来因著而兴，开创出一片自己的如日中天的事业，撑起了成人教育、心理学家、心灵教父的半边天。他开创出的融演讲、推销、为人处世、智能开发于一体的成人教育模式，让千千万万的人从中受益，无数的人因为他以及他的著作的启迪、帮助走向了成功。

他的大作《人性的弱点》《人性的优点》《人性的光辉》《语言的突破》等被译成几十种文字，广泛流传于世界各地，被誉为"人类出版史上的奇迹"，而他被人则被冠以"20 世纪伟大、成功的心灵导师和成功学大师"。不得不说，这一美誉实至名归。

健康恋爱　甜蜜人生

> **这些情感困惑你经历过吗?**
>
> "纪念日不送礼物就是不爱我?"
>
> "毕业后,我上大学,她上大专,不同赛道注定分手?"
>
> ——当爱情被贴上价签时,你需要一场价值革命:真正健康的关系,是两个人格共同体的双向奔赴,而非消费主义的合谋。

　　爱情是人生中不可缺少的,可谓妙不可言,美不胜收。但她犹如一把火,既能温暖你的心,也能烧烫你的手。所以,我们要为恋爱中的激情添加上理智的"防火墙",坚守清醒的爱,拒绝糊涂的爱,始终让爱情成为激发我们向上、推动我们前进的加速器,而不是消磨我们意志、毁灭我们未来的绊脚石。在爱情的高速公路上,需要谨慎慢行!

【身边的故事】

　　故事一:小李,女,某大学二年级学生。当初,她怀着对大学生活的美好向往踏入高等学府。进入大学后刻苦学习,勤奋钻研,成绩优良,赢得了老师和同学的赞誉。正当她准备进一步提升自己的学习目标时,一位白马王子闯入了她的生活。她很快坠入爱河,一度沉醉于花前月下、卿卿我我的两人世界,渐渐地游离了原先自己设计的奋斗目标,一学期下来,学习成绩严重滑坡。自己虽然已经预感到问题的严重性,但无法控制自己,虽然双方也感到这样下去很累、很烦,但总打不起精神来。

　　大学生中谈恋爱的现象比较普遍,恋爱中的大学生容易被感情或爱情所困,怎样才能够从"情"字中解脱出来,处理好学习与恋爱的关系,是摆在大学生恋人面前的一个重要问题。

　　故事二:小林,女,19岁,某高校二年级学生。自述近一个月以来内心非常痛苦,有时候难受得用头撞墙,甚至想到了自杀,但终究没有勇气那样做。寒假里,男友向她提出了分手,她一直无法接受,感到很伤心、很无助、很不甘心,同时又很压抑。她心里总是想着以前两人在一起时开心快乐的时光,现在面对他冷漠无情而又决绝的态度,她总是不能相信那是真的,总是幻想着两个人还能和好。小林心里很苦很累,这一两天更是感觉自己快要崩溃了,再也承受不起了。

失恋是恋爱中常见的挫折,许多青年为此而痛不欲生。失恋所引起的消极情绪若不及时化解,会导致身心疾病。小林应面对现实,接受分手的事实,而不应一味地停留在过去的回忆以及和好的幻想里;进行积极的自我心理调试,尽快地消除心灵的创伤,恢复心理的平衡与健康。

【自我探索】

恋爱观反映了一个人对于爱情或择偶的基本看法、态度以及行为倾向,是一定社会条件下的经济关系和道德关系的产物,是具有阶级性的。对于大学生而言,需要端正恋爱动机,树立正确的恋爱观,发展适当的恋爱关系,才能使得爱情开花结果。同样需要我们的同学具备一定的突围能力,即能够坦然地面对恋爱的各种挫折,如失恋。

你的恋爱观正确吗?

以下题目旨在帮助大家了解自己的恋爱观,其回答没有对错之分,请凭第一印象作答,请将选项填写在( )内。

( )1. 你对恋爱的幻想是:

    A. 满足自己人生最神秘的欲望需要

    B. 令人心花怒放,充满无限快乐和诗意

    C. 实现自己远大理想的阶梯,促人奋进向上

    D. 没想过

( )2. 你希望你的恋爱开始是:

    A. 由于偶然一次巧遇结下一段美妙的姻缘,彼此追求

    B. 从小青梅竹马,一往情深,最终发展为爱情

    C. 在工作和学习中产生爱情

    D. 无法回答

( )3. 你认为爱情是:

    A. 把自己的感情布施给对方,是男女之间建立在性爱之上的情爱

    B. 男女之间一种最纯洁的感情

    C. 异性之间相互爱慕,渴望对方成为自己伴侣的感情

    D. 不清楚

( )4. 你希望你的恋人是:

    A. 待人和蔼可亲,还算漂亮,但必须有权有势

    B. 有漂亮的容貌,健美的身体,待人接物举止优雅

    C. 长相一般,关心体贴自己,为人憨厚老实

    D. 无法回答

( )5. 你喜欢你爱人三美中的哪一点:

    A. 外貌美　　　　　　　　　　B. 姿势仪态发型美

    C. 心灵美　　　　　　　　　　D. 拒绝回答

( )6. 你想象中,小家庭业余时间是怎样度过的?

A. 各人干各人喜欢的事,互不干涉,自由自在

B. 虽然自己对这件事没兴趣,但还是愿意陪伴对方消磨时间

C. 能有共同事业,互相商议、追求

D. 不想回答

( )7. 你对爱情的字面解释是:

A. 爱情是性爱,是男女间友谊的最高形式

B. 认为有爱不一定有情,而有情必定有爱

C. 认为爱情两字是不能拆开的,本身是男女之间的感情

D. 没想过

( )8. 你喜欢的爱情格言是:

A. 爱情,这个伟大的字眼,为了你还有什么样的疯狂不能办到呢

B. 痛苦中最高尚的、最纯洁的和最个人的乃是爱情的痛苦

C. 生命诚可贵,爱情价更高。若为自由故,二者皆可抛

D. 以上三种都有点喜欢

( )9. 当你有一位异性朋友时,你会告诉自己的恋人吗?

A. 没有必要告诉对方,这是自己自由的权利

B. 让对方知道,但不允许对方干涉自己

C. 让恋人知道,并且在对方同意下才能继续与异性朋友交往

D. 不能回答

( )10. 你认为幸福的爱情是:

A. 就像一切故事和传说,美好的婚姻都是幸福的

B. 互相尊重对方,包括尊重对方的感情

C. 以共同的思想、情操作为基础

D. 无法回答

( )11. 你认为追求高傲异性的办法是:

A. 若无所视,做一些完全和自己意愿相反的事

B. 大献殷勤,做一切对方交代做的事

C. 自己也变得高傲

D. 不愿回答

( )12. 你认为:

A. 人因为美才可爱   B. 美与可爱是同时产生的

C. 人是因为可爱才美   D. 没想过

( )13. 一旦发现恋人变心时:

A. 把爱转变为恨   B. 无所谓,只当自己瞎了眼

C. 认为是幸运的,并吸取教训   D. 不知道

( )14. 你最喜欢下面哪八个字?

A. 郎才女貌,爱如鱼水   B. 形影不离,心心相印

C. 志同道合,忠贞不渝   D. 不清楚

（　　）15. 你对离婚的看法是：

　　A. 很平常,一旦发现更值得爱的人就抛弃旧人

　　B. 很惊讶,坚信自己的婚姻是不会这样的

　　C. 离婚是正常的,不过这些人的爱情是不幸的

　　D. 没想过

【评分与结果解释】

选 A 计 1 分,选 B 计 2 分,选 C 计 3 分,选 D 计 0 分。请统计 A＿＿＿＿＿个,B＿＿＿＿＿个,C＿＿＿＿＿个,D＿＿＿＿＿个,总分＿＿＿＿＿。

35 分及以上,你的恋爱观很正确,很成熟。

25～34 分,你的恋爱观基本正确。

24 分以下,你的恋爱观存在一定问题,甚至是错误的。

如果选择了 6 个以上的 D,说明你的恋爱观还未定型,你应该认真思考一下这个问题。

面对失恋,你能突围吗?

（　　）1. 当你的恋人很明确地向你提出分手,你还会苦苦哀求,或是想办法来让他(她)回心转意吗?

　　A. 不会　　　　　　B. 不一定　　　　　　C. 会的

（　　）2. 你们分手后,你在别人面前说过对方的坏话吗?

　　A. 说不清楚　　　　B. 说过　　　　　　　C. 没说过

（　　）3. 一段感情结束以后,你能够清醒地分析出失恋的原因吗?

　　A. 不能　　　　　　B. 能　　　　　　　　C. 不一定

（　　）4. 你一直不能接受对方又爱上了别人吗?

　　A. 是的　　　　　　B. 不是　　　　　　　C. 说不清楚

（　　）5. 你想过去破坏昔日恋人的新恋情吗?

　　A. 想不起来了　　　B. 会的　　　　　　　C. 不会

（　　）6. 你认为,如果失恋后,自己不停地纠缠对方或深爱对方,会使对方回心转意吗?

　　A. 不会　　　　　　B. 有可能吧　　　　　C. 会的

（　　）7. 你认为爱情是你生活的全部吗?

　　A. 不是　　　　　　B. 不一定　　　　　　C. 是的

（　　）8. 你在发现对方冷漠后,是否试图过送贵重的礼物来挽回情感?

　　A. 不记得了　　　　B. 是的　　　　　　　C. 不是

（　　）9. 你产生过报复对方的念头吗?

　　A. 没有　　　　　　B. 说不清楚　　　　　C. 有过

（　　）10. 你认为失去他(她)爱情就再也与自己无缘了?

　　A. 不是　　　　　　B. 有时会　　　　　　C. 不是

【评分与结果解释】

　1. A 1 分　　　B 3 分　　　C 5 分　　　2. A 3 分　　　B 5 分　　　C 1 分

3. A 5分	B 1分	C 3分	4. A 5分	B 1分	C 3分
5. A 3分	B 5分	C 1分	6. A 1分	B 3分	C 5分
7. A 1分	B 3分	C 5分	8. A 3分	B 5分	C 1分
9. A 1分	B 3分	C 5分	10. A 1分	B 3分	C 5分

你的总分是_____。

10～18分,你很理智,自我调节能力比较强。失恋虽然带给你痛苦,但是,你可以面对现实,用理智战胜情感。面对失恋,你会顺利突围的。

19～38分,失恋对你的打击非常大,对你生活的其他方面已经产生了很大的影响。你在平时可能就是一个不太会调节情绪的人。你一时还很难从失恋的阴影中解脱出来,建议你主动求助,必要时求助心理咨询。

39～50分,你已经被失恋冲昏了头脑,你报复的欲望很强,这样的情绪是非常危险的,快快寻求专业帮助。

【体验训练】

暖身活动:双人舞

一、活动目的

促使学员感受恋人之间的"同频共振"效应,体会默契的重要性。

二、活动操作

1. 两两组合,每人一个眼罩,每组一张面巾纸。

2. 两人眼罩戴好,两人手掌向上摊平相靠共同托着一张面巾纸。

3. 播放不同步调(如慢三、快四等)的舞曲,要求学生跟随音乐在场内行走舞动,面巾纸从手中脱落结束活动。

4. 最先离开场内和最后留在场内的舞者交流经验。

三、讨论:爱情是否需要默契,怎样建立默契?

活动一:爱情是什么

一、活动目的

通过活动让同学思考自己的爱情观,同时通过同学们对爱的实质的讨论拓宽大家的思路,更全面地领悟爱的真谛,并能对自己的情感生活有所反思。

二、活动准备

全班同学分为6～8人的若干组;白纸、笔。

三、活动操作

1. 请静静地思考一下"爱"是什么? 并在白纸上写出5条你所认为的爱的实质,如爱是:需要、关怀……(请更多关注那些直觉的、第一印象的内容,而非理想的、思考过的内容和感受)。

2. 写完后每个同学在小组里向大家汇报自己的选择及感受。讨论：

(1) 你在活动中有何感受？

_____

_____

(2) 对你而言,爱的实质是什么？它对你曾经或目前的恋爱有何影响？你的选择与你的爱情观相符合吗？

_____

_____

(3) 其他人的爱情观对你有何影响？

_____

_____

(4) 每个小组将排在前5位的爱的实质写到黑板上在全班进行分享,教师进行点评、补充、总结。

活动二:我心目中的白马王子(白雪公主)

一、活动目的

认识自己选择爱人的标准,使爱更理性化。

二、活动准备

白纸。

三、活动操作

1. 每人发一张白纸,并让每位学生在纸的上端写上"我心目中的白雪公主"(男生)或"我心目中的白马王子"(女生)。

2. 根据自己的情况,用形容词、词组或句子的形式写出自己选择爱人的五条标准。

_____

_____

3. 每位学生在小组内交流。

4. 每组派代表汇报小组交流的情况。

活动三:假如

一、活动目的

学会对爱的接受和拒绝,提高爱的能力。

二、活动操作

1. 老师给出条件:假如有一位同学向你示爱,邀你单独约会,而你心里还没有准备好,你会怎么办？并给每位学生发一张白纸。

2. 每位学生认真思考后写下自己可能的做法。

_____

_____

3. 每位学生在小组内交流。

4. 每组派代表汇报小组交流的情况。

<hr>

活动四：分手之后

一、活动目的

积极面对分手,顺利度过分手期。

二、操作

1. 列举分手的好处,以下面的例子为模板写成 10 句话。因为我分手了,所以我获得了……

2. 找出最合理、最可行的建议,以此作为自己的情感自卫盾牌。

三、总结与讨论:如何顺利度过分手期

1. 倾诉与宣泄:把自己的不适宣泄出来,避免淤积在心里,从而给自己带来不必要的心理伤害。

2. 移情:通过写日记、绘画、体育运动、休闲娱乐等方式转移注意力。

3. 扩展生活:避免封闭自己,扩大人际交往范围,开放自己的生活。

【知识链接】

➤ 爱情的概述

一、爱情的定义

关于爱情的定义,一直存在很大的争议。广义的爱情指人与人之间相互依恋的感情;狭义的爱情是指男女之间相互爱恋的感情,是至高至纯至美的美感和情感体验。从法律上来说,爱情定义为男女双方之间基于共同的人生理想,在各自内心中形成的相互倾慕,并渴望对方成为自己终身伴侣的一种强烈的、纯真的、专一的感情。

邓颖超曾在《女星》旬刊上发表了一篇文章,其中有一段是这样写的:"两性的恋爱,本来是光明正大的事,并不是污浊神秘的。但它的来源,须得要基础于纯洁的友爱,美的感情的渐馥渐浓,个性的接近,相互的了解,思想的融合,人生观的一致。此外,更需两性间觅得共同的'学'与'业'来维系着有移动性的爱情,以期永久。这种真纯善美的恋爱,是人生之花,是精神的高尚产品,对于社会,对于人类将来,是有良好影响的。"

二、爱情的特征

作为人与人之间特定的社会关系,爱情具有以下一些基本特征:

1. 自主性和互爱性

爱情是一种复杂、圣洁、崇高的感情活动,它是由两颗心弹拨出来的和弦,彼此相互倾慕,情投意合。真正的爱情是不可强求的,只能以当事人双方的互爱为前提,当事人既是爱者又是被爱者。在爱情发展中,男女双方必须始终处于平等互爱的地位。单恋虽然也是一种强烈的情感,但它却不是互爱意义上的爱情,它只能从内部消耗一个人的精神力量,从而造成心灵创伤,因而是不可取的。

2.专一性和排他性

爱情是两颗心相撞发出的共鸣,男女一旦相爱,就会要求彼此忠贞,并且排斥任何第三者亲近双方中的一方。伟大的教育家陶行知曾经很形象地说过:爱情之酒甜而苦,两人喝是甘露,三人喝是酸醋,随便喝要中毒。这句话是很有道理的。

3.持久性和阶段性

爱情是一棵苍松而不是一枝昙花,爱情所包含的感情因素和义务因素,不仅存在于婚前的整个恋爱过程之中,而且延续到婚后的夫妻生活和家庭生活。爱情的持久性表现在爱情的不断深化、充实和提高上,恰如莎士比亚所说:真正的爱,非环境所能改变;真正的爱,非时间所能磨灭;真正的爱,给我们带来欢乐和生命。事实上,爱情的持久性正是建立保持婚姻关系的基础。真正的爱情不会随着年龄的增长而减弱,但人生的不同年龄阶段,爱情的表现会有所不同,具有阶段性。

4.社会性和道德性

爱情虽然是男女之间相互爱慕的私情,但具有丰富的社会内容。爱情的内涵、本质以及追求爱情的方式,必然要受到各种社会关系及社会因素的影响。爱情的道德性是指爱情中蕴含着对对方强烈的义务感和责任心。

三、大学生恋爱中的九大心理困扰

1.恋爱对抗心理

这一心理表现为"明知故犯"的逆反行为。他们用"叛逆性行为"、对立态度来表达与众不同的恋爱个性特征。因恋爱问题出走、自杀等非常态方式,是恋爱对抗心理的集中表现。

2.恋爱中的自卑心理

美国心理学家艾利斯认为,一些负性的情绪体验都是个体对事物的某些不合理的观念造成的。大学生恋爱的自卑心理有两种状况:一种是恋爱挫折归因不当,如因失恋、单相思或男女交往受阻等而怀疑自己的性爱能力;另一种是自我评价不当,许多同学因自己的体象特征、经济情况、家庭地位不尽如人意,造成了情爱品质评价过低,形成了消极的恋爱心理定势,产生孤独和压抑的情感体验。

3.认知偏差与动机错误

大学生中相当一部分人恋爱动机错误。有的是因为学校生活空虚寂寞、寻求精神刺激与寄托;有的是出于虚荣心,凑热闹,认为不谈恋爱就表明自己没有魅力,谈上恋爱就是对自我价值的肯定;有的是出于好奇心,也是为今后积累"经验";有的是为了找靠山,找所谓有权、有钱、家庭条件好的;还有的怕错过良机良缘,到社会上难觅知音。少数走入恋爱动机误区的学生,轻率地处理恋爱问题。某男生,在不到两年的时间里追求了多个女生,最长的只谈了三个月。他得意扬扬地说:"追得上就追,追不上就撤,但不能不追。"

4.爱情错位带来问题

大学生中有这样的人,一旦坠入爱河,就把大好时光和主要精力都投入到缠缠绵绵之中,把自己的主要任务——学习抛到九霄云外,直到期末考试亮了几个"黄牌",有的甚至多门不及格,接到留级或退学通知书才大梦方醒,慌了手脚,托人求情。某大学计算机学院有一男生,期末考试不及格的课程达到 10 个学分以上,按照当时学校学生手册的规定被退了学,后了解原因,就是因为失恋后一蹶不振所致。

5. 择偶标准的偏差

大学生选择对象大多数追求感情上的默契和微妙,但也有些大学生选择对象以貌取人,或以财取人,或以权势取人,或是才、貌、权、钱、房样样都具备最好。有的人找对象的标准,第一,漂亮,第二,漂亮,第三,还是漂亮。当然外表能给人以愉悦感,带来心理满足,但外表的漂亮并不是人的全部,真正的美是外在美与内在美的统一,以貌取人,一见倾心是要吃苦头的。

6. 单相思与爱情错觉

单相思,指异性关系中一方倾向于另一方,却得不到回报的单方面的"爱情"。错觉,是指错误地以为某个异性爱上了自己,即通常所说的自作多情。这两种情况是大学生恋爱问题中常见的心理挫折之一。

7. 恋爱行为失当

大学生恋爱中常见的行为失当主要表现在:轻率地确定恋爱关系,过早地过分亲昵,脚踏两只船,搞三角恋爱,婚前性行为。这些行为不仅影响了爱情,也容易造成人生的痛苦,甚至会有更严重的后果。

8. 恋爱中的感情纠葛

感情纠葛是指恋爱过程中因某些主、客观原因而引发的欲爱不能、欲罢不忍的强烈内心矛盾与感情冲突。例如,有的大学生在寻求爱情的恋爱过程中,落入三角恋爱的漩涡里,要不同时喜欢上两个人,要不同时被两个人所追求,忧心忡忡,不能自拔。正如教育家陶行知先生所说:"爱之酒,甜而苦。两人喝,是甘露;三人喝,酸如醋;随便喝,毒中毒。"

9. 失恋

恋爱是一对男女为寻求和建立爱情而相互了解和选择的过程。交往中,一旦双方或者某一方出于这样或那样的原因,不愿再保持彼此的恋爱关系,就意味着恋爱的终止。对任何人来说,失恋都是一种痛苦的情感体验,会不同程度地造成剧烈而深刻的心理创伤,有时会使人处于极其强烈的自卑、忧郁、焦虑、悲愤乃至绝望的消极情绪状态之中,甚至有人失去生活的信心和勇气。失恋可以说是人生中最为严重的心理挫折之一。

四、对大学生自我发展有益的恋爱观

恋爱观是指对待择偶和爱情的基本看法和态度。恋爱观是一定社会条件下的经济关系和道德关系的产物。大学生的恋爱观应该是理想、道德、义务、事业和性爱的有机结合。大学生树立恋爱观应注意以下的因素。

1. 平衡爱情与学业的关系

爱情是人生的一部分,不是人生的全部,大学期间的首要任务是学习。对于大学生来说,爱情应该促进学习的进步,而不应该拉学业的后腿。青年大学生应把学业放到更重要的位置,处理好学业与爱情的关系,绝不能把宝贵的时间都用于谈情说爱而放松了学习。没有事业的爱情如同在沙漠中播种,缺少坚实的根基和土壤,迟早会枯萎。只有与学业进取结合起来的爱情,才有旺盛的生命力。

许多大学生都认为,没谈恋爱时可以全心全意地学习,而恋爱会花费一个人一定的时间和精力,对学习总会有影响,不知如何处理恋爱和学业的关系。解决这个问题的一个好方法是两人相互激励,共同学习,在学习过程中享受甜蜜的爱情。比如,大学生小强和小琴是一对恋人,两人都是学生干部,在工作中相识相知相恋。自从恋爱后,相互支持,相互鼓励,在工作中尽心尽力,自身的能力得到很大发展;在学习上两人也没有丝毫放松,学习成绩一直优异,进入大三后,两人对未来进行规划,决定一起考研。

2. 懂得爱是一种责任

大学生在恋爱之前就应该懂得,爱不仅是一种权利,更是一种责任。在社会生活中,人具有两方面的责任:一方面是个人对社会应尽的责任;另一方面是个人对自己、父母、伴侣、孩子和朋友的责任。第二方面的责任属于私人生活的性质,是社会干预最为微弱的生活领域,完全需要道德责任感和自我约束来维持。所有的爱情都包含着一份神圣的责任,这种责任不是义务,不是外界强加的,而是内心的需要,即愿意为自己所爱的人承担风霜雨雪,而不仅是感官上的愉悦与寂寞时的陪伴。

3. 建立适应社会的择偶观

当代大学生的择偶标准将越来越看重个人素质,越来越求真务实,越来越注重追求组建一种感情丰富的精神型家庭。由北京性健康研究会开展的全国大学生性健康调查显示,多数大学生的择偶观在注重感情因素的同时,也强调恋爱的严肃性、责任感,在选择配偶的条件上更贴近现实。调查显示,男大学生择偶的条件依次排列为:温柔宽容,选择比例高达95.1%,说明对伴侣的选择更注重对方的素质;有头脑有学问,选择比例高达80.5%,说明现代大学生重视遗传因素及母亲在教育下一代中的重要作用;此外还有善理家务、漂亮性感等。而对家中有钱有地位选择的比例偏低,为21.4%,说明大学生具有自强自立的独立意识,依靠父母的观念渐趋淡漠。调查同时列举了7位女大学生的择偶条件,依次排列为:关心体贴人、有才干有事业心、正直诚实有正义感、身材高大有风度、有经济实力、工作单位好、家中有钱有地位。

可见,大学生只有不断完善自己的个性品质,不断提高自己的能力,才能适应社会择偶观的变化,才不会影响自己恋爱、婚姻的质量和水平。当然,目前仍然有些大学生因为偏激的择偶观而影响了自己对恋人的选择。比如,有一位女大学生选择男朋友时,要求身高必须在一米七五以上,结果很多优秀的男生追求她,就因为身高不达标,都被她拒之门外。经过一波三折后终于找到一个符合身高标准的。相处一段时间后,发现和他在思想观念、生活习惯等多方面都不协调,最后还是分了手。

➤ 爱情的经典理论

🔘 一、爱情三因素论

关于爱情心理成分研究最著名的就是美国心理学家斯腾伯格(Sternberg)(1986)提出的爱情三角理论,这个理论也是目前最重要且令人熟知的理论。该理论认为,爱情的三个基本成分:亲密(Intimacy)、激情(Passion)、承诺(Commitment),构成了爱情三角形的三个顶点,三种成分因其多寡及组合方式不同,能够组成不同类型的爱情(如图 9-1)。

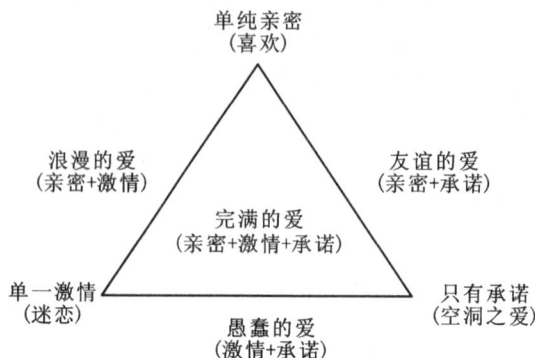

图 9-1 斯滕伯格爱情三角理论示意图

激情包括强烈的情感表现,由于他人的强有力的吸引,对他人产生强烈的、着迷的想法。许多人感到有与对方形影不离、朝夕相处、谈话和做爱的持续的欲望,在激情关系中的人们常常会全身心地投入,有时会导致不计后果的行为。古往今来,那些动人的爱情故事无不表现出生生死死的激情,那些一见钟情的故事,实质上是身体的吸引。

亲密之爱是真正喜欢对方,并渴望一起建立更有凝聚力的和谐关系,包括把自己的生活以坦诚、不设防的方式与对方共享,信任、耐心和容忍是重要的特性。一对伴侣真诚地喜欢发展他们自己的沟通风格,熟悉彼此不完美的、特别的性格,这些性格在初期强烈的激情之爱的吸引下很少被人注意到。不分彼此地发展"我们"的感情,他们互相关心,善待对方,满足彼此的需要和欲望,尊重在真正亲密的关系中是重要的。亲密没有激情强烈,但能促进人们相互接近,让人们产生人际的温暖,它使爱情得以天长地久。

承诺则是与时间直接有关系,包括做出爱一个人的决定,并伴有强烈的维持长期爱情的愿望,感人的爱情不能缺少内心的表白和海誓山盟。在爱情关系中双方生活在相互稳定的、持续的和确定的情感气氛中,努力巩固他们的联盟。他们是伴侣,他们互相尊重彼此的隐私,让伴侣融入自己的社会关系。在这种承诺关系中信任和奉献常常挂在心中,他们了解在日常生活中的冲突在所难免,但并不觉得这会伤害他们的尊重,遇到分歧时他们互相信任,通过协商解决他们的分歧。

按照斯腾伯格的理论,在现实生活中,人们的情感生活都是爱情的三种成分的组合形式,不同的组合方式出现了不同的爱情类型。只有亲密一种元素,仅能称为喜欢,没有激情,没有诺言,所爱的对象与珍爱的物件和宠物无异,可能有兴致欣赏、把玩,却无意表现忠诚;只有激情的爱是疯狂的火焰,来势迅猛,不可阻挡,盲目、感性、短暂,潮涨后很快是潮落,潮落后常常会有火焰灼伤的刺痛,斯腾伯格称之为糊涂的爱;没有激情、没有亲密而仅有信誓旦旦的承诺是不可想象的。

而如果仅有两种元素,只能构成一个夹角,不能形成三角形,延伸出的是无限的不确定。斯腾伯格把没有承诺的爱称为浪漫的爱,这样的爱可能是一段浪漫的旅程,不求天长地久,只在乎曾经拥有,这样的爱情观在现代青年中不是少数;没有激情的爱称为伴侣的爱,可以依靠亲密和承诺走完漫漫人生征程,但现代社会可能有人会因今生有一位忠贞的伴侣而欣慰,也有人可能会觉得这样的爱隐隐有几分单调、几分无奈、几分不甘心。

斯滕伯格认为不同的爱情可以表现为不同形状、不同大小的三角形。三角形面积的大小代表的是爱情的多少，三角形的形状正好说明爱情三种成分之间的关系。不等边三角形代表不平衡的爱情，哪个顶点到三角形的重心的距离最长，就表明这是爱情中的主导成分；哪个顶点到三角形重心的距离最短，就表明爱情中该成分的不足。

斯滕伯格认为真正的爱情是一个等边三角形：激情、亲密和承诺三条边的完美组合。健康的恋爱是以"承诺"为两性关系持续与否的核心。"亲密"与"激情"则是"承诺"的延续。关怀、照顾、责任及了解皆是爱的表现。真爱不是被动的，爱是与生俱来的能力，但需要主动积极地学习才能掌握。

此外，还有一种爱情，三个因素都不具备，称为无爱。许多包办婚姻、买卖婚姻就属于这种类型。

二、爱是一门艺术——弗洛姆的爱情心理学思想

埃里希·弗洛姆(Erich Fromm, 1900~1980)是20世纪著名的心理学家和哲学家，是精神分析的社会文化学派中对现代人的精神生活影响最大的人物。毕生旨在修改弗洛伊德的精神分析学说以切合发生两次世界大战后西方人的精神处境，埃里希·弗洛姆在此被尊为"精神分析社会学"的奠基人之一。

弗洛姆是德国精神病学家，新精神分析学家，是精神分析学派的代表人物之一。他出生于德国法兰克福的一个犹太商人家庭，1922年获海德堡大学哲学博士学位。次年入慕尼黑大学研究精神分析，并在柏林精神分析学院接受训练。1929年他在法兰克福精神分析学院和法兰克福大学任教。1934年他移居美国，先后任教于哥伦比亚大学、耶鲁大学、密歇根州立大学。弗洛姆十分重视人与社会的关系的研究。他承认人的生物性，但更强调人的社会性，认为人的本质是由文化的或社会的因素而不是生物的因素决定的。人在现代社会中普遍具有孤独感，这是人在社会中达到个性化的必然结果。为了医治病态社会，他提出通过改善人的心理，解决有关人们的劳动组织与社会的相互关系的问题，建立一个友爱、互助、没有孤独感的理想社会。著有《逃避自由》《精神分析与宗教》《论健全的社会》《人类破坏性的分析》等。

弗洛姆认为，爱是一门艺术，要求人们有这方面的知识并付出努力。但是大多数人认为爱仅仅是一种偶然产生的令人心旷神怡的感受，只有幸运儿才能"堕入"爱的情网。人们产生这种错误的想法有三种原因：(1) 大多数人认为爱情首先是自己能否被人爱，而不是自己有没有能力爱的问题。(2) 认为爱的问题是一个对象问题，而不是能力问题。(3) 人们不了解"堕入情网"同"持久的爱"这两者的区别。要掌握爱的艺术，一是掌握理论，二是掌握实践，三是要把成为大师看得高于一切。

对人来说，最大的需要就是克服他的孤独感和摆脱孤独的监禁，而这只有通过真爱才有可能实现。真爱的基本要素，首先是"给"而不是"得"。"给"是力量的最高表现，恰恰是通过"给"，我才能体验我的力量、我的"富裕"、我的"活力"。爱情的积极性除了有给的要素外，还有一些其他的基本要素。这些要素是所有爱的形式共有的，那就是关心、责任心、尊重和了解。

父母和孩子之间的爱。母爱是一种祝福，是和平，不需要去赢得它，也不用为此付出努力。但无条件的母爱有其缺陷的一面，这种爱不仅不需要用努力去换取，而且也根本无法赢得。如果有母爱，就有祝福，没有母爱，生活就会变得空虚，而我却没有能力去唤起这种母爱。父爱的本质是：顺从是最大的道德，不顺从是最大的罪孽，不顺从者将会受到失去父爱的惩罚。父爱的积极一面也同样十分重要。因为父爱是有条件的，所以我可以通过自己的努力去赢得这种爱。与母爱不同，父爱可以受我的控制和努力的支配。一个成熟的人最终能达到他既是自己的母亲，又是自己的父亲的高度。他发展了一个母亲的良知，又发展了一个父亲的良知。母亲的良知对他说："你的任何罪孽，任何罪恶都不会使你失去我的爱和我对你的生命、你的幸福的祝福。"父亲的良知却说："你做错了，你就不得不承担后果；最主要的是你必须改变自己，这样你才能得到我的爱。"成熟的人使自己同母亲和父亲的外部形象脱离，却在内心建立起这两个形象。

自爱不是"自私"，自爱是爱他人的基础。对自己的生活、幸福、成长以及自由的肯定是以爱的能力为基础的，这就是说，看你有没有能力关怀人、尊重人，有无责任心和是否了解人。如果一个人有能力创造性地爱，那他必然也爱自己，但如果他只爱别人，那他就是没有能力爱。

性爱的一个重要因素：即意志的因素。爱一个人不仅是一种强烈的感情，而且也是一项决定、一种判断、一个诺言。如果爱情仅仅是一种感情，那爱一辈子的诺言就没有基础，一种感情容易产生，但也许很快就会消失。如果我的爱光是感情，而不同时又是一种判断和一项决定的话，我如何才能肯定我们会永远保持相爱呢？

➤ 培养爱的能力与责任

爱情是美好而甜蜜的，但是不具备爱的能力的人，只能收获爱的苦果，难以品尝到爱的甘甜。爱是一种能力，也是一种艺术。爱融汇于生活的各个方面，学习和发展爱的能力是贯穿于每个人一生的任务，也是让人受益一生的。

第一，识别爱的能力。年轻人的心常常是大雾弥漫，看不清自己感情的港湾，分不清什么是真正的爱情，从而导致一些"虚假恋爱"。因此，对于渴望爱情的大学生来说，学会识别爱的真伪，是迎接爱情的必要准备。首先，好感不是爱情。好感是一种直觉性的感情，如果把爱的历程描绘为"好感、爱慕、相爱"三部曲的话，好感只是爱情的前奏，但它不一定会发展成爱情。好感以直觉和印象为支点，而爱情以心灵的融合为基础。其次，感情冲动不是爱情。感情的冲动常常是暂时的、脆弱的，一时的感情冲动可以产生于任何一对男女之间，它是两性吸引的结果，往往使人头脑发昏、忘乎所以，甚至做出不久便后悔的愚蠢举动。爱情则是一种炽热又深沉、强烈又持久的感情，它使恋爱着的双方变得更加完美可爱。再次，异性的友谊与单相思都不是爱情。

第二，迎接爱的能力。包括施爱的能力和接受爱的能力。前者是主动给予爱，后者是被动接受爱。尽管恋爱的起初或许是一方施爱、一方受爱，但就恋爱的整个过程来说必定是男女双方互相施爱和受爱，否则爱就无法持续下来。一个人心中有了爱，在理智分析之后，要敢于表达、善于表达，这是一种爱的能力。一个人面对别人的施爱，能及时准确地对爱做出判断，并做出接受、谢绝或再观察的选择，这也是一种爱的能力。缺乏这种能力的人，或是匆忙行事，或是无从把握。大学生要想具有迎接爱的能力，就应懂得爱是什么，有健康的恋爱价值观，知道自己喜欢什么，需要什么，适合什么，就应对自己、他人、万事保持敏感和热情，主动关心他人，热爱他人。当别人向你表达爱时，能及时准确地对爱的信息做出判断，坦然地做出选择。能承受求爱拒绝或拒绝求爱所引起的心理扰乱。

第三，拒绝爱的能力。这是对自己不愿或不值得接受的爱加以拒绝的能力。生活中可能有并不期待的爱情来到眼前，有时还可能出现挥之不去的情形。所以，拒绝爱的能力也是很重要的。拒绝爱要注意两个方面：一是在并不希望得到的爱情到来时，要果断，勇敢地说"不"，因为爱情来不得半点勉强和将就。如果优柔寡断或屈服于对方的穷追不舍，发展下去对双方都是不利的。二是要掌握恰当的拒绝方式。虽然每个人都有拒绝爱的权利，但是珍重每一份真挚的感情是对他人的尊重，也是一种自珍，同时是对一个人道德情操的检验。不顾情面，处理方法简单轻率，甚至恶语相加，结果使对方的感情和自尊心受到伤害，这些做法是很不妥当的。

第四，发展爱的能力，培养爱的责任。弗洛姆在《爱的艺术》中说："所有领域里都能保持创造性和移动性，倘若在其他领域消极无能，他在爱的领域也必将重蹈覆辙。"培养爱的责任，发展爱的能力，不仅把阳光放在爱的领域，也放在其他非性爱的领域。苏联著名教育家马卡连柯说："爱的力量只能在人类非性欲的爱情素养中存在。它的非性欲爱情范围越广，它的性爱也就越为高尚。""发展爱的能力，并不是非要具体到对某一异性的爱，可以是更广泛意义上的爱。我们的亲人、同学、朋友、祖国和人民，都值得我们去热爱。爱是对我所爱的生命，即人或物成长的主动关注。"（弗洛姆语）发展爱的能力，就是要培养无私的品格和奉献精神，要培养善于处理的能力，有效地化解消除恋爱和生活中的矛盾纠纷，对恋人负责，对自己负责，对社会负责，才能创造出幸福美满的婚恋。

思政点睛

从周恩来、邓颖超的"八互原则"，到抗疫一线的"战疫情侣"——中国式爱情的底色，是把儿女情长熔铸进时代洪流。当你用"价值坐标"对抗物化浪潮，用"合伙人协议"书写责任担当，就是在建设新时代的情感文明——让爱情成为推动社会进步的微观引擎。

【经典心理实验】

关于爱情的"吊桥实验"（Dutton & Arthur Aron，1974）

有关爱情的脑成像研究表明（Ortigue et al.，2010），当你看着或者想着你爱的那个人，你脑部的12个不同区域会有化学反应，只需要1/5秒就能释放出大量的神经化学物质（如催产素、多巴胺、血管加压素和肾上腺素等），此时的你就接收到了"丘比特之箭"。

卡皮诺拉吊桥全长450英尺，宽5英尺。从100多年前起，吊桥便以2条粗麻绳及香板木悬挂在高230英尺的卡坡拉诺河河谷上。悬空的吊桥来回摆动，既动人心魄，又令人心生惧意。

研究小组让一位漂亮的年轻女士站在桥中央，等待着18岁到35岁的没有女性同伴的男性过桥,并告诉那些过桥男性,她希望他能够参与正在进行的一项调查,她向他提出几个问题,并给他留下了电话。

然后,同样的实验在另一座横跨了一条小溪但只有 10 英尺高的普通小桥上进行了一次。这一位漂亮女士向过桥的男士出示了同样的调查问卷。

结果走过卡皮诺拉吊桥的男性认为这位女士很漂亮,大概有一半的男性后来给她打过电话。而那个稳固的小桥上经过的 16 位不知名的男性受试者中,只有两位给她打过电话。

其实这就是对唤醒的错误归因,高桥产生了一种唤醒的感觉使得男性被试错误地认为是由女实验者引发的。这一实验证明,或许生理唤醒能够促进激情的感受和浪漫的反应。

【阅读拓展】

➢ 苏格拉底与失恋者的对话

苏格拉底:"孩子,为什么悲伤?"

失恋者:"我失恋了。"

苏格拉底:"哦,这很正常。如果失恋了没有悲伤,恋爱大概也就没有什么味道了。可是,年轻人,我怎么发现你对失恋的投入甚至比你对恋爱的投入还要多呢?"

失恋者:"到手的葡萄给丢了,这份遗憾,这份失落,您非个中人,怎知其中的酸楚啊?"

苏格拉底:"丢了就丢了,何不继续向前走去,鲜美的葡萄还有很多。"

失恋者:"我要等到海枯石烂,直到她回心转意向我走来。"

苏格拉底:"但这一天也许永远不会到来。"

失恋者:"那我就用自杀来表示我的诚心。"

苏格拉底:"如果这样,你不但失去了你的恋人,同时还失去了你自己,你会蒙受双倍的损失。"

失恋者:"您说我该怎么办? 我真的很爱她。"

苏格拉底:"真的很爱她? 那你当然希望你所爱的人幸福?"

失恋者:"那是自然。"

苏格拉底:"如果她认为离开你是一种幸福呢?"

失恋者:"不会的! 她曾经跟我说,只有跟我在一起的时候,她才感到幸福!"

苏格拉底:"那是曾经,是过去,可她现在并不这么认为。"

失恋者:"这就是说,她一直在骗我?"

苏格拉底:"不,她一直对你很忠诚。当她爱你的时候,她和你在一起,现在她不爱你,她就离去了,世界上再也没有比这更大的忠诚。如果她不再爱你,却要装着对你很有感情,甚至跟你结婚、生子,那才是真正的欺骗呢。"

失恋者:"可是,她现在不爱我了,我却还苦苦地爱着她,这是多么不公平啊!"

苏格拉底:"的确不公平,我是说你对所爱的那个人不公平。本来,爱她是你的权利,但爱不爱你则是她的权利,而你想在自己行使权利的时候剥夺别人行使权利的自由,这是何等的不公平!"

失恋者："依您的说法,这一切倒成了我的错?"

苏格拉底："是的,从一开始你就犯错。如果你能给她带来幸福,她是不会从你的生活中离开的,要知道,没有人会逃避幸福。"

失恋者："可她连机会都不给我,您说可恶不可恶?"

苏格拉底："当然可恶。好在你现在已经摆脱了这个可恶的人,你应该感到高兴,孩子。"

失恋者："高兴? 怎么可能呢,不过怎么说,我是被人给抛弃了。"

苏格拉底："时间会抚平你心灵的创伤。"

失恋者："但愿我也有这一天,可我第一步应该从哪里做起呢?"

苏格拉底："去感谢那个抛弃你的人,为她祝福。"

失恋者："为什么?"

苏格拉底："因为她给了你忠诚,给了你寻找幸福的新的机会。"

➢ 心灵书籍——《爱是唯一的真相》[①]

在布莱恩·魏斯的超级畅销书《前世今生》中,超过 1 000 万读者认识了凯瑟琳,读到了她在不同时空里经历的令人难以置信的故事。通过催眠治疗,魏斯博士帮助这名年轻的病人找回了她遗忘的生命时光,她的经历让魏斯对自己心理医生身份的认知发生了天翻地覆的变化。

那么,你能否在今生再次找到自己挚爱的灵魂伴侣?

在《爱是唯一的真相》中,魏斯博士在前作《前世今生》的基础之上,做了更深入、更令人震撼的阐释。他的两名病人——伊丽莎白和佩德罗从未谋面,完全不知道彼此的存在,但是通过催眠,他们发现,千年以来两人皆是彼此的挚爱。而如今,命运再次将二人连接到一起。魏斯博士用自己的医疗实践表明,在这个世界上,我们真的有自己的灵魂伴侣,他／她就在这茫茫世界的某个角落等待着,等待与我们重逢。

相关书评:

《爱是唯一的真相》这本书,由美国耶鲁大学医学博士布莱恩·魏斯所著,他的专业方向为生物精神医学与药物滥用。作者用临床心理学实例,为我们打开了一个全新的神秘的心理治疗世界,这是一本让人放下恐惧、开启希望的生死真爱启蒙书,颠覆百万人生命观和情爱观的生命轮回体验。

根据作者介绍,这本书讲述的是两个不在一个城市,不在一个地方生长的病人——伊丽莎白和佩德罗从未谋面,完全不知道彼此的存在,但是通过催眠,他们发现,千年以来两人皆是彼此的挚爱。

你相信真的有灵魂伴侣这回事吗? 它住在我们的前世今生里。

你相信科学所不能解释的领域的一切吗? 还记不记得随时都会发生在我们身上的那种"似曾相识"? 真的有那么一刻,我们感觉自己曾经做过这件事,可是回想此生,并没有过。

作者简介:

布莱恩·魏斯(BRIAN WEISS, M.D.),美国耶鲁大学医学博士,专业方向为生物精神医

---

① 布莱恩·魏斯.爱是唯一的真相[M].北京:台海出版社,2016.

学与药物滥用。曾任耶鲁大学精神科主治医师、迈阿密大学精神药物研究部主任、西奈山医疗中心精神科主任,目前在迈阿密执业,并主持许多国内外的研讨会及专业训练计划。他也是许多世界名人及政商名流的心理医生,经常在世界各地演讲及开授催眠课程。奥普拉脱口秀、拉里·金现场秀等电视节目都对魏斯博士及其研究主题进行过采访报道,著有畅销书《前世今生》等。

合作竞争　助力大学

> **这些挣扎你熟悉吗？**
>
> "优秀名额就 5 个，给他人投票等于挡自己？"
>
> "竞赛组队藏核心数据，结果全员出局……"
>
> ——当竞争变成"丛林游戏"时，你需要一场认知革命：真正的成长，是把赛道变成共攀高峰的登山绳，而非你死我活的角斗场。

马克思和恩格斯说："只有在集体中，个人才能获得全面发展其才干的手段，也就是说，只有在集体中才可能有个人自由"。未来社会，是科技社会，是大科学社会，既要有竞争，又要有合作，任何创造发明都离不开群体合作。这样一个新时代，就要求我们大学生懂得合作、善于沟通、具有团队合作能力，竞争中不忘合作，这样我们才能有更好的发展，才能走向成功。

【身边的故事】

故事一：方方和阿芮从大学入学就住同一寝室，两个女孩都比较开朗大方，学习都很优秀，自然就成了很好的朋友。阿芮在英语上更有优势，方方在专业学习上更具优势，两人在历次的奖学金和评优中都不相上下。毕业后，方方考上了研究生，而阿芮选择了出国留学，两人一直都是很好的朋友。当别人很疑惑为什么她们会成为好朋友的时候，她们两人的回答都是："因为对方让自己变得更优秀，是彼此前进的动力"。

有很多大学生在处理同学间的竞争与友谊的关系时，往往感到力不从心，感叹"鱼与熊掌难以兼得"。确实，现代社会无论在哪一方面都充满了激烈的竞争，而交朋友讲友谊又是个人不可或缺的，因而出现这样的困惑也不足为奇。但毕竟同窗几载，竞争与友谊会时常伴随左右，因而如何正确对待竞争与友谊就成了我们大学生涯里必须走好的一步。

故事二：在我们身边，有这样的一个又一个的优秀团队

浙江大学"空气洗手"团队：首创气流节水装置，专利技术惠及全球 5 万缺水居民，彰显工程学子用科技破解民生难题的担当，获第十四届全国挑战杯特等奖。

复旦大学脱贫评估团队：走访 22 县构建返贫风险模型，报告获国务院采纳，社科青年以扎实调研助力乡村振兴政策优化，斩获第 17 届挑战杯（哲学社科类）全国特等奖。

清华大学"清芯未来"团队：研发高安全固态锂电池，能量密度提升 40%，孵化企业获红杉资本投资，加速新能源技术国产化进程，斩获 2022 年挑战杯"创业计划竞赛"全国金奖。

北京理工脑控机器人团队：开发外骨骼帮助截瘫患者站立，协和临床试验有效率超 90%，医工融合技术闪耀国际舞台，斩获 2023 年挑战杯"黑科技"专项赛恒星奖（最高奖）。

四川大学非遗扶贫工坊：联动羌绣银匠打造产业链，带动凉山 2 000 手艺人增收千万，以商业创新激活文化传承之力，斩获 2021 年挑战杯乡村振兴专项赛全国金奖。

一朵花开不出美丽的春天，一个人先进总是单枪匹马，众人先进才能移山填海。一个优秀的团队需要彼此之间用心合作，形成团队的合力，才能共同完成目标。没有完美的个人，只有完美的团队，正因为有了团队里每一个成员的真心付出，团队才能取得优异的成绩。

【自我探索】

团队合作学习能力探测

随着社会各个行业对人才团队合作素质的普遍重视，作为在校大学生，想要增强自身的竞争力，就必须提高自身在团队中与他人的沟通合作能力。这份调查问卷旨在通过本问卷了解现在的在校大学生对于团队合作学习的了解以及期望，以便任课老师在课堂与课程作业当中更好地指导学生提高自身的团队合作学习能力。

（　）1. 你的性别？

　　A. 男　　　　　　　　　　　　　　　　B. 女

（　）2. 你的年级？

　　A. 大一　　　　　B. 大二　　　　　C. 大三　　　　　D. 大四

（　）3. 以前是否有过团队合作的经历？

　　A. 是（请做第 Q4～Q23 题）　　　　B. 否（请做第 Q24～Q31 题）

（　）4. 请描述一下最近您参与团队合作的频次：

　　A. 总共参加过一两次　　B. 一年一两次　　C. 半年一两次

　　D. 一个月一两次　　　　E. 一周一两次　　F. 每天都有

（　）5. 你对通过团队合作完成学习任务的喜欢程度？

　　A. 喜欢　　　　　B. 比较喜欢　　　　C. 说不好

　　D. 不太喜欢　　　　　　　　　　　　E. 不喜欢

（　）6. 你经历的团队合作学习属于哪类课程？（可多选）

　　A. 文科　　　　　　　B. 理工科　　　　　C. 基础课

　　D. 专业课　　　　　　E. 其他

（　）7. 团队合作学习所选择的题目是否有利于团队合作学习？

　　A. 是　　　　　　　　　　　　　　B. 和平常学习一样

　　C. 不适合团队合作学习　　　　　　D. 没感觉

（　）8. 已有的团队合作学习经历中几个人一组？

　　A. 两人　　　　　B. 三人　　　　　C. 四人

　　D. 五人　　　　　E. 五人以上　　　F. 因项目情况而定

（　）9. 你认为团队合作学习几个人一组最合适?

A. 两人　　　　　　B. 三人　　　　　　C. 四人

D. 五人　　　　　　E. 五人以上　　　　F. 因项目情况而定

（　）10. 团队合作学习的经历对你来说,是否比自己原来的学习方式更有利于掌握知识?

A. 有利于知识的掌握

B. 没有区别

C. 比原来浪费时间,且不利于掌握知识

（　）11. 你曾经参与过的团队合作,成员关系如何?

A. 很融洽　　　　　　　　　　　B. 表面和谐,其实经常有矛盾

C. 各干各的,很少沟通　　　　　D. 积极性不高,一有问题便互相推卸责任

（　）12. 在团队中,你一般担任什么角色?

A. 组长,统筹全局

B. 次要管理者,为组长出谋划策但不具决定权

C. 我只是个组员,组长让我做什么我就做什么

D. 我就是块砖,哪里需要哪里搬,专门救火

（　）13. 你希望你自己在团队中担任什么职责?

A. 组长,责任与权力并重

B. 次要管理者,最大限度发挥自己的作用,对团队的方向有影响

C. 等待命令的组员,只要负责好自己的本职工作就行

（　）14. 你是否主动要求工作或承担责任?

A. 是的　　　　　　　　　　　B. 我只对我自己的工作负责

（　）15. 在团队合作中你愿意承担多少工作?

A. 全部交给我吧,我一定会完美地完成

B. 我只做我擅长的工作

C. 能少尽量少,最好什么都不做

（　）16. 工作中如果遇到困难,你倾向于如何解决?

A. 自己搞定　　　　　　　　　B. 找团队伙伴商量

C. 直接交给别人　　　　　　　D. 问老师

（　）17. 在你和同组成员有不同意见时,你们是如何达成最后的意见的?

A. 少数服从多数

B. 找出更多的证据来说服同组成员

C. 最后由组长决定

D. 其他

（　）18. 你觉得是否有必要单独评价每个成员在团队合作学习中的表现?

A. 非常有必要　　　　　　　　B. 有必要

C. 可有可无　　　　　　　　　D. 根本没必要

（　）19. 你觉得评分时,团队合作学习的过程与团队合作学习的成果哪个应该更重要?

A. 成果更重要

B. 成果和过程同等重要

C. 过程更重要

( )20. 你认为团队合作学习有什么不足之处?

A. 容易责任不清,工作分配上易造成成员的不满

B. 经常出现一人或几人做事,其他人捡便宜的情况

C. 成员之间各方面矛盾会影响工作的总体进度

( )21. 你认为参与团队合作对自己是否有所帮助和提高?

A. 是的,锻炼了我的团队合作能力和交际能力

B. 没什么用,一个人工作效率更高

C. 没兴趣,参与团队合作纯属被逼无奈

( )22. 你认为团队合作学习成功的关键是什么?

A. 有一个负责任的领导者

B. 团队成员的积极性

C. 所有成员的能力

D. 分工是否明确

( )23. 你认为现在的大学生合作中最大的问题是什么?

A. 个人能力不足,难以胜任部分工作

B. 团队合作可能会培养大学生的惰性及逃避责任的习惯

C. 合作精神差,不善于接纳别人的观点

D. 认为自己完成学习任务更省事

( )24. 你是否对团队合作学习有一定的期待?

A. 非常期待   B. 期待   C. 无所谓   D. 反感

( )25. 你更希望几个人一起完成老师的学习任务?

A. 独立完成   B. 两人合作   C. 三人以上   D. 都有

【体验训练】

单元名称	合作竞争 助力青春	
单元目标	引导成员认识个体与团体的相互依存关系,良性竞争,提高解决问题的能力,同时进行课程总结与回顾	
所需器材	A4 纸、胶带、剪刀	
活动名称	活动流程	器材
1. 暖身活动:花式握手 目标:温暖团体氛围,活跃团体气氛,体会团队信任和凝聚力。 时间:约 10 分钟	操作: 分别用芝麻开花节节高,拳拳之心,一心一意等至少三个方式花式握手,重温小组契约、组名、口号。	

活动名称	活动流程	器材
2.坐地起身 目标:体会团队合作的重要性,让学生在合作中体会相互支持、共同努力带来的成功乐趣,增强团队凝聚力。 时间:约10分钟	操作: 　第一轮,全体成员自由结对,两人一组。两人背靠背坐在地上,胳膊从背后相互挽起。在指导老师的指挥下,两人通过合作站立起身;第二轮,三人一组,背靠背坐在地下,在指导老师指挥下,站立起身;以此类推,直至全体成员合成一个大组,全部背对背挽手坐地,在得到指挥后共同站立起身。要求每次坐地起身成功后,鼓掌庆祝,以示鼓励。	
3.合力搭塔 目标:让学生在团体合作中体验领导、配合、服从等角色。培养学生学会悦纳自己、欣赏他人的态度。帮助学生开拓思维,积极创新,大胆表现,追求形式与内涵的和谐。 时间:约50分钟	操作: 　1.自始至终不得讲话,也不能写字,20分钟时间内搭一座塔,它可以是最高、最美、最稳的塔之一或兼备,游戏时要把纸全部用上 　2.在时间过半时,容许交流 　3.塔建好后,请各组用2分钟时间讨论,为塔命名 　4.每组各派一个代表用3分钟时间向大家介绍本组的塔 　学生们的想象力和创造力是无法想象的,每次游戏都会出现令人耳目一新的作品。有的组会以高取胜——高得碰到天花板;有的组以塔群取胜——多到小组成员每人一塔,组成和谐的塔群;有的组以名取胜——模仿名塔如上海东方明珠塔、比萨斜塔、七级宝塔、金字塔等;有的组以"热"取胜——以社会热点为主题的不倒的双塔、祈求和平塔、统一塔、神舟五号发射塔等;有的组以功能取胜——设计一些有实用价值的塔,如垃圾处理环保塔、海湾导航塔、太阳能转化塔、学子愿望塔、多功能展览塔等。 　在建"塔"过程中,成员们不仅运用统一发放的材料,他们还会寻找其他道具,创造个性化的作品。如有的组会利用报纸上现有的照片进行装饰;有的组利用笔、杯子、餐巾纸、发卡等小饰物进行创意;有的组会将凳子做塔的内部基座,非常坚固;更有创意的是把报纸贴在人体上,设计出可活动的大型塔。虽然他们的变化超出了原定的材料规定,但学生们大胆创意,令人赞叹不已,我们没有理由去阻止他们如此丰富的想象力和创造力,所以在点评中应给予充分的肯定。 　讨论: 　在整个活动中你扮演了什么角色? 　你为什么会选择这个角色? 　你平时生活中也经常扮演这样的角色吗? 　扮演的这个角色给你带来哪些满足?又有哪些缺憾? 　在扮演这个角色过程中,你有没有发挥自己的长处和创造力?你发现自己某些限制和不足了吗? 　在小组中你是否发表过自己的意见? 　你的意见是怎样表达的? 　你的意见是被接纳了还是被否定了?你有何感受?	每组20张A4纸或报纸,1卷胶带,剪刀。

续表

活动名称	活动流程	器材
4. 穿越 目标：打破固有的思维，将可用资源合理地利用扩大。注重团队沟通与协作；工作细节的重视与把握。 时间：约30分钟	操作： 　　动手动脑，让全队的人员从一张A4的纸中间穿过，过程中纸不能撕成两半，纸不能少，纸的边缘不能断。剪出环形式样，环形式样必须是完整无破损的，不能打结和粘合。游戏时限为5分钟。穿过后，需将纸恢复原状。剪成圈所用时间短、同时穿过的人数多、纸的损坏程度小、将纸恢复时间短的参赛队伍获胜。 要求： 　　1. 每队提供三张A4纸和一把剪刀，允许有两次失误机会。禁止用胶纸等自带物品。 　　2. 剪纸时，只能将纸剪开，不能间断，否则重做或终止比赛。 　　3. 参赛队员或场外援助者穿越A4纸时，穿越方式不限，只要能尽可能多的人员同时穿过即可。 　　4. 将纸恢复原状时不能把纸弄断，否则扣掉之前所得的一半分数。 总结： 　　大家都能从门穿过去，可是谁能穿越一张A4纸呢？ 　　可能大部分同学无法从一张和我们比起来简直就像老鼠和大象一样不值一提的A4纸中间穿过去。但是这的的确确是可以完成的任务，甚至一辆汽车、一栋别墅都可以从中穿过。那么，如何办到： 　　1. 先把一张A4纸对折； 　　2. 在中间挖一个又扁又长的长方形； 　　3. 沿虚线一上一下剪开，千万不要剪断； 　　4. 打开纸，就会得到一个大大的纸圈，想要多大都可以。	A4纸、剪刀
5. 分享收获，寄语祝福 目标：回顾前面的几个活动，总结反思经验；寄语未来，祝福你我，增强团队凝聚力。 时间：20分钟	操作： 　　小组内每个人总结对前面三个活动的感受，分享对于团队合作与竞争的感悟，每组选派代表进行大组分享。要求成员要真诚，不能毫无根据地吹捧。 　　每个人送一句感谢的话和一句祝福的话给团队其他成员。	便利贴、笔
学员小结		

【知识链接】

　　在当今日益激烈的社会竞争中，团队合作成为社会经济发展的一种必然。任何工作的进行、项目的开发，以及学校、班级的管理，都需要一个和谐而默契的团队，才能够有条不紊地进行下去。而对于我们大学生来说，在习惯了十几年的独立学习的教育模式之后，团队合作精神就成为我们相对薄弱的一个环节。因此，我们要加强团队与团队精神内涵的学习，全面提升团队合作意识和竞争能力。

一、团队的内涵

把一群人集合在一起，是否就可以称之为团队？团队与群体有何异同？当前，"团队"这个词已经成为一个时髦用语，到处在被人们讨论和引用。也有的人将团队与群体、团体相提并论，认为它们没有什么区别。

在如今经济快速发展的社会中，团队已经普遍地出现在各行各业中，对于团队的概念，尽管不同的学者从不同的角度给出了不同的定义，但是定义的核心都表达了对团队概念相似的理解。如Katzenbach&Smith认为团队由少数的、具有互补性技能的成员构成，这些成员有共同的目的与组织绩效目标，他们运用相同的方法并且互相承担责任。Cohen&Bailey借用Hackman的观点将团队定义为一群在工作中相互依赖的个体的集合，他们共同为结果负责，这些个体或其他个体都认为他们是一种社会实体，该实体内嵌于更大的社会系统中，而该实体中的个体可以跨越此社会系统中的不同部门与界限。管理学家斯蒂芬·P·罗宾斯认为：团队就是由两个或者两个以上的相互作用、相互依赖的个体，为了特定目标而按照一定规则结合在一起的组织。拉姆拉登提出，团队是由一群不同的人组成，团队成员共同承担领导职责，团队必须具有与众不同的个性，团队应相互协作，团队成员一直努力争取达到目标，团队应和其他群体以及所处的系统保持紧密联系。

综合上述，团队的内涵包括以下几个方面的内容：首先，团队的建立是以完成团队的共同目标为主要任务；然后，协调是在团队运作过程中不可缺少的活动；再次，团队队员具有相互依存性；最后，团队队员共同担负团队的成败责任。

二、团队的特点

（1）团队组成人员在知识、能力或年龄、性格上的互补性；
（2）团队对集体的协作有更多的依赖；
（3）团队的工作效果既要个人负责，更要有团队共同负责；
（4）团队的个人除了有共同的兴趣目标，还有共同的承诺；
（5）团队有更多的自主权（一般的群体有管理者的监控）。

一个班级的同学是一个团队吗？不是，因为一个班里的学生之间并不具有不同知识、技能或经验，也不具有相互的依存性。但如果三个同学，一个语文好，一个数学好，另一个物理好，而其他科目都学得一般，他们组织起来，在一起相互补课，取长补短，为提高各门功课的成绩共同学习和努力，那么他们就是一个团队。同样道理，同学们可以思考下，在我们身边还有哪些团队的存在？

三、团队的类型

团队可以分为很多类型，我们可以大致分为这样几类：

1. 工作协作团队

这种团队存在的时间比较长，目标和行动进程通常是十分清晰的。管理这样的团队需要采取长期的战略措施，重点放在定期评估、审查以及能力培养等方面，以确保每个成员在工作中不断接受挑战并充实工作动力,以提供对社会的更好服务。

2. 研究发展团队

这样的团队主要致力于某一特定问题的研究,并提出相应的对策措施。它的特点是存在的时间比较短,但他们有一个清晰的目标,最终是为了在有限的时间里有效地完成任务。这类团队因为存在的时间短,大家相互熟悉度、彼此了解程度都不够,所以要提高这类团队的工作效果,需要鼓励他们经常在一起调研和探讨,使不同的观点形成互补,而不是对立。

3. 临时工作团队

这是指为了完成某项临时性的任务,由不同部门和人员组成的团队,这类团队经常是在短时间内由以前很少或从没一起工作的人组成的。此团队与第二类一样存在时间很短,所以为了高效工作,每个成员必须明确自己的职责,并清晰地把握团队的目标,在短期内有效完成任务。

除此之外,还可以将团队分为正式与非正式团队:

(1) 正式团队。有严密的组织结构、权责关系和明确的规章制度。正式团队受等级制度的影响较大。

(2) 非正式团队。人们聚集在一起工作,自然会相互影响,这时非正式团队就出现了。它没有定员编制,没有明确的权责关系,而是在共同的爱好、兴趣与友谊基础上自发形成的,并且对成员的共同利益进行保护,支持成员的工作。

大学生团队是以高校大学生为主体,以完成团队的共同目标为主要任务,按照其规章制度开展活动的群体性组织。对于大学生团队的分类标准也有很多,比较广泛的有目的与结构两种标准。按照团队存在的目的划分,根据《教育部、共青团中央关于进一步加强高等学校校园文化建设的意见》,高校学生团体分为学习型、学术科技型、兴趣爱好型、社会公益型等四大类型。按照团队存在的结构来看,有学者认为主要有三类:团委、学生会和学生社团,它们构成了学生团体的“一体两翼”(一体:团委;两翼:学生会和学生社团)。其中,团委主要作为思想上的指导,负责学生团体活动的总体安排;学生会是学生自己的群众组织,作为学校与学生之间的桥梁,是“自治”(自觉接受党组织的领导和团组织的指导)的结合;学生社团是学生根据自己的兴趣、爱好自愿组建起来的群众性团体,在运行中更具灵活性。

四、团队的要素

1. 目标

团队应该有一个既定的目标,为团队成员导航,知道要向何处去,没有目标,这个团队就没有存在的价值。

2. 人

人是构成团队最核心的力量。3个(包含3个)以上的人就可以构成团队。目标是通过人员具体实现的,所以人员的选择是团队中非常重要的一个部分。

3. 团队的定位

团队是做什么的? 目标是什么? 团队的成员在团队中扮演什么角色?

4. 权限

团队当中领导人的权力大小跟团队的发展阶段相关。一般来说,团队越成熟,领导者所拥有的权力相应越小,在团队发展的初期阶段领导权是相对比较集中。

5. 计划

计划的两个层面含义：

（1）目标最终的实现需要一系列具体的行动方案，可以把计划理解成目标的具体工作的程序。

（2）提前按计划进行可以保证团队的进度顺利。只有在有计划的操作下，团队才会一步一步贴近目标，从而最终实现目标。

五、高效团队的基本特征

1. 团队具有明确的目标

团队成员清楚地了解所要达到的目标，以及目标所包含的重大现实意义。

2. 成员具有相关的技能

团队成员具备实现目标所需要的基本技能，并能够良好合作。

3. 成员之间相互尊重和支持

在团队中，大家因为"共事"而成为"同事"，但每个人会因为出身和阅历的不同而具有各自的特性：特殊的语言风格，特殊的爱好，特殊的脾气，包括周期性的情绪不稳定、男女心理差异，等等。在尊重、信任的前提下，在共同的事业愿景的引领下，团队成员之间要相互理解和支持。在执行过程中，团队中的每个成员都负责工作中的一个环节，也都会遇到困难和挫折，如果不能互相支持、共同面对难关，那么自己这个环节的工作也无法完成，因为大家是不可分割的一部分。

4. 团队成员要有共同价值观

共同价值观是团队的精神，它表明的是赞同什么、反对什么，团队成员相信什么，这对于团队的发展至关重要，它是团队的"魂"。价值观决不是可有可无的，生活中人们对价值观的需要就如同人们离不开空气一样。价值观不仅指导团队在遇到问题时，做出如何解决的各种选择，更是是非判断的标准。如果一个团队的价值观不正确，就会做出有害于社会与他人的事情；如果价值观模糊不清，那就会迷失方向，在错综复杂的问题面前就会不知所措、迷茫困惑。所以团队建设需要确定积极和正确的价值观，这也为这个团队引领方向和为团队成员成长提供指引。

5. 成员之间沟通顺畅，信息交流充分

成功的团队依靠的是队员之间的相互配合、分工、协作，从而实现组织高效率运作的管理。

6. 团队具有公认的领导

有效的领导者能够让团队跟随自己共同度过最艰难的时期，因为他能为团队指明前途所在，他们向成员阐明变革的可能性，鼓舞团队成员的自信心，帮助他们更充分地了解自己的潜能。优秀的领导者不一定非得指示或控制，高效团队的领导者往往担任的是教练和后盾的角色，他们对团队提供指导和支持，但并不试图去控制它。

六、团队的发展过程

万事万物都遵循一个发展的规律，团队的发展也有一个生命周期。如果团队的发展过程以组织目标为参照的话，可以分为四个阶段。这四个发展阶段是：

1. 创建期

团队创建期的具体表现：

(1) 新的合作,新的团队,每位成员对生活的价值都有了全新的理解,对新的工作也充满激情。

(2) 由于互相之间了解的不足,成员之间更容易高估其他人的能力,大家可能对新生的团队寄予了太高的希望。

(3) 每一个成员都在小心试探其他人的一些相关行业情况,为自己在团队内的重新定位寻求支点。

创建期的团队经常会表现很高的士气。但这一时期,新生的团队生产力处于较低水平,队员之间在工作上短期内无法达到配合默契的状态,需要团队成员尽快地适应新的环境。创建期最重要的是明确团队的目标和愿景,这对增强团队凝聚力以及形成团队的集体荣誉感至关重要。

2. 磨合期

磨合时期的动荡是每一个团队都要经历的特殊时期。能否进行有效的磨合,并顺利度过这段敏感的时期,对团队领导以及团队领袖的综合能力是一个艰难的考验。这一时期,人际关系也变得紧张起来,个别新锐试图挑战领导者的权威,团队领导在这个敏感的时期要注意以下几点:

(1) 密切注意团队进步情况,每天利用一切机会与每一个队员充分沟通实际工作中遇到的具体问题,帮助大家分析问题并提供解决方案。

(2) 建立标准的工作规范,并身体力行。这是统筹团队各项工作的关键。

(3) 积极寻求解决问题,抓住一切利好的机会鼓舞团队士气,争取以自己在工作上的突破为团队树立榜样。

(4) 善于树立典型,对于取得突出成绩的队员要尽可能地为其争取荣誉,号召大家向优秀者学习。

3. 凝聚期

这个时期会逐渐形成独有的团队特色,成员之间以标准的流程投入工作,分配资源,团队内部无私地分享各种观点和各类信息,团队荣誉感很强。在凝聚期,团队的士气高涨,即使面对极富挑战性的工作,也会表现出很强的自信心。如果个人不足以独立完成工作,会自然地寻求合适的团队成员配合,甚至在特殊的情况下自我激发潜能,超水平发挥,取得意想不到的成功。在凝聚期,每一个队员都会表现出很强的主观能动性。

4. 整合期

团队实现了自己的阶段性目标之后,必然要进行组织整合。整合过程其实就是组织调配力量,为下一个目标进行筹备的前奏。这个时期一般也没有太大的工作压力,团队士气相对平稳。

七、大学生应该如何处理合作与竞争的关系

生活中是处处存在竞争与合作的,大学生在大学里每天都会面临竞争与合作。竞争与合作是人们为了取得成功而采取的措施,与对手竞争是为了取得成功,与对手合作是为了更好地取得成功。合作与竞争是相互协调,相互发展,互依互存的。没有合作的竞争是孤单的竞争,孤单的竞争是无力的,因为没有参照系。同样,合作也离不开竞争,没有竞争的合作只是一潭死水。合作是为了更好地竞争,合作越好,力量越强,成功的可能性就越大。优秀的竞争者往往是理想的合作者。竞争与合作是统一的,双赢是竞争最理想的结果。生活中大多数竞争可以"比翼双飞",甚至是"百花齐放"。在法律和道德允许的范围内,按照平等、公平、诚信的原则去进行竞争,实现"双赢"。作为当代大学生,我们应该如何处理合作与竞争的关系呢?

（1）必须有群体合作意识，大学生应该意识到，合作是第一位的，竞争的目的只是为了更好地合作。

（2）必须克服自卑与嫉妒心理，竞争中，可能领先，也可能落后。有成功，也可能有暂时的挫折。这就要求有百败百战、百折不挠的精神。

（3）必须宽容待人，大学生应该在不丧失原则的前提下，"舍己从人"，广交朋友，慎择良友。苛求别人，到头来只能使自己变成孤家寡人。

（4）必须尊重竞争对手，向竞争对手学习。合作的过程是互帮互学，互相提高。取长补短，携手共进，是我们在合作中竞争的目标。

竞争与合作不是完全对立的，作为大学生，不能单一认为有了竞争就不能再合作，或者是合作了就不能够再竞争。大学生要时刻保持竞争意识，向着自己的目标前进，同时，大学生也应时刻具备团队合作精神，竞争中不忘合作。一个比赛的最好的结局不是我赢了，而是大家都赢了，双赢才是最好的结局。竞争中不忘合作才能取得双赢，大家才能一起进步，一起走向成功。就像我们在班级中，同学之间在学习上，为了取得较好的成绩，或者是为了取得奖学金，大家都在竞争，但同时大家又都在合作，大家会在一起探讨题目，一起进行调查研究，在竞争与合作中，同学们一起进步着。

> **思政点睛**　　从奥运赛场上选手互借装备，到科技攻关"揭榜挂帅"制度——中国式竞合的精髓，是用集体智慧抬升整个行业的海拔。当你用"共享池"取代信息孤岛，用"伦理镜"照耀胜负初心，就是在践行新时代的君子之争——以众人之进，成大道之行。

【经典心理实验】

竞争实验

心理学家多伊奇等人（Deutsch，1960）曾做过一个经典的实验，该实验要求两两成对，两人分别充当两家运输公司的经理，两人的任务都是使自己的车辆以最快的速度从起点到达终点，如果速度越快，则赚钱越多，要求尽可能多赚钱。每人都有两条路线可选，一条是个人专用线，另一条是两人共同的近道线，但道近路窄，一次只能通行一辆车，因此，使用这条近而窄的道路只有一种办法：双方合作交替使用。研究的设计明确告诉被试者，即使交替使用单行线，也必须要有一点等待时间，但走单行道远比启用个人专线经济、有效。实验最后以被试起点至终点的运营速度记分，分数越高越好。实验的结果表明，双方都不愿意合作，狭路相逢，僵持不下的情况时有发生，虽然在实验中也会偶有合作，但大多数都是竞争的结果。当实验者要求被试者阐明宁可投入竞争也不愿选择合作的理由时，大多数被试者表示自己希望战胜其他竞争者，他们并不重视自己在实验中的得分多少，即使得分少也宁可去竞争，胜过他人，实现自我价值。这一实验证实了人们心理上倾向竞争的论断。

研究还表明个体之间的竞争与群体之间的竞争有很大区别。在群体竞争的条件下，群体内成员的工作是相互支持的，共同活动的目的指向性很强，彼此交流及时，相互理解和友好，提高单位时间内的效率。在个人竞争的条件下,多数人只关心自己的工作,相互不够支持。

【拓展阅读】

➤ 心灵书籍——《与团队共同成长的日子:大学生团队建设实战读市》

内容简介:本书以"团队"概念与视角切入到大学生班集体的培养与管理中,并与企业联姻,从实战的角度分析、总结、提炼和提升了优秀班集体行之有效、富有创造性的措施和做法。它反映出高校对培养大学生健康成长、成才的探索与思考,揭示了新时期大学生班集体建设的经验和规律,对校园管理者打造自己的大学生团队以及大学生自己如何构建优秀卓越的班集体,具有参考与借鉴价值。

我们可以来听听来自书中的声音:

1."输赢并不重要,重要的是这种参与的过程,它让我们彼此相知,彼此关爱,让我们更加紧密地凝聚在一起;它让我们知道有一种力量叫团结,有一种精神叫合作,能够克服一切困难,破浪扬帆;它让我们收获一份友谊,伴我们度过人生的风风雨雨、坎坷挫折,到达人生的顶点。"

2."团队的评选让我对团队有了新的理解。赛前,我认为自己的班级很融洽,是一个非常好的团队;赛后,我的想法变了:一个好的团队应该不仅仅是融洽,还要相互信任,相互帮助,相互协调,集体的力量太神奇了!"

3."参加团体挑战赛,是我一直以来的愿望,输赢和奖金变得并没有那么重要了,有价值的是在比赛中体现的团结、集体的智慧和力量。我想知道我们的班级有多强的凝聚力;我想通过它,加强这种凝聚力。"

4."这声音,这画面,这洗礼,都将在我和我深爱的班集体未来的发展中成为永远的力量之源,因为我们体验过凝聚的力量,沐浴着友情的阳光,我们就得到了天上人间的快乐。我们深信,团队意识和合作精神已超出项目本身,那才是一个班级、一个团队不断成长、成熟的土壤和基础。"

绿色网络　环保心情

这些数字污染你制造过吗？

　　"熬夜刷短视频，第二天课堂变'睡堂'"

　　"跟风转发末日谣言，引发家族群恐慌"

　　——当指尖滑动变成精神消耗时，你需要一场数字革命：真正的网络素养，是把虚拟世界建设成滋养现实的绿水青山。

　　有人这样戏说网络，如果你爱一个人，请让他走进网络吧；如果你恨一个人，也请让他走进网络吧。由此可见，网络的确是一把兵不血刃的双刃剑：驾驭好，你将如虎添翼；驾驭不好，你将如鸟折翅。作为当代大学生，我们要牢记科学技术是第一生产力的论断，紧跟信息社会日新月异的步伐，努力做网络的主人，而不是网络的奴隶。

【身边的故事】

故事一：卢某在上大学前由于父母的限制，很少接触电脑，现在离开家乡到异地求学，父母不在身边，大一上学期他开始和同学进出学校附近的网吧，刚开始只是浏览网页与看看电影，而且适时适度。然而，卢某的自控能力并没有自己想象的那么好，网络的"魅力"是他始料不及的。秋去冬来，他对网络的兴趣有增无减，慢慢尝试玩网络游戏，从此深陷其中，不能自拔。很快，卢某开始彻夜不归，对辅导员和同学们的劝阻置若罔闻，因此还受到了学校的处分。进入大二，卢某已经没有了"课堂"的概念，"十一"黄金周期间，他在网吧连续"战斗"一个星期，为换取上网费用，甚至将自己宿舍里的床板出售。辅导员多次与其谈心，多次警告，都不起作用，校方只好下了最后通牒：如果卢某暑假前的考试缺考太多，便给予开除学籍处分。没想到，除了参加了期末第一场考试，其余考试都不见卢某人影。万般无奈之下，校方将卢某除名。

　　进入21世纪以来，网络以其特有的速度冲击着传统的生活、学习的方方面面，改变了个体的生活方式，人们正在走向"数字化生存"。网络上大量的信息、丰富的内容使得沉浸其中的莘莘学子迷失了方向，尤其是网络游戏更是对于学生有着无限的吸引力，沉迷其中、不能自拔者已不是个别现象了。

故事二: 小李,女,某高校大二学生,她已经习惯于手机不离手的生活方式,看剧、刷段视频、购物、点外卖……只有在考试临近时才会意识到这种"依赖"需要戒除。"期末考试前,我虽然内心很想复习,但是拿到手机后就控制不住自己,经常会因为看剧而拖到考试前一晚才开始复习。考完之后会无比后悔,觉得考试前不玩手机可以考得更好。"她这种后悔的情绪会持续到下一次考试,却又被手机的"有趣"吸引,甚至有种被手机"绑架"的感觉,以致总是处在懊悔和再次被手机吸引的恶性循环中。

在智能手机普及的时代,手机不再是接打电话的必备用具,似乎成了我们日常生活的"必需品"。我们几乎能够从手机上获取需要的所有信息,只要运用得当,就可以满足我们学习、生活和工作的需要;反之,一味贪图了解所有信息,则会信息超载,劳力劳心,引发疾病。因此,作为大学生,我们需要很强的意志力,时刻提醒自己坚持学习的计划性,否则注意力分散,容易失败;需要从手机的虚拟一端走向五彩斑斓的现实世界,去感知现实生活。当沉迷手机已经成为成长的牵绊,就要努力改变。

【自我探索】

在信息化时代,我们习惯了用手机上网,通过网络浏览各类新闻,查找各类资料,人们的生活似乎已经离不开网络,没有网络的生活难以想象,但是要知道网络并非生活的全部,如果过度使用网络就会产生过度的网络依赖,给人的心理造成伤害。正确处理好现实世界与网络世界的关系很重要。接下来,让我们共同完成下面的测试,来了解自己的网络使用状态。

你了解你的网络依赖程度吗?[①]

以下题目旨在帮助大家了解自己的网络依赖程度,请结合自己的实际情况,凭第一印象如实作答,答案没有对错,请将选项填写在题前的括号内。

( )1. 你是否因为囊中羞涩而烦恼?

    A. 天天烦恼啊   B. 偶尔会郁闷一下   C. 钱乃身外之物,不在乎

( )2. 周末你在家的时间远比在外的时间长?

    A. 一直如此   B. 偶尔   C. 在家从来待不住

( )3. 你是否拥有因为网络而认识的好朋友?

    A. 很多,男的多,女的更多

    B. 很少

    C. 一个也没有,网络毕竟是虚拟的

( )4. 你经常试图隐瞒你在网上的时间?

    A. 经常的   B. 很少   C. 从不隐瞒

( )5. 当你看到网上诸如"兽兽门"之类的事件时,你的第一反应?

    A. 炒作,求种子

    B. 人为什么会这样呢

    C. 太让人气愤了

---

① 心理测试:10 道题目测出你对网络的依赖度[DB/OL]. http://www.kaixin001.com/repaste/1477546_1637202629.html,2013 - 3 - 25.

（ ）6. 你一般都是在几点之前睡觉？

A. 12 点之前没睡过

B. 晚上 10 点至 12 点

C. 晚上 10 点钟之前,早睡早起,精神好

（ ）7. 非工作时间,你的 QQ 一般的状态是?

A. 隐身　　　　　　B. 在线　　　　　　C. 忙碌(其实在游戏)

（ ）8. 当你看到《神魔大陆》一词时,你的第一反应这是?

A. 大型网络游戏(资深的玩家)　　　　B. 电影

C. 小说

（ ）9. 你回到家以后,一般多长时间打开电脑?

A. 前脚进,马上开　　B. 先填饱肚子再说　　C. 用时才打开

（ ）10. 朋友聚会时,你们谈论最多的事情为?

A. 网络中各种事件(黄瓜门、西瓜门、啤酒门、红酒门)

B. 生活中的琐事(我今天花了××元买了件上衣……我今天花了××元买了条裤子)

C. 理想,未来计划(总有一天,我会成功的)

【评分与结果解释】

以上 10 道题目,A 选项得 5 分,B 选项得 3 分,C 选项得 1 分。将每个题目答案所对应的分值相加,总分:_____。

10~20 分:你对网络的依赖度很低。可能因为工作的原因,平时会在网上。但非工作时间,最喜欢的还是做一些户外的事情。网络对你来说,仅仅是一个工作的道具。建议你闲暇时间多从网络中摄取信息,来丰富你的阅历。

21~35 分:网络的存在,已经开始影响你的生活。你已经开始察觉,二十一世纪,网络是一个不可或缺的工具。生活中你开始慢慢利用网络来处理一些事情,对现在的你来说,网络绝不能没有,但也绝不能整天埋头于网络。

36~50 分:你对网络的依赖度非常严重,你经常发觉自己在网上需要做的事情太多了,除了工作,你把其余几乎所有的事情都通过网络来解决。通过网络,你认识了很多朋友;通过网络,你不再花太多的时间逛街;通过网络,有时候对于那些可去可不去的聚会你会拒绝;通过网络,当你看到《神魔大陆》字眼时,你的第一感觉就是:这游戏好玩吗? 总之,网络对你来说已经不单单是个工具了。目前的你可能无法忍受连续一天不上网的生活。建议你及时地调整自己的心态,经常性地说服自己外出做一些其他的事情,以便能够缓解你对网络的依赖程度。

网络心理状态自我诊断

以下 15 条自测题可以帮助你了解自己处理网络与现实关系能力的强弱,请你根据自己的实际情况进行选择。A 是,B 否,请将答案填在题前的括号内。

（ ）1. 我感觉自己上网时和不上网时的表现判若两人。

（ ）2. 我最近上课、做事时老想着网络上的事情。

（ ）3. 相对于网络,现实的生活太平淡乏味了。

（　　）4. 我实际上网时间已经超过自己预计的上网时间。

（　　）5. 我内心的烦恼大多时候只向网上的朋友倾诉。

（　　）6. 睡觉前最后一件事通常是从网上下来（包括手机上网）。

（　　）7. 经常向家人或师长隐瞒自己的上网情况。

（　　）8. 我上网很少有确定的目的，下网时常有虚度光阴的负罪感。

（　　）9. 上网已经严重影响我自己的生活、学习和工作。

（　　）10. 我经常因为上网而忘记了吃饭的时间。

（　　）11. 我只有和网友才能实现真正的心灵沟通。

（　　）12. 除了上网，其余时间我常常感到自己疲倦乏力。

（　　）13. 我有难以抑制的上网冲动，如果不上网我会感到心烦意乱。

（　　）14. 对于上网与否，我曾多次出现难以抉择的情形。

（　　）15. 我认为网络让我和现实生活中的朋友生疏了。

【评分与结果解释】

若选 A 得 1 分，选 B 得 0 分，总分是_____。

10 分以上，建议你暂时离开网络，反思自己的网络使用状态，调整好心态后再上网。

5～10 分，你的上网心态基本正常，但仍需要控制上网时间。

5 分以下，你能正确处理网络与现实的关系，网络使用恰当，能享用网络的便利，而不被其迷惑。

【体验训练】

暖身活动：ViVo

一、活动目的

集中成员的注意力，放松心情，营造轻松和谐的氛围。

二、活动操作

由一人开始发音"vi"，随声任指一人，那人随即发音"vo"，再任指一人，第三人做出拍照的手势，左右两边的人做出"vivo"的手势，做错的受惩罚。下轮由做错的人开始，依此循环往复。

活动一：网络中的我①

一、活动目的

让学生了解目前网络到底带给自己什么。

二、活动操作

1. 填写下面内容

(1) 每周平均上网时间：_____

_____

① 吴少怡.大学生团体辅导与团体训练[M].济南：山东大学出版社，2010.6.

(2) 上网一般做什么？

查资料、看新闻或其他信息、与朋友聊天、搜集信息、玩网络游戏、看网上电影、其他_____

_____

(3) 上网之后，一般哪种心情居多？

沮丧　空虚　快乐　充实　其他(请写明)_____

(4) 对我来说，网络带给我的益处是_____

(5) 网络带给我的危害有_____

(6) 你对自己的网络使用满意吗？为什么？_____

三、分享并讨论

1. 你对自己的网络利用率满意吗？为什么？

_____

_____

_____

2. 如何平衡网络与自己生活、学习的关系？

_____

_____

活动二：时间馅饼

一、活动目的

发挥团队的力量找到如何合理分配使用网络的时间。

二、活动操作

1. 先发给成员每人 A4 纸一张，请成员在纸上画一个圆代表该天 24 小时。邀请成员想象一天中自己是怎样分享自己的生活作息，并把它画在圆内。

2. 领导者邀请成员分享自己的作息分配，并引导其他成员提问或给予反馈。

3. 在看过其他人的馅饼之后，请你们说说你们自己的时间馅饼和其他人有何相似和不同之处？

4. 上网时间占了多大比例？你自己满意这样安排吗？

5. 在你可支配的时间用。你想如何安排自己的上网时间？有何阻碍，如何解决？

分享：每个人谈谈自己的感受

活动三：舍不得

一、活动目的

引导学生探索业余生活安排的意义，了解网络世界的正负面影响。

二、活动操作

1. 领导者给每位成员发五张纸条，每条纸条分别写着健康、游戏、聊天、购物、学习。第一轮中每个成员经过思考要放弃一个纸条交给领导者。然后分享为什么要选择这个。

2. 第二轮中每个成员经过思考放弃两个纸条交给领导者，然后分享为什么要放弃这两个。

3. 第三轮中放弃一个,分享为什么要放弃。

最后每个成员分享为什么最后要留下那张纸条。

活动四:自我调控与管理训练[①]

一、活动目的

多感官、多通道练习,学会进行自我调控、自我管理。

二、活动操作

1. 请填写对自己网络过度使用的看法(如果是消极对话,必须同时写一句积极对话;如果是积极对话,则不用写消极对话),见表 10-1 所示。

表 10-1

消极对话	积极对话
网络太诱人了、它无所不能	网络仅仅是工作、学习和娱乐的一种工具
为了上网,我经常熬夜	休息时间一到,便及时下网

2. 每天起床时和临睡前半小时说出,或默念以上列出的积极对话,同时在白天也自己选择一个时间小声说出或默念以上说出的积极对话,时间分别为 2~3 分钟,画一个简单表格(见表 10-2)记录上述行为,如每天完成情况良好,可给予自己一个奖励。

表 10-2

	星期日	星期一	星期二	星期三	星期四	星期五	星期六
起床时							
白天							
睡觉时							

如没有做则画○;按计划做则画√;很好或超额完成则画☆。

3. 观察自己的行为。要求观察自己一天的行为,然后记录下来,比较经过训练后自己一天的行为是否有变化,具体可参照表 10-3 进行。

---

① 吴增强,张建国. 青少年网络成瘾的预防与干预 [M].上海:上海教育出版社,2007:174.

表 10-3 自我管理跟踪记录表

日期	项目				自我满意度	情绪愉悦度	备注
	每天起床时对自己说今天我会很充实	与同学对话交流	按时睡觉和起床	上网合计时间			
1							
2							
3							
4							
5							
6							
7							
8							
9							
10							
11							
12							
13							
14							
合计							

说明:

(1) 制定合理的作息时间,按时就寝,保证学习时间,并严格遵守。每天睡觉前,在相应日期的格子里记录,做到的打"√",没有做到的打"×",上网合计时间写具体数字。

(2) 每天起床时对自己说话,今天我会很充实;如果忘记了,或不愿意,可以不记录。

(3) 每天只能记录当天,不能补记前一天或更早以前的情况,也不能预先记录后一天,或更后一些时间的情况。

(4) 自我满意度使用 5 级评分:1 分为非常不满意;2 分为不满意;3 分为一般;4 分为满意;5 分为非常满意。

(5) 情绪愉悦度使用 10 级评分:1 分为极恶劣情绪,10 分为最高涨情绪。具体分数由自己主观给定。

(6) 两个星期作为一个周期,做一个合计,试着与同桌及前后桌的同学对话、交流,当然不能影响正常的上课,然后与辅导员交流。如能较好地完成任务,则进入下一阶段,提出新的目标和任务,并设计项目内容更多的自我管理表。

【知识链接】

一、大学生健康网络心理的主要特征

1. 清晰的自我角色感

自我角色感是指大学生在现实社会或虚拟世界对自我存在的认知状况,主要包括社会角色和网络角色两种。正确扮演社会角色反映了大学生一方面能够明确了解自己所处的社会地位,另一方面能较准确地领悟国家对青年的期望,能运用角色权利履行历史使命、担当社会责任,最终体现为能够不断实践社会角色的一种行为模式。正确地扮演网络角色,主要是指大学生在虚拟的网络时空中,所表现出来的能够承担和遵循的一种不同于现实社会的,能够被网络社会期待和界定的,并能够适合网络生存的行为规范及行为模式。

具有健康网络心理的大学生对自我社会角色和网络角色具有清晰感知的能力。清晰的自我角色感,首先要求大学生在现实社会能够充分、合理地扮演好自我角色,承担好社会义务;其次要求大学生在网络虚拟世界也能够合理地把握自身角色,并能够自由选择与转换自己扮演的角色;最后,大学生还要能够让自己的两类角色能够顺利转换、自由切换,在心理上不感到有任何不适应。

2. 正确的网络价值观

网络价值观是反映网络对于人的意义或价值,是人们基于网络化生存、网络享受和发展的需要对网络一般价值的根本看法,是网络文化的核心。[①] 正确的网络价值观不仅要求网络使用者能充分认识并感悟到网络的积极意义,还要能够清醒地了解网络给人们带来的各种不利影响,这也是大学生健康网络心理的重要条件之一。

(1)充分认识并享受网络文明带来的便利和快乐。网络媒体在大学生当中有着极高的普及率和覆盖率,已成为大学生和全社会获取、传递信息的重要途径,在人们的学习、生活、娱乐中发挥着越来越重要的作用。

(2)清醒认识到网络世界对大学生活的不利影响。大学生要能正确认识网络世界,正确看待虚拟世界和现实世界的差距,正确处理网络和现实中的人际关系,学会进行自我心理调适,使自己以良好的心态和正确的价值观来面对互联网,尤其是具有清晰的网络道德认知和道德意识。

3. 良好的网络行为习惯

网络行为又称为电子行为、虚拟行为、上网行为,网络行为从心理学的角度界定为在互联网创造的网络空间(cyberspace,又称为虚拟空间、塞伯空间)中,个体为了满足某种需要或获得某种经验以文本为中介而表现出交互式或非交互式行为。[②] 从大学生在网络环境下行为的内容和特性,可以把大学生的网络行为分为交流行为、信息行为、娱乐行为、学习行为、消费行为以及侵犯行为等类型,良好的网络行为习惯主要体现在网络行为的文明性、科学性等方面。

网络行为的文明性主要体现在大学生的网络行为要遵守国家社会关于网络行为的文明法

① 周成龙. 网络价值观的形成、冲突与融合[J]. 中共山西省委党校学报,2009(1):72.
② 黄健. 大学生网络行为问题及教育对策研究[D].西安科技大学,2011:16.

规,同时能够在不同场合自觉维护网络文明规定;网络行为的科学性主要体现在大学生的上网行为符合一定的科学性,尤其是在上网目的、上网内容、上网时间等方面的管理上要符合一定的科学依据。

二、大学生常见的网络心理问题

网络心理问题是指由于对网络的认识和使用不当而引发的不良心理反应。大学生始终是互联网的忠实追随者,他们热衷于网络技术,希望通过网络平台获取知识、交流思想、实现自己的人生价值。不可忽视的是,不少大学生在恣意享受网络带来的便利时,也逐渐显现出网络恐惧、网络孤独、网络迷恋、网络自我迷失和自我认同混乱、网络成瘾综合症等问题。

1. 网络恐惧

大学新生中也有部分来自经济落后地区的农村学生,他们对网络的了解和熟悉程度相对而言不如城市学生,当他们看到周围的同学熟悉运用电脑,自由浏览信息、聊天、网购时,一部分学生会感到害怕与迷茫,怕自己不能有效利用网络而被他人嘲笑或赶不上他人而落伍,"无能感"油然而生,面对五花八门的电脑书籍和软件不知从何下手,引发"畏惧感"。另外,一些对网络比较熟悉的大学生也会有障碍,他们对网络的恐惧主要来自担心自己跟不上网络的超速发展。网络时代,各种网络主页时常更新,网络游戏层出不穷,网购、秒杀、团购花样繁多,他们也担心自己跟不上网络的快速发展而被新的网络技术所淘汰。

2. 网络孤独

网络孤独主要是指希望通过上网获取大量信息、网上娱乐、网上人际交往来提高或改变自己,但上网未能解除孤独(甚至加重了原有的孤独),或反而因为上网而引发孤独感这样一类不良心理状况。一些大学生(女生居多),由于性格内向,自卑,习惯于自己承受心理负荷,心思敏锐,不愿意或不善于与他人交往,厌恶社会上那种虚情假意的人情来往。当互联网走进他(她)们的生活时,他们青睐于网上交往这种匿名、隐匿性别和身份的形式。常上网向网友发泄自己的不良情绪,排解忧虑,讲自己的"心情故事",这时他们觉得心情得到一定的放松,从网友那里得到了一定的心理支持。可下网后他们发现自己面对的是四壁空空的孤独,并且,由于人与人之间的交往中80%的信息是通过非语言的方式(身体语言),如眼神、姿势、手势等传达的,当那些善于通过这些身体语言来解读对方心理的性格内向者,试图借助网络来排解自身的孤独时,网络所能给的只能是键盘、鼠标和显示器所造就的书面语言,这使得他们感到网络对孤独抑郁的排解只是"隔靴搔痒"。

3. 网络迷恋

长时间沉溺于网络游戏、上网聊天、网络技术(安装各种软件、下载使用文件、制作网页),醉心于网上信息、网上猎奇,造成对网络的过度依赖和迷恋,导致个人生理受损,正常学习、工作、生活及社会交往受到严重影响。网络迷恋心理障碍包括这样几种类型:网络色情迷恋——迷恋网上的所有色情音乐、图片以及影像;网络交际迷恋——利用各种聊天软件以及网站开设的聊天室长时间聊天;网络游戏迷恋——沉迷于网络设计的各种游戏中,他们或与计算机对打,或通过互联网与网友联机进行游戏对抗;网络恋情迷恋——沉醉在网络所创造的虚幻的浪漫的网恋中;网络信息收集成瘾——强迫性从网上收集无关紧要的或者不迫切需要的信息,堆积和传播这些信息;网络制作迷恋——下载使用各种软件,以追求网页制作的完美性和编制多种程序为嗜好。在这六种类型中,网络交际迷恋者、网络游戏迷恋者、网络恋情迷恋者及网络信息收集成瘾者占大学生网络迷恋群体中的多数。

4. 网络自我迷失和自我认同混乱

在以计算机为终端的网络中,由于匿名性而隐去了身份,许多现实社会中的规范、规则、道德在虚拟世界中冻结,大学生上网者在表现个人自我时,把社会自我抛得越来越远,甚至企图借助网络在现实社会中凸显自我,将自我凌驾于社会之上,网络黑客、网络犯罪就是这方面的典型例子。此外,某些大学生对一些社会现象愤懑不满,他们想通过上网发泄不满,逃避社会,希望在网上有一个"清洁"的交往环境,构建一个良好的自我。然而网上充斥的色情图文、脏话、无聊的帖子、庸俗的话题,使他们在对社会产生失望之后又对网络产生了失望。

5. 网络成瘾综合症

所谓网络成瘾,是指由于过度使用网络而导致的一种慢性或周期性着迷状态,并产生难以抗拒的再度使用的欲望。同时会产生想要增加使用时间、耐受性提高、出现戒断反应等现象,对于上网所带来的快感会一直有心理与生理上的依赖。[①] 随着网络日益进入人们的生活,各种心理、社会问题也随之而来,尤其对大学生的影响更为严重。大学生长期沉醉在网络世界不能自拔,其主要常见特征表现为以下三点:

第一,网络依赖性强。不少大学生一方面因交际困难而在网络的虚拟世界里寻找心理满足,另一方面也被网络本身的精彩深深吸引。所以,有些大学生对网络的依赖性越来越强,每天花大量时间泡在网上,沉湎于虚拟世界,自我封闭,与现实生活产生隔阂,不愿与人面对面交往。

第二,社会适应性差。在遭遇压力、挫折时,不是采取积极的行动去应对,而是采取消极的方法,趋向于逃避现实。为了防止或降低焦虑及压力,使自己不致受到压力过度的冲击,往往采用一些习惯性的适应行为来保护自己。

第三,自我约束力低。大学生正处于可塑性强的青春期,抵抗力较差,容易受到外界的不良影响。虚拟世界的价值观、道德观与现实世界不同,长期生存于虚拟世界中,混淆了虚拟世界和现实世界之间的差别,把所有规章制度全部抛之脑后,导致自我约束力降低。

⊙ 三、大学生健康网络心理的养成

(一) 接受心理自测,了解自身网络心理健康状况

"人贵有自知之明",及时、准确地了解自身网络心理状况,是大学生养成健康网络心理的第一步,也是大学生心理健康成长的重要组成部分。一方面,大学生要适当掌握一些网络心理健康测量的工具,并能够自我测量,对网络心理的发展水平作一个初步的自我判断。另一方面,还要具有主动进行心理咨询的意识和行动,主要是能够不定期地主动向校内心理指导老师进行咨询,寻求并获得他们对于自身网络心理状况的了解和心理调适等指导。

---

① 王长海,管清华. 大学生网络成瘾的心理干预研究[J]. 教育与职业,2011(9):98.

(二)掌握基本方法,自我调适网络心理问题

对于当代大学生而言,网络已经成为人生成长不可或缺的元素,网络环境下难免会出现不同程度的心理问题。有调查显示,学生日常上网过程中主要进行的活动有学习知识(73.4%)、聊天交友(68.1%)、查找资料(61%)、网络游戏(54.9%)、看电影/电视剧/听音乐(53.3%)、查看新闻(33%)以及其他(4.3%),有76.9%的学生每天上网时长在3小时及以上,00后大学生每日上网时长相对较长,部分学生不能控制上网时间也引发了诸多的学习生活问题。[①] 可见掌握一些基本的诊疗方法,对于防治当代大学生网络心理问题具有十分积极的现实意义。

1.扩大兴趣,丰富自己的大学生活

兴趣是最好的老师,拥有广泛兴趣的大学生会拥有更多的人生体验,这也是一个人具有健康心理的条件之一。和高中生相比,大学生可供支配的时间将更多,这给大学生无节制地上网提供了便利;但同时也给他们参加更多的课余活动和社会实践,更多地扩大自己的兴趣创造了非常好的环境。因而,积极增加兴趣爱好,主动参与社会实践,多学习一些自己感兴趣的技能,让自己的课余时间变得更加多样而充实,对于降低大学生对于网络的依赖和沉迷具有非常积极的现实意义。

2.拓展现实交际圈,增加人际沟通范围

网络的虚拟性在满足了大学生网民网上娱乐消遣的同时,还能让他们在虚拟世界变换各种角色,和各种人打交道,更容易获得"事业"上的成功。这也正是导致许多大学生逃避现实、活在网络中的主要原因,这也反映了大学生在现实世界中对于人际沟通、交往等能力的严重欠缺。因此,大学生应该主动走出象牙塔,多接触了解社会,多参加学校的集体活动,比如各种学生社团、文艺演出、知识竞赛等,拓展现实交际圈,增加同学之间的交往机会,养成善于与人合作、乐于与人分享的生活态度。在充分享受现实世界中与人交往的乐趣的过程中,不仅可以掌握人际交往的方法,还能获得情感升华和人格陶冶。

3.制定上网计划,严格用网时间

有一定网瘾的大学生自控力较差,往往容易沉溺于网络而不能自拔。因此,努力增强自控能力,严格控制上网时间就显得格外重要。要做到这一点,除了需要大学生具有顽强的自控力,还要做好两件事情:一是要明确上网的任务,即在上网之前把自己此次上网的任务列出清单,带着任务有目的地上网;二是要能切实制定好每天的学习和生活计划,什么该做,什么不该做,什么时候该做什么,包括上网的次数和时长,都纳入计划。相信只要拥有毅力、恒心,严格执行计划,养成习惯,每一位大学生都可以成为自己网络的主人。

4.做好生涯规划,树立人生目标

对于每一名大学生而言,在大学阶段做好自己的生涯规划,同时树立人生目标是其核心的必修课之一,可是很多人却说大学里有时觉得无聊便上网了。曾经有一项调查显示,大学生网民上网的主要目的:第一是"聊天",第二是"网上购物",第三是"看新闻",第四是"求职",第五是"听歌"。而其中排在前三位的是与他人联系、购物、获取信息,这三位占被

---

①　林冬芝.00后大学生网络行为现状及价值引导[J].黑龙江科技.2024(15):87-89.

调查者的比例分别是 61.4％、77.7％和 67.6％。[1]显然，反观大学生的这些上网目的不难看出，只有当目标不明或者失去目标的时候才会觉得无聊，才会沉浸在网络的虚拟世界。因此迅速树立人生目标，切实做好生涯规划并全力以赴才是充实生活、调节心理、促进发展的必由之路。

(三)完善认知结构，自觉提升网络心理素质

1. 掌握网络知识，了解网络特征

(1)网络是工作、学习、生活的帮手。随着人类社会的不断发展与进步，网络这一独特的新兴媒介无时无刻不在影响着人们的生活与工作。尤其是它的信息化、虚拟化和多边性等特点，对于当代社会在人际交往、信息传播、教育消费等领域正发挥着深刻影响，网络已成为人们学习、生活的好帮手。在信息化时代，大学生必须跟上时代发展的步伐，认真学习网络相关知识，掌握网络特性。

(2)网络不是工作、学习、生活的全部。不可否认，网络是人们生存的重要方式和工具，人们离不开网络，但是无数的现实例证表明，网络也会给人们带来害处，造成困扰，因此人们需要网络但又不能迷恋网络。对于大学生来说，更要在充分认识网络的工具性、娱乐性、释放性等基本特性的同时，有针对性地驾驭和利用网络，让网络成为辅助个人成长和发展的有效工具，同时又不能只沉迷于网络而忽略了现实世界的自我发展。

2. 学习网络技能，养成良好习惯

网络技能是指利用网络辅助学习、工作的基本能力，如登录浏览器阅读信息、发送网络邮件等，运用网络了解时事、沟通交流早已成为当今社会的一种基本工作、生活方式。就像用笔写字一样，网络应用技能就是生存的一个基本技能。这是无论年龄结构和职业的不同人群，都应该具备的本领。

对于大学生而言，首先不仅需要认真掌握网络基础知识，还要能够不断更新、提升网络技能，除了掌握利用网络进行阅读、收发邮件，还要掌握使用微信、微博、QQ、论坛、视频会话等技能。其次还要树立健康的上网心态、正确的上网动机以及全面的网络价值观，养成良好的网络认知习惯。最后要能做到规范使用网络语言，遵从善恶标准，自觉维护健康的网络环境。

3. 注重理性思考，塑造健全人格

人格是指个体外在行为表现和内在心理状态、精神面貌的总体形象。健康的人格一般表现为内部心理和谐，外部社会适应的内外相谐状态，是人们心理健康与否的重要表现和衡量标准。在虚幻、多变的网络世界里，大学生很容易沉迷于数字化迷宫和动感刺激的网络空间，人格更容易受到许多负面的影响，因而如何在网络环境下塑造健全人格，养成良好心理素质，是摆在每一位大学生面前的极其重要的任务。

健全的网络人格是指个体在网络环境下能保持健全人格的一种心理状态。具体体现在以下几个方面：一是在网络中对自我的认识既现实又客观；二是社会适应性较好且现实人际关系融洽；三是情绪稳定、乐观且人格结构协调。对此，大学生更要注重理性思考，并着

---

[1] 李文辉. 大学生网民网络应用行为及心理成因研究[D].河北大学,2011:12.

重从对自身、家族、社会等方面在政治、经济和文化层面反思入手,开启自我人格塑造的新视角。

> **思政点睛**　　从"枫桥经验"依靠群众化解矛盾,到"清朗行动"亿万网民共建网络文明——中国式治网的密码,是把每个账号变成净化环境的生态细胞。当你用"碳账户"调节数字能耗,用"净水器"过滤信息毒素,就是在践行新时代网上群众路线——指尖虽小,可擎万钧。

【拓展阅读】

➤ 筑牢防诈骗心理防线

　　孩子们踏上新征程的起点,您的心中满是对未来的期许与担忧。正是这份深切的关怀,让诈骗者有了可乘之机。"好奇""贪心"与"恐惧"是诈骗者最常利用的心理弱点。通过夸大利益、制造危机感等手段,诱使您做出不理智的决定。保持一颗平和而理性的心,面对诱惑时多一分思考,面对危机时少一分慌乱,是抵御诈骗的第一道防线。

　　自我怀疑。当接收到任何涉及金钱、个人信息或敏感话题的信息时问问自己:"这个消息的来源可靠吗?""它是否符合常理?"

　　求证心理。当您对某条信息产生怀疑时,利用官方渠道、与亲朋好友讨论或咨询专业人士等方式,来核实信息的真实性。

　　熟悉了解诈骗者常用心理骗术,"钓鱼效应""羊群效应""首因效应""自己人效应""得寸进尺效应"等等。

　　提高警惕性,做到保持冷静和独立思考是我们发挥主观能动性的重要一步。

　　建立坚实的心理沟通桥梁。与家人、朋友及社区建立良好的沟通机制。当您面临不确定或疑似诈骗的情况时,与家人分享您的疑虑和感受,能够获得情感上的支持,他们的经验和观点可能帮助您更全面地分析问题;同时也能传递出对诈骗行为的警觉和防范意识,共同营造安全的家庭环境。

　　一起来学习诈骗者常用心理骗术,例如利用好奇心的"钓鱼效应"、盲目从众的"羊群效应"、树立良好形象的"首因效应"、拉近心理距离的"自己人效应"、从小钱到大钱的"得寸进尺效应"等等,所以提高警惕性,做到保持冷静和独立思考是我们发挥主观能动性的重要一步。

　　在钓鱼的时候把鱼饵放到鱼的面前,鱼就会吃,因为鱼饵是鱼爱吃的食物,如果鱼真的吃了,那很可能会走上死亡之路,这就是"钓鱼效应"。同样,如果某件事能够极大地满足大学生的内心需求(好奇、喜爱、害怕、虚荣等),那无论这件事是不是骗局,学生都很容易进入圈套。

　　羊群是一种很散乱的组织,平时在一起会盲目地左冲右撞,但一旦有一只头羊动起来,其他的羊也会不假思索地一哄而上,全然不顾前面是狼还是草,这就是"羊群效应"。

同样，人都有一种从众心理，从众心理很容易导致盲从，而盲从往往会导致学生陷入骗局。其实从众心理是一个普遍的心理现象，因为个人常常会受到外面群体的影响，而不能保持自己独立的判断，很少有人能够不从众，学生更不例外。

所以，在骗局中，诈骗者会说先拉个群吧，有事情在群里说。在刷单类的诈骗中，群里会有很多人发他们大额返利的截图，诈骗者营造一种他人也在参与的情况，利用受骗者的从众心理，让学生信以为真。

日月的光辉，在云雾的作用下向周围弥漫、扩散，形成一种光环，从而掩盖了他们其他品质或特点，这就是"晕轮效应"。

同样，学生对他人的认知判断主要是根据个人的好恶得出的，然后再从这个判断推出认知对象的其他品质。如果认知对象被标明是"好"的，就会被赋予一切"好"的品质；如果认知对象被标明是"坏"的，则会被赋予一切"坏"的品质，简单点说，就是以偏概全。

所以，当学生陷入网络情色诈骗时，对方的甜言蜜语会让自己丧失理智，以为对方体贴入微，是自己的真爱。当对方没有手机话费、路费时，自己会毫不犹豫给对方打钱，其实连对方的面都没有见过，被骗清醒之后才会自责。

一旦建立了信任关系，诈骗者会利用"自己人"的身份来提出各种要求。要警惕这种情感绑架，保持独立思考和判断。

得寸进尺效应是指诈骗者通常会从小要求开始，逐渐提出更大的要求。要警惕这种逐步升级的骗局，不要轻易接受不合理的请求。

专题十一

职业生涯　规划未来

　　人生要想成功,必须有目标。有了目标,内心的力量才会找到方向。没有目标,犹如漂荡的浮萍与迷途的羔羊,终究只是茫然而不知所措,怅然而无所作为。如果我们要建的是摩天大楼的话,还得进行科学合理的设计与规划。否则,它将无异于低矮的茅草房,只能是梦中建,醒时塌。

【身边的故事】

故事一:小王,男,某高校大四学生,从大三下学期的 5 月份开始复习考研。马上临近全国研究生考试,但是,小王越来越觉得考上的希望渺茫,每天单调度日,觉得日子过得无聊与枯燥。而且在最近的做题中,他发现近半年的复习没有一点效果,做英语历年真题时连 50 分都得不到,他很担心自己花了半年多的心血将会白费。再看看别的同学都在找工作,每当听到同学们大谈招聘会和面试的情景时,他就更坐不住了。"考研如果考不上,找工作的机会又错过了,那你说我上了四年大学岂不是白上了?"小王越想心里越不安,就越复习不进去,总想着一边找工作一边考研,可又担心鱼和熊掌不可兼得。

　　小王的烦恼,也是当前许多大学生的烦恼。面对职场对求职者越来越高的要求,很多人选择考研究生,期望从学历的层次上胜出一筹。但同时,"多读书不如早立世"的观念也在影响他们,造成了他们内心的冲突。当鱼和熊掌不可兼得的时候,需要权衡轻重缓急,从人生规划的角度对两个目标进行分析比较,做出取舍。

故事二:小华,经济管理专业学生,回顾四年大学生活,没有浪费过一天。大一时,他过了英语四级,拿到了计算机二级证书;大二时,过了英语的六级、拿到了国家励志奖学金;大三时,没有天天在学校里看经济书,开始尝试着到公司、到企事业做兼职,把所学的经济学的理论和实践结合起来;到了大四,一人身兼7家公司的岗位,经常出差,在两年的兼职生涯中学到了许多书本上没有学到的东西,同时没有因此荒废学业,以优异的成绩考上了研究生……

大学生活丰富多彩,由于目标、生活环境的变化,每个大学生会呈现出不同的生活方式和状态,因此重新确立大学的目标并坚持努力就会得到丰硕的成果。这位同学有明确的目标,清楚自己的不足和到大学里要干什么,也非常清楚地知道什么阶段要做什么事情。正是由于有目标、有方向,并对自己的不同阶段的大学生活有规划,才有了最终自己想要的结果。

【自我探索】

美国心理学家霍兰德是著名的职业指导专家,他提出了性格类型－职业匹配理论,他认为学生的性格类型、学习兴趣和将来的职业是密切相关的。他将人的性格分为六种:实际型(R)、研究型(I)、常规型(C)、管理型(E)、艺术型(A)和社会型(S)。下面的测试即霍兰德职业爱好问卷,可以帮助您发现并确定自己的职业兴趣和能力特长,从而更好地做出职业或专业的选择。

霍兰德的职业爱好问卷①

请仔细阅读下面各种类型,凭第一印象,如实作答,并在每一项特性前做好标记,凡是看起来很像你自己的项目前画√,非常不像你的项目前画×,其他的留空白。

实际型(R)

( )喜好户外、机械及体育类的活动及职业。

( )喜欢从事和事物、动物有关的工作,而不喜欢和理念、资料或成人有关的工作。

( )往往具有机械和运动员的能力。

( )喜欢塑造、重新建构和修理东西。

( )喜欢使用设备和机器。

( )喜欢看到有形的结果。

( )是个有毅力、勤勉的人。

( )缺乏创造力和原创性。

( )较喜欢用熟悉的方法做事并建立固定模式。

( )以绝对的观点思考。

( )不喜欢模棱两可。

( )较不喜欢处理抽象、理论和哲学的议题。

( )是个信奉唯物论、传统和保守的人。

---

① ［美］吉拉尔德·科瑞,辛迪·科瑞,赫迪·乔·科瑞.做个high大学生——大学生学业与生活成功全书[M].李茂兴译.北京:华龄出版社,2002:45~49.

（　　）没有很好的人际关系和语言沟通技巧。

（　　）当焦点汇聚在自己身上时会不自在。

（　　）很难表达自己的情感。

（　　）别人认为他很害羞。

研究型（I）

（　　）天生好奇且好问。

（　　）必须了解、解释及预测身边发生的事。

（　　）具有科学精神。

（　　）对于非科学、过度简化或超自然的解释持悲观、批判的态度。

（　　）对于正在做的事能全神贯注、心无旁骛。

（　　）独立自主且喜欢单枪匹马做事。

（　　）不喜欢管人也不喜欢被管。

（　　）以理论和解析的观点看事情且勇于解决抽象、含糊的问题及状况。

（　　）具有创造力和原创性。

（　　）常难以接受传统的态度及价值观。

（　　）逃避那种受到外在规定束缚的高结构化情境。

（　　）处事按部就班、精确且有条理。

（　　）对于自己的智力很有信心。

（　　）在社交场合常觉得困窘。

（　　）缺乏领导能力和说服技巧。

（　　）在人际关系方面拘谨与形式化。

（　　）通常不做情感表达。

（　　）可能让人觉得不太友善。

艺术型（A）

（　　）是有创造力、善表达、有原则性、天真及有个性的人。

（　　）喜欢与众不同并努力做个卓绝出众的人。

（　　）喜欢以文字、音乐、媒体和身体（如表演和舞蹈）创造新事物来表达自己的人格。

（　　）希望得到众人的目光和赞赏，对于批评很敏感。

（　　）在衣着、言行举止上倾向于无拘无束、不循传统。

（　　）喜欢在无人监督的情况下工作。

（　　）处事较冲动。

（　　）非常重视美及审美品位。

（　　）较情绪化且心思复杂。

（　　）喜欢抽象的工作及非结构化的情境。

（　　）在高度秩序化和系统化的情境中很难表现出色。

（　　）寻求别人的接纳和赞美。

（　　）觉得亲密的人际关系有压力而避之。

（　　）主要透过艺术间接与别人交流以弥补疏离感。

（　　）常自我省思。

社会型（S）

（　　）是个友善、热心、外向、合作的人。

（　　）喜欢与人为伍。

（　　）能了解及洞察别人的情感和问题。

（　　）喜欢扮演帮助别人的角色，如教师、调停者、顾问者和咨询者。

（　　）善于表达自己并在人群中具有说服力。

（　　）喜欢当焦点人物并乐于处在团体的中心位置。

（　　）对于生活及与人相处都很敏感、理想化和谨慎。

（　　）喜欢处理哲学问题，如人生、宗教及道德的本质和目的。

（　　）不喜欢从事与机器或资料有关的工作，或是结构严密、反复不变的任务。

（　　）和别人相处融洽并能自然地表达情感。

（　　）待人处事很圆滑，别人都认为他很仁慈、乐于助人和贴心。

管理型（E）

（　　）外向、自信、有说服力、乐观。

（　　）喜欢组织、领导、管理及控制团体活动以达到个人或组织的目标。

（　　）胸怀雄心壮志且喜欢肩负责任。

（　　）相当重视地位、权力、金钱及物质财产。

（　　）喜欢控制局面。

（　　）在发起和监督活动时充满活力和热忱。

（　　）喜欢影响别人。

（　　）爱好冒险、有冲动、行事武断且言语具有说服力。

（　　）乐于参与社交圈并喜欢与有名、有影响力的人往来。

（　　）喜欢旅行和探险，并常有新奇的嗜好。

（　　）自认为很受人欢迎。

（　　）不喜欢需要科学能力的活动以及系统化、理论化的思考。

（　　）避免从事需要注意细节及千篇一律的活动。

常规型（C）

（　　）是个一板一眼、固执、脚踏实地的人。

（　　）喜欢做抄写、计算等遵行固定程序的活动。

（　　）是个可依赖、有效率且尽责的人。

（　　）希望拥有隶属于团体和组织的安全感且做个好成员。

（　　）具有身份地位的意识，但通常不渴望居于高层领导地位。

（　　）知道自己该做什么事时，会感到很自在。

（　　）倾向于保守和遵循传统。

（　　）遵循别人所期望的标准及他所认同的权威人士的领导。

（ ）喜欢在令人愉快的室内环境工作。

（ ）重视物质享受和财物。

（ ）有自制力并有节制地表达自己的情感。

（ ）避免紧张的人际关系，喜欢随兴的人际关系。

（ ）在熟识的人群中才会自在。

（ ）喜欢有计划地行事，较不喜欢打破惯例。

【评分与结果解释】

类型	实际型(R)	研究型(I)	艺术型(A)	社会型(S)	管理型(E)	常规型(C)
√个数						
排序						

然后根据(√)、(×)及各类型的一般描述，选出一种最像你的类型，虽然可能没有一种类型可以完全准确地描述你，但总有一个比其他类型看起来更适合你的，最后依照从高到低依次排出你的六种类型的(√)、(×)的项目数，思考什么职业最适合于你。

六种类型的典型特点分析[①]：

（1）实际型(R)

他们喜欢有规则的具体劳动和需要基本技术的工作，愿意使用工具从事操作性工作，此类人擅长技能性职业、技术性职业，动手能力强，做事手脚灵活，动作协调，但往往缺乏社交能力，通常喜欢独立做事。他们粗犷、强壮和务实，能吃苦，倾向于以简单的观点看待事物和世界。适合的职业，如技术性职业（计算机硬件人员、摄影师、制图员、机械装配工）、技能性职业（木匠、厨师、技工、修理工、农民、一般劳动）。

（2）研究型(I)

他们喜欢智力的、抽象的、分析的、推理的、独立的定向任务。他们求知欲强，肯动脑，善思考，不愿动手。喜欢独立的和富有创造性的工作，不愿受人督促，对自己的学识与能力充满自信。考虑问题理性，做事喜欢精确，喜欢逻辑分析和推理，不断探讨未知的领域，但往往缺乏领导力，此类人擅长科学研究和实验工作。适合的职业，如科学研究人员、教师、工程师、电脑编程人员、医生、系统分析员。

（3）常规型(C)

他们尊重权威和规章制度，喜欢有系统、有条理的工作，习惯接受他人的指挥和领导，具备安分守己、务实、友善和服从的特点，通常较为谨慎和保守，缺乏创造性，不喜欢冒险和竞争，富有自我牺牲精神。适合的职业，如秘书、办公室人员、记事员、会计、行政助理、图书馆管理员、出纳员、打字员、投资分析员。

（4）管理型(E)

他们喜欢竞争，乐于使他们的言行对团体行为产生影响，追求权力、权威和物质财富，具有

---

① 段鑫星，赵玲.大学生心理健康教育[M].北京：科学出版社，2008：201～202.

领导才能。为人务实,习惯以利益得失、权利、地位、金钱等来衡量做事的价值,做事有较强的目的性。自信心强,善于说服别人,性格外向,喜欢担任领导角色,具有支配和使用语言的技能,但缺乏耐心和科研能力。适合的职业,如项目经理、销售人员、营销管理人员、政府官员、企业领导、法官、律师。

(5)艺术型(A)

他们有创造力,乐于创造新颖、与众不同的成果,喜欢通过艺术作品来表达自己的思考和情意,表现自己的个性,实现自身的价值。做事理想化,追求完美,不重实际,爱想象,感情丰富,不顺从。具有一定的艺术才能和个性,但往往缺乏办事员的能力。适合的职业,如艺术方面(演员、导演、艺术设计师、雕刻家、建筑师、摄影家、广告制作人),音乐方面(歌唱家、作曲家、乐队指挥),文学方面(小说家、诗人、剧作家)。

(6)社会型(S)

他们喜欢社会交往,喜欢有组织的工作。关心社会问题、渴望发挥自己的社会作用。寻求广泛的人际关系,比较看重社会义务和社会道德。对教育活动感兴趣,但往往缺乏机械能力。喜欢要求与人打交道的工作,能够不断结交新的朋友,从事提供信息、启迪、帮助、培训、开发或治疗等事务,并具备相应能力。适合的职业,如教育工作者(教师、教育行政人员),社会工作者(咨询人员、公关人员)。

【体验训练】

活动一:生涯幻游——仰望星空,脚踏实地

一、活动目的

通过对过去曾有过的所有职业梦想进行恢复,并对五年后的某一天进行展望,进行思考,了解未来其实是在自己的脚下。

静心体会,在心中编织一个未来,有梦才有明天。

二、活动操作

1. 找一个安静的地方,让自己的心情足够平静。

2. 现在来想象一下未来3年、5年、10年后的自己将变成怎样的一个人。那时的你在哪里做什么呢?5年后的某一天,感觉一下那时的生活……准备好了吗?让我们一起进入未来生涯。

想象你已经来到未来5年后的世界,在5年后的某一天……你刚刚醒来。你在哪儿……?你听到什么……?闻到什么……?你还感觉到什么……?有人与你在一起吗……?是谁……?

现在,你已起床了,下一步要做些什么……?现在,你正在穿衣服,请注意,你穿些什么……?

现在,你正要去某个地方,是什么地方呢……?你对这地方的感觉如何……?在这儿你要做些什么……?旁边有人吗……?有的话,与你是什么关系……?你要在这逗留多久?

现在,你回家了,有人欢迎你吗……? 回家的感觉怎样……? 你准备去睡了。回想这一天,你感觉如何……? 你希望明天也是如此吗……? 你对这种生活感觉究竟如何……? 过一会儿,请你回到现在,回到现实中来。

3. 请与同学或朋友分享幻游中的所见所闻所感。

三、相关讨论

1. 在与别人分享时,你对于别人的生活有何看法?

2. 你喜欢自己的生活还是羡慕别人的生活?

3. 要如何实现自己理想的生活呢? 你的理想与现实能配合吗?

虽然5年距离现在还有一段时间,但未来的生活其实就在脚下,思考未来,有助于自己去反省现在,并找到自己的生活目标。让我们提起青春的裙角,为梦想、为更好的人生共舞吧!

活动二:书写我的生涯规划书

总论(引言)

在今天这个人才竞争的时代,职业生涯规划是就业争夺战中的另一重要利器。对于每一个人而言,职业生命是有限的,如果不进行有效的规划,势必会造成时间和精力的浪费。作为当代的大学生,若是一脸茫然踏入这个竞争激烈的社会,怎能使自己占有一席之地? 因此,我们要为自己拟定一份职业生涯规划。有目标才有动力和方向。所谓"知己知彼,百战不殆",在认清自己的现状的基础上,认真规划一下自己的职业生涯。

有效的职业生涯设计必须是在充分且正确认识自身条件与相关环境的基础上进行的。

一、认识自我

结合相关的人才测评报告对自己进行全方位、多角度的分析。

1. 个人基本情况	回答问题1:Who are you? "我是谁?"(学历、所学专业、兴趣、爱好、动机、能力、特长、技能等) _____
2. 职业爱好	回答问题2:What do you want? "我想干什么?" _____ 在我的霍兰德职业爱好问卷中,前三项是: 1. _____型(____分) 2. _____型(____分) 3. _____型(____分) 我的具体情况是_____
3. 自我分析小结	

二、职业生涯条件分析

参考霍兰德职业爱好问卷建议,对影响职业选择的相关外部环境进行了较为系统的分析。

回答问题3：What can support you? "环境支持或允许我干什么？" _____

家庭环境分析	1. 经济状况	
	2. 家人期望	
	3. 家族文化	
	4. 人际关系	
	5. 其他	
校园环境分析	1. 学校及特色	
	2. 学院(系)、专业	
	3. 班级、寝室	
	4. 实践经验	
	5. 其他	
社会环境分析	1. 就业形势	
	2. 就业政策	
	3. 竞争对手	
	4. 其他	
职场环境分析	1. 行业分析	
	(1) 行业现状及发展趋势	
	(2) 人业匹配情况	
	2. 职业分析	
	(1) 职业的工作内容	
	(2) 职业的工作要求	
	(3) 职业的发展前景	
	(4) 人岗匹配分析	
	3. 单位分析	
	(1) 单位的发展前景	
	(2) 单位的组织机构	
	4. 地域分析(单位所在城市)	
	(1) 文化特点	
	(2) 气候水土	
	(3) 人际关系	
	5. 其他	
职业生涯条件分析小结		

三、职业目标定位及其分解组合

（一）个人职业发展内外部环境 SWOT 分析

综合第一部分（自我分析）及第二部分（职业生涯条件分析）的主要内容得出本人职业定位的 SWOT 分析：

SWOT 分析中的四个英文字母分别代表：优势（Strength）、劣势（Weakness）、机会（Opportunity）、威胁（Threat）。其中，优势与劣势是对自身条件的分析，机会与威胁是对外部环境的分析。

	优势因素（S）	劣势因素（W）
内部环境因素		
	机会因素（O）	威胁因素（T）
外部环境因素		
分析		

SWOT 分析注解：

(1) 对个人自身条件的优势与劣势可从以下这些项进行分析：

① 职业爱好：自己喜欢与不喜欢做的事情；

② 学习能力：学习速度、学习深度、擅长的学科；

③ 工作态度：对工作执着上进的程度；

④ 与人交往能力：交往意愿、交往范围、交往深度、合作经验；

⑤ 自己的资金、家庭、朋友的支持程度。

(2) 对外部环境的机会与威胁可从以下这些项进行分析：

① 国际环境：行业的开放性、外资情况、全球经济情况；

② 国内环境：政策导向、人口结构、GDP；

③ 所在的具体地区或城市情况；

④ 学校的情况、专业的情况；

⑤ 行业情况：行业特性、行业景气度、行业发展趋势、竞争程度、上下游产业价值链；

⑥ 企业的发展状况：老板、高级管理者、企业文化和制度、产品和市场、竞争对手；

⑦ 岗位就业情况：岗位发展趋势、竞争程度、待遇水平。

SWOT 分析是每位大学生职业规划必做的作业，虽然有点抽象，有点难度，但花些时间与精力把这份作业做好了，在整个职业生涯中都会受益无穷。

（二）个人职业发展定位

个人职业目标	将来从事＿＿＿＿＿＿＿＿＿＿＿＿＿＿行业 将来从事＿＿＿＿＿＿＿＿＿＿＿＿＿＿职业
职业发展策略	进入＿＿＿＿＿＿＿＿＿＿＿＿类型的组织 到＿＿＿＿＿＿＿＿＿＿＿＿＿＿地区发展
职业发展路径	走技术路线□ 走管理路线□ 其他□＿＿＿＿＿＿＿＿＿＿＿＿＿＿＿

（三）职业目标的分解与组合

把职业目标分成三个规划期，即近期规划、中期规划和远期规划，并对各个规划期及其要实现的目标进行分解。

职业生涯规划总表

计划名称	时间跨度	总目标	分目标	计划内容	策略和措施	备　注
短期计划 （大学计划）						
中期计划 （毕业后五年计划）						
长期计划 （毕业后十年或以上计划）						

具体路径：××员—初级××—中级××—高级××

四、具体执行计划

回答问题 5：What is the plan of my career and life? "我的职业与生活规划是什么？"	
名　称	短期计划（现在—大学毕业）
时间段	从　　年　　月～　　年　　月
主要总目标	
细分目标	
计划内容	
策略与措施	
备　注	
名　称	中期计划（大学毕业—毕业后五年）
时间段	从　　年　　月～　　年　　月
主要总目标	
细分目标	
计划内容	
策略与措施	
备　注	

名　称	长期计划（毕业后十年或以上计划）
时间段	从　　年　　月～　　年　　月
主要总目标	
细分目标	
名　称	长期计划（毕业后十年或以上计划）
计划内容	
策略与措施	
备　注	
名　称	人生总目标
具体内容	

五、评估调整

职业生涯规划是一个动态的过程，必须根据实施结果的情况以及变化情况进行及时的评估与修正。如果发生何种情况，个人需要考虑重新选择职业？个人职业发展的备选方案是什么？为什么？

1. 评估的内容

职业目标评估	是否需要重新选择职业	（假如一直……那么我将……）
职业路径评估	是否需要调整发展方向	（当出现……的时候，我就……）
实施策略评估	是否需要改变行动策略	（如果……我就……）
其他因素评估	身体、家庭、经济状况以及机遇、意外情况的及时评估	

2. 评估的时间

在一般情况下，定期（半年或一年）评估规划。当出现特殊情况时，要随时评估并进行相应的调整。

3. 规划调整的原则：因时而动，随机应变。

六、职业生涯规划小结

任何目标只说不做，到头来都会是一场空。然而，现实是未知多变的，定出的目标计划随时都可能遭遇问题，要求有清醒的头脑。一个人，若要获得成功，必须拿出勇气，付出努力、拼搏、奋斗。成功，不相信眼泪；未来，要靠自己去打拼！实现目标的历程需要付出艰辛的汗水和不懈的追求，不要因为挫折而畏缩不前，不要因为失败而一蹶不振；要有屡败屡战的精神，要有越挫越勇的气魄。成功最终会属于你，每天要对自己说："我一定能成功，我一定按照目标的规划行动，坚持直到胜利的那一天。"既然认准了是正确的，就要一直走下去。

在这里，这份职业生涯规划范文也差不多进入尾声了，然而，我真正的行动才刚刚开始。现在我要做的是，迈出艰难的一步，朝着这个规划的目标前进，要以满腔的热情去获取最后的胜利。

【知识链接】

一、职业生涯规划的类型

一个人的职业生涯贯穿一生,是一个漫长的过程。按照规划的时间维度,职业生涯规划可以分为短期规划、中期规划、长期规划和人生规划4种类型。

1. 短期规划

指两年以内的规划。主要是确定近期目标,规划近期应完成的任务。如计划两年内熟悉新公司的规则,融合到企业文化中,花一定的时间与同事、领导沟通,向过来人学习。

2. 中期规划

一般涉及2～5年的职业目标和任务,是最常用的一种职业生涯规划。例如,3年后要成为部门经理,完成相应的业绩,以及为了实现此目标而参加培训。

3. 长期规划

指5～10年的规划。主要是设定较长远目标,如35岁时成为分公司经理,掌握更大的权力,以及为此目标所应采取的具体措施。

4. 人生规划

整个职业生涯的规划时间长至40年左右。它是设定整个人生的发展目标和阶梯。

由此看来,职业生涯规划从短期到中期,再到长期,直至整个人生规划,如同将要拾级而上的台阶,一步步发展。但实际操作中,时间跨越太长或太短的规划都不利于自身发展。所以,一般提倡职业生涯规划掌握在2—5年比较好。这样既便于根据实际情况设定可行目标,又便于随时根据现实的反馈进行修正和调整。

二、大学生职业生涯规划常见误区及对策[①]

制定职业生涯规划可以把一个人一生有限的时间和精力有效地集中起来,用在最合适的地方,从而获得事业的成功和人生价值的最高体现,给人们提供实现人生抱负、贡献社会的最高平台。现在很多高校都提倡和引导在校大学生进行职业生涯规划,但是,在规划的同时,有部分学生也很容易闯进职业生涯规划认识的误区。

误区1:职业生涯规划没有必要

不合理认识:有部分学生认为没有必要对自己进行生涯规划。他们有的认为"船到桥头自然直,更何况现代的社会变化太快,计划赶不上变化,规划了意义也不大";有的同学认为"那些需要取得巨大成功的人才需要规划,我只想做个平凡的人,不想有一番大的作为,规划对我来说没有什么必要";还有同学认为"我现在学习这么忙,与其去花时间规划,还不如多花点时间学点科学文化知识来得实际"。

合理认识:生涯规划的目的不在于短时间内做决定,也不在于很快地找到自己的人生目标,而在于对自我和环境的不断探索,同时在不断探索的过程中不断成长,更有意识地发挥自我潜能,实现自我价值。正是由于社会变化太快,生涯规划才更加重要,只有充分认识现代社会的变化趋势,才能给自己创造一个更加广阔的空间。生涯规划是不分贵贱的,它属于每一个踏实的人,对于自己的未来,不怕做不到,就怕想不到,如果不积极地去规划和准备自己的人

① http://wenku.baidu.com/view/8952ea4169eae009581bec60.html

生,随着社会日益激烈的竞争,可能连平凡人都做不了。俗话说"磨刀不误砍柴工",如果把人的一生比作砍树,那么与其花很大的力气去漫无目的地砍树,不如先研究树的纹理和结构,把刀磨好了,看似砍树晚一点,但是却可以更快、更好地完成砍树的任务。

误区 2:职业生涯规划到临近毕业时再做也不迟

不合理认识:有的同学认为在校期间的主要任务是学习,同时还可以参加多种多样的校园文化活动,至于职业生涯规划,那是找工作时候才需要考虑的,到临近毕业的时候再做也不迟。

合理认识:现代社会需要全面的高素质人才,在日趋激烈的社会竞争下,就业形势不容乐观,这就要求大学生在大一刚入学时就对自己做职业生涯规划。一方面,通过职业规划,将自己的专业、兴趣和特长与将来的职业做匹配,在校学习期间充分地取长补短,确定符合自己兴趣和特长的生涯路线,选择合适自己发展的职业;另一方面,加强自身的内涵建设,提高自己的职业素养、价值观等,以便更好地适应社会的需求。

误区 3:我一定要马上决定

不合理认识:有的同学看到别人早早地有了自己的规划和目标,而自己却一直举棋不定,觉得这是自己懦弱、不成熟的表现,从而强迫自己"抓紧"下个决定。

合理认识:职业生涯规划不是一蹴而就的,它是一个漫长的过程,不立即做决定不是懦弱和不成熟的表现,它反而更需要我们不断地思考,它需要在了解自我、了解环境、了解社会等的前提下,充实和储备人生资源,抓住合适的机会再作最好的选择。

误区 4:做了决定之后,绝不能后悔

不合理认识:有的同学认为好不容易选择了一个专业或职业,就不能改变它,否则就前功尽弃了。

合理认识:职业生涯规划需要根据现实情况做评估、调整和修正,一旦发现规划与现实相冲突又很难继续下去,那么就要做及时的调整,不断地总结经验教训,为实现最终的理想和目标而努力奋斗。

误区 5:以后就不用了

不合理认识:有的同学认为现在趁着大学里的空余时间多,多花些时间和精力去做生涯规划,以后就可以不用规划了。

合理认识:由于时代在变,周围的环境在变,而且自我也在变,所以对环境及自我的探索不是一劳永逸的。生涯规划需要根据完成情况不断地反馈与调整。正确的生涯规划是盯紧近期目标,远望长期目标,在必要时及时调整中长期目标。

三、职业生涯规划的流程①

要做好职业生涯规划就必须按照职业生涯设计的流程,认真做好每个关节。职业生涯规划的具体步骤概括起来主要有以下几个方面。

1. 确定志向

志向是事业成功的基本前提,没有志向,事业的成功也就无从谈起。俗话说:"志不立,天下无可成之事。"综观古今中外,各行各业的佼佼者都有一个共同的特点,就是具有远大的志向。立志是人生的起跑点,反映着大学生的理想、信念、情趣和价值观,影响着一个人的奋斗目

---

① http://wenku.baidu.com/view/89beaaef102de2bd9605888a.html

标和成就。所以,大学生在制定生涯规划时,首先要确立志向,这是制定职业生涯设计的关键,也是生涯设计最重要的一点。

2. 准确地自我评估

准确地自我评估就是要全面地了解自己。既不能过分地评价自己,也不能过低地评价自己。要正确客观地审视自己、认识自己、了解自己,做好准确的自我评估,包括自己的兴趣、特长、性格、学识、技能、智商、情商、思维方式等,清楚自己的优势与特长,劣势与不足。

3. 环境评价

生涯环境评估也称生涯机会评估,主要是指预测内外环境因素对自己职业生涯发展的影响,把握环境因素的优势与限制,了解本专业、本行业的地位、形式及发展趋势。

4. 设定生涯目标

职业生涯目标的设定,是职业生涯规划的核心。职业生涯目标的确定,就是明确自己想成为一个什么样的人,在行政上达到某一级别,担任某一职务,在专业技术上达到某一职称,成为某一领域专家。明确、正确的职业生涯目标是职业生涯发展的关键,有效的生涯规划需要切实可行的目标,以便排除不必要的犹豫和干扰,全心致力于目标的实现。

5. 生涯路线选择

职业生涯路线,是指确定生涯目标后,往哪一条路线发展,即是向行政政治路线发展,还是向专业技术路线发展,或是先走技术路线再转向行政政治路线。由于发展路线不同,对职业发展的要求也不相同。大学生应学会选择,以确定自己的最佳职业生涯路线。

6. 制定行动计划与措施

制定行动计划与措施是指为实现职业生涯目标,制定相应的措施方案,以实际的行动予以落实。要把目标转化成具体的方案和措施,分阶段进行。

7. 评估、反馈与修正

大学生在实现职业生涯的过程中有意识地收集相关的信息和评价,不断总结经验和教训,自觉地修正对自我的认知,适时地调整职业目标。

上述流程可用图 11 - 1 来表示:

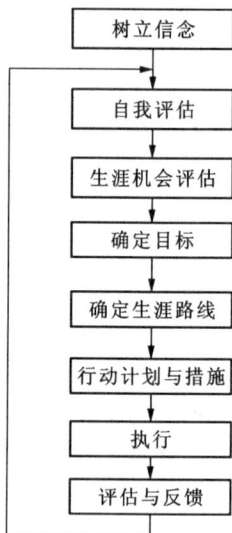

图 11 - 1

四、大学生职业生涯规划的方法

职业生涯规划的方法众多,近年来比较热门的是以下两种方法。

1. SWOT 决策分析法

SWOT 分析是市场营销管理中经常使用的功能强大的分析工具:S 代表 strength(优势),W 代表 weakness(弱势),O 代表 opportunity(机会),T 代表 threat(威胁)。其中,S、W 是内部因素,O、T 是外部因素。

SWOT 分析是一个职业决策非常有用的工具。如果你对自己做个细致的 SWOT 分析,那么,你会很明了地知道自己的个人优点和弱点在哪里,并且你会仔细地评估出自己所感兴趣的不同职业道路的机会和威胁所在。

一般来说,在进行 SWOT 分析时,应遵循以下四个步骤:

（1）评估自己的长处和短处

我们每个人都有自己独特的价值观、性格、兴趣和能力。在当今分工非常细的市场经济里，每个人擅长于某一领域，而不是样样精通。有些人不喜欢整天坐在办公桌旁，而有些人则一想到不得不与陌生人打交道时，心里就发麻，惴惴不安。可以列表写出你自己喜欢做的事情和你的长处所在。同样，通过列表，你可以找出自己不是很喜欢做的事情和你的弱势。找出你的短处与发现你的长处同等重要，因为你可以基于自己的长处和短处做两种选择：一是努力去改正你常犯的错误，提高你的技能，二是放弃那些对你不擅长的技能要求很高的职业。列出你认为自己所具备的很重要的强项和对你的职业选择产生影响的弱势，然后再标出那些你认为对你很重要的强、弱势。

（2）找出你的职业机会和威胁

我们知道，不同的行业（包括这些行业里不同的公司）都面临不同的外部机会和威胁，所以，找出这些外界因素将助你成功地找到一份适合自己的工作是非常重要的，因为这些机会和威胁会影响你的第一份工作和今后的职业发展。如果公司处于一个常受到外界不利因素影响的行业里，很自然，这个公司能提供的职业机会将是很少的，而且没有职业升迁的机会。相反，充满了许多积极的外界因素的行业将为求职者提供广阔的职业前景。请列出你感兴趣的一两个行业，然后认真地评估这些行业所面临的机会和威胁。

（3）提纲式地列出今后五年内你的职业目标

仔细地对自己做一个 SWOT 分析评估，列出你从学校毕业后五年内最想实现的三个职业目标。这些目标可以包括：你想从事哪一种职业，或者你希望自己拿到的薪水属哪一级别。请时刻记住：你必须竭尽所能地发挥出自己的优势，使之与行业提供的工作机会完满匹配。

（4）提纲式地列出一份今后五年的职业行动计划

这一步主要涉及一些具体的东西。请你拟出一份实现上述第三步列出的每一目标的行动计划，并且详细地说明为了实现每一目标，你要做的每一件事，何时完成这些事。如果你觉得你需要一些外界帮助，请说明你需要何种帮助和你如何获取这种帮助。举个例子，你的个人 SWOT 分析可能表明，为了实现你理想中的职业目标，你需要进修更多的管理课程，那么，你的职业行动计划应说明你何时进修这些课程。你拟订的详尽的行动计划将帮助你做决策。诚然，做此类个人 SWOT 分析会占用你的时间，而且还需认真地对待，但是，详尽的个人 SWOT 分析却是值得的，因为当你做完详尽的个人 SWOT 分析后，你将有一个连贯的、实际可行的个人生涯策略供你参考。在当今竞争白热化的市场经济社会里，拥有一份挑战和乐趣并存、薪酬丰厚的职业是每一个人的梦想，但并不是每一个人都能实现这一梦想。因此，为了使你的求职和个人职业发展更具有竞争性，请花一些时间界定你的个人优势和弱势，然后制定一份策略性的行动计划，务必保证有效地完成它，你的职业成功并不是遥不可及的！

2. 平衡单法

"决策平衡单"（decision-making balance sheet）经常被应用于问题解决模式和职业咨询中，用以协助咨询者有系统地分析每一个可能的选项，判断分别执行各选项的利弊得失，然后依据其在利弊得失上的加权计分排定各个选项的优先顺序，以执行最优先或偏好的选项。其在职业咨询中实施的程序主要有下列步骤：

（1）列出可能的职业选项：咨询者首先需在平衡单中列出有待深入评量的潜在职业选项

三至五个。

（2）判断各个职业选项的利弊得失：平衡单中提供咨询者思考的重要得失集中于四个方面，分别是自我物质方面的得失、他人物质方面的得失、自我赞许（精神方面）的得失、他人赞许（精神方面）的得失。详如下表所示。咨询者可依据重要的得失方面，逐一检视各个职业选项，并以"＋5"至"－5"的十一点量表（＋5，＋4，＋3，＋2，＋1，0，－1，－2，－3，－4，－5）来衡量各个职业选项。

（3）各项考虑因素的加权计分：咨询者在各个方面的利弊得失之间，会因身处于不同情境而有不同的考量。因此，在详细列出各项考虑层面之后，须再进行加权计分。即对当时个人而言，重要的考虑因素可乘以一至五倍分数（＊5），依次递减。

（4）计算出各个职业选项的得分：咨询者须逐一计算各个职业选项在"得"（正分）与"失"（负分）的加权计分与累加结果，并计算各个生涯选项的总分。

（5）排定各个职业选项的优先顺序：最后，依据各职业选项在总分上的高低，排定优先次序（如表）。职业选项的优先次序即可作为咨询者职业生涯决策的依据。

平衡单中的得失层面

（1）自我物质方面的得失（utilitarian gains and losses for self）

A. 经济收入；

B. 工作的困难度；

C. 工作的兴趣程度；

D. 选择工作任务的自由度；

E. 升迁机会；

F. 工作的稳定、安全；

G. 从事个人兴趣的时间（休闲时间）

H. 其他（如社会生活的限制或机会、对婚姻状况的要求、工作上接触的人群类型等）

（2）他人物质方面的得失（utilitarian gains and losses for others）

A. 家庭经济收入；

B. 家庭社会地位；

C. 与家人相处的时间；

D. 家庭的环境类型；

E. 可协助组织或团体（如福利、政治、宗教等）；

F. 其他（如家庭可享有的福利）

（3）自我赞许（精神）得失（self－approval or disapproval）

A. 因贡献社会而获得自我肯定感；

B. 工作任务合乎伦理道德的程度；

C. 工作涉及自我实现的程度；

D. 工作的创意发挥和原创性；

E. 工作能提供符合个人道德标准的生活方式的程度；

F. 达成长远生活目标的机会；

G. 其他（如乐在工作的可能性）

（4）他人赞许（精神）的得失（approval or disapproval from others）

A. 父母；

B. 朋友；

C. 配偶；

D. 同事；

E. 社区邻里；

F. 其他（如社会、政治或宗教团体）

案例：张晓红的生涯决策平衡单

基本情况：高校大三学生，国际对外贸易专业，她对于考研、英文记者、导游三个选择举棋不定。

决策平衡单

考虑因素 / 选择项目	权重 −5～+5	选择一 研究生		选择二 英文记者		选择三 导游	
		(+)	(−)	(+)	(−)	(+)	(−)
个人物质方面的得失 1. 个人收入 2. 未来发展 3. 休闲时间 4. 对健康的影响							
他人物质方面的得失 1. 家庭收入 2. 家庭地位							
个人精神方面得失 1. 创造性 2. 多样性和变化性 3. 影响和帮助他人 4. 自由独立 5. 被认可 6. 挑战性 7. 应用所长 8. 兴趣的满足							
他人精神方面得失 1. 父亲 2. 母亲 3. 男朋友 4. 老师							
总 分							

五、职业生涯彩虹图

1. 生涯彩虹图（Life-careerrainbow）[1]

著名职业生涯规划大师（Donald E.Super）于1976～1979年间提出生活广度、生活空间的生涯发展观。他认为人的一生所扮演的角色，从孩童、学生、上班族、社会公民，直到为人父母，角色的转换与多种角色的扮演，就像天上的彩虹般，色彩丰富而迷人。舒伯创造性地描绘出一个多重角色生涯发展的综合图形——"生涯彩虹图"，形象地展现了生涯发展的时空关系，更好地诠释了生涯的定义。在生涯彩虹图中，纵向层面代表的是纵观上下的生活空间，是由一组职位和角色所组成，具体分成子女、学生、休闲者、公民、工作者、持家者六个不同的角色，他们交互影响交织出个人独特的生涯类型。

他认为在个人发展历程中，随年龄的增长而扮演不同的角色，图的外圈为主要发展阶段，内圈阴暗部分的范围长短不一，表示在该年龄阶段各种角色的分量；在同一年龄阶段可能同时扮演数种角色，因此彼此会有所重叠，但其所占比例分量则有所不同。

根据舒伯的看法，一个人一生中扮演的许许多多角色就像彩虹同时具有许多色带。舒伯将显著角色的概念引入了生涯彩虹图。他认为角色除与年龄及社会期望有关外，与个人所涉入的时间及情绪程度都有关联，因此每一阶段都有显著角色。

2. 生涯彩虹图的解析

（1）横贯一生的彩虹——生活广度在一生生涯的彩虹图（如图11-2）中，横向层面代表的是横跨一生的生活广度。彩虹的外层显示人生主要的发展阶段和大致估算的年龄：成长期（约相当于儿童期）、探索期（约相当于青春期）、建立期（约相当于成人前期）、维持期（约相当于中年期）以及衰退期（约相当于老年期）。在这五个主要的人生发展阶段内，各个阶段还有小的阶段，舒伯特别强调各个时期的年龄划分有相当大的弹性，应依据个体的不同情况而定。

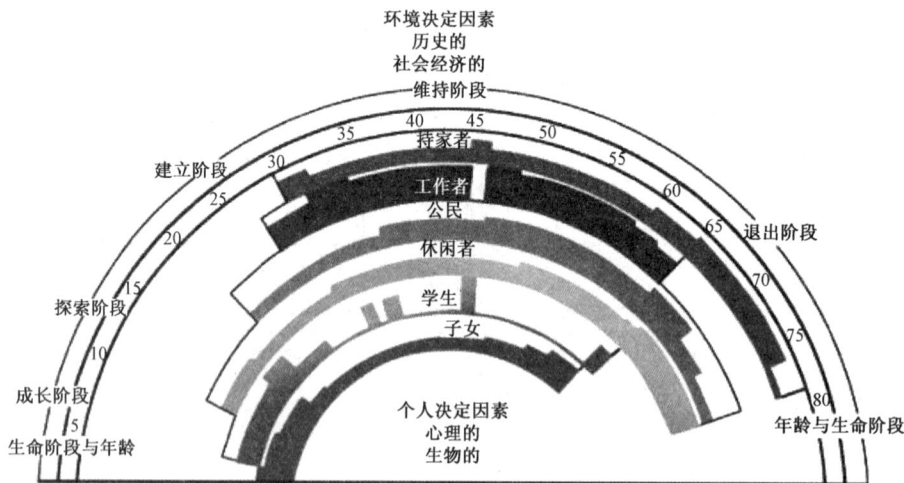

图 11-2

① 陈娜,徐颖.高职大学生心理素质模块训练[M].北京:航空工业出版社,2012:72～71.

　　(2) 纵贯上下的彩虹——生活空间在一生生涯的彩虹图中,纵向层面代表的是纵贯上下的生活空间,由一组职位和角色所组成。舒伯认为人在一生当中必须扮演九种主要的角色,依次是:儿童、学生、休闲者、公民、工作者、夫妻、家长、父母和退休者。各种角色之间是相互作用的,一个角色的成功,特别是早期的角色如果发展得比较好,将会为其他角色提供良好的关系基础。但是,在一个角色上投入过多的精力,而没有平衡协调各角色的关系,则会导致其他角色的失败。在每一个阶段对每一个角色投入程度可以用颜色来表示,颜色面积越多表示该角色投入的程度越多,空白越多表示该角色投入的程度越少。

　　图 11-2 为某位来访者为自己所勾画的生涯彩虹图。半圆形最中间一层,儿童的角色在 5 岁以前是涂满颜色的,之后渐渐减少,8 岁时大幅度减少,一直到 45 岁时开始迅速增加。此处的儿童角色,其实就是为人子女的角色,因而这个角色一直存在。早期个体享受被父母养育照顾的温暖,随着成长成熟,慢慢开始同父母平起平坐,而在父母年迈之际,则要开始多花费一些心力来陪伴、赡养父母。

　　第二层是学生角色。在这个案例中,学生角色从四五岁开始,10 岁以后进一步增强,20 岁以后大幅减少,25 岁以后便戛然而止。但在 30 岁以后,学生角色又出现,特别是 40 岁出头时,学生角色竟然涂满了颜色,但 2 年后又完全消失,直到 65 岁以后。这是由于处于现代科技发展日新月异、知识爆炸的社会,青年在离开学校、工作一段时间之后,常会感到自身学习已不能满足工作需要,需要重回学校以进修的方式来充实自我。也有一部分人甚至等到中年,儿女长大之后,暂离开原有的工作,接受更高深的教育,以开创生涯的"第二春"。学生角色在 35 岁、40 岁、45 岁左右凸显,正是这种现象的反映。

　　第三层是休闲者角色。这一角色在前期较平衡地发展,直到 60 岁以后迅速增加,也许有人会惊讶舒伯把休闲者角色列入生涯规划的考虑之中。其实,平衡工作和休闲是一项非常重要的任务,特别是在如此快节奏、高效率的社会中,正如图中的空白也构成画面一样,休闲是我们维持身心健康的一种重要手段。

　　第四层是公民。本案例角色从 20 岁开始,35 岁以后得到加强,65～70 岁达到顶峰,之后慢慢减退。公民的角色,就是承担社会责任、关心国家事务的一种责任和义务。

　　第五层是工作者的角色。该当事人的工作角色从 26 岁左右开始,颜色阴影几乎填满了整个层面,可见当事人对这一角色相当认同。但在 40 多岁时,工作者的角色完全消失。对比其他角色,不难发现,这一阶段,学生角色和持家者角色都有不同程度的增强。两三年后,学生角色变弱时,持家者角色的投入程度恢复到平均水平,而工作者的角色又被颜色涂满,直至 60 岁以后开始减少,65 岁终止工作者角色。

　　第六层是持家者角色,这一角色可以拆分夫妻、父母、(外)祖父母等角色,然后分别作图。此处家长的角色从 30 岁开始,头几年精力投入较多,之后维持在一个适当水平,一直到退休以后才加强了这一角色。76～80 岁几乎没有了持家者的角色。虽然个体的生涯过程中还可能承担其他角色,但对于大多数人来说,上述这些是最基本的角色。在使用"生涯彩虹图"时,个体可根据自身情况,在此图的基础上进行适当调整。

从钱学森归国筑航天基石，到黄文秀用生命丈量扶贫路——中国崛起的密码，是无数个体将职业生命熔铸成国家筋骨。当你用"罗盘"校准私利与公需的平衡，用"扎根护照"收藏泥土里的勋章，就是在书写新时代的"职业史记"——以专业之犁，耕时代之田。

【经典心理实验】

蔡格尼克效应

心理学家蔡格尼克（Zeigarnik）曾做过的一个有趣实验：他要求一些参加实验的人去完成20件指定的工作，其中半数工作最终允许其完成，而另一半的工作则中途人为地加以阻止，使其无法完成。当这些人完成实验任务后，要求他们对所做的工作进行回忆。实验结果发现参加实验的人对未完成工作的回忆要优于对已完成工作的回忆，前者的回忆量几乎是后者的两倍。

心理学把这种现象称为"蔡格尼克效应"，是指人们对于尚未处理完的事情比已处理完成的事情印象更加深刻。

人类有追求完美的倾向，有时甚至是强迫自己追求完美。这使得我们有时会无法容忍一些没有完成的事情，以至于让那些没做完的事情给自己造成压力。但更现实的是，并非所有事情对我们或我们的工作都如此重要，事情也并非因为没有被做完而变得更加重要。因此，时常停下来思考什么是我们需要花更多时间来完成的事情很重要。

【拓展阅读】

➤ 心灵书籍——《生涯线 7 大策略，重塑你的职业生涯》[①]

最近迷上了关于生涯那些事，今天将第一本书《生涯线 7 大策略，重塑你的职业生涯》主要内容分享给大家，先来几句"鸡汤"吧！

不要总是选择容易的事情，因为它并不一定有助于你长期的生涯线。

不要为了短期的优势而选择新工作，新工作必须有利于你的职业生涯和生涯线的下一步。

逆风而行可能会减缓你的前进速度，但你不能让阻力阻碍自己去实现目标和梦想。

生涯线七大策略：

策略 1. 接受真话，寻求深度反馈

主动找身边的领导、同事等寻求反馈，看到自己的不足并加以改进。

策略 2. 面对险境，利用毅力脱颖而出

能力 × 毅力 = 绩效

① 戴维·范鲁伊（David L. Van Rooy）著.生涯线 7 大策略，重塑你的职业生涯[M].粟志敏 等译.杭州：浙江人民出版社,2018.

策略 3.大处着眼,小处着手,快速行动

快速行动,停止过度思考,小步快走,绝不拖延

策略 4.突破平稳期,做出正确的选择

掉转船头,迎接新挑战

深度学习,创造心流状态

抓住趋势,持续创新

策略 5.及时刷新,避免停滞不前

必须不断规划自己的生涯线,从而保持住自己获得的进步或者职场资本。你必须改变那些没有意义的习惯,将精力放在有发展潜力的追求上。你必须跟上节奏,停止下注,避免墨守成规,要始终牢记刷新自身的技能和知识领域。

策略 6.七大要诀快速战胜失败

要诀 1:接受失败,形成习得性乐观

要诀 2:创造性利用失败

要诀 3:反思,继续前行

要诀 4:别因为害怕失败而拒绝冒险

要诀 5:从两个角度思考,让成功率达到最大(半空的杯子、半满的杯子)

要诀 6:快速取得小胜利,避免连锁故障

要诀 7:乐于尝试,保持开放的心态

策略 7.用四大方法创造持续的绩效

方法 1:想象成功

方法 2:利用期望效应,提高自我效能

方法 3:先追求快乐,再追求成功

方法 4:过滤噪音

相关书评:

本书让我感触最深的是,要经常暂停一下,反思自己:最近取得了哪些成就? 哪些是没能如期那般得到实现? 现在的目标还是去年那个吗? 你学到了哪些东西? 你的生活是否遵循了自己的目标、优先顺序和价值观? 有时候,我们走着走着就偏离了当初的目标和方向。

记住:不管遇到什么困难,最重要的就是要把自己的各种经历"串"在一起,让它们成为下一步的跳板,为下一步的发展做好铺垫。

专题十二

就业准备　赢在职场

> **这些职场诱惑你能否抵御**？
>
> "面试时夸大项目经验，反正入职后能圆回来。"
>
> "公司要求数据造假，拒绝可能丢饭碗……"
>
> ——当生存压力碰撞职业底线时，你需要一场精神淬火：真正的职场赢家，是把职业生命锻造成国家质量体系的承重墙。

学历代表你过去的努力，财力代表你现在的实力，学习能力代表你将来的成就。很多人职场的梦想是做自己喜欢的事情，但不知其前提是必须先把很多自己不喜欢的事情做好。很多人都想改变这个世界，但不知这个世界上最需要改变的首先是自己。凡事预则立，不预则废。无论是在大学里学习，还是在社会上工作，机会与成功都只属于那些有准备的人。

【身边的故事】

故事一：小李是某大学行政管理专业的应届毕业生，进入职业市场后，才发现原来找一份满意的工作并非如预期中那么容易，每次面试之后都不了了之。看着他境遇不顺，一家人商量后，决定共同出资送他到国外进修，等镀金后回来扬眉吐气。这时，小李的舅舅却给大家泼了冷水，原来，住在他家隔壁的王小姐年底从美国留学回来，可到现在都还没有找到工作。难道在当今社会，如小李这样的普通高校毕业生就不能找到一条自己合适的出路吗？

随着就业压力的增大，职业危机在全球蔓延，但是有些人并无清醒的认识，他们天真地以为，只要手中握着各类证书，就可以轻松地找到一份理想的工作，并能够安安稳稳地吃上一辈子安生饭。认清就业形势的严峻性，在就业前做好充分的准备，调整自己的就业心理，避免期望值过高、自负、自卑等心理，是当下大学生赢在职场的条件。

故事二：小平是某大学金融专业的优秀毕业生，她在学校学习期间每学年均获得一、二等奖学金，毕业时小平年级德智体综合评估名列三甲。小平的父母都是工人，亲戚朋友当中也没有人能够为小平推荐工作单位的，但是小平十分相信学校的就业信息网。她经常查看学校就业信息网上的招聘启事。

最终,她选择了中国农业银行总行和一家国外独资企业作为自己的应聘单位,积极地投递了自荐信和履历表。面对众多的应聘者,两家单位均采取笔试加面试的考核方法进行筛选。都说女生就业难,小平却都坚持到最后一关。考核后等待时间不长,在同一周之内,这两家单位都向她伸出橄榄枝。取谁舍谁? 小平没有立刻决断,而是广泛征求父母、老师和同学们的意见,结合各方面对自己提出的忠告与建议,分析自己的性格特点、两家单位用人的标准和自己将来的发展趋向,在两家用人单位的最后答复期限内,选择了中国农业银行总行,婉言谢绝了那家独资企业的邀请。

就业是每一个大学生都要面临的问题。及早做好职业生涯的规划,认清自己,同时还要全面有效地调查就业信息,明确了解就业机会,选择适合的求职方式,把握好面试的机会,这是成功就职、获得职业发展的良好起点。

【自我探索】

正所谓"知己知彼,方能百战不殆",要想成功就业,只是了解用人单位以及岗位信息是远远不够的,我们还需要对自己的就业优势、劣势有相对清晰的认识,通常我们能很好地意识到自己的就业优势,而对于就业劣势(缺点)等往往认识不清晰或从未觉察到。通过本部分的测试,来帮助大家了解自己的就业缺点、事业心状态等,以便我们扬长补短,顺利就业。

你的就业缺点在哪里?

请结合自己的实际情况,凭第一印象,如实作答,答案无对错之分。

1. 你每天都会用很长的时间学习专业知识吗?
   YES→第 3 题　　NO→第 2 题

2. 你觉得大学生活多少有些颓废吗?
   NO→第 4 题　　YES→第 5 题

3. 你经常给自己放假吗?
   NO→第 5 题　　YES→第 4 题

4. 你有很多和自己学科不同的业余爱好吗?
   YES→第 8 题　　NO→第 7 题

5. 你有痴迷于偶像的经历吗?
   NO→第 7 题　　YES→第 6 题

6. 你经常参加演讲、主持之类的节目吗?
   YES→第 10 题　　NO→第 9 题

7. 你说话的语气从来都很不温柔吗?
   NO→第 8 题　　YES→第 11 题

8. 你平时是一个很谦虚的人吗?
   NO→第 10 题　　YES→第 9 题

9. 你总是觉得自己无论什么事情都可以办好吗?
   NO→第 12 题　　YES→第 10 题

10. 你是一个不愿意把自己的优点全表现出来的人吗?
    NO→第 15 题　　YES→A 型

11. 你不注意写作时的措辞吗？
   YES→第13题　NO→第14题

12. 你有过求职失败的经历吗？
   NO→第13题　YES→A型

13. 你得到过求职的面试吗？
   YES→D型　　NO→E型

14. 你经常上网收集资料吗？
   NO→D型　　YES→第15题

15. 吃饭的时候，你总是把自己最爱吃的留到最后吃吗？
   NO→B型　　YES→C型

【结果解释】

A型，自信心不足。

你是一个对自己的能力不够自信的人。在就业之前，每个人都会经历去寻找工作，然后面试的过程。在这样的过程里，你总是会有意无意地想到，和自己一样想要这个工作的人还会有很多，在他们中间很容易就可以找到比自己学历高的或者比自己经验多的，这样看来自己的胜算还是不大。只要有这样的想法，你的自信心就会下降，在人前的表现也就没有那么优秀了。

B型，专业不够专。

你是一个在任何方面都比较擅长的人，当然也就有很多不同方面的实践经验和理论。在这样的情况下，你的专业知识就不是那么专了。很多工作都要求一个人的专业知识非常强，而其他方面能力可以相对来说差一些。对于你来说，还是不要只找和自己专业有关系的工作比较好。把自己就业的范围扩大一些，也许你会发现在稍微偏离你专业的领域里有你更好的发展空间。

C型，目标定得比自己的能力低。

平稳且实际的人生是你所追求的，对于就业方面，你也抱着这样的态度：只要自己可以找到一份安定的工作就可以了，对于其他的要求你认为在自己刚刚开始工作的时候并不需要要求那么多。这样的你很容易去找一些要求比自己能力低一点的工作，虽然这样被录取的机会比较大，可不被录取的机会也同样大，因为有些公司会认为你太优秀了而不敢录取你。

D型，对于工作的调查不够。

找工作也和谈恋爱一样，需要彼此的了解。你把自己的资料交给了这份工作，让对方对你有所了解。可是你对这份工作到底了解多少呢？如果在面试或者碰面的时候被问到，你会很容易地被问倒吗？所以说在你真正地去应试这项工作之前，至少要对这个工作有一定的了解，这样在对话的时候才不会出现尴尬的气氛，也不会让对方误解你只是为了"实验"才来应试的。

E型，个人简介不够强势。

个人简介是取得面试机会，或者说是被一份职业录取的第一步。如果这一步都没有迈出去的话，就会在接下来的竞争中感到更加困难。这样，你就需要在自己的求职个人简介上下功夫了。不但要把语言写得通顺完美，还要记得加上自己所有的工作经验和能力。不排除每个人都有夸大自己的能力或者添加没有经历过的经验的可能，但是你需要确定你添加的是你都了解的东西。

你的事业心怎么样？

下面的题目可以帮助你了解自己的事业心等情况,请结合你的实际情况,凭第一印象,选择最符合你情况的答案,每题只能选择一个答案,并将选项填写在前面的( )内,答案无对错、好坏之分。

( )1. 你更喜欢吃哪种水果?
      A. 草莓   B. 苹果
      C. 西瓜   D. 菠萝
      E. 橘子

( )2. 你平时休闲经常去的地方是哪里?
      A. 郊外   B. 电影院
      C. 公园   D. 商场
      E. 酒吧   F. 练歌房

( )3. 你认为容易吸引你的人是哪种?
      A. 有才气的人   B. 依赖你的人
      C. 优雅的人   D. 善良的人
      E. 性情豪放的人

( )4. 如果你可以成为一种动物,你希望自己是哪种?
      A. 猫   B. 马
      C. 大象   D. 猴子
      E. 狗   F. 狮子

( )5. 天气很热,你更愿意选择什么方式解暑?
      A. 游泳   B. 喝冷饮
      C. 开空调

( )6. 如果必须与一个你讨厌的动物或昆虫在一起生活,你能容忍哪一个?
      A. 蛇   B. 猪
      C. 老鼠   D. 苍蝇

( )7. 你喜欢看哪类电影、电视剧?
      A. 悬疑推理类   B. 童话神话类
      C. 自然科学类   D. 伦理道德类
      E. 战争枪战类

( )8. 以下哪个是你身边必带的物品?
      A. 打火机   B. 口红
      C. 记事本   D. 纸巾
      E. 手机

( )9. 你出行时喜欢坐什么交通工具?
      A. 火车   B. 自行车
      C. 汽车   D. 飞机

E. 步行

(　　)10. 以下颜色你更喜欢哪一种?

　　　　A. 紫　　　　　　　　　　B. 黑

　　　　C. 蓝　　　　　　　　　　D. 白

　　　　E. 黄　　　　　　　　　　F. 红

(　　)11. 下列运动中你最喜欢的(不一定擅长)是哪一个?

　　　　A. 瑜伽　　　　　　　　　B. 自行车

　　　　C. 乒乓球　　　　　　　　D. 拳击

　　　　E. 足球　　　　　　　　　F. 蹦极

(　　)12. 如果你拥有一座别墅,你认为它应当建在哪里?

　　　　A. 湖边　　　　　　　　　B. 草原

　　　　C. 海边　　　　　　　　　D. 森林

　　　　E. 城中区

(　　)13. 你更喜欢以下哪种天气现象?

　　　　A. 雪　　　　　　　　　　B. 风

　　　　C. 雨　　　　　　　　　　D. 雾

　　　　E. 雷电

(　　)14. 你希望自己的窗口在一座三十层大楼的第几层?

　　　　A. 七层　　　　　　　　　B. 一层

　　　　C. 二十三层　　　　　　　D. 十八层

　　　　E. 三十层

(　　)15. 你认为自己更喜欢在以下哪一个城市中生活?

　　　　A. 丽江　　　　　　　　　B. 拉萨

　　　　C. 昆明　　　　　　　　　D. 西安

　　　　E. 杭州　　　　　　　　　F. 北京

【评分与结果解释】

题号	A	B	C	D	E	F
1～4,7,9,12～14	2	3	5	10	15	20
5	2	10	15			
6	2	5	10	15		
8	2	2	3	5	10	
10	2	3	5	8	12	15
11	2	3	5	8	10	15
15	1	3	5	8	10	15

总分:_____。

180分以上:意志力强,头脑冷静,有较强的领导欲,事业心强,不达目的不罢休。外表和善,内心自傲,对有利于自己的人际关系比较看重,有时显得性格急躁,咄咄逼人,得理不饶人;不利于自己时顽强抗争,不轻易认输。思维理性,对爱情和婚姻的看法很现实。对金钱的欲望一般。

140~179分:聪明,性格活泼,人缘好,善于交朋友,心机较深。事业心强,渴望成功。思维较理性,崇尚爱情,但当爱情与婚姻发生冲突时会选择有利于自己的婚姻。金钱欲望强烈。

100~139分:爱幻想,思维较感性,以是否与自己投缘为标准来选择朋友。性格显得较孤傲,有时较急躁,有时优柔寡断。事业心较强,喜欢有创造性的工作,不喜欢按常规办事。性格倔强,言语犀利,不善于妥协。崇尚浪漫的爱情,但想法往往不切合实际。金钱欲望一般。

70~99分:好奇心强,喜欢冒险,人缘较好。事业心一般,对待工作,随遇而安,善于妥协。善于发现有趣的事情,但耐心较差。敢于冒险,但有时较胆小。渴望浪漫的爱情,但对婚姻的要求比较现实。不善理财。

40~69分:性情温良,重友谊,性格踏实稳重,但有时也比较狡黠。事业心一般,对本职工作能认真对待,但对自己专业以外的事物没有太大兴趣。喜欢有规律的工作和生活,不喜欢冒险。家庭观念强。比较善于理财。

40分以下:散漫,爱玩,富于幻想。聪明机灵,待人热情,爱交朋友,但对朋友没有严格的选择标准。事业心较差,更善于享受生活。意志力和耐心都较差,我行我素。有较好的异性缘,但对爱情不够坚持认真,容易妥协。没有财产观念。

【体验训练】

活动一:价值拍卖

一、活动目的
澄清工作价值观,了解自己的职业价值观。
二、活动准备
拍卖单、工作价值衡量表、拍卖锤子。
三、活动操作
1. 领导者发给成员"拍卖项目单"(见表12-1)并说明规则:每个人手上有十万元,每件东西最低价为一千元,每次加价,不得低于一千元,并举例示范。

表12-1　拍卖单

项目	顺序	估计价格	竞标人	成交价格
学到一技之长(专业地位、成就)				
做一个有名的人(名声)				
指挥100名员工的老板(领导)				
环游世界(休闲)				

项目	顺序	估计价格	竞标人	成交价格
书、录音带(知识)				
帮助残障的人(社会服务)				
身心健康(健康)				
拥有早出晚归的工作(生活形态)				
拥有相处和谐的工作伙伴(人际)				
与你喜欢的人朝夕相处(情感)				

2. 填写"工作价值衡量表"(见表 12-2),成员根据自己的兴趣、人格特质及工作价值等内容,写下四种最想从事的工作,并评价其工作价值。从中整理出最想从事的工作及未来可能有的生活形态。

表 12-2　工作价值衡量表

吸引你的原因		重要性	我未来想从事的职业			
			1	2	3	4
工作报酬	社会地位	3　2　1				
	权力	3　2　1				
	待遇好	3　2　1				
	福利制度健全	3　2　1				
	升迁快	3　2　1				
工作内容	工作内容少,压力轻	3　2　1				
	富于变化	3　2　1				
	挑战性	3　2　1				
	有创造机会	3　2　1				
	能独立作业	3　2　1				
	社会服务	3　2　1				
	领导性	3　2　1				
	流动性	3　2　1				
	常需进修	3　2　1				
工作环境	室内	3　2　1				
	室外	3　2　1				
	跟人接触	3　2　1				
	跟机器接触	3　2　1				
	舒适	3　2　1				

续表

吸引你的原因		重要性	我未来想从事的职业			
			1	2	3	4
人际关系	工作时间不固定	3　2　1				
	工作时间正常	3　2　1				
	工作伙伴相处融洽	3　2　1				
	与领导相处融洽	3　2　1				
工作地点	离家较近	3　2　1				
	离家较远	3　2　1				

活动二：模拟面试

一、活动目的

通过本活动，学会在求职中的面试技巧，增强学生应对职场的综合技巧和技能，提升学生的职场竞争力。

二、活动操作

1. 每组当中有一人扮演"应聘者"的角色，其他人则作为"面试官"。要求学生分组准备一个8~10分钟的模拟面试。

2. 各组经过准备后，要在班级现场表演各自的面试过程。

3. 请小组成员代表谈谈准备过程与现场表演中的感受，并回答其他同学的提问。

4. 全部完成之后，领导者对整个活动进行总结。结合活动中出现的问题，领导者给大家讲解"怎样成功面试"。

附：面试问题（供参考）

你是一个怎样的人？

为什么你要从事这项工作？

你最喜欢哪种类型的领导？

为什么说你是这份工作的适当人选？

你参加过学校哪些实践活动？你的自学能力怎样？哪位老师对你影响最大？

你最引以为豪的成就是什么？

五年后你想成为什么样的人？

面对暴跳如雷的客户时，你会使用怎样的处理方式？

你希望的待遇是多少？如何决定这个数字的？

当老板的意见与你相左的时候你怎么办？

你的工作动机是什么？

什么样的工作是你最不喜欢的？

你有什么弱点？请你告诉我你曾经失败的一件事。

如果你想招聘人,你喜欢怎样的人?

工作对你而言最重要的是什么?

招聘主管有话说①:

1. 我们最看重的是一个人的实际技能以及他的职业素质,比如跟人沟通、外语能力、团队合作。

2. 面试一定要准备,不要盲目,你要知道这个公司经营什么,你要仔细了解这个公司的背景,然后知道公司有什么职位,有什么要求。

3. 在面试过程中,一定要非常坦荡、自信,不要畏畏缩缩,当你了解这个公司及岗位后,你认为自己有能力胜任这个岗位,这个自信是合理的,这是非常重要的。

4. 要诚实,在面试过程中,其实我们并不在乎你的那些成就,我们很在乎个人的品质,如果你是个诚实肯学的人,我们都会考虑的。

5. 我们在招聘的时候,看你有没有冲动,有没有一种干事业做事情的内在动力,如果你的目标很大,而且你对这个目标很执着的话,用人单位就愿意录用你。

活动三:写好自荐信 做好简历

一、写好自荐信

1. 自荐信的形式和内容

自荐信是提供给用人单位的信函,从形式上说它与一般的信函格式基本相同,主要包括称呼、正文、结尾、署名和日期等内容。

(1)称呼。自荐信的称呼一是要注意谦逊有礼,不管是写给领导或工作人员的信件,在姓氏或姓名前应加上敬辞,在姓氏或姓名后应带上职务或职业、身份称呼。如"尊敬的×××处长""尊敬的×××教授""尊敬的×董事长先生"。有些自荐信也可以不写名姓,如"尊敬的负责同志""尊敬的经理先生",等等。二是要注意规范得体,不要使用"××老前辈""×××师傅"等不正规的称呼。

(2)正文。正文是自荐信的核心部分,一般应包括信息来源及应聘岗位、本人的基本情况、专业特长、工作能力及业绩,还应表明自己对面试机会的恳切期望。

① 问候语、消息来源、应聘岗位及有关情况。举例:

尊敬的王博文校长:

您好!

我是××外国语学院俄语系2003届毕业生。近日从网上看到贵校招聘教师的消息后非常高兴,因为立志从教是我的夙愿,而贵校招聘的条件又非常适合我自己。因此,特向贵校申请俄语教师这一工作岗位。

① 李素梅.心理健康与大学生活[M].武汉:华中科技大学出版社,2011:346.

② 阐明自己对应聘岗位的职业兴趣、背景情况以及胜任本职工作的能力。举例：

> 　　献身党和人民的教育事业，做一名光荣的人民教师，并不是我一时的冲动，而是实现自己崇高理想和人生价值的职业选择。
>
> 　　我出生于教育世家，祖父和父母亲都是教师，父辈们用他们的精神追求和人格魅力深深地影响了我。我从小浸润在这种精神花苑和文化氛围中，对教师职业有了更多的理解和认识，也坚定了自己教书育人的志向。
>
> 　　在大学阶段，我学的是俄语语言文学专业。四年系统的专业知识学习，使自己的专业基础、语言技能和知识视野都有了较大的提高和拓展。在国家俄语专业八级考试中，我以 86 分的优异成绩顺利通过。四年来各门功课考试成绩均在 80 分以上，获俄语语言文学学士学位。
>
> 　　除了专业学习，我还重视自身综合素质的提高。从大学二年级起，我就担任系学生会学习部部长。任职期间，在老师的关心帮助和同学的大力支持下，我组织了我系的俄语角、学习经验交流会等活动，受到了师生的好评。我还利用假期时间，进行了几次家教实践，自己获益匪浅。大学阶段的出色表现，使我两次获得三好学生、一次获得优秀学生干部的荣誉称号。
>
> 　　由于钟情教师这一职业，我便有意识地选择了教育学、心理学等相关知识的学习，进一步拓宽自己的知识领域。但是，我深知教师是一个需要终身学习和不断奋进的职业，不仅要有理论知识，更要有实践经验。我愿意把自己满腔热情和全部智慧奉献给我所热爱的事业。

③ 写出你对招聘单位的希望和你的联系方式。举例：

恳切盼望您能在百忙之中阅读我的自荐材料，假如贵校给予我效力的机会，我将竭尽努力，不负厚望。我的联系电话是：××××××××。

（3）结尾。一般应表明希望回信并参加面试，并以祝颂一类话语结束。举例：我期待着贵单位的回复，并希望在近日能有一次面谈的机会。祝您工作顺利！

（4）署名及日期。姓名前可冠以谦词，以拉近和阅信者的情感距离。如"您的学生×××""愿成为您部下的×××""您未来的员工×××"，也可以直接署上自己的姓名。日期应写在署名的右下方，最好用阿拉伯数字写，并写上年、月、日。

2. 自荐信的写作方法

（1）讲求实际，摆正位置。

（2）文辞简洁，富有个性。

（3）以情动人，以诚感人。

（4）整洁美观，形式大方。

二、做好个人简历

1. 个人简历的内容

（1）个人资料：姓名、性别、出生年月、籍贯、政治面貌、婚姻状况、身体状况、兴趣爱好以及自己的联系方式等。

（2）学业情况：毕业学校、所学专业、学位、主要课程成绩，外语、计算机掌握的程度。

（3）本人经历：大学以来的简要经历，主要是学习和担任社会工作的经历等。

（4）所获荣誉：包括三好学生、优秀团员、优秀学生干部及奖学金等方面所获荣誉。注意标明所获荣誉的等级，如"校级三好学生""××系三好学生""××省优秀共青团员"等。

（5）自我鉴定：总结大学阶段的表现，写出自己在德、智、体、美等方面取得的成绩和进步，实事求是地反映自己存在的缺点和不足。

（6）本人愿望：根据自己的爱好、兴趣和特长，选择适合从事的工作。

2. 编写个人简历的注意事项

（1）突出一个"简"字。"简历"顾名思义就是一个人简明的经历。

（2）体现一个"实"字。简历的写作一定要实事求是，既对单位负责，又对个人负责。

（3）蕴含一个"绩"字。简历的作用重在证明个人的身份详情、学习经历、专业素质、学习成绩以及工作经验等，其目的是让用人单位全面了解自己，用以说明自己适合担当所求职位的工作。

3. 创意简历展示

【知识链接】

一、困扰大学生择业的几种常见心理现象

　　大学生群体是个体由青年期到成年期成长过程中一个特殊的群体,集多种特殊性于一身,处于"第二次心理断乳期""心理延续尝负期",具有"边缘人"地位,具有多重价值观、人格的再构成等心理内在原因。同时由于周围环境诱发因素的作用,大学生的心理健康状况比个体一生中的其他阶段人群及处于这一时期的其他群体明显要复杂。一般的观点认为"大学生就业期的心理问题主要有挫折心理、从众心理、嫉妒心理、羞怯心理、盲目攀比心理、自卑心理、依赖心理等"及其他心理问题,如注重实惠、坐享其成的心态、过分强调自我价值,等等。为了帮助广大毕业生同学更好地认识这些问题,为就业做好心理准备和心理调适,我们首先从以下几个方面来看看大学生就业时一般存在哪些心理问题。

（一）就业心理压力与焦虑

　　当前激烈的就业竞争环境使就业问题给大学生带来了较大的心理压力,而且这种压力在各年级学生中都存在。清华大学 2000 年的调查显示,个人前途与就业已成为大学生心理压力中最大的因素,而且压力有随着年级增高而上升的趋势。学生就业压力体验相当严重,尤其以心理体验最为严重。大学生毕业前心理压力较过去有明显增大,主要原因是毕业方向的选择、就业、考研、恋爱分合、大学中不愉快经历、离别感伤、突发事件、经济条件等冲突和事件。女大学生心理压力大于男大学生,农村学生的焦虑水平高于城市学生。而大学生面对就业压力的释放方式则过于内向化,主要是自己解决和求助于同学、朋友。

(二)就业心理期望与失落感

许多大学生都有一种"十年寒窗,一举成名"的心理,因此对择业的期望相当高。大学生大多希望到生活条件好,福利待遇高的大城市、大机关、大公司工作,而不愿到急需人才但条件艰苦的中小城市和基层小单位,过分地考虑择业的地域、职位的高低和单位的经济效益。高期望驱使毕业生总是向往高薪水、高职位、高起点,渴求高收入、高物质回报率,并一厢情愿地对用人单位提出种种要求,将自己就业的目标定得很高,即使找不到合适的单位也不肯降低就业期望值。比如,有一些学生就说:"非北京、上海、深圳不去。"可是现实就业岗位大多不像大学生所想象得那么美好,因此当发现现实与理想的差异较大时,就容易出现"高不成,低不就"现象,并产生偏执、幻想、自卑、虚伪等心理问题,并可能导致择业行为的偏差。

(三)就业观念不合理

大学生的择业观念虽然在总体上倾向于务实化与理性化,但由于处于择业观念的转型过程,因此各种不良观念也存在着,并影响了大学生的顺利就业。这些不良观念主要表现在以下几个方面:

1. 只顾眼前利益,忽视职业发展

一些大学生在择业标准中只顾工作条件、收入等眼前利益,而对自我的职业兴趣、能力、职业的发展前景等因素不作考虑,因而极易选择并不适合自己的职业。

2. 职业标准过于功利化、等级化

一些毕业生过分强调职业的功利价值,甚至还将职业划分为不同等级,而不考虑国家与社会的需要,不愿意到条件比较艰苦的地区和行业去工作。

3. 求安稳,求职一次到位的传统观念根深蒂固

很多大学生仍然喜欢稳定、清闲、福利保障好的单位,希望以此就能选定理想的职业,而不愿意选择有风险、有挑战性的职业,更不敢去自己创业。

4. 过分强调专业对口,学以致用

在求职时,只要是与自己专业关系不密切的职业就不考虑,这样做只能是人为地增加了自己的就业难度。

5. 职业意义认识不当

从观念上来说,许多大学生还是仅仅把工作当作一种谋生的手段,没有充分认识到职业对个人发展、社会进步的重要意义。

(四)就业人格缺陷

1. 自我同一性混乱

有许多同学在毕业、择业的时候,尚未达成自我同一性。具体来说,对自己的职业目标、需要、价值观以及自身特点等没有明确的认识;在就业时不能正视自己的能力、素质和择业的客观环境,不能对自己有一个客观、清醒、全面的评价。因此,他们在职业选择时往往感到茫然、犹豫不决、反复无常、见异思迁、躁动不安,不能主动、独立地获取职业消息、筛选目标、规划职

业生涯,也不能解决就业中的问题,作出正确的决策。自我同一性混乱在就业中的两个突出表现就是盲目从众与依赖。

盲目从众,是指在求职中不考虑自己的兴趣、专业等特点,盲目听从或跟随别人的意见以及盲目寻求热门职业的现象。持有这种心理的毕业生往往脱离自己的实际状况,跟在别人的后面走,如在就业市场中哪个摊位前人多他们就往哪里去,别人说什么工作好,他们就寻求什么样的工作,而全然不顾自己的能力和现状,不会扬长避短。

依赖,是指在就业中不愿承担责任,缺乏独立意识,没有个人独立的决策能力,没有进取精神,只是依赖父母或老师、学校,甚至只等职业送上门而不去积极争取。一些毕业生自己不去找工作,只等着父母和亲朋好友出面四处奔波,到处找关系、托人情,甚至还怀恋过去那种统包统分的制度,希望学校解决就业问题。当别人为自己找的工作不合心意时就大发脾气,抱怨父母或学校。还有不少毕业生由家长陪着参加供需见面会,职业的好坏完全由父母决定,缺乏自主择业的能力。

2. 就业挫折承受力差

不少大学生在求职时只想成功,一旦遭受挫折就会像泄了气的皮球,一蹶不振,陷入苦闷、焦虑、失望的情绪之中不能自拔。他们对求职中的挫折既缺乏估计也缺乏承受能力,不能很好调节自己的心态,也不会通过总结求职中的经验教训来获得下一次的成功。

自主择业给大学生提供了就业的自由及通过竞争获得理想职业的机会,应该说这也是大多数学生所期望与认可的。当大学生真正面对激烈的竞争环境时,也有许多人表现出缺乏信心、缺乏勇气,求职时战战兢兢、顾虑重重、畏首畏尾,不敢大胆自荐。结果是有压力没勇气,不能真正向用人单位展现自己的竞争实力,错过机会,在竞争中陷入了不战自败的境地。特别是一些冷门专业或学习成绩不佳的同学及没有"关系"的同学就更容易出现不敢竞争、不敢尝试的问题。

害怕竞争的保守心理一方面与大学缺乏社会实践锻炼有关,另一方面更与许多大学生害怕失败,不敢面对就业挫折有关,如一些大学生在就业中只找那些把握大的职位,而对竞争强的工作不敢问津,害怕求职失败遭受打击。

3. 自卑与自大

一些毕业生在求职中常会产生自卑心理,对自己评价偏低,他们总是以为自己的水平比别人差,单位要求很高自己肯定达不到,自己能力不行,等等。就业中的自卑一般产生于以下一些情况:首先是一些冷门专业的学生看到就业市场寻求自己专业的单位少、待遇差或在求职中遭冷遇,就容易悲观失望;其次,一些性格比较内向、不善言辞的大学生看到其他应聘者口若悬河,自己什么也说不出来也会自惭形秽;再次,一些在校成绩与表现一般的大学生看到别人的自荐书上奖励、证书、成果一大堆,自己什么也没有,也容易自我贬低;最后,一些女大学生在就业遭受到用人单位的歧视后也会自怨自艾。总之,自卑的大学生不敢正视现实,对自己的长处估计不够,怀疑自己的能力,不善于发现适合自己的职业岗位,在对自己的抱怨、贬低中失去了求职的勇气。

自卑的反面是自大,而且两者有时会相互转化。一些专业较好、就业资本较雄厚的大学生容易从自信变为自负。还有一些大学生是脱离实际的自大,他们既缺乏对自己的客观认识,也对就业市场、职业生活缺乏了解,一切都凭自己的主观想象。如有的大学生自以为经过大学几年的学习和锻炼已经满腹经纶,任何工作到手中都可以出色完成,在求职中自觉高人一等、自命不凡、四处吹嘘,一旦出现变故则容易陷入自卑、自责,一蹶不振。

自卑与自大是大学生身上常见的人格缺陷,在就业中的表现都是对自己缺乏一个客观的评价,同时对职业缺乏深入的认识。在就业中自卑与自大常存在交织的现象,如一些大学生在求职比较顺利时容易自大,一旦出现挫折就自卑;一些大学生虽然对自身条件比较自卑,但是真正遇到用人单位时又表现为自大,要求很高。

4. 偏执与人际交往障碍

大学生就业中的偏执心理有不同的表现。① 追求公平的偏执。大学生要求公平的竞争环境,对一些不良的社会风气感到气愤是正常的,但有一些大学生表现为对公平的过分偏执,将自己求职中的一切问题都归结于就业市场不公平,以致给自己的整个求职过程都笼罩上了心理阴影。② 高择业标准的偏执。大多数毕业生对求职有过高的期望,不过多数人能通过在就业市场的体验,客观地认识和接受当前的就业现状并调整自己的择业标准,但仍有部分大学生固执己见,偏执地坚持自己原来的择业标准,甚至宁愿不就业也不改变。③ 对专业对口的偏执。一些大学生在就业时过分追求专业对口,不顾社会需要,无视专业伸缩性、适应性,只要是与专业有一定出入的工作就不问津,只要不能干本专业就不签约,这样就人为地减少了自己就业的机会。

有些大学生缺乏基本的人际交往能力。如有的在求职过程中过于怯懦、紧张,不敢在用人单位面前表现自己,甚至连面试也不敢去,常常一开口就面红耳赤、语无伦次。还有的在求职中不会察言观色,不懂得照顾别人的感受,不懂人际交往的礼貌礼仪。如有位大学生在面试结束时,用人单位的负责人递给他一支烟,他不仅当即拒绝,还气愤地说:"我从来都没有这种恶习!"

(五) 就业心态问题

1. 过度焦虑与急躁

就业时许多大学生既希望谋求到理想的职业,又担心被用人单位拒之门外,还担心自己在择业上的失误会造成终身遗憾,并对未来的职业生活感到心中无底,因此,在就业过程中存在一定焦虑是正常的。但一些大学生焦虑过了头,成天都充满了各种不必要的担心,并造成精神上的紧张不宁、忧心忡忡、烦躁不安、意志消沉,行为上反应迟钝、手忙脚乱、无所适从。

还有一些大学生在就业时显得过于急躁,整个就业期情绪始终处于亢奋状态,常常心急如焚、四面出击、东奔西跑,希望尽快找到合适的工作,但又缺乏对就业形势的冷静观察以及对自我求职的理性思考,做了许多吃力不讨好的事。因此,常常会有一些毕业生在并不完全了解用人单位的情况下就匆匆签约,一旦发现实际情况与自己想象的不一样或发现了更好的工作时,就追悔莫及,甚至毁约,给自己带来许多麻烦与心理困扰。

2. 消极等待与"怀才不遇"心理

与就业时的急躁心理相反的是一些大学生在就业问题上表现得非常消极,平时也不参加招聘会,有单位来看看,如果不满意就等下去,满意时也不主动争取,抱着"你不要我是你的损失"的态度,期待着有单位会主动邀请。还有些人这山望着那山高,不肯轻易低就,明明已经找到工作,但拖着不肯签约,总希望有更好的单位出现。

另外,有些大学生自恃条件很好,认为"满腹经纶""博古通今""学富五车",可以大有作为,但在择业时却常常要么碰壁,要么找到的工作不满意,于是抱怨"世上无伯乐",抱怨自己运气不好,成天闷闷不乐、怨天尤人。

3. 攀比与嫉妒

在求职中，同学之间"追高比低"的现象时有发生，一些同学在求职中经常相互吹嘘自己的职业待遇好、收入高，导致职业期望越来越高，求职变成了自我炫耀。还有些同学看见或听说别人找到了条件优越、效益较好的单位心理上就不平衡，抱着"他能去，我更能去"的态度非要找一个条件更好的单位，而不考虑自身的条件、社会的需要、职业发展及就业中的机遇因素。

一些毕业生对别人所找的工作心存嫉妒，特别是看到自认为条件不如自己的人也能找到很好的工作就更容易出现嫉妒心理，于是有些人故意对别人的工作贬低、讽刺和挖苦，意图打击别人，更有甚者抱着"我得不到，你也别想得到"的畸形心态在用人单位面前造谣中伤、打小报告。

4. 抑郁与逆反

在择业中受到挫折后，一些毕业生同学会感到无能为力、失去信心，表现为失落抑郁、不思进取、情绪低落、意志消沉，他们常常会放弃一切积极的求职努力、听天由命。严重时还会对外界的环境也漠然置之，减少人际交往，对一切都无所谓，进而导致抑郁症。

而另外一部分毕业生对正面的职业教育、职业信息存在逆反心理。对来自辅导员、班主任、学校就业指导服务中心以及同学和用人单位的正确信息、善意批评与建议，他们不相信、不听从，偏要对着干，自己一厢情愿去求职。比如当别人为其推荐某工作单位时，总是抱有戒心，别人讲得越多他越不相信。当求职失败时，不总结自己的问题，甚至明明知道自己失败的原因也不改正，在以后的求职中依然我行我素，听不进任何批评与建议。

5. 说谎侥幸与懒散心理

有些同学认为用人单位不可能去查实每个人的自荐书是否真实，而且在面试时时间比较短，不可能对自己作全面的考察和了解，只要自己当时充分地表现一下，把工作骗到手，签好协议书就行了。于是，一些毕业生把别人的获奖证书、成果证明等偷梁换柱地复印在自己的自荐书里，而且自己明明没有当什么干部，也没有参加什么社会实践活动，也照着别人的写上，甚至胡编乱造一番，以至于有时在用人单位收到的自荐书中一个班竟出现了五六个班长。还有的大学生在面试时把自己吹得天花乱坠、无所不能，结果在现场实践考核或试用时就马上露出了原形。

有的毕业生签约比较早，往往在离毕业半年前或更长时间就落实了单位，这时就容易出现懒散心理，认为工作单位已定，没有什么可以担心了，应该松口气、歇歇脚了，于是学习没了动力，组织纪律散漫，考试仅仅追求及格，毕业论文只求通过，甚至长期旷课、上网、夜不归宿。还有极少数大学生因此受到学校的处分，严重的甚至被开除或勒令退学，找到的工作也因此丢了，悔之莫及。

6. 心理不满与行为、生理反应失常

由于就业市场中确实存在一些不公平现象，以及某些专业、学校不易找工作的客观现实，一些大学生在遇到就业挫折时就容易出现各种不满心理。比如，有些同学认为"学习靠自己，就业靠关系"，还有些同学出现了对专业、学校的抱怨、贬低。

在各种不满与不良就业心态的影响下，还会出现一些不良行为和生理反应。这些不良行为有故意旷课、夜归、酗酒、起哄、闹事、损坏东西、打架对抗、进行不良交往、行为怪异、过度消费等，严重时还可能导致严重违纪与违法行为的出现。由于心理应激水平高，心理冲突强度大，有的毕业生会出现一些躯体化症状，如头痛、头昏、心慌、消化紊乱、神经衰弱、血压升高、身体酸痛、饮食障碍、失眠。行为与生理反应的失常通常是比较严重的就业心理失常的表现，出

现这些问题时要及时进行心理调节或寻求心理咨询专家的帮助。

二、大学生择业心理调适的方法

大学生要控制自己的心境、自觉地调整内在的不平衡心理、增强心理素质、保持乐观向上的情绪，就需要不断地对自己进行心理调适。下面介绍几种常用的心理调适方法，供大学生在择业过程中，根据自己的实际情况有选择地加以使用。

（一）自我激励法

自我激励法主要指用生活中的哲理、榜样的事迹或明智的思想观念来激励自己，同各种不良情绪进行斗争，坚信未来是美好的。因为失败、挫折已经成为过去，要勇敢地面对下一次，尽可能地把不可以预料的事当成预料之中的。即使遇到意外事件或择业受挫，也要鼓励自己不要惊慌失措、冲动、急躁，而是开动脑筋、冷静思考、寻觅对策。大学生在择业过程中，要相信自己的实力，通过自我激励，增强自信心，消除自卑感，保持良好的情绪和心态。

（二）注意转移法

注意转移法即把注意力从消极情绪转移到积极情绪上。当不良情绪出现时，可以采取转移注意力的方法寻找一个新颖的刺激，激活新的兴奋中心以抵消或冲淡原来的兴奋中心，使不良情绪逐渐消失，如听听音乐、参加体育运动、进行自我娱乐、接受大自然的熏陶、参加感兴趣的活动等，使自己没有时间消沉在各种原因引起的不良情绪反应中，以求得心理平稳。

（三）适度宣泄法

当遇到各种矛盾冲突，引起不良情绪时，应尽早进行调整或适度宣泄，使压抑的心境得到缓解和改善。宣泄的较好方法是向你的挚友、师长倾诉你的忧愁、苦闷，使不良情绪得到疏导。在倾诉烦恼的过程中，可以获得更多的情感支持和理解，获得认识和解决问题的新思路，增强克服困难的信心。你也可以通过打球、爬山等运动量较大的活动，消除压抑心理，恢复心理平衡，但应注意场合、身份、气氛，注意适度，宣泄应是无破坏性的。

（四）自我安慰法

自我安慰法又称自我慰藉法，关键是自我忍耐。在择业中大学生常常会遇到挫折，当经过主观努力仍无法改变时，可适当地进行自我安慰，以缓解动机的矛盾冲突，解除焦虑、抑郁、烦恼和失望情绪，这样有助于保持心理稳定。在因受挫折而情绪困扰时，可用"亡羊补牢，犹未为晚"，"塞翁失马，焉知非福"等话语来自我安慰，解脱烦恼。

（五）合理情绪疗法

合理情绪疗法认为，人们的情绪困扰是由于不正确的认知，即非理性信念所造成的，因此，通过认知纠正，以合理的思维方式代替不合理的思维方式，就可以最大限度地减少不合理的信念给人们的情绪带来的不良影响。例如，有的大学生择业不顺利就怨天尤人，认为"人才市场提供的岗位太少"，"用人单位要求太高"，其原因就在于他只从客观上找原因，认为"大学生择业应当是顺利的""社会应该为大学生提供充足的岗位",等等。正是由于这些不正确的认知信念,造成了他的不良情绪,而这种不良情绪恰恰来自他自己。所以,如果能改变这些不合理的观念,调整认知结构,不良情绪就能得到克服。大学生运用合理情绪疗法时要把握三点:第一,要认识到不良情绪不是源于外界,而是由于自己的非理性信念所造成的;第二,情绪困扰得不到缓解是因为自己仍保持过去的非理性信念;第三,只有改变自己的非理性信念,才能消除情绪困扰。

自我调适的方法还有很多,如环境调节法、自我静思法、广交朋友法、松弛练习法、幽默疗法等。这些都是应变的一些方法,但最主要的是大学生要树立正确的择业观,对择业要充满信心,要注意磨炼自己的意志,培养乐观豁达的态度,不要惧怕困难、挫折,还要做到始终保持积极向上的精神状态和健康的心理。总之,在择业求职过程中,大学生应提高自我调适的自觉性,立足于自身的努力,使自己保持一种良好的心态。同时,社会、学校和家庭各方面也应提供热忱的关注和积极的引导,帮助学生面对现实,排除心理困扰,缓解不必要的心理压力,促使他们尽快实现角色转换,顺利走向工作岗位。

思政点睛　　从郝建秀创造细纱工作法增产支援建设,到万华人攻克 MDI 技术打破国际垄断——中国制造的脊梁,是由千万坚守者的职业精神铸成。当你用"应力测试"锻造诚信筋骨,用"新质战力"助推产业升级,就是在践行新时代的工匠使命——以精工之魂,筑强国之质。

【经典心理实验】

墨菲定律

墨菲定律(Murphy's Law)源于美国一位名叫墨菲的上尉。他认为他的某位同事是个倒霉蛋,不经意说了句笑话:"如果一件事情有可能被弄糟,让他去做就一定会弄糟。"这句话迅速流传。经过多年,这一"定律"逐渐进入习语范畴,其内涵被赋予无穷的创意,出现了众多的变体,"如果坏事有可能发生,不管这种可能性多么小,它总会发生,并引起最大可能的损失""If anything can go wrong, it will.(会出错的,终将会出错)""笑一笑,明天未必比今天好。""东西越好,越不中用""别试图教猪唱歌,这样不但不会有结果,还会惹猪不高兴!"

墨菲定律的原话是这样说的:If there are two or more ways to do something, and one of those ways can result in a catastrophe, then someone will do it.(如果有两种选择,其中一种将导致灾变,则必定有人会作出这种选择。)根据"墨菲定律"可知,① 任何事都没有表面看起来那么简单;② 所有的事都会比你预计的时间长;③ 会出错的事总会出错;④ 如果你担心某种情况发生,那么它就更有可能发生。

我们都有这样的体会,如果在街上准备拦一辆车去赴一个时间紧迫的约会,你会发现街上所有的出租车不是有客就是根本不搭理你,而当你不需要租车的时候,却发现有很多空车在你周围游弋,只待你一扬手,车随时就停在你的面前。如果一个月前在浴室打碎镜子,尽管仔细检查和冲刷,也不敢光着脚走路,等过了一段时间确定没有危险了,不幸的事还是照样发生,你还是被碎玻璃扎了脚。如果你把一片干面包掉在你的新地毯上,它两面都可能着地;但你把一片一面涂有果酱的面包掉在新地毯上,常常是有果酱的那面朝下。

墨菲定律告诉我们,容易犯错误是人类与生俱来的弱点,不论科技多发达,事故都会发生。而且我们解决问题的手段越高明,面临的麻烦就越严重。所以,我们在事前应该是尽可能想得周到、全面一些,如果真的发生不幸或者损失,就笑着应对吧,关键在于总结所犯的错误,而不是企图掩盖它。

2003年美国"哥伦比亚"号航天飞机即将返回地面时,在美国得克萨斯州中部地区上空解体,机上6名美国宇航员以及首位进入太空的以色列宇航员拉蒙全部遇难。"哥伦比亚"号航天飞机失事也印证了墨菲定律。如此复杂的系统是一定要出事的,不是今天,就是明天,合情合理。一次事故之后,人们总是要积极寻找事故原因,以防止下一次事故,这是人的一般理性都能够理解的,否则,或者从此放弃航天事业,或者听任下一次事故再次发生,这都不是一个国家能够接受的结果。

人永远也不可能成为上帝,当你妄自尊大时,"墨菲定律"会让你知道厉害;相反,如果你承认自己的无知,"墨菲定律"会帮助你做得更严密些。

这其实是概率在起作用,"人算不如天算",如老话说的"上的山多终遇虎",还有"祸不单行"。如彩票,连着几期没大奖,最后必定滚出一个千万大奖来;灾祸发生的概率虽然也很小,但累积到一定程度,也会从最薄弱环节爆发。所以,关键是要平时清扫死角,消除安全隐患,降低事故概率。

【拓展阅读】

➤ 大学生"慢就业",你真的适合吗?

什么是"慢就业"?

所谓"慢就业",是指一些大学生毕业后既不打算马上就业,也不打算继续读书深造,而是暂时选择游学、支教、在家陪父母或者创业考察,慢慢考虑人生道路的现象。据统计,中国越来越多的"90后""00后"年轻人告别传统的"毕业就工作"模式成为"慢就业族"。

为何选择"慢就业"?

数据调查显示,毕业生选择"慢就业"最主要的原因是"找不到满意的工作",有57.7%的受访者选择;其次是受访者希望能够"理性寻找发展方向,不愿意在没有找到方向前被具体工作束缚";第三是"准备自己创业"。"要考研""想做自由职业者"等理由也位居前列。

"慢就业"虽好,并非人人"可以有"

我们乐见"慢就业"的出现,但更乐见的是年轻人展示出的那种理性、不盲从、个性化的生活态度。

从这个意义上来讲,"慢就业"的出现,是对大学生就业盲从现象的某种矫正。"慢就业"虽然表现在就业速度上慢了一点,但实质并不是不就业,或者无原则地推迟就业,而是在就业之前更加理性地评判自己、更加科学地规划未来。因此,从传统就业观念到"慢就业"的转变,其实是毕业生从关注就业效率转向关注就业质量的体现,这是好事。

以社会视角看,这一现象意味着现在的90后毕业生独立意识更强、自主意识更浓,对待生活、工作更加理性,不愿盲从、不愿简单屈从社会安排,而更希望凭自己的努力主宰未来。这样的就业理念,更有利于保护青年人的进取精神和创造性,这和新常态下强调创新的大背景是契合的。当然,少数学生的"慢就业"离不开家长的支持,离不开一定家庭经济生活水平的支撑。是不是选择"慢就业",还是要因人而异,并非人人"可以有",不可陷入另一种盲从。

正因为此,有条件"慢就业"固然是不错的选择,但"慢就业"只是正常就业形态的一种补充,没必要鼓励所有毕业生都去选择"慢就业"。需要指明的一点是,大学毕业生是高素质的人力资源,已经到了应该承担家庭和社会责任的年龄,如果把"慢就业"当作逃避竞争、不敢直面社会压力的借口,那就值得警惕了。

说"慢就业"是好事,从大学教育角度看,这也有利于让大学减轻就业率的过度束缚,真正把重心回归到提高人才培养质量这一核心上来。就业率高低本来就是个社会问题,疲于应付就业率,学校反而可能放松对培养质量的关注。

总之,"慢就业"也好,"快就业"也罢,最终都得以经济社会发展的需求为本位,快与慢可以是个人的选择,但最终都要就业,最终都要在参与经济社会发展的过程中实现自身的价值。

应届毕业生应转变就业观念,摒弃急功近利思想,追求"体面就业"而非"面子就业"。

在当前就业形势复杂严峻的大背景下,一面是用人单位挖空心思招兵买马却"招不到人",一面却是部分大学生"有业不就",或者并不急于就业,选择做"待定族",享受"慢就业"。

当然,凡事都有两面性,有的"待定族"并非基于"从长计议",而是畏惧挑战,逃避就业压力,或者对前途一片茫然,得过且过。这部分大学生主体意识淡薄,缺乏主动了解社会、认知职业和规划人生的智慧和勇气,应该自我反思、自我调整。

➤ 经典影片《摔跤吧！爸爸》

剧情简介:

马哈维亚(阿米尔·汗 Aamir Khan 饰)曾经是一名前途无量的摔跤运动员,在放弃了职业生涯后,他最大的遗憾就是没有能够替国家赢得金牌。马哈维亚将这份希望寄托在了尚未出生的儿子身上,哪知道妻子接连给他生了两个女儿,取名吉塔(法缇玛·萨那·纱卡 Fatima Sana Shaikh 饰)和巴比塔(桑亚·玛荷塔 Sanya Malhotra 饰)。让马哈维亚没有想到的是,两个姑娘展现了杰出的摔跤天赋,让他幡然醒悟,就算是女孩,也能够昂首挺胸站在比赛场上,为了国家和她们自己赢得荣誉。

就这样,在马哈维亚的指导下,吉塔和巴比塔开始了艰苦的训练,两人进步神速,很快就因为在比赛中连连获胜而成为当地的名人。为了获得更多的机会,吉塔进入了国家体育学院学习,在那里,她将面对更大的诱惑和更多的选择。

相关影评:

在印度的社会状况下,女性是没有自由选择职业的氛围的,先破才能立。就像片中父亲对女儿说的——你不是在为你一个人战斗,你要让千千万万的女性看到女性并不是只能相夫教子。最后,这场斗争的意义早已超脱出父亲一己的梦想。

专题十三

珍爱生命　构建和谐

这些迷茫你经历过吗?

"卷又卷不动,躺又躺不平,活着图什么?"

"看到负面新闻就怀疑世界值得拯救吗……"

——当生命意义变得模糊时,你需要一场认知重启:真正的珍爱生命,是把个体微光汇入照亮时代的星河。

生命只有一次。既然我们来到这个世界上,就得珍惜生命的价值。诚如司马迁所说:"人固有一死,或重于泰山,或轻于鸿毛。"从某种意义上讲,生要比死更难。死,只需要一时的勇气;生,却需要一世的胆识。所以,无论风雨雷电,无论坎坷泥泞,我们都得乐观顽强地活着。只有活着,我们才能化生活的痛苦为逆转命运的力量,化肉体的腐朽为净化灵魂的神奇!

【身边的故事】

故事一:武汉某大学男生宿舍7号楼,一名男生从楼顶跳下,当场身亡。死者仰躺在宿舍楼前的草坪上,像是睡了过去。死者身高1.7米左右,体型偏瘦。现场已拉起警戒线,多名警察正在勘查,大量围观学生正被学校保安劝离现场。据了解,事发前,学校一名巡查员曾发现7号楼顶趴着一个人,因光线暗淡,并不能确定,正当他前往细看时,那人已经从楼顶跳了下来。事发后,学校领导带领保安迅速赶往现场,发现跳楼者是该校计算机系大四学生,住在7号楼212寝室。知情者称,该跳楼男生已找好工作单位,预备毕业后就上岗的。该生跳楼亦可能与情感问题有关。

社会的急速发展,不仅带来了经济的发展和科技的进步,它的快节奏、高风险、强竞争在激发和调动个体潜能的同时,也给很多人带来了沉重的心理压力,大学生这一群体尤其如此。他们经历了高考的厮杀,在为学业奋斗的同时,还必须为明天的就业和发展谋划,在巨大的精神压力下,一些相对脆弱的学生就难免陷入心理危机,出现过激行为。心理危机,这个不曾为人们熟悉的词汇渐渐进入我们的视野,校园中的每个大学生都在不同程度地承受着心理压力,感受着成长的烦恼。

故事二：霍金,当代最杰出的理论物理学家,也是一位坐着轮椅,挑战命运的勇士。他在21岁时不幸患上了肌肉萎缩症,被禁锢在轮椅上,只有两根手指可以活动。当时医生预测他最多活两年,但他现在依然活着。1985年,因患肺炎做了穿气管手术,他被彻底剥夺了说话的能力,演讲和问答只能通过语音合成器来完成。就是在这样的情况下,他极其艰难地写出了著名的《时间简史》,探索宇宙的起源。

生命是一个艰难的过程,因此需要一股强劲的活力。没有活力就无法克服困境,就无法忍耐一时的挫折。每一个生命都要面对变化无常和充满挑战的情境,每一个生命都是在这个大环境中生存、调适和成长。而要使生命活力呈现,生命动力存在,就要理解生命信仰与生命教育。①

【自我探索】

生命是单行线,可能平坦无阻,也可能障碍重重,有人迎难而上,与命运抗争;有人选择逃避、推卸责任,甚至选择自我放弃。其实每个人都可能会有自杀的想法,因为每个人都可能在生活中遭遇到困境。当人有困难的时候,就会寻求解决问题的办法。以下题目主要评估对自杀行为的看法,从对自杀行为性质的认识、对自杀者的态度、对自杀者家属的态度和对安乐死的态度四方面进行,会让你更清晰地了解自己对死亡的态度以及对活着的感想。

自杀态度问卷(QSA)②

请结合个人真实的想法,凭第一印象,如实作答,并将A、B、C、D、E中合适的选项填写在(   )内,其中A完全赞同;B比较赞同;C不知道;D比较不赞同;E完全不赞同。

(   )1. 自杀是一种疯狂的行为
(   )2. 自杀死亡者应与自然死亡者享受同样的待遇
(   )3. 一般情况下,我不愿意和有过自杀行为的人深交
(   )4. 在整个自杀事件中,最痛苦的是自杀者的家属
(   )5. 对于身患绝症又极度痛苦的病人,可由医务人员在法律的支持下帮助病人结束生命(主动安乐死)
(   )6. 在处理自杀事件过程中,应该对其家属表示同情和关心,并尽可能为他们提供帮助
(   )7. 自杀是对人生命尊严的践踏
(   )8. 不应为自杀死亡者开追悼会
(   )9. 如果我的朋友自杀未遂,我会比以前更关心他
(   )10. 如果我的邻居家里有人自杀,我会逐渐疏远和他们的关系
(   )11. 安乐死是对人生命尊严的践踏
(   )12. 自杀是对家庭和社会一种不负责任的行为

① 文书峰,胡邓,俞国良.大学生心理健康通识[M].北京:中国人民大学出版社,2010:249.
② 汪向东,王希林,马弘.心理卫生评定量表手册(增订版)[M].北京:中国心理卫生杂志社,1999:364~367.

（　　）13. 人们不应该对自杀死亡者评头论足

（　　）14. 我对那些反复自杀者很反感,因为他们常常将自杀作为一种控制别人的手段

（　　）15. 对于自杀,自杀者的家属在不同程度上都应负有一定的责任

（　　）16. 假如我自己身患绝症又处于极度痛苦之中,我希望医务人员能帮助我结束自己的生命

（　　）17. 个体为某种伟大的、超过人生命价值的目的而自杀是值得赞许的

（　　）18. 一般情况下,我不愿去看望自杀未遂者,即使是亲人或好朋友也不例外

（　　）19. 自杀只是一种生命现象,无所谓道德上的好与坏

（　　）20. 自杀未遂者不值得同情

（　　）21. 对于身患绝症又极度痛苦的病人,可不再为其进行维持生命的治疗(被动安乐死)

（　　）22. 自杀是对亲人、朋友的背叛

（　　）23. 人有时为了尊严和荣誉而不得不自杀

（　　）24. 在交友时,我不太介意对方是否有过自杀行为

（　　）25. 对自杀未遂者应给予更多的关心与帮助

（　　）26. 当生命已无欢乐可言时,自杀是可以理解的

（　　）27. 假如我自己身患绝症与处于极度痛苦之中,我不愿再接受维持生命的治疗

（　　）28. 一般情况下,我不会和家中有过自杀者的人结婚

（　　）29. 人应有自杀的权利

【评分与结果解释】

该量表由 4 个分量表组成(如下表),1、3、7、8、10、11、12、14、15、18、20、22、25 题为反向计分,即选择"A""B""C""D""E"分别记 5、4、3、2、1 分;其余条目均为正向计分,即选择"A""B""C""D""E"分别记 1、2、3、4、5 分。

对自杀行为性质的认识	1	7	12	17	19	22	23	26	29		总分	均分
得分												
对自杀者的态度	2	3	8	9	13	14	18	20	24	25	总分	均分
得分												
对自杀者家属的态度	4	6	10	15	28						总分	均分
得分												
对安乐死的态度	5	11	16	21	27						总分	均分
得分												

分别计算 4 个维度的条目均分,以 2.5 分和 3.5 分为两个分界值,将对自杀的态度划分为三种情况:

≤2.5 分为对自杀持肯定、认可、理解和宽容的态度；

>2.5 分且<3.5 分为对自杀持矛盾或中立态度；

≥3.5 分为对自杀持反对、否定、排斥和歧视态度。

应对危机能力测试①

以下有 20 道测试题，可以帮助您对自己的应对危机能力作出判断，请认真回答。A 表示"是"，B 表示"否"，C 表示"不全是""不一定"或"不确定"。请在相应题号前面作答。

（　）1. 你童年时很受父母宠爱

（　）2. 你步入社会后经历坎坷，屡遭挫折

（　）3. 你初恋失败后几乎丧失了生活的勇气

（　）4. 你的收入不高，但手头并不缺钱花

（　）5. 你无法忍受和性格不同的人一起工作

（　）6. 你从不失眠

（　）7. 你的朋友突然带一个你非常讨厌的人来访，对此你感到恼火

（　）8. 原定你晋升职务，可公布名单时却换了另一个人，即便如此，你也心情坦然，并向他祝贺

（　）9. 你看到那些穿着奇装异服的人，就感到讨厌

（　）10. 你认为一些新规定的颁布和实施，都是理所应当的

（　）11. 你接连遇到几件不愉快的事，苦恼不断加重

（　）12. 即使同工作上的竞争对手交谈，你也能友善和平

（　）13. 你结交新朋友相当容易

（　）14. 别人未经允许随便动用你的物品，你会长时间感到恼火

（　）15. 即便多次失败，你也不放弃再做一次尝试的机会

（　）16. 对没有完成的重要事情，你会寝食不安

（　）17. 至少有一半的成功把握，你才会去冒风险干一些事

（　）18. 你很容易染上传染病

（　）19. 别人若对你不公正，你会怀恨在心，一定要找机会进行报复

（　）20. 有空闲时间，你就想读小说和娱乐性报纸

【评分与结果解释】

选项	1	2	3	4	5	6	7	8	9	10	11	12	13	14	15	16	17	18	19	20
A	1	5	1	1	1	5	1	5	1	5	1	5	5	1	5	3	5	5	1	1	5
B	5	1	5	5	5	1	5	1	5	1	5	1	1	5	1	5	1	5	5	1
C	3	3	3	3	3	3	3	3	3	3	3	3	3	1	3	3	3	3	3	3

总分：＿＿＿＿＿＿＿。

---

① 肖卫.卡耐基人生测试全书[M].北京：光明日报出版社，2002：187～193。

总分 20～51 分为 A 型;51～75 分为 B 型;76～100 分为 C 型。

A 型:无法承受突如其来的变故——这可能与你一帆风顺的经历有关。你性格脆弱,经受不住刺激,更经不起意外打击,即使稍不遂意也使你寝食不安。这是你的主要弱点,建议你增强心理承受力,勇敢面对生活的挑战。同时也要少想个人得失,因为应付困难的能力说到底是对个人利益损失的承受力。

B 型:心理承受力一般——在通常情况下不会有什么问题,至多有点烦恼。要注意的是在大的挫折面前要更坚强一些。

C 型:敢于迎接命运的挑战——你有不平凡的经历,能正视现实,对来自生活的困难应付自如,随遇而安。

【体验训练】

活动一:我的五样

一、活动目的

通过"舍弃"和"选择",帮助学生澄清价值观,明确生命的价值和意义。深入探索生命中什么是被自己所真正重视的,什么是最难以舍弃的,并进一步思考怎样让自己的生命更有意义。

二、活动规则

写出你生命中最重要的五样,可以是形容词也可以是名词,可以是实物也可以是抽象的状态;凭着直觉写,不必在意别人的评判。

三、活动操作

匈牙利著名的爱国诗人裴多菲写过这样一首诗:"生命诚可贵,爱情价更高。若为自由故,两者皆可抛。"面对生命、爱情、自由,诗人做出了自己人生的选择:要为自由而活! 那么青春年少如我们在座的各位,人生的选择又是什么呢? 今天,我们共同进行一个有趣的探索《我的五样》,来揭示一个耐人寻味的答案。

1. 写出"我的五样"

请同学们在一张白纸上工整地写下"我的五样",然后将"我"替换成你的名字。请大家闭上眼睛,在头脑中搜索与你的名字,也就是与你自己相关联的记忆片段。在你的生命中,有没有一些东西是特别重要的呢? 有没有一些人、事、物,有形的、无形的,是最被你所重视,最不可或缺的呢? 接下来请各位选择其中的五样,写在下面。

你生活中最重要的五样及选择的理由

(1) _____

(2) _____

(3) _____

(4) _____

(5) _____

现在这张白纸上不再是空荡荡的了,它承载了你最重要的五样东西。你都选择了什么呢?

2. 选择与舍弃

丧失练习:(认真体验过程及内心的感受)

请大家将目光投向你的五样。现在,你的生活中出现了一个变故,五样中的一样保不住了,你必须舍弃一样,请选择。选好了之后,用黑色的签字笔将它彻底盖住。或者一个方块,或者一个洞,总之你再也看不到它,同时,它在你的生命中,也将不复存在。现在,你的五样只剩下了四样。注意,你的生活又面临一次严峻的挑战,现有的四样也保不住了,还要再舍弃一样,请选择。游戏进行到这里,同学们应该可以猜到游戏的规则了。但请大家不要让它分散你的注意,我们要全身心地投入其中,真正获益。看着你的三样,生活再次和你开了个不小的玩笑,你必须再放弃一次,请慎重选择。现在你面前只剩下宝贵的两样了;我们来做最后的、最艰难的选择。请大家保留其中的一个。好了,现在你的纸上只剩下了宝贵的一样。那么,这个游戏要告诉我们什么呢?

3. 我思我想

第一个问题:现在纸上剩下的一样,是你最先写出的那一样吗?(如果不是,说明什么?)

第二个问题:你依次舍弃的都是什么呢?能谈谈你的想法吗?

第三个问题:你最终保留了什么?它为什么对你如此重要?

4. 涛声依旧

游戏最后一步:关于你们已经消失了的四样。在成功地启发了我们诸多思考之后,我们再将它们清晰地写出来,我们的生活美好依旧,幸福依旧。

练习中所得到的启发:

_____

_____

5. 总结

我们最终留下的一样,可堪为生命的支点。或许我们从未思考过,是什么在支撑我们的生命,是什么在为我们提供不竭的动力,而此时此刻,我们自己的选择揭示了一个平日里极难被察觉的真相。而每个同学的所思所想,你们已经交流的和未曾与他人分享的感悟,都是极其丰富,弥足珍贵的。人生路上沿途的风景绚丽,所以我们更需要把握我们真正需要把握的,重视我们心底真正重视的,才不会错过,才不至于匆匆。

活动二:我的墓志铭

一、活动目的

协助参加者反省自己的个人价值观及了解人生目标。

二、活动准备

白纸、笔、"墓志铭"的表格。

三、活动操作

介绍练习的背景,使参加者投入活动及了解什么是墓志铭。举例如何写下墓志铭(可以简单至只写上名字、生年及死年,也可长篇大论)。分发"墓志铭"表格给参加者填写(可视团体目标及对象,选择写自己的墓志铭或他人的墓志铭)。填写好的墓志铭张贴起来,不必写名字,然后讨论。

讨论大纲：

1. 看完这么多墓志铭，你觉得哪些人的人生目标吸引你并值得尊重？为什么？

2. 哪些人的成就是"真正"的成就？为什么？

3. 你认为对社会或者他人最有贡献的是谁？

4. 假若你要替自己重写墓志铭，你会怎样写？

我的墓志铭

你得病即将离世，现在你将要为自己写墓志铭，反映自己的一生，墓志铭将会刻在墓碑上，供人凭吊。

墓志铭除了生年、卒年，最低限度要包括以下几点：

(1) 一生最大的目标是_____

(2) 在不同年纪时的成就_____

(3) 对社会、家庭及其他人的贡献_____

(4) 我是怎么样的人_____

(5) 长的是人生，短的是年轻，所有面向死亡的修行，都是为了更好地活着。通过活动你的体会与感受是什么？有哪些领悟与启发？

_____

_____

活动三：我的生命线

活在当下，活在此时此刻。生命线是你我都有的东西，人手一份，不多不少。人间有多少条性命，就有多少条生命线。生命线就是每人生命走过的路线。

一、活动目的

通过活动让学生明白生命是有限的，应该学会规划人生；树立理想与目标，并学会如何实现近期目标；人生就是由一个个目标组成的，而我们就是完成这一个个目标。

二、活动操作

1. 请备好一张洁白的纸，还请准备一支红蓝铅笔或两支彩笔，一支较鲜艳，一支较暗淡，用以区分心情。先把白纸摆好，横放最好，写上"×××的生命线"。

2. 在纸的中部，从左至右画一道长长的横线，然后给这条线加上一个箭头，让它成为一条有方向的线。请你按照你为自己设定的生命长度，找到你目前所在的那个点。

3. 请在你的标志的左边，即代表着过去岁月的那部分，把对你有着重大影响的事件用笔标出来。（注意，如果你觉得是件快乐的事，你就用鲜艳的笔来写，并要写在生命线的上方。如果你觉得快乐非凡，你就把这件事的位置写得更高些。如果你觉得是不快乐的事，你就用暗淡颜色的笔，写在生命线的下方，越痛苦的事情，越在生命线的相应下方很深的陷落处留下记载。）

_____ 的生命线

0 ──────────────────────────────►
出生   预测死亡年龄

4. 你要看一看，数一数，在影响你的重大事件中，位于横线之上的部分多，还是位于横线之下的部分多？上升和陷落的幅度怎样？

5. 在你的生命线上，把你这一生想干的事，比如挣多少钱、住什么样的别墅、职业生涯、个人情趣等等都标出来。如果有可能尽量把时间注明。视它们带给你的快乐和期待的程度，标在线的上方。如果它是你的挚爱，就请用鲜艳的笔墨，高高地填写在你的生命线最上方。

当然，在将来的生涯中，还有挫折和困难，比如职场或事业方面可能出现的挫折、失业等，不妨一一用黑笔将它们在生命线的下方大略勾勒出来，这样我们的生命线才称得上完整。

6. 你要看看你亲手写下的这些事件，是位于线的上半部分较多，还是下半部分较多？也就是说，是快乐的时候比较多，还是痛苦的时候比较多？

7. 如果你的生命线上所标示的事件，大部分都在水平线以下，那么，是否可以考虑调整一下自己看世界的眼光？你对未来的估计是不是太悲观了一些？如果是，你对你的情况是否满意？

8. 如果你的所有事件都标在了水平线之上，也并非就是一味值得恭贺的事情。承认自己的局限，承认人生是波澜起伏的过程，接纳自己的悲哀和沮丧，都是正常生活的一部分，犹如黄连和甘草，都是医病的良药。

9. 以前的事已经发生过了，你不可能改变它，能够改变的是我们看待它的角度。一个人的成熟度,在于这个人治愈自己创伤的程度。过去是重要的,但它再重要,也没有你的此刻重要。

活动四:生命的思考

一、活动目的

让当事人回顾自己生命中主要发生过的事与其生活的重点,并且让当事人脱离对过去或未来的幻想、活在当下。

二、活动准备

每人1份生命调查表。

三、活动操作

首先明确组内的分工,其中一名焦点人物,另一位记录焦点人物对此调查表的回答,其中两位负责澄清问题,四个人轮流扮演不同的角色。发给每人一张表,提出的问题可以根据情况加减。每小组先决定焦点人物的顺序,但以不妨碍活动进行为原则。每位当事人最多给十分钟的焦点人物时间。采用问和答的方式,将焦点人物的回答记录下来,然后将资料交给焦点人物本人。四人轮流做焦点人物。结束后小组分享和讨论。

生命调查表

(1) 在你的一生中最快乐的是哪一年？ _____

(2) 你对做什么事最拿手？ _____

(3) 说出一个你一生中的转折点。 _____

(4) 你一生中最低潮的是什么时候？ _____

(5) 你有没有在一件事情中表现出极大的勇气。 _____

(6) 你有没有一段时间特别悲伤？ 是否不只一个时期？ _____

(7) 说出你做得不好但仍然必须做下去的事情？ _____

(8) 哪些是你很想停止不做的事情？ _____

(9) 哪些是你很想好好做下去的事情？ _____

(10) 说说你曾经有过的巅峰时期的体验。 _____

(11) 说说你希望有的巅峰时期的体验。 _____

(12) 你有没有极力想建立起来的价值体系？ _____

(13) 说说你一生中丧失的重要机会。 _____

(14) 有哪些你想要从此刻开始好好做的？ _____

活动五:我所了解的父母①

一、活动目的

让学生加深对自己父母的了解,感激父母的养育之恩。让学生把感恩意识融入自己的日

---

① 蔺桂瑞,杨芷英.大学生心理健康与人生发展——成长,从关爱心灵开始[M].北京:高等教育出版社,2010:306.

常生活中。

二、活动准备

歌曲《感恩的心》,每个同学一份"我所了解的父母"的问卷。

三、活动操作

1. 领导者引入"父母不只给了我们生命,还养育我们成长,在座的所有人能够考上大学,都离不开父母的辛苦栽培。父母为我们付出了很多,那你对他们有多少了解呢?"

2. 我所了解的父母:播放背景音乐"感恩的心",请大家在五分钟之内填写好"我所了解的父母"问卷,见表13-1所示。

表13-1 我所了解的父母

爸爸的生日		妈妈的生日	
爸爸最喜欢吃的食品		妈妈最喜欢吃的食品	
爸爸所穿的鞋子的尺码		妈妈所穿的鞋子的尺码	
爸爸的兴趣爱好		妈妈的兴趣爱好	
爸爸年轻时的理想		妈妈年轻时的理想	
爸爸最得意的一件事		妈妈最得意的一件事	
爸爸最后悔的一件事		妈妈最后悔的一件事	
爸爸最大的优点		妈妈最大的优点	
爸爸对我的期望		妈妈对我的期望	

3. 填写完成后,请同学一起来分享他们对自己父母的了解。

【知识链接】

➤ 生命教育

在大学生中开展生命教育与死亡教育,帮助大学生正确认识生命,理解死亡,具有重要意义。

一、积极开展生命教育

当世界逐步走向和平与发展,人类物质高度富裕时,疾病与战争不再是死亡的第一因素,死亡的不可预见性与随机性下降了,但人类却无法控制自我毁灭式的自杀死亡。

生命教育是指通过教育与引导,帮助个体积极思考生与死的生命课题,以积极的态度面对生命与死亡,热爱生命,认识生命的意义,创造生命的价值。

事实上,生命教育贯穿于人类发展历史中。伟大的教育家孔子曾说:"未知生,焉知死?"现代意义上的生命教育(Life Education)起源于20世纪60年代中后期。由于现代社会资源枯竭、环境恶化、恐怖主义、贫困与疾病、犯罪等问题,人类生命显得越来越脆弱和单薄,对生命漠视和否定的行为屡有发生。1968年,美国学者杰·唐纳·华特士首次明确提出了生命教育的思想,并在美国加州创办"阿南达村""阿南达学校",倡导与践行生命教育。1979年,生命教育中心(Life Educational Center,LEC)在澳大利亚成立,目前已成为致力于"药物滥用、暴力与艾滋病"防治的重要国际机构。

中外哲学家、思想家与教育家都曾对生命教育提出了自己独到的见解。哲学家、教育家卢梭在《爱弥尔》中提出:孩子随着年龄的增长而愈加宝贵,除了他个人的价值外,还加上了别人为了照料他们的种种耗费;除了丧失他的生命以外,还加上我们对他有死亡的伤感。[①] 思想家蒙田也在《热爱生命》一文中写道:"生命是值得称颂,充满乐趣……我们的生命受到自然的厚赐,它是优越无比的。"我们应讴歌生命,将生命看成大自然最高的奖赏。

当今的大学生考虑更多的是"何以为生",而对"为何而生"思考较少。首先,生命教育应着力于珍视生命本体的存在价值。人的生命价值离不开生命的存在与延续,既包括对自身生命本身的珍爱与珍惜,也包括对他人生命的尊敬与敬畏。

其次,生命教育要倡导对生命的敬畏。从根本上而言,任何生命都有存在的权利和价值。生命存在于普遍联系之中,所有的生命的链条都是环环相扣、相互依存的,因此,人类的生存依赖于生命体的连续,生命神圣性是人类永恒的追求。人对其他生命的关怀从本质上是对自己的关怀,人对万物负责的根本理由是对自己的负责。人应当懂得珍重其他生命,对大自然的一切生命采取敬重的态度。

第三,珍爱自己的生命与珍爱他人生命同等重要。这既给予生命平等的内涵,又要求我们反思生命的价值与意义。选取生活中正反两面的典型教材,如马加爵案例,教育大学生对自己的生命负责,对家庭与社会负责,也对他人的生命负责。

二、积极开展死亡教育

与生命教育相对的是死亡教育。人类对死亡的探索伴随着整个哲学史与科学史的发展,恩格斯在《自然辩证法》中简要说明:"生就意味着死",死亡教育具有终极意义。现代意义上的死亡教育始于20世纪60年代的美国,并逐渐在西方国家得到推广。我国死亡教育起步较晚,开始于20世纪80年代。当代青少年对生命与死亡态度的率性与随意令人担忧,针对不绝于耳的大学生自杀事件,开展死亡教育具有非常迫切的现实意义。

一是以智者的死亡观开启大学生对死亡意义的思考。中国伟大的思想家孔子主张以生的意义抵消死的侵袭,认为当我们过得充实而有意义时,死亡就并不可怕了。沈括在《梦溪笔谈》中谈道:"死生常理也",用自然历史观理解生死。西方哲学家蒙田曾谈道:"你的生命不管何时结束,总是完整无缺的。"生命的用途不在于长短,而在于如何使用。意义心理学家弗兰克尔认为,死亡的事实不是一种威胁,而是我们利用时间达到最大极限的推动力,而不是让构成生命整体的机遇荒废而过。这好比一个学生参加期末考试,仅仅完成考试不如高质量地去完成,他必须做好准备,铃声一响就标志着考试时间的结束。在生命的历程中,我们必须随时准备被"唤走",如果我们过着一种有意义的生活,那么,随时唤走就没有遗憾。[②]

二是建立正确的死亡观。中国人一向对死亡讳莫如深,因此,当一个人最初接触死亡现象后必然产生困惑,甚至成为导致自杀的深层心理契机。开设死亡教育课程,系统学习与探索死

---

① 卢梭.爱弥尔(上)[M].北京:商务印书馆,1999:24.

② William Blair Gould 著.弗兰克尔:意义与人生[M].常晓玲等译.北京:中国轻工业出版社,1991:221.

亡的生理过程、死亡对人产生的心理影响等,教育大学生更加珍爱生命,懂得对亲人的临终关怀。

三是从价值层面关注死亡。正如毛泽东同志在《为人民服务》中所说的那样:"人贵有一死,或重于泰山,或轻于鸿毛。为人民利益而死,比泰山还重,为个人利益而死,比鸿毛还轻。"如果因为个人私利与一时恩怨而死,价值就非常之有限。"生如夏花之绚烂,死如秋叶之静美",是对生死观的一种诠释,也是从价值理念为我们展示了生命与死亡的意义与内涵。

➢ 大学生自杀危机干预

自杀干预,是自杀者表现出强烈的自杀倾向时,给予及时的帮助与指导,避免自杀行为的发生,是预防和控制自杀的重要手段。自杀干预的目的,不仅在于减轻当事人的自杀意图,减少自我伤害行为,而且要为将来的心理治疗提供指导性意见。一次自杀危机过后,并不意味着当事人完全放弃了自杀意图,应随时了解那些始终抱有轻生想法的人的思想情况,以防不测。

一、大学生自杀征兆及早期识别

无论何种自杀,在自杀念头形成之后,都会出现一系列的心理与行为表现。这是一个自杀者向他人发出的求救信号。如果我们能及时发现并予以警惕,给予其积极的帮助,就可以避免悲剧的发生。大学生自杀前往往有一些征兆,主要包括:

1. 情绪的改变

情绪明显反常,无故哭泣,焦虑不安,或忧郁、失望、自卑、自责、自责感强,或麻木不仁、冷漠,感觉不到生活的价值。

2. 行为的变化

饮食、睡眠出现反常现象,个人卫生习惯变坏;对嗜好失去兴趣,丢弃或毁坏个人平素十分喜爱的物品,或无故送东西给同学、亲人;无来由地向人道歉、道谢等;从朋友圈中撤离,孤立自己;反复在一些危险区域逗留,或从事高危险性的活动。尤其当抑郁伴随着这些明显行为的改变持续超过一个星期时,应当予以特别注意。

3. 学习兴趣下降,学习成绩显著变化

4. 经历重大负性生活事件

近期生活出现重大改变或是遭受重大损失,如受到侵害、亲友死亡、失恋、考试迫近或考试成绩即将公布、考试不合格等。

5. 自杀意图的表露

许多想自杀的人都会以口语、书面语和艺术创作的形式或在行为上表达其自杀的意念及企图。如谈论自己的死或与死有关的问题,或有一些自杀的暗示,或写下遗嘱一类的东西。

以上征兆都是个体处在自杀的内心矛盾冲突下的表现,极易被发现。一旦自杀者进入自杀的平静阶段,又会表现得轻松、平静,给人一种恢复以往的假象。这时往往是自杀者已做出了坚决的自杀决定,不再为选择生死而烦恼,只是等待一个时机结束生命。因此,对于大学生的自杀,我们应做到及早发现、及早干预。

二、大学生自杀的预防与干预

大学生自杀现象近年来有增多趋势,这已引起了教育主管部门及各类高校的重视。预防大学生自杀已经提上了大学生心理健康教育的议事日程,具体做法是:

1. 提高大学生心理素质,树立积极的人生观

心理素质差是导致自杀的最直接的内在动因。因此,个体应该积极主动地培养自身的素质,社会也要设置相应的机构来提供这种服务,配合学校的心理健康教育,从而加强学校、家庭、社会和个体的联系。

心理素质的培养要特别注意挫折容忍力和情绪调控能力的培养。一方面,从知识上掌握挫折的各种应付方法和情绪的各种调控技巧;另一方面,在实际生活中有意识地加以运用,甚至可以主动地给自己创造一些挫折环境,培养自己的容忍力和调控能力。

大学生应树立积极的人生态度,以乐观的心态面对挫折和失败。当面临危机时,积极运用各种资源,主动寻求支持和帮助,以化解危机、应对危机。尤其要鼓励大学生从精神上与他人加强沟通,丰富自己的生活,从中体验自己的价值感。

2. 加强心理健康教育,普及有关自杀的知识

学校可对大学生开展心理健康教育,利用专题讲座、广泛的健康宣传等,帮助大学生提高心理健康意识,提升心理健康水平;开展生命教育和死亡教育,帮助大学生正确认识生命,理解死亡,这对大学生自杀的预防有一定作用。

普及的知识应该包括自杀的原因、有自杀倾向者的表现和危害、自杀者的心理、自杀的预防及干预、自杀的预防机构等,这样有利于做好自杀的早期发现和预测,并采取有效措施及时预防自杀。

3. 设置危机干预机构,完善支持系统

建立学生心理健康档案,了解学生自杀意念,及早发现,及时约谈,及时干预;建立危机干预中心、自杀防止中心、生命热线、希望热线等,使处于危机中的人知道求助的机构。许多高校设置的心理咨询热线,能有效地为处于危机状态中的人提供及时的帮助,自杀者在犹豫不决、万分痛苦时打了电话,咨询员立刻介入,采取紧急对策,可以有效地避免自杀行为的发生。

大学生需要有一个来自亲人、朋友、同学、朋辈群体、老师、学校各级组织、环境氛围等多方面的社会支持系统,这是大学生健康成长的关键。

4. 进行心理治疗

对自杀者进行心理治疗的目的,是使其了解自己目前面临的状况及问题,让其进行情绪宣泄,学习新的适应方式或处理所面临的问题,并使其不再选择自杀行为。具体说来可采用:① 危机处理及支持性心理咨询,重点是帮助其渡过自杀危机;② 以解决问题为导向的心理咨询,了解当事人所遭遇的各种问题,帮其思考解决问题的方法,与其草拟具体计划,避免孤独;③ 认知疗法,找出当事人认知上的不合现实性或不适用性,让其学习新的信念并思考,通过不断的练习来发展新的认识。

三、大学生心理危机干预六步法

1. 确定问题

从求助者的角度,确定和理解求助者本人所认识的问题。为帮助确定危机问题,我们推荐在干预开始时使用积极倾听技术:同情、理解、真诚、接纳及尊重,既注意求助者的言语信息,也注意其非言语信息。

2. 保证求助者安全

保证求助者对自我和对他人的生理和心理危险性降低到最小可能性,这是危机干预全过程的首要目标。在我们的危机干预实践中,求助者的安全一直是强调的重点,希望学生和危机干预工作者将安全问题自然地融入自己的思维和行为之中。

3. 提供支持

强调与求助者沟通与交流,使求助者相信工作人员是能够给予关心和帮助的人。工作人员不要去评价求助者的经历或感受是否值得称赞,而是应该提供这样一种机会,让求助者相信"这里有一个人确实很关心你"。工作人员必须无条件地以积极的方式接纳所有的求助者,不在乎报答。能够在危机中真正给予求助者以支持的工作人员,就能够接纳和肯定那些无人愿意接纳的人,表扬那些无人会表扬的人。

4. 提出可变通的应对方式

工作者要帮助求助者认识到,有许多变通的应对方式可供选择。思考变通方式的途径包括:(1) 环境支持,有哪些人现在或过去能关心求助者;(2) 应付机制,求助者有哪些行动、行为或环境资源可以帮助自己战胜危机;(3) 积极的、建设性的思维方式,可以用来改变自己对问题的看法并减轻应激与焦虑水平。工作者帮助求助者探索他自己可以利用的替代解决方法,促使求助者积极地搜索可以获得的环境支持、可以利用的应付方式、发掘积极的思维方式。如果能够从这三个方面客观地评价各种可变通的应对方式,危机干预工作者就能够给感到绝望和走投无路的求助者以极大的支持。虽然可以考虑有许多可变通的方式来应对求助者的危机,但只需要与求助者讨论其中的几种,因为处于危机中的求助者不需要太多的选择,他们需要的是能实现处理其境遇的适当选择。

5. 制订计划

帮助求助者做出现实的短期计划,确定求助者理解的、自有的行动步骤。即将变通的应对方式以可行性的时间表和行动步骤的形式列出来,必须确保计划制订过程中求助者的参与和自主性。计划的制订应该与求助者合作,让其感觉到这是他自己的计划,这点很重要。制订计划的关键在于让求助者感觉到没有被剥夺其权利、独立性和自尊。

6. 获得承诺

帮助求助者向自己承诺采取确定的、积极的行动步骤,这些行动步骤必须是求助者自己的,从现实的角度是可以完成的或可以接受的。在结束危机干预前,工作者应该从求助者那里得到诚实、直接和适当的承诺。

> **思政点睛**　　　从抗震救灾的"一方有难,八方支援",到抗疫时期的"生命至上,举国同心"——中国文明的底色,是对每个生命的至高敬畏。当你用"资产负债表"计量社会厚爱,用"联机协议"编织守护网络,就是在践行人类文明最先进的生命观——以众生之命,铸万世之安。

【经典心理实验】

阿基米德与"酝酿效应"

在古希腊,国王让人做了一项纯金的王冠,但他又怀疑工匠在王冠中掺了银子。可问题是这项王冠与当初交给金匠的一样重,谁也不知道金匠到底有没有捣鬼。国王把这个难题交给了阿基米德。阿基米德为了解决这个问题冥思苦想,他起初尝试了很多想法,但都失败了。有一天他去洗澡,一坐进澡盆,就看到水往外溢,同时感觉身体被轻轻地托起,他恍然大悟,运用浮力原理解决了问题。不管是科学家还是一般人,在解决问题的过程中,我们都可以发现"把难题放在一边,放上一段时间,才能得到满意的答案"这一现象。心理学家将其称为"酝酿效应"。阿基米德发现浮力定律就是"酝酿效应"的经典故事。

日常生活中,我们常常会对一个难题束手无策,不知从何入手,这时思维就进入了"酝酿阶段"。直到有一天,当我们抛开面前的问题去做其他的事情时,百思不得其解的答案却突然出现在我们面前,令我们忍不住发出类似阿基米德的惊叹,这时,"酝酿效应"就绽开了"思维之花",结出了"答案之果"。古代诗词说"山重水复疑无路,柳暗花明又一村"正是这一心理的写照。心理学家认为,酝酿过程中,存在潜在的意识层面推理,储存在记忆里的相关信息在潜意识里组合,人们之所以在休息的时候突然找到答案,是因为个体消除了前期的心理紧张,忘记了个体前面不正确的、导致僵局的思路,具有了创造性的思维状态。因此,如果你面临一个难题,不妨先把它放在一边,去和朋友散步、喝茶,或许答案真的会"踏破铁鞋无觅处,得来全不费功夫"。

【拓展阅读】

➤ 心灵书籍——《每个生命都要结伴而行》[①]

这是周国平以爱情、亲情、父母之爱作为话题的散文集。本书以缘、亲密关系、长久的婚姻、亲子之爱等为具体观点表述并展开什么是爱、爱情、婚姻,尤其突出了亲情的可贵,要珍惜亲情,承担苦难。

关于爱情、婚姻、亲情的观点作者这样说:

爱是一种了解的渴望,爱一个人,就会不由自主地想了解她的一切,把她所经历和感受的一切当作最珍贵的财富接受过来,精心保护。

---

① 周国平.每个生命都要结伴而行[M].长沙:湖南文艺出版社,2016.

要使婚姻长久，就应该在忠诚与自由、限制与开放之间寻找一种适当的关系。难就难在把握好这个度，它是因人而异的，不存在一个统一的尺寸。总的原则是亲密而有距离，开放而有节制。最好的状态是双方都以信任之心不限制对方的自由，同时又都以珍惜之心不滥用自己的自由。

生命纯属偶然，所以每个生命都要依恋另一个生命，相依为命，结伴而行。

生命纯属偶然，所以每个生命都不属于另一个生命，像一阵风，无牵无挂。

相关书评：

书中开篇就说"什么是爱"，并将爱的性质一一点明举例。爱情不论短暂或者长久，都是美好的。甚至陌生异性之间毫无结果的好感，定睛一瞥、朦胧的悸动、莫名的惆怅，也是美好的。作者肯定了爱情的积极性，并断定爱对于人生具有正向的引导能力。

然后作者又开始讲述"什么是男人"，书中并没有一味地把大男人主义大吹特吹，而是说了很多日常生活中的小事来比拟男人的形象，从而说明这才是男人，这才是生活中最平凡的男人，会受到所谓的形而上的冲动骚扰。

接着继续说明"什么是女人"。女人就是生命，土地，花，草，河流，炊烟。女人远比男人要丰富和复杂，因为在作者眼中，女人承载了生命孕育的重要部分。作者并没有否认现代女性的独立性，只是固执地认为女人就应该具备女人特有的繁衍生息的母性之美。这个似乎无可厚非。

最后说明"什么是婚姻"和"血脉中的亲情"。这些都是人生中永恒不变的情感话题，作者就自己的观点把这些话题一一回复完毕，并利用自己对西方哲学的研究结论，对自己的观点进行论证。

人是主观生物，这一生怎么都逃不过情绪的束缚，而这些情绪全可以概括为爱情、亲情和友情。"每个生命都要结伴而行"，这本书显然把爱情放在十分重要的位置，爱情不风流，因为它是灵魂的事。相爱者互不束缚对方，是他们对爱情有信心的表现，谁也不限制谁，到头来仍然是谁也离不开谁，这才是真爱。

专题十四

幸福增值　拥抱生命

这些幸福悖论你陷入过吗?

"剁手购物爽三天,还款焦虑熬三月"

"追剧刷屏一时嗨,空虚感如影随形"

——当快乐沦为快消品时,你需要一场价值革命:真正的幸福,是把生命变成持续增值的创造基金,而非不断贬值的消费账户。

美国总统亚伯拉罕·林肯曾说过:"大多数人只要下定决心,就能获得快乐。"幸福是人生的永恒主题,幸福教育是回归人性的教育。大学生是一个特殊群体,他们正处在学习专业知识和人格塑造的关键阶段,是社会的中坚力量。大学生群体的学习、生活、心理状况会影响到社会生活的各个方面。正是这种大环境下,应该重视大学生的幸福感缺失情况,培养学生幸福感有利于学生的心理健康发展和人格的健康成长。

【身边的故事】

故事一:小林高中时一直成绩优异,以较高的成绩被某著名高校录取,父母期望较高,希望小林进入大学后成绩要各科优秀,获得各类奖学金。入校时招生老师告诉她,只要她保持良好的学习状态,勤奋刻苦,很容易获得一等奖学金。第一学年末,她成绩虽然不错,但因为与班级同学关系不好,也不热心班级事务,未能积极参加学院举办的各项活动,未能评上一等奖学金,从此她的情绪一落千丈,变得郁郁寡欢,无心学习,也不能处理好与同学的人际关系,还整夜失眠,甚至有退学的想法。

望子成龙,望女成凤,有些家长没有正确评估子女的能力、喜好,而将他们那一代人无法实现的计划、目标强加于下一代子女,将家庭的期望全压在下一代大学生当中,令他们倍感压力。若处理不当,大学生容易出现消极心理,对大学生幸福感出现消极影响。当大学生进入大学后,若不能正确定位,仍然视自己为高人一等的优等生时,就容易自我期望过高,看待问题盲目自信,遇见障碍时候不能冷静解决问题,不能正确处理人生道路上碰到的各类困难和挫折,甚至出现消极情绪,长久以往,容易使大学生迷失自我,丧失信心,不断否定自己,导致幸福感缺失。

故事二：小张，大二女生，性格胆小、敏感、多疑，家庭经济条件非常好。其父亲教育方式非常粗暴，父母经常争吵，家庭关系紧张，小张很讨厌回家，很少与父母在一起说心里话。大一时，小张同校不同专业的一男生(极力追求下)恋爱，自感很幸福。但男友相处3个月后突然提出分手，她发现竟然是和自己唯一的闺中密友"勾搭"在一起，分手的伤痛使她萌发了自杀的念头。

　　家庭环境的气氛好坏，家庭关系是否融洽，与子女的心理成长密切相关，也是影响大学生获得幸福感的一个重要因素。如果家庭和睦，情感交流甚多，亲子间经常进行思想层面的交流，大学生能够可以感受到积极的情感体验，有助于提高自我生活状态认可度。相反，若家庭不和睦，子女在成长过程无法感受到家庭给予的和睦，可能在沟通能力、人际交往等方面存在认知误区，影响幸福感的获得。对于家庭环境的营造，要从家长方面和大学生个人方面做出努力，其中在家长、长辈方面应注意多给予大学生精神层面的支持，改变只关注子女学习状态的误区，多关注学生的心理感受，让大学生感受到家庭温暖；在大学生个人方面，在异地读书可以通过视频、电话、微信、短信等方式保持与父母间的联系，除了日常的关心，还要多畅谈大学生活，让家长了解自己生活状态。总体来说，需要家长、大学生相互关心，双方一起努力，共同建立一个友善、和睦家庭，营造良好的家庭环境。大学生要培养正确的幸福观，正确认识自我，具备承受挫折和正确处理感情、学业、就业、家庭关系、同学情谊等的能力，坚定信心、战胜困难，努力为自己的目标和理想去奋斗，学会享受生活，采用积极的心态体验幸福感，不断提升自身幸福感。

【自我探索】

　　主观幸福感由生活满意度和情绪体验两个基本成分构成，除此之外，主观幸福感还应包括社会性行为和人际关系等成分。

大学生主观幸福感量表

　　以下问卷涉及您在生活中所遇到的一些情况、您的一些做法或看法。请仔细阅读每道题目，并根据自己的第一感觉尽快做出回答。请在题目前的(　　)中填写最符合您的情况，"1"代表"很不同意"；"2"代表"不同意"；"3"代表"一般"；"4"代表"有点同意"；"5"代表"非常同意"。

(　　)1. 我能很好地适应我周围的环境。

(　　)2. 我有一个和睦的家庭。

(　　)3. 我喜欢和我的朋友们在一起。

(　　)4. 我每天都过得很充实。

(　　)5. 父母给我营造了一个好的家庭氛围。

(　　)6. 我有一些知心的朋友。

(　　)7. 我是一个愿意接受改变，不断得到成长的人。

(　　)8. 我满意现在的学习、生活环境。

(　　)9. 总的说来，我对自己是肯定的，并对自己充满信心。

(　　)10. 随着时间的流逝，我不断地加深对自己的认识。

(　　)11. 相信毕业后我能找一个满意的工作。

(　　)12. 无论做什么事情，父母都能理解并支持我。

（　　）13. 我和朋友之间能够互相理解。

（　　）14. 每天醒来,我都浑身上下充满着力量。

（　　）15. 当我有困难的时候,朋友总能及时地帮助我。

（　　）16. 我对自己的学业充满了信心。

（　　）17. 我不保守,是一个愿意接受新鲜事物的人。

（　　）18. 一提到爱情我就会高兴。

（　　）19. 我有一个好的学习氛围。

（　　）20. 我清楚自己的人生目标是什么。

（　　）21. 我能很好地融入我周围的环境。

（　　）22. 任何年龄的人都应该成长与发展。

（　　）23. 我对未来充满了干劲儿。

（　　）24. 一回到家我就有一种安全感。

（　　）25. 我的生活环境很糟糕。

（　　）26. 我能积极主动地完成自己制定的计划。

（　　）27. 我觉得世界上没有真正的友谊。

（　　）28. 一想到爱情我就觉得很渺茫。

（　　）29. 和家人在一起时我感到无比的幸福。

（　　）30. 我从友谊中获益匪浅。

（　　）31. 我感到自己在感情上很空虚。

（　　）32. 我不得过且过,真正地思考过未来。

（　　）33. 生活是一个不断学习、变化和成长的过程。

（　　）34. 我和我的朋友们互相信任。

（　　）35. 我的家人都很健康、快乐。

（　　）36. 我相信爱情。

（　　）37. 我的人生有方向和目标。

（　　）38. 我能很好地安排我的学习。

（　　）39. 我的家人都非常关心我。

【评分与结果解释】

请按照每个因子所对应的题号进行计分,1－5分别计1分、2分、3分、4分和5分,其中,25、28、31题反向计分,计5分、4分、3分、2分和1分,然后依照下表中各因子中包含的题目进行得分核算,并填入对应的空格中。

因子	题目	得分	因子	题目	得分
环境适应性	1,8,21,25		家庭满意度	2,5,12,24,29,35,39	
友谊满意度	3,6,13,15,27,30,34		生活充实感	4,14,19,26,38	
个人成长	7,17,22,33		自我信心	9,10,11,16,23	
爱情满意度	18,28,31,36		目标感	20,32,37	

总分＿＿＿＿＿

环境适应性：主要体现为对自己生活的内外环境的适应能力，8分以下说明对外界环境的适应能力不强，需要多学习适应环境的方法与技巧；9～14分说明环境适应能力较强；15分以上说明你的环境适应能力很强，有很好的心理承受能力，应对各种复杂的环境变化。

家庭满意度：主要体现为对自己所处的家庭地位、关系、生活细节的满意程度，12分以下说明满意程度不高，需要针对具体问题进行家庭关系修复；13～24分说明你比较满意你的家庭状况，还需进一步提高家庭成员的认同度；25分以上说明你很满意你的家庭，氛围融洽，生活很幸福。

友谊满意度：主要体现为你对人际交往和人际关系的满意程度，12分以下说明你对你的与人交往状况很不满意，缺乏人际信任，交往的圈子很窄，需要努力拓宽你的交际面和信任朋友；13～24分说明你的人际交往一般，有一定的人际圈，但数量并不多，熟悉的朋友较信任满意，不熟悉的朋友则不太信任满意；25分以上说明你的人际交往很广，重视友谊，能很好地取得朋友信任。

生活充实感：主要体现为对生活事件的满意程度，10分以下说明你感到生活很无聊，得过且过，这需要你积累生活经验，掌握生活技巧，寻找生活乐趣；11—17分说明你对生活有一定的兴趣，还需要进一步完善；18分以上说明你的生活独立能力很强，对各种生活事件都充满热情，能很好地体验生活快乐。

个人成长：主要体现为对自己生理和心理成长变化的认可程度，8分以下说明你对自己的成长变化不认可，受过去事件的影响较深，需要加强自我成长训练，寻求心理援助；9～14分说明你比较认同你的成长，但易受现实突发事件的影响，需要学习应对成长烦恼的方法与技巧；15分以上说明你对你的个人成长经历很满意，且能很好应对各种烦恼。

自我信心：主要体现为对自己处理问题和应对挫折能力的自信程度，10分以下说明自信心不足，对很多事持比较悲观的态度，缺乏处理和应对的勇气，需要锻炼毅力，增强自信，学习解决问题方法与技巧；11～17分说明有一定自信，但还不全面完善，需要增加多种兴趣爱好和各种能力的深度，进一步增强自己的人格魅力；18分以上说明你很自信，有自己独特的人格魅力。

爱情满意度：主要体现为你对爱情、恋爱的看法及满意程度，8分以下说明你不太相信爱情，不太满意自己的爱情和恋爱现状，需要先从基本人际交往开始，在互信交往中增进感情，并学习处理各种分歧矛盾的方法，避免恋爱偏见；9～14分说明你有一些满意自己的感情状况，但易受恋爱感情分歧影响，除学习恋爱方法外，还需要有主动处理、真诚、理解和宽容的心态；15分以上说明你很满意你的爱情和恋爱状况。

目标感：主要体现为你对各种学习、生活、事业目标的方向感，6分以下说明你没有目标方向感，对各种事情不能有明确清晰认识，空虚感很强；7～11分说明有一些目标，但易受任务的困难阻碍，半途而废；12分以上说明你的目标比较明确。

总分：反映你总体上的幸福感程度如何。65分以下说明你的总体幸福感很弱，需要从各方面进行调整；66～140分说明你的总体幸福感一般，有一些幸福感受，也有一些记忆深刻的痛苦经历，需要处理好愉悦与困惑之间矛盾心理的平衡，不必过于纠缠某一事件；141分以上说明你总体幸福感很强，愉悦心情较多。

【体验训练】

单元名称	"幸福增值 拥抱生命"	
单元目标	引导成员思考、感受幸福的力量,彼此爱的支持与信任。	
所需器材	眼罩若干	
活动名称	活动流程	器材
1. 句子接龙:"幸福是_____" 目标:了解学生对幸福的理解,引出课堂主题。 时间:10分钟	操作: 1. 大家围坐一团(或在班级里按一定顺序),轮流以"幸福是"开头,用一句话表明对成长的理解。 2. 在学生分享过程中,教师不做评价,记录学生对于幸福的理解,待全部学生回答完毕后,教师做总结发言,引出该堂课的主题。	
2. 幸福之旅 目标:(1)通过活动中角色的体验,让学生理解朋友间他助与自助同等重要。 (2)让学生感受到朋友间信任与被信任、爱与被爱的幸福与快乐。	操作: 1. 每两个学生为一组,分别扮演"盲人"与"拐杖",共同穿越障碍路线。 2. 请任课教师事先选择好盲行路线。旅程的设计应该有跨越、下蹲、上下楼梯等多种障碍。学生准备好眼罩。 3. 活动规则: (1)"盲人"戴上眼罩后原地转3圈,失去方向感后体验盲人的无助。 (2)"盲人"旅行过程中,"拐杖"只能用肢体动作引导,不允许进行语言交流,最好在适当的背景音乐中进行。 (3)在"盲人"与"拐杖"角色互换的旅行中,最好不要选择原来的伙伴,以陌生对象为好。 4. 活动过程: (1)在背景音乐中,班级学生一半扮演盲人,盲人戴上眼罩原地转3圈,另一半扮演帮助盲人的"拐杖",由"拐杖"帮助"盲人"完成室外有障碍的旅行。完成后交换角色,重新体验。 (2)学生分享活动中的体验,教师对学生的感言给予反馈。 (3)活动点评:在学生分享活动体验后,教师对"盲人"与"拐杖"在活动中的表现及他们的感言做点评。在角色扮演中,学生体会到了作为一个盲人在障碍面前的无助、孤独甚至恐惧,内心特别渴望得到帮助与支持。"拐杖"的出现是"盲人"的"救命稻草"。但做好"拐杖"也不是简单的事情,要从他人的角度出发考虑问题,考虑他人的实际需要。"盲人"只有对"拐杖"信任,才能心底坦然、步履从容。而通过"盲人"与"拐杖"角色互换,可以帮助学生反思自己在帮助他人与信任他人中的不足,进一步体验信任与被信任的欣慰与快乐,提升幸福感。	眼罩至少为总人数一半的数量。
分享与自我小结		

【知识链接】

　　大学生是国之栋梁,是社会的中坚力量,他们是否幸福决定了他们能否顺利成为祖国未来的建设者和接班人。在当前国情下,大学生的幸福受社会发展、家庭教养、学校教育等多方面的影响。尤其是随着时代变迁,大学生群体受西方思潮影响,拜金主义、功利主义等不良影响突显,大学生就业压力、经济压力增大,幸福感出现下滑的趋势。因此,对大学生进行幸福教育,帮助大学生树立科学、理性的幸福观,提高大学生发现幸福、创造幸福、享受幸福的能力,对大学生自身及社会的发展都有重要的意义。

一、何为幸福

　　幸福是什么?自古至今,人人都在苦苦探索与追求,对幸福的阐释由此也多种多样。《说文解字》中对"幸福"二字的解释为:幸,吉而免凶也。福,佑也,古称富贵寿考等齐备为福。[①]《现代汉语词典》中对"幸福"的定义则有两个方面:一是指使人心情舒畅的境遇和生活;二是指(生活、境遇)称心如意。[②] 孙颖(2012)在《西方哲学英汉对照辞典》(人民出版社 2001 年版)中表示希腊语的幸福(eudaimonia)由"好"和神灵组成,即"一个好的神灵在照顾人类最高的善",她表示一部分是"快乐(happiness)的含义",另一部分是"我们作为主动存在物的本性的满足"。[③] 对幸福的理解更是"仁者见仁,智者见智"。柏拉图、亚里士多德、伊壁鸠鲁等都认为幸福是一种好的生活状态;中国传统文化中的儒家、道家、佛家对幸福的理解也各有千秋,有儒家修身、齐家、治国、平天下的大幸福,有道家无为而治并相信自然就是美好的洒脱幸福,也有佛教修行念佛、涅槃重生的本我幸福;而马克思主义认为幸福是主体通过创造性劳动在物质世界和精神世界中获得的。

　　可见,幸福的内容、特征丰富,寓意深远。例如,对于商人而言,幸福就是最大限度地盈利;对于教师而言,幸福就是自我的成长和学生的成才;对于父母而言,幸福就是孩子的平安健康;对农民来说,幸福就是丰收的喜悦……换言之,幸福并不是直接的客观存在,是与个体的生活经验和生存经验紧密相连的,一个人是否幸福,与他的价值理念、社会生活、文化素养、现实生活等紧密相连。幸福也会随着时代的发展、时间的推移,内涵和外延不断发生变化。当人们的社会地位、文化背景、生活环境等不同时,人们对幸福的理解和定义也不尽相同。

　　因此,要给幸福一个确切、唯一的定义是很不容易的。但幸福是什么,这是幸福观的核心问题,也是对每个人的人生价值、人生选择有着决定性影响的问题,它既包含人们对自身在物质世界和精神世界中生活状态的一种积极情绪体验,又包含人们的美好生活愿景。马克思主义幸福观是当前最科学的幸福观,它认为幸福要达到"四个统一"的和谐,即主观性与客观性相统一,物质生活与精神生活相统一,享受和劳动相统一,个人幸福和社会幸福相统一。

---

①　许慎(汉).说文解字[M].北京:中华书局,2003:214,7.
②　吕叔湘.现代汉语词典[M].北京:商务印书馆,2010:1527.
③　孙颖.思想政治教育柔性化与大学生心理幸福感[M].北京:中国社会科学出版社,2012:5.

二、幸福感的内涵

幸福感在英文中有以下几种表达方式：happiness，well-being，eudemonia，subjective well-being(SWB)等。目前，心理学家倾向于 subjective well-being，因为这个词直译起来就是主观好的存在，指的是一种健康、快乐的状态，与幸福的核心内涵相吻合，并且在《新英汉词典》可以看到它被解释为健康、幸福、福利。我国学者一般将其译为"主观幸福感"，有时也直接简称为"幸福感"。

幸福感即人们在文化背景、社会经济和价值取向的基础上，对自我存在状态的一种主观心理体验。幸福感在心理学上被界定为主观幸福感。心理学家通过研究被试的态度和自我主观感受来研究个体的主观幸福感，研究结果表明，认为幸福感高低是依据个体自定的标准对自己社会生活的一种总体评价，即主观幸福（subjective well-being，SWB）①。主观幸福主要是指人们对其生活质量所做的情感性和认知性的整体评价。在这种意义上，决定人们是否幸福的并不是实际发生了什么，关键是人们对所发生的事情在情绪上做出何种解释，在认知上进行怎样的加工。

主观幸福感由两个部分构成：情感平衡和生活满意度。情感平衡是指与不愉快的情感体验相比较，占相对优势的愉快体验，是个体对生活的一个总体、概况评价。生活满意度是个体对生活的综合判断。

主观幸福感专指评价者根据自定的标准对其生活质量的整体性评估。基本特点是：① 主观性（以评价者内定的标准而非他人标准来评估）；② 稳定性（主要测量长期而非短期情感反应和生活满意度，这是一个相对稳定的值）；③ 整体性（是综合评价，包括对情感反应的评估和认知判断）。因而，主观幸福感是一种主观的、整体的概念，同时也是一个相对稳定的值，它是评估相当长一段时期的情感反应和生活满意度。

个体根据自定的标准对其生活质量做出的整体性评估，是个体评定自身生活质量、心理健康程度的重要指标。一般认为它包括生活满意度、积极情感和消极情感三个方面（Diener & Lucas，1999）②。有研究表明，主观幸福感与个体心理素质、健康人格密切相关。

主观幸福感的研究出现于 20 世纪 50 年代。从其发展背景来看，一是源于社会生产力的发展和科技进步，人们现实生活水平的提高；二是积极心理学、健康心理学的发展对人们生活方式和自身生存环境的关注。20 世纪 70 年代以来，研究者把对幸福的研究上升到科学层面，出现了许多与幸福感有关的实证研究。幸福感是积极心理学研究的一个重要指标。部分学者认为主观幸福感是个体依据自己设定的标准对其生活质量所作的整体评价，它既包括个体对总体生活质量的认知评价，也包括积极情感和消极情感两种情感反应。它是个体对客观现实的主观反映，它的评定依赖于个体内在的标准，因此具有很强的主观性；它还是一种综合评价，既包括对生活质量的总体评价，又包括体验到的积极情感和消极情感，因此具有整体性；同时

① 张兴贵，郑雪.青少年学生大五人格与主观幸福感的关系研究[J].心理发展与教育，2005（2）：98~103.

② 孔风，王庭照，李彩娜，等.大学生的社会支持、孤独及自尊对主观幸福感的作用机制研究[J].心理科学，2012，35（2）：408~411.

幸福感和人格有关,它具有一定的相对稳定性,乐观的人即使遇到挫折和消极的事情,都能够积极看待,而悲观的人总是看到事物的消极面。

从20世纪70年代开始,许多研究者从不同角度提出理论来解释幸福感的影响因素。如状态理论认为一个人是否感到幸福,取决于他日常生活中幸福事件的多寡。虽然幸福事件的确能够增加幸福感,但该理论忽略了个体的气质类型及归因方式,因为有些人是天生的悲观者,不论什么样的事情在他眼中都可以解释为消极的事情。人格理论认为,人们具有快乐或不快乐的基因素质,这种基因素质使人们具有以积极或消极的方式体验生活的倾向。幸福感具有主观性,客观的外界事物往往是通过个体的主观加工形成的,因此,乐观的人倾向于体验到更多的幸福感,而悲观的人总是要体验到更多的消极体验。目标理论认为幸福感产生于需要的满足及目标的实现。当然这一目标必须与人的内在动机或需要相适应,才能提高幸福感,而且内在的目标(利他性、亲和性等)比外在的目标(金钱、地位、荣誉等)更能导致幸福感的产生。

大学生幸福感的强弱与其心理健康水平的高低有密切联系,大学生心理健康教育问题离不开对幸福感问题的研究。

三、新时期大学生幸福感缺失的表现

当代大学生基本是"00后"的年轻一代,是国家的未来、民族的希望,随着世界多极化和经济全球化的日趋明显,当代大学生的价值理念、发展方式、幸福观念等也呈现多样化的趋势,对于幸福的理解和把握也没有十分清晰完整的认识,他们对于幸福感的缺失集中表现在以下四个方面:

1. 缺乏明确的奋斗目标

幸福感往往是人们在实现了某个目标或达成了某种目的后而获得的一种精神和情感上的满足。很多大学生经历过高考的洗礼,进入到大学这种自由、开放但又相对陌生的校园环境后,就开始迷失了自我,没有了明确的奋斗目标,不清楚自己究竟想要什么。这种迷茫、不知所措的状态使他们倍感压抑、郁闷,一时很难感知快乐,获得幸福感。

2. 承受挫折的能力不高

新时期的大学生生活水平和生活条件并不差,但是他们对于很多事情都抱有过高的期望值,缺乏应对挫折的勇气和毅力。因此,当自身某种目标未能实现时,就会变得十分沮丧,表现出很强的挫败感,甚至出现一些自暴自弃的极端情绪。在这个过程中,他们甚至还会夸大自己的不幸遭遇,放大别人的幸福,主观或片面地考虑问题,造成幸福感的丧失。

3. 学习和就业压力增强

随着社会经济的飞速发展,企业和用人单位对于人才的要求也在不断提高,加之近几年高校扩招的趋势加大,大学毕业生随之增加,大学生就业形势越来越严峻,压力也越来越大。繁重的学习任务和严峻的就业形势使他们感到筋疲力尽,对未来的迷茫和不确定增加了他们的焦虑感和自卑感,对于幸福的感知能力自然也就变得越来越低。

4. 人际关系处理不当

当今的大学生多数是独生子女,在家庭中处于中心地位。很多学生进入大学校园后依旧以自我为中心,在人际交往、为人处世方面采取的方式和方法往往不够妥当。但与此同时,他们又十分重视和在意与同学、老师、朋友之间的情感关系,渴望营造一个良好的人际交流圈。

因此,当其人际交往不顺时,他们特别容易情绪低落,幸福感降低,更有甚者还会出现一系列的心理问题。

四、影响大学生幸福感的因素

基于目前大学生幸福感较权威量表对其幸福感评价维度的分类以及相关研究和实验数据表明,影响当今大学生幸福感的因素主要来自大学生自身健康、自我价值、人际因素、自我情绪情感等四个方面。

1.健康影响因素是基础

健康是获得幸福感的重要基础。身体健康不仅可以减少因疾病带来的痛苦和烦恼,还可以通过继续保持良好的生活习惯,调节和控制不良情绪,增加自身获得幸福的感知能力。大学生的自我健康既包括生理上的健康,也包括心理上的健康,心理健康是他们获得幸福感的重要精神条件,但实际上大学生群体对于自己的身心健康问题并没有引起足够的重视。

2.价值影响因素是重点

马斯洛的需要层次理论认为,个体最高层次的需要是自我价值的实现。作为一种高层次的情感,幸福感也需要通过价值的自我实现来创造。大学生的自我价值实现,主要是通过一定的学习积累、校园文化的熏陶、团体活动中的锻炼等,来培养自身处理问题、沟通交流等多方面的能力,并希望通过不断的经验积累促进自我成长,在成长过程中感受快乐、实现自我价值,从而充满信心地去面对生活的挑战,感知生活中的幸福。

3.人际影响因素是调剂

良好的人际关系能够让人收获快乐和幸福。自我决定理论认为,人有自主需要、认可需要和关系需要等三个方面的基础性需要。实际上,人际关系更是一个人的社会支持系统,人们通过在相互交往的过程中实现彼此间利益上的交换和精神上的满足。大学生处于一种渴望交往、渴求理解和渴望认可的心理发展时期,良好的人际关系是他们心理正常发展、个性保持健康和具有安全感、归属感、幸福感的必然要求。从这个意义上来说,来自他们周围亲人、朋友、老师等的支持和鼓励,能够在很大程度上增加他们的归属感、价值感、安全感、自尊感等正向情感,进而提升他们获得快乐和幸福的感知能力。[①]

4.情绪影响因素是体现

心理学的研究显示,个体良好幸福感的一个重要表现就是其具有良好稳定的情绪,如果长期按时甚至是要求自己表现出良好的情绪状态,实际上是在暗示自己要主动追求和获取幸福。在对积极情绪进行研究和探索时,积极心理学除了研究个体对过去和现在的积极情感体验外,还注意研究其对待未来方面的乐观和希望等积极体验。[②] 就大学生群体而言,那些对生活充满希望、对未来保持乐观态度并能积极付诸实践的大学生,他们一般会有更明确的生活目标和比较强大的前进动力,在面对困难和挑战时更能表现出强大的抗挫折能力和继续坚持下去的毅力,也更容易感知幸福并获得持续的幸福。

① 任俊.写给教育者的积极心理学[M].北京:中国轻工业出版社,2010.
② 李笑,林波萍.从积极心理学角度探索90后大学生积极情绪的培养[J].新课程研究,2011(12).

五、大学生幸福感教育的必要性

当前,幸福感的缺失致使大学生缺乏生活学习的目标与方向,对于自己的未来感到迷茫困惑。而大学生的幸福观代表着当代年轻人的主流和方向,关系到国家的发展进步与前途命运,因此,培养大学生的幸福感已成为当务之急。

1. 在大学开展幸福感教育,是促进大学生全面发展的需要

大学教育不但要使大学生掌握一定的专业知识与技能,还要培养其科学的研究态度、良好的道德品质、较强的社会责任感。当代大学生处于机遇和挑战并存的时代,他们不仅要面对知识和技能的更新加快,还要处理复杂的人际关系。大学生只有学习和生活更富有创造性,正确理解幸福的含义并积极追求幸福,才能更好地迎接大学生活和人生挑战,实现全面发展。

2. 在大学开展幸福感教育,是实现教育体制、教育机制改革目标,推动教育事业科学发展的需要

为了培养适应社会需求的创新型人才,各个高校应针对自身实际情况,采用灵活多样的办学机制,更新培养观念,创新培养模式,改革教育质量评价和人才评价制度,形成具有各高校特色的办学模式。当前有的大学生之所以幸福指数较低,其根源在于不知道什么是幸福,且漠视身边的幸福。大学生幸福感的高低直接关系到其就业择业、工作态度、人际关系以及社会的和谐稳定,所以在日常教学过程中应渗透幸福感教育,使学生在潜移默化中树立正确的幸福观,掌握获得幸福的能力,从而提高心理素质,增强挫折容忍力。

六、提升大学生幸福感的基本策略

调查结果显示,当代大学生的总体幸福感是良好的、积极的,对幸福有着较为正确的认知,但依然存在一些误区,需要大学生自身、学校、家庭等不同层面的共同关注和努力,以此来提升大学生的幸福感,帮助大学生树立科学的幸福观。

(一)提高综合素质,塑造健全人格

人格包括人的气质和性格,健康的人格是幸福的前提,是幸福感存在与发展的重要保障。大学阶段是人格形成的关键时期,要重视自己的人格塑造,不断完善自己的人格,学会喜欢自己和相信自己,达到自身和谐、自由而全面的发展。为此,大学生要以积极的心态去成长,主动思考掌握幸福的方法,建立属于自己的科学的幸福观,主动发现自我、适应大学生活,完善自我人格。

要实现品格的自我完善,大学生自身的能动性是关键,尤其是他们自身的认知、领悟、判断、实践位居第一要素。[1] 年轻一代的大学生,个性鲜明、独立意识强是他们的标签,追求幸福是他们成长的不竭动力,大学生要努力完善自我,形成自身的乐观进取精神和心理品质,克服自身性格方面的缺陷,挖掘自身潜能,通过自身的努力塑造完善的人格。此外,为了适应新时代对大学生的要求,要主动学习新技能,掌握基本学习理论,开拓创新,树立正确的公民意识,

---

[1] 郭念锋等.心理咨询师.基础知识[M].北京:民族出版社,2015.

改变自身恶习，唤醒自身"实现自我""完善人格"的潜意识，为成为一个有理想、有追求、有担当、有作为、有品质、有修养的"六有"大学生而不断努力。

（二）坦诚与人沟通，改善人际交往

人际交往是人的一项基本需求，每个人都需要与他人进行交往活动。人际关系包括对同性与异性的关系处理，建立良好的人际关系，学会人际交往技巧，了解自我、适应生活，培养积极心理品质，热爱生活，人格完整，才是大学生要努力的方向。一方面，良好的人际关系是满足人的基本需要，营造和谐、美好的人际环境，有利于让人更容易感受到幸福；另一方面，良好的人际关系本身也是一个社会支持系统，它能在人们遇到困难之时，得到帮助和温暖。"爱国、敬业、诚信、友善"是社会主义核心价值观对个人层面提出的倡导，"爱国守法、明礼诚信、团结友善、勤俭自强、敬业奉献"则是我国公民基本道德规范，这都对大学生作为年轻公民提出了明确的要求，尤其在与人相处方面要团结他人、诚信为本。在日常生活中，年轻大学生能摒弃"自私自利"的陋习，替他人着想，助人自助，通过自己的力量去为他人提供力所能及的帮助，必然也能得到他人的尊重和好感，形成美好的人际关系，从而提升幸福感。此外，爱情是大学生最为关心的话题之一，也是在大学校园里被喻为幸福的最高峰，大学生在爱人与被爱的过程中要培养正确的恋爱观，帮助自己成为更好的自己。

（三）培养积极态度，增强抗压能力

积极的人生态度有利于实现个人的幸福。要善于调节个人情感，掌控自己的情绪、情感，保持乐观向上的态度，激发自己的上进心和自信心，正确对待消极情绪，及时进行自我调整，克服困难和挫折。正确对待自己、他人和社会，正确对待困难、挫折，塑造自尊自信，不断地完善自我。保持积极的生活态度，需要做好定位，做好选择，接纳自己。生活中的幸福与不幸，取决于一个人的自我认知和内心的评价，面对同样一件事情，积极的人会认为这是一个机遇，消极的人会认为这是一次困难。

当前的大学生可能面临父母的"望子成龙""望女成凤"的高期待，面临社会就业形势的严峻，面临很多的挫折和逆境，任何事情都不是完美的，自己只要努力了就会有所收获。要提高自身的抗压能力和承受挫折的能力，用更积极阳光的心态去看待社会上的人和事，能够通过自己的努力在逆境中成长，在不幸中争取幸福。

（四）善于发现幸福，提高幸福能力

世界上并不缺少美，只是缺少一双发现美的眼睛，培养发现幸福的能力，提高认知能力。善于发现散落于身边的幸福元素，积极参加社会实践活动，提高创造幸福的能力，比如创造性地做些小发明，明白创造幸福是自我价值与社会价值的有机统一，提高享受幸福的能力，大学生活相比高考前的寒窗苦是相对轻松的，要培养趣享人生、乐享人生的品质，开心学习、快乐生活。

当代大学生要提高自身创造幸福、感知幸福、享受幸福的能力，正确认识自我、发现自我，树立正确的人生奋斗目标，在不断成长的过程中获取幸福。同时，要培养积极的情感，培养发现美的眼睛，学会感恩，因为感恩是储存快乐、实现幸福最简单的方式，它教会我们懂得珍惜幸福。

> **思政点睛**
>
> 从大寨梯田孕育集体丰收,到浙江"千万工程"造就万千幸福村——中国式幸福的密码,是把个体喜悦汇成集体欢歌。当你用"资产负债表"重置快乐算法,用"合作社"激活共富能量,就是在书写新时代的幸福经济学——每个人都是劳动者,亦是分红者。

【经典心理实验】

习得性失助

塞里格曼(Seligman,M.)和梅尔(Maier,S. F.)的习得性失助实验,采用动物被试,回避了对人类被试造成伤害这一伦理禁忌。他们的研究工作说明了抑郁是由于对环境事件严重缺乏控制而习得的,因此也叫作"习得性失助"。

● **实验程序**

实验被试是 24 只狗,它们被分为三组,每组 8 只。一组是"可逃脱组",另一组是"不可逃脱组",第三组是"无束缚的控制组"。

可逃脱组和不可逃脱组的狗均被单独安置并套上狗套,以约束其行动。在狗头部的两边各有一个鞍垫,狗可移动头部以挤压两边的鞍垫。可逃脱组的狗受到电击后,它可以通过挤压鞍垫终止电击。逃脱组的狗与不可逃脱组的狗一一配对,然后在同一时间给每一对狗施加完全相同的电击,只是不可逃脱组的狗不能控制电击,即无论这些狗做什么,电击都将持续,直到可逃脱组的狗挤压鞍垫终止电击为止。这样就能确保两组狗受到电击的时间和强度完全相同,其唯一不同的是一组狗有能力终止电击,而另一组却不能。8 只控制组的狗在实验的这一阶段不接受任何电击。

可逃脱组和不可逃脱组的狗在 90 秒的时间里均接受了 64 次电击。在此过程中,可逃脱组的狗由于挤压鞍垫并停止电击的时间迅速缩短,很快学会了如何终止电击;而不可逃脱组的挤压行为在 30 次试验后便完全停止。24 小时以后,所有的狗被放入箱子中。箱子的一边装有灯,当箱子一边的灯光熄灭时,电流将在 10 秒后通过箱子的底部。如果狗在 10 秒内逃过隔板,它就能完全避免电击。如果不这样做,它将持续遭受电击直到它逃过隔板,或直到 60 秒钟电击结束。每只狗在此箱子中进行 10 次实验。

研究者根据以下指标对学习程度进行了测量:(1)从灯光熄灭到狗跳过隔板,平均需要多长时间;(2)完全没有学会逃脱电击的狗在每组中所占的百分率。另外,不可逃脱组的狗 7 天后在木箱中再次接受 10 次额外测试,以评价该实验处理的持续效果。

● **实验结果**

三组狗逃脱的平均时间表明,不可逃脱组与其他两组间存在显著差异;但可逃脱组与控制组之间的差异不显著。在 10 次试验中至少 9 次不能跳过隔板并避免电击的狗在每组中所占的百分率。可逃脱组与不可逃脱组之间也存在非常显著的差异,不可逃脱组的 6 只狗在 9 次甚至全部 10 次试验中都没有跳过隔板。7 天后,这 6 只狗被放入箱子中再次进行实验;结果 6 只狗中的 5 只,在所有的试验均未跳过隔板。

由于可逃脱组与不可逃脱组之间唯一的不同是：狗能否主动终止电击，因此，塞里格曼和梅尔得出结论认为，对环境事件是否具有控制力，导致了两组狗在行为表现上的明显差异。换句话说，可逃脱组的狗之所以能正常学会主动地跳过隔板并逃脱电击的新技能，其原因是它们在前一阶段中有能力控制电击。而不可逃脱组在前一阶段实验中对环境事件毫无控制力，这种控制力缺乏泛化到了新情境下，使其不会主动尝试逃脱，可见，它们习得了无助感。

在后继研究中，塞里格曼认为人类的抑郁发展与动物习得性无助的形成过程非常相似。人类的抑郁也是因为他们从过去不可控制的经验中习得了无助感。和狗一样，当一个人努力去控制某一事件，却屡遭失败，他就会停止此类尝试。如果此类情形出现得太过频繁，这个人就会把这种无力控制的感觉泛化到所有的情境中，甚至泛化到实际上可以被控制的情境上，并感到无助而抑郁。

【拓展阅读】

➤ 心灵书籍——《活出最乐观的自己》

如果你是商人，你需要乐观，度过金融危机的猛烈冲击。如果你是职场人士，你需要乐观，扛过每一个难关和挑战。如果你是家长，你需要乐观，给孩子一个积极的榜样。如果你是学生，你需要乐观，以应对学业的压力。如果你是运动员，你需要乐观，抓住最后 1 秒的取胜机会。

作者简介：

马丁·塞利格曼，从"抑郁专家"到"积极心理学之父"塞利格曼博士从"习得性无助"中走来，不再只关注人性黑暗、脆弱与痛苦的一面。他发出了"积极心理学"的召唤——帮助普通人增加幸福感。塞利格曼博士在美国心理学界地位尊崇，他是当代认知心理治疗的创始人之一。他曾获得美国心理协会的两大奖项——威廉詹姆斯奖及詹姆斯卡特尔奖。塞利格曼博士曾登上《纽约时报》《时代周刊》《新闻周刊》等众多流行杂志。他的著作超过 20 本，并被译成多种语言，并畅销全球。

心理咨询　助你成长

这些心结你是否独自承受？

"抑郁情绪缠身，却怕被说'矫情'而沉默"

"想预约心理咨询，担心档案留下'污点'……"

——当病耻感筑成高墙时，你需要一场认知革命：真正的强者，是把心灵困境转化为照亮他人的火种，而非深埋的隐痛。

古希腊哲人普罗塔戈说："大脑不是一个需被填满的容器，而是一个需被点燃的火把。"心理咨询的主要功能与目的就是帮助我们清空心灵垃圾、照亮心灵港湾。所以，使人开心只是心理咨询的前奏曲，而使人成长才是心理咨询的主旋律。阳光总在风雨后，快乐总在倾诉中。健康的心理同样需要我们悉心的培育与精心的保养！

【身边的故事】

故事一：飞儿，某综合大学中文专业三年级学生，自上大学以来，一直有个自认为不好的感受，就是上课不能与他人有任何的目光接触，更受不了身边坐人，通常独自坐在后面的角落里，后来发现戴墨镜可以化解自己的不舒服感。她渐渐觉得本班 A 女生很理解自己的痛苦，与其成为朋友，经常会探讨自己的"问题"，A 提醒她可能有心理问题，或许可以到学院心理咨询中心去找心理咨询老师帮帮忙，解决自己的问题，摆脱现在的境遇。而飞儿认为心理咨询只有精神病人才需要，自己并没有精神病，还是在朋友的陪同下找了心理咨询老师。经咨询得知，是自己好强的性格，加上父母的严格要求，使自己面对大学的学习，心有余力不足，产生极强的焦虑，导致现在的问题。通过积极配合咨询，飞儿渐渐恢复了自信，也学会了处理压力和焦虑的关系，找到了生活、学习中的快乐。

飞儿受父母的影响，对自己要求过高而导致其情绪的焦虑、消极，这一现象在大学生中并不少见，解决这一问题有多种方法可供选择，比如分析飞儿的早年生活经验，或者通过系统脱敏和放松训练，还可以在充分尊重的基础上探索其自身的资源，也可以帮助飞儿找到她的非理性信念。对于深不可测的人类心理世界来讲,同样的问题可能会有不同的解读方式,再结合心理咨询"助人自助"的理念,同一个人所面临的同一个问题可能会有多种不同的帮助办法,心理咨询中各个不同的流派都可以帮助来访者解除心理困扰。

故事二:明雅,女生,某高校英语专业大四学生,面临未来发展的抉择,是该考公务员、市委选调生、村官,还是去考研、考教师,自己也很茫然,不知道应该做何选择。因为曾经担任过心理健康教育学生干部,知道在此种情况下可以找心理咨询老师帮帮忙,于是她来到心理咨询室,和老师诉说了自己面临这些选择的一些困惑和担忧等。在与老师共同探讨后确定了自己的发展目标,制定了接下来一年半的发展计划,她决定尽自己的最大努力,规划好时间,对上述的各类发展方向做出准备,在时间允许的情况下,都要一搏。经过大半年的努力,当她来向咨询老师汇报她的成果时,她已经考取了公务员,考上了研究生,通过选调生、村官的选拔,考取了教师职位。最终确定去当公务员,而保留研究生学籍,休学一年,适应一下工作,第二年再进行研究生的学习,可谓一举两得的事情。

明雅在面临发展抉择时想到了心理咨询,通过心理咨询使自己对未来发展有了个相对清晰的认识,明确了自我发展的方向,确定了发展目标,并最终获得幸福的人生。由此可见,心理咨询可以解决的问题或范围是很广泛的,既有适应性心理问题(如生活改变时的再适应、新的人际环境下的再适应等),也有障碍性心理问题(如强迫症、焦虑症等),更有发展性问题(如自我发展过程中有局限或困惑、升学择业的困惑、自我认识不清晰等),可以说心理咨询可以贯穿人们生活的各个部分、各个阶段与时期。

【自我探索】

人与人之间的社会支持是与人类社会同时产生的,每个人都需要得到他人的理解、帮助与支持,建立相互支持的系统就尤为重要。通过下面的社会支持评定量表帮助大家了解自己的社会支持情况,测量个体的社会支持度。用以判断依靠自己是否有足够的社会支持资源帮助自己解决问题或心理困惑,如若不能,那么就要及时借助专业的心理咨询的帮助。此量表共有十个条目,包括客观支持(3 条)、主观支持(4 条)和对社会支持的利用度(3 条)三个维度。

社会支持评定量表[①]

下面的问题用于反映您在社会中所获得的支持,请按各个问题的具体要求,根据您的实际情况,如实作答。答案无好坏之分,请认真填写。

(   )1. 您有多少关系密切、可以得到支持和帮助的朋友?(只选一项)

(1) 一个也没有   (2) 1～2 个

(3) 3～5 个   (4) 6 个或 6 个以上

(   )2. 近一年来您:(只选一项)

---

① 汪向东,王希林,马弘.心理卫生评定量表手册(增订版)[M].北京:中国心理卫生杂志社,1999:127～131.

(1) 远离家人,且独居一室

(2) 住处经常变动,多数时间和陌生人住在一起

(3) 和同学、同事或朋友住在一起

(4) 和家人住在一起

(　　)3. 您与邻居:(只选一项)

(1) 相互之间从不关心,只是点头之交

(2) 遇到困难可能稍微关心

(3) 有些邻居很关心您

(4) 大多数邻居都很关心您

(　　)4. 您与同事:(只选一项)

(1) 相互之间从不关心,只是点头之交

(2) 遇到困难可能稍微关心

(3) 有些同事很关心您

(4) 大多数同事都很关心您

(　　)5. 从家庭成员得到的支持和照顾(在无、极少、一般、全力支持四个选项中,选择合适选项)

	无	极少	一般	全力支持
A. 恋人				
B. 父母				
C. (外)祖父母				
D. 兄弟姐妹				
E. 其他成员(如嫂子)				

(　　)6. 过去,在您遇到急难情况时,曾经得到的经济支持和解决实际问题的帮助的来源有:

(1) 无任何来源

(2) 下列来源:(可选多项)

A. 配偶;B. 其他家人;C. 亲戚;E. 同事;F. 工作单位;G. 党团工会等官方或半官方组织;H. 宗教、社会团体等非官方组织;I. 其他(请列出)＿＿＿＿＿＿＿＿＿＿＿

(　　)7. 过去,在您遇到急难情况时,曾经得到的安慰和关心的来源有:

(1) 无任何来源

(2) 下列来源(可选多项)

A. 配偶;B. 其他家人;C. 朋友;D. 亲戚;E. 同事;F. 工作单位;G. 党团工会等官方或半官方组织;H. 宗教、社会团体等非官方组织;I. 其他(请列出)＿＿＿＿＿＿＿＿＿

(　　)8. 您遇到烦恼时的倾诉方式:(只选一项)

(1) 从不向任何人诉述

（2）只向关系极为密切的1～2个人诉述

（3）如果朋友主动询问您会说出来

（4）主动诉说自己的烦恼,以获得支持和理解

（　）9. 您遇到烦恼时的求助方式:(只选一项)

（1）只靠自己,不接受别人帮助

（2）很少请求别人帮助

（3）有时请求别人帮助

（4）有困难时经常向家人、亲友、组织求援

（　）10. 对于团体(如党团组织、宗教组织、工会、学生会等)组织的活动,您:(只选一项)

（1）从不参加　　　　　　　　（2）偶尔参加

（3）经常参加　　　　　　　　（4）主动参加并积极活动

【评分与结果解释】

第1～4条,8～10条:每条只选一项,选择1、2、3、4项分别计1、2、3、4分;第5条分A、B、C、D、E五项计总分,每项从无到全力支持分别计1～4分;第6、7条如回答"无任何来源"则计0分,回答"下列来源"者,有几个来源就计几分。

1. 客观支持,指客观的、可见的或实际的支持,包括物质上的直接支援,社会网络、团体关系的存在和参与等。包括第2、6、7条,评分之和_____分。

2. 主观支持,指个体在社会中受尊重、被支持、被理解的情感体验。包括第1、3、4、5条,评分之和_____分。

3. 对支持的利用度,指个体对社会支持的利用存在着差异,有些人虽可获得支持,却拒绝别人的帮助,并且人与人的支持是一个相互作用的过程,一个人在支持别人的同时,也为获得别人的支持打下了基础。包括第8、9、10条,评分之和_____分。

4. 总分:十个条目计分之和_____分。

分量表与总分越高表明社会支持水平越高,反之就越低。

你是否需要寻求心理咨询

随着时代的进步、社会的发展,心理因素对人们身心健康的影响日趋明显,人们不再仅仅关注生活中的衣食住行,心理健康和心理咨询也已经成为部分人的口头禅了,但是大多数人并不完全了解和接受心理咨询,心理咨询的主要服务对象是正常人,咨询师对他们的服务对象也不称病人,而是叫作来访者或咨客。心理咨询师对来访者热情、诚恳、体贴、耐心,对来访者的隐私予以保密,并尊重来访者的人格。

你有过下列经历吗?

1. 在某些时候觉得孤独或者想找人说说话。

2. 工作、生活、情感压力过大,例如失恋、工作挑战太大、同事相处不良、生意伙伴失信等,而使你觉得有点胸闷难受、心口疼痛(但到医院检查又查不出身体问题)、焦虑不安、容易发火、心情忧郁、失眠。

3. 家庭(恋人)关系出现问题,如恋人间交流困难、亲子关系紧张。

4. 或许你没有任何困扰,你丰衣足食、家庭幸福,你的生活已经有了一定质量,但你觉得需要一些精神层面的成长或回顾。

5. 你觉得自己被某种不良心情压抑超过两周时间,并且这一情况还在持续。

6. 对于某些特定的物体和行为,例如与人交往困难,怕猫狗,或者当你面对一些社会场景,例如广场、商场,或者没有特定对象场景的情况下,你都觉得焦虑不安,甚至呼吸困难、心跳加速等。

7. 当你的某些行为,例如洗手、关煤气,表现出十次以上的反复,或者当你对于某一事物的思维反复顽固地出现而无法摆脱,并且这样的情况已经持续了一段时间。

8. 被一些性问题困扰,例如,青春期手淫问题、暴露性器官、获取异性衣服等情况。

9. 遇到被非礼、人质危机、自然灾害、威胁等突发事件之后一个月,你继续经常被这些事件的记忆干扰,甚至出现经常做噩梦、哭泣等情况。

10. 当你的人际关系一直遭遇有时候有原因、有时候没有原因的挫折,而你觉得自己的性格与社会有点格格不入,这让你迷惑或痛苦。例如你经常严重猜忌别人是否说你坏话,或随时随地会遭受批评而害怕交往别人,或你经常和很要好的朋友反目成仇,或你经常以自伤和极端事件要挟亲密的人,或你觉得你的情绪经常没有原因地泛滥成灾而影响你的生活。

如果你正被上述的1～2种问题困扰,甚至影响了正常生活和人际交往,那么,是时候寻求心理咨询的帮助了。如果你因为以上这些原因,正在医院方面接受药物治疗,但很少获得谈话式的心理咨询,那么建议你在进行药物治疗的同时,来接受谈话式的心理咨询,这样你会更快地好转。

如果你的问题没有在上述情形中列出,您还可以参照下面的方法[①]来判断:

(1) 病程:不到3个月为短程,评分1;3个月到1年为中程,评分2;1年以上为长程,评分3。

(2) 精神痛苦程度:自己可以主动设法摆脱痛苦,为轻度,评分1;自己摆脱不了痛苦,需借别人的帮助或处境的改变才能摆脱,为中度,评分2;自己几乎无法摆脱痛苦,即使别人安慰开导他或陪他娱乐、异地修养也无济于事,为重度,评分3。

(3) 社会功能:能照常工作学习,人际交往只有轻微障碍者,评分1;中度社会功能受损者工作学习或人际交往效率显著下降,不得不减轻工作或改变工作,或只能部分工作,或某些社交场合不得不尽量避免,评分2;重度社会功能受损者完全不能工作学习,不得不休病假或退学,或某些必要的社会交往完全回避,评分3。

如果总分为3,可以认为还不够诊断为神经症,可能为一般或严重心理问题。如果总分不小于6,神经症的诊断就可以成立。4～5分为可疑病例,需进一步观察确诊。其中,对精神痛苦和社会功能的评定至少要考虑近3个月的情况才行,评定涉及时间太短是不可靠的。自我检测也只是参照,需要到专科医院或心理门诊由医生进一步诊断为好。

心理问题解决需要多长的时间,一般取决于三个方面的因素:第一是求助者的求助愿

---

① 陈宇.心理咨询师(二级)(国家职业资格培训教程)[M].北京:民族出版社,2005:2.

望、信任和配合程度。如果求助者不信任,没有解决问题的意愿,或者对咨询师的咨询不积极配合,这就会拖延心理问题解决的时间。第二是问题的严重程度。问题形成的时间越长,需要的时间越长,问题对自己的社会功能影响越大,需要的时间越长。第三是咨询师的能力和水平。心理咨询是一个连续、动态的过程,有些来访者一听到心理咨询还需要自己的努力,立即就放弃了,其实这样的回避行为对来访者解决问题不利。还有些来访者因为咨询不能一次解决问题而放弃,任由自己长期处于负面情绪或不良行为状态中,使心理问题可能演变为心理疾病。

【体验训练】

活动一:我的支持系统

一、活动目的

检查自己心灵斜拉桥(支持系统)的现状、构成、性质和质量。

二、活动准备

白纸、笔若干。

三、活动操作

1. 每人一张白纸、一支笔。

2. 请在纸上写下"我的支持系统"几个字样。

3. 请各位猜想:当你遇到灾难或是无以名状的忧郁和危机之际,你将和谁倾心交谈? 你会向谁发出呼救? 你能得到谁的帮助?

4. 在纸上写下你的答案,没有数量限制。

5. 在小组内分享各自所写的结果。

我的支持系统

四、相关讨论

1. 谁是患难之交? 谁是酒肉朋友?

2. 系统成员中的性别比例如何? 年龄跨度如何?

3. 系统成员中构成成分(情感、事业、生活上的朋友)如何?

4. 系统成员名单的长短各有什么利弊?

5. 你有什么新发现或感悟?

活动二：原生家庭

一、活动目的

帮助大家分析和觉察原生家庭对自己的影响。

二、活动准备

每人一张"原生家庭表"和一支笔。

三、活动操作

1. 请成员仔细查看"原生家庭表"的内容，思考后认真填写。

2. 在小组中分享填写结果。

家庭对我的影响

A. 原生家庭

请你写出三点你欣赏他们的地方和三点你不欣赏的地方。这些人物必须是与你同住或至少是多年来照顾你的。你对他们的印象是十八岁以前的。

欣赏的　　　　　　　　　　　　　　　不欣赏的

祖父＿＿＿＿＿＿＿＿＿＿＿＿＿＿　＿＿＿＿＿＿＿＿＿＿＿＿＿＿

祖母＿＿＿＿＿＿＿＿＿＿＿＿＿＿　＿＿＿＿＿＿＿＿＿＿＿＿＿＿

外祖父＿＿＿＿＿＿＿＿＿＿＿＿＿　＿＿＿＿＿＿＿＿＿＿＿＿＿＿

外祖母＿＿＿＿＿＿＿＿＿＿＿＿＿　＿＿＿＿＿＿＿＿＿＿＿＿＿＿

爸爸＿＿＿＿＿＿＿＿＿＿＿＿＿＿　＿＿＿＿＿＿＿＿＿＿＿＿＿＿

妈妈＿＿＿＿＿＿＿＿＿＿＿＿＿＿　＿＿＿＿＿＿＿＿＿＿＿＿＿＿

B. 我的发现

＿＿＿＿＿＿＿＿＿＿＿＿＿＿＿＿＿＿＿＿＿＿＿＿＿＿＿＿＿＿＿＿＿＿

＿＿＿＿＿＿＿＿＿＿＿＿＿＿＿＿＿＿＿＿＿＿＿＿＿＿＿＿＿＿＿＿＿＿

＿＿＿＿＿＿＿＿＿＿＿＿＿＿＿＿＿＿＿＿＿＿＿＿＿＿＿＿＿＿＿＿＿＿

C. 小组的交流分享

＿＿＿＿＿＿＿＿＿＿＿＿＿＿＿＿＿＿＿＿＿＿＿＿＿＿＿＿＿＿＿＿＿＿

活动三：同理心的表达

一、活动目的

同理心的含义就是指能够设身处地地站在他人的立场上，用别人的价值观去观察和体验别人的内心世界。通过角色扮演、实战训练等活动训练同理心，让学员能在日常生活中建立同理心，避免过于以自我为中心。

二、活动操作

1. 角色扮演

情景一：

李群的笔记本被林立拿去，也没有说一声，李群非常生气。

苏田说:一本笔记本没有什么关系,有什么好生气的呀!

吴江说:你觉得生气,因为他拿了你的笔记,而他也没有跟你说一句,太过分了。

情景二:

刘江水要从永康搬到杭州去了,非常伤心,因为他要离开所有的朋友。

郭子波说:江水,人又没有死掉,走就走吧,有什么好哭的呀。

诸葛媛说:你很伤心,因为你要搬家了,从此我们很难见面了。

2. 同理心的表达方法

意义:传达自己对对方的感受与体会的理解。也就是以自己的语言与方式使对方知道自己已经了解他所表达出来的感受与体验。

公式:因为……(后面要接着指出构成对方感觉的经验与行为)。

3. 实战演练

请同学们用同理心的知识练习生活中的理解他人的话语,每个同学准备三句,然后请同学与大家分享,同学们评议。

(1)＿＿＿＿＿＿＿＿＿＿＿＿＿＿＿＿＿＿＿＿＿＿＿＿＿＿

(2)＿＿＿＿＿＿＿＿＿＿＿＿＿＿＿＿＿＿＿＿＿＿＿＿＿＿

(3)＿＿＿＿＿＿＿＿＿＿＿＿＿＿＿＿＿＿＿＿＿＿＿＿＿＿

【知识链接】

➤ 大学生心理咨询的误区与存在的问题

第一,心理问题就是精神病。虽然近几年心理咨询业在我国得到蓬勃发展,出现了很多社会的心理咨询机构,高校、中小学都开始配置心理咨询室,开展心理咨询工作,但是仍有不少的人群对心理咨询的认识是较为片面的,甚至将心理问题等同于精神病,谈虎色变,或避而不谈,殊不知大多数人都存在不同程度的心理问题,甚至是带"病"生活。而不少的大学生是不到万不得已不愿走进心理咨询室,避免戴上精神病的帽子。这就混淆了心理问题和精神病的界限,认为心理问题就是我们通常所说的精神病,为了证明自己得的不是精神病或不被人耻笑,便忍受着痛苦,拒绝找心理咨询师咨询。由于过分地压抑自己,结果心理问题越来越严重,最终真的发展成精神病。其实,心理问题和精神病是完全不同的两个概念,精神病患者往往没有自知力,没有摆脱痛苦的意向,而心理问题的人往往对自己的问题有很清楚的了解,摆脱痛苦的愿望也很强烈。因此,将心理问题与精神病画等号是错误的。

第二,心理问题是突发的。世界上没有偶然的事情,正如孔老夫子所言:"臣弑其君,子弑其父,其所由来者,渐矣。"心理疾病亦如此,心理疾病是一个累积的过程。心理学家以七天为一个心理调节周期,一般来说,在心理问题发展初期,大部分人都能通过有效的调节方式改善心情,如找人倾诉、转移注意力等。但有一部分学生在经过一段时间的自行调节后仍未解决问题,却不选择专业途径,导致问题愈演愈烈,耽误了最佳咨询时期,最终演变成心理障碍,严重影响了正常的学习生活。这时再寻求专业帮助,就会花费更多的精力和时间,得不偿失。

第三,自我标签心理疾病。有许多大学生来到咨询中心后就说,老师我得了抑郁症或躁狂症、强迫症等,细问后才知道他从杂志或网络上看到抑郁症的症状表现后,觉得和自己最近几天所表现出的症状相似，结果就误认为自己也得了抑郁症或者强迫症之类的。表现出对此症状的过度关注，而在生活中又不断地强化它，不断地放大症状表现，越对比越觉得像此病症，最后坚定不移地认为自己罹患此症。这种对号入座、自我标签心理疾病的做法最终也会给求助者带来不可避免的伤害，给其生活带来困扰。这里需要指出的是，心理疾病症状表现并非单纯的对照，而是要结合当事人当时的具体情况、心理情境等各方面综合考虑的，因而，这种做法或想法也是非常不可取的。

第四，健康人不需要心理咨询。许多大学生认为，健康人不需要咨询，只有有心理问题的人才会到咨询中心去咨询。其实，这种认识是错误的。我们知道，任何心理问题的产生都有一个发生、发展的过程，许多人目前看起来很健康，能够正常地与人交流，正常地工作、学习、生活，还有的甚至在学习生活中表现出超人的一面，内心深处却压抑着许多不快的往事与痛苦。这些不快的往事与痛苦一旦受到一定的刺激，便会导致心理失衡，产生心理问题，甚至发展为心理疾病。因此，心理健康与身体健康一样需要维护，心理疾病需要预防。健康人也需要发展性咨询，咨询的意义就在于此。此外，心理咨询不仅是为来访者解决心理障碍，还可以向来访者提供职业指导、人际关系指导、学习方法指导、恋爱指导等。然而需要这些指导的人大多数是健康人。

第五，心理咨询是万能药。有些来访者大都被确诊为神经症或边缘性精神病。由于许多来访者不愿意承认自己得了此类疾病，便将康复的希望全部寄托于心理咨询，因此就拒绝吃药，希望仅通过心理咨询解决问题。其实此类疾病的产生既有心理方面的原因，也有生理方面的原因。如果单依靠心理咨询则不能够彻底解决问题，一般先要以药物控制症状，同时结合心理咨询治疗，方能取得较明显的效果。因此，此类来访者必须遵听医生的嘱咐，按时吃药，再配合心理咨询，长期坚持方能康复。

第六，一次心理咨询就可以解决问题。有许多求助者急于解决自己的问题，希望一次咨询就能够彻底解决自己的心理问题，这种心情可以理解，却不符合事物发展的规律。因为心理问题的形成往往是日积月累的结果，问题的解决也需要一个过程，通常一般性心理问题的解决需要1～3周的时间，较严重的心理问题需要1～3个月的时间，严重的心理问题或神经症性心理问题的解决需要3个月以上的时间，平均每周一次或两次心理咨询。另外，每次心理咨询是有时间限制的，一般来说，每次心理咨询时间为50分钟至1个小时。

第七，心理咨询是咨询师的事。有的来访者认为解决问题是咨询师的事情，与自己无关，自己把问题说明后，等待咨询师解决即可。所以当他们一听到心理咨询还需要自己做出努力后，立即就放弃了，其实这属于一种回避行为和依赖心理，这样只会延误病情。也有不少来访者一次咨询不见明显效果就要求更换心理咨询师，更换之后又没达到理想效果就再要求更换，再三更换后问题依旧没有解决，就对心理咨询彻底失望，甚至为此就认为自己已经无可救药，任由自己长期处在一种烦躁不安、自卑自怜、自暴自弃的负面情绪状态中，更有甚者做出一些极端的行为。心理咨询效果固然与心理咨询师人格魅力、技能因素等有关，但是也离不开来访者个人的认知、性格特征、自身素质，这些才是咨询效果的决定因素。心理问题就像是一颗肿瘤，咨询师的任务是发现肿瘤，而拿手术刀切除肿瘤的一定是来访者，这就是心理咨询师与医生的区别。如果来访者并没有切除肿瘤的决心和行为，那么咨询师也无法发挥作用。

> ➤ 大学生心理咨询的一般过程

通常大学生心理咨询过程[1]可以包括开始、指导与帮助、巩固效果与结束三个阶段,每个阶段都有特定的任务目标,在咨询过程中需要着重把握。

一、开始阶段

1. 建立咨询关系

在初次会谈时,咨询者要求求助者进行简明扼要的自我介绍,也可以用微笑或一个引导求助者坐下的手势等形式开始进入心理咨询。在初次会谈时,咨询者要就咨询的性质、限度、角色、目标以及特殊关系等向求助者作出解释。对来访者要热情有礼、耐心慎重,装束整洁得体,行为举止落落大方;要建立并保持积极的咨询关系,还需要咨询者掌握一些有效的方法。

2. 掌握求助者的资料

作为咨询者而言,一方面要充分了解求助者的基本情况,另一方面要摸清求助者心理问题的来龙去脉。作为求助者而言,一方面要建立对咨询者的充分信任,另一方面充分配合咨询者,能够以开放的态度讲述自己的基本情况和心理问题等。

3. 进行分析、鉴别与诊断

通过对求助者基本情况的了解,心理问题的分析,最终确定心理问题的类型及性质,决定咨询的适应性;分析心理问题的程度,以区别对待;寻找心理问题产生的原因。

二、指导与帮助阶段

指导与帮助阶段是心理咨询的核心阶段,是主体阶段,也是正式开始心理咨询的阶段,主要任务如下:

1. 制定心理咨询的目标

制定心理咨询的目标是心理咨询成败的关键,咨询目标的制定必须由咨询双方共同制定,同时要保证心理咨询目标的针对性,以及中间目标与终极目标相统一,并且心理咨询目标必须具体、可行。否则,不切实际的或空洞、片面的、缺乏操作性的心理咨询目标等都将影响心理咨询效果的最后评估与实现。

2. 选择咨询方案

结合求助者的实际问题和设定的心理咨询目标,制定具有可行性、具体的心理咨询方案,需要明确下列内容:明确所采取咨询方法的目标;明确该咨询方法的实施要求,即该做什么,如何去做以及不做什么;明确该咨询方法是否能达到预期的目的;告知来访者必须对心理咨询的过程有了解,并且按照咨询要求行事,配合咨询者完成咨询任务。

3. 实施指导帮助

(1) 在咨询中应用不同的咨询理论会有不同的要求与做法。这就要求咨询人员灵活运用鼓励、指导与解释的技巧,对来访者的积极方面给予真诚的表扬、鼓励和支持,增强来访者的自

---

① 刘晓明,张明.心理咨询的理论与技术[M].长春:东北师范大学出版社,2002:53~63.

信心,促进其积极行为的增长。

(2) 直接指导来访者做某件事,说某些话或以某种方式行动。行为主义心理咨询的理论方法是较为突出的体现,通常会告知求助者具体的操作规程、注意事项等。

(3) 通过结合咨询理论的解释,使来访者从一个全新、全面的角度面对自己的问题,认识其自身以及周围的环境,从而提高来访者的自知力,促进其人格完善和问题解决能力的提高。

(4) 咨询者在咨询过程中所扮演的是建议者、参与者、来访者的商讨伙伴的角色,而不是决定者和实践者,这就要求咨询人员不得替求助者做决定或选择,要给求助者充分的自决权。咨询者通过其角色行为为来访者创造自立自治的外部条件,帮助来访者成为自己的治疗者。咨询者不能代替来访者决定什么,而是通过启发、引导、建议、帮助,最终由来访者自己为自己做决定。对于双方的这种角色关系和各自的责任,咨询者自己必须有清醒的认识,能准确地把握,并在咨询开始时向来访者给予明确的说明并在咨询过程中反复给其适时必要的提醒和解释。

三、巩固效果与结束阶段

1. 巩固效果

咨询者应向来访者指出其已经取得的成绩与进步,说明已基本达到既定的咨询目标,咨询即将结束;咨询者应与来访者一同就其心理问题和咨询过程作一个回顾总结;指导来访者巩固已有的进步,将获得的经验运用到日常生活中去,并逐步稳定、内化为来访者的观念、行为方式和能力,使之能独立有效地适应环境。

2. 咨询效果的评估反馈

通过填写信息反馈表、约请来访者定期前来面谈或者访问他人的方式来了解求助者的改变与成长的程度等,经过追踪调查,可能会有这样三种不同的结果:

(1) 咨询效果显著,即来访者的问题已经解决,此时可结束心理咨询过程。

(2) 咨询有效,但问题尚未完全解决。

(3) 咨询效果不大,问题基本没有解决。若是后两种情况,则应继续咨询过程。

整个咨询过程即将结束之前,需让求助者明白咨询关系即将终止,从而使其对结束有心理准备,对结束后的生活有一定的心理准备。这里要向求助者说明其心理问题已基本解决,通过咨询求助者已获得了经验,提高了能力,已经能够应付生活环境,继续保持咨询关系将不利于其成长。同时告知,如有必要,心理咨询机构还会再次给予关心和帮助。

➤ 大学生如何寻找适合自己的心理咨询师

找什么样的心理咨询师才能解决我的问题呢? 这是每位求助者在准备咨询前常问自己的问题。为更好地指导大学生找到更加适合自己的心理咨询师,需要把握一名合格的、成熟的心理咨询师应该具备的条件。

第一,心理咨询师具有职业资格认证。首先,一位咨询师应该持有职业资格认证。这关系到咨询师是否合法执业的问题,合法执业可以保证当事人的利益。目前,心理咨询师职业资格认证主要是国家劳动保障部进行的国家二级(师级)、三级(员级)心理咨询师的职业技能鉴定。

第二，如何辨别成熟合格的心理咨询师。是看头衔、证书的级别、年龄，还是媒体曝光率？这些都不是成熟合格心理咨询师的充分必要条件。一位成熟的咨询师必须从实习开始，接受基础心理学理论与咨询技术的学习、个人的成长与督导、自我分析等步骤。在这样实习与督导的过程中，心理咨询师自身不断成长，从而有能力陪伴引导求助者解决问题。试想如果一位咨询师本身就有很多问题没有解决或认清，他怎么能陪伴引导求助者解决问题呢？

第三，心理咨询师的悟性和敏感度。心理咨询师的经验固然很重要，更重要的是咨询师的悟性，所以咨询师不是年龄决定咨询效果。心理咨询师在平时的工作学习中不断体悟、了解自己的内心世界，感受自己是否能真切地理解当事人，从而就会进入当事人的内心世界，与当事人共同探索问题，引导求助者成长。

第四，清楚成熟合格的心理咨询师与不成熟合格心理咨询师的差别。一位不成熟的咨询师在咨询中会有很多的分析判断，给求助者建议方法，这阻碍了求助者成长的能力，非但无益，反而会阻碍求助者的成长动力。一位成熟的咨询师能在倾听中真正理解求助者，陪伴引导求助者找到问题形成的原因，从求助者自身本来具有的资源中找到解决问题的途径，使当事人成为真正的自己。

第五，成熟合格的心理咨询师一般会有几个长期咨询的求助者。一个判断成熟咨询师的方法就是看他有多少长期咨询的求助者。心理问题很少有一次就可以解决的，大多数心理问题解决需要一个过程，即使是短程咨询也需要几次。心理咨询从了解问题、认识问题到解决问题，需要时间才能让求助者到达知行合一的状态。

但我们还要清楚一点，就算是找到一位成熟的心理咨询师也不代表他一定能帮你解决问题。这主要有两方面的原因：一是心理咨询师与求助者的匹配程度，人与人之间是否投缘很重要，成熟的咨询师缘分会更广一些，另外，每个咨询师擅长的咨询领域会有差别，并非适合所有咨询；二是求助者的内在成长动力有多大，在咨询中的投入有多高，经过咨询师有引导促进是否能承担起自我成长的责任。

第六，成熟的心理咨询师有很强的人格魅力和亲和力。他即使坐在那里什么都不说，你也能感觉到放松，都会有信任他的感觉。他不会讲你听不懂的术语，也不会教育你，更不会给你建议、分析和判断。在咨询的过程中，你会感觉他是真真切切在关注你，感觉到安全、被尊重、被接纳。他引导你自我分析、反思，既与你有同样的感受和情绪反应，又能保持中立的态度，正如老子所说"上善若水"。

寻找一位适合自己的心理咨询师很重要，他虽然不能替你解决"现实"，但他可以陪你一起找到更多更广认识、理解与看待自己的角度，并使你成为真正的自己！

思政点睛　从抗疫期间全民心理热线开通，到《健康中国 2030》将心理健康纳入国策——中国式现代化的温度，体现在对每个心灵的郑重呵护。当你佩戴"勇气勋章"破除污名，用"哨兵技能"守护同伴，就是在践行新时代的健康公民责任——以万千心灵微光，铸就民族精神长城。

【经典心理实验】

诊断标签

如何区别正常行为和异常行为,是心理学的基本问题。对异常的定义在决定一个人是否被诊断为精神病中起着关键作用,而诊断又在很大程度上决定着病人接受的治疗。然而,区分正常与异常的界限并不是很清楚。所以,临床心理学家、精神病学家和其他心理治疗师大多都参照以下标准:(1)行为古怪,这是一种主观判断;(2)行为持续存在,偶尔表现出不正常的行为,不能被判定为精神病;(3)社会偏差,即当一个人的行为违反了人们的期望和标准以致扰乱了其他人;(4)主观痛苦;(5)心理障碍;(6)对功能的影响,一个人所期望的、被社会接受的生活方式与其行为之间冲突的程度。

上述的症状和特点,都要求心理学家和专业人士来进行判断。因此,这些指导标准存在两个问题:专业人士真的能区别精神疾病和精神健康吗? 区别错误的后果是什么? 大卫·罗森汉恩对这些问题进行了探讨。

● **理论假设**

罗森汉恩的问题是:究竟是由于病人本身存在的特征,还是由于观察者看到病人所处环境或场合导致了心理学的诊断。他推想:如果精神疾病诊断标准的制定和专业人员所接受的诊断训练是恰当的,那么专业人员应该能鉴别心智健全和心智不全。

● **实验方法**

罗森汉恩招募了8个人(包括自己)做假病人,他们的主要任务是把自己送进12家精神病院。

所有假病人表现出同样的言行:他们打电话到医院病预约医生。到了医院后他们说能听到"空的""轰的"和"砰"等声音。除了这个症状,所有被试的言行完全正常,并且给问诊者的信息都是真实的(除了他们改变了自己的姓名和职业)。所有的被试被收入不同的医院。除一人外,其余均被诊断为精神分裂症。

一旦进入医院,被试表现的所有行为都是正常的了。被试不知道自己什么时候能被释放,直到他们分别说服医务人员,所有被试记录自己的经历。最初他们试图隐藏这种记录的行为,但不久就发现隐藏没必要,因为"记录行为"本身就被认为是一种不正常的行为。

● **实验结果**

这些假病人的住院时间从7天到52天不等,平均住院时间为19天。研究发现:没有一个假病人被任何一个医护人员识破。当被试被释放后,他们的心理状况被认为是"精神病恢复期"而记录在他们的病历中。

在3个假病人所在的医院,118个真病人中的35个对被试表示怀疑,他们认为被试不是真正的精神病人,而医生和护士对此却没有鉴别出来。而且,在医院研究中,与严重的人际交流缺乏形成鲜明对比的是药物的不缺乏。这8个病人在此项研究中共发给他们2 100片药,而被试并没有服下药,同时还发现其他真病人也会偷偷把他们的药片扔到厕所里。

● **讨论**

罗森汉恩的研究有力地证明了在医院机构中正常人不能与真正的精神病人区别开来。根据罗森汉恩的研究,这是因为过于强大的精神机构影响了医务人员对个体行为的判断。一旦精神病人进入这种机构,他们就形成一种定势,倾向忽略个体化特征。更重要的是像罗森汉恩指出的"贴诊断标签",即当一个病人被贴上"精神分裂症"的标签后,精神分裂症就成为他的核心特征或人格特质。

另外,医务人员倾向于忽略病人的环境压力,只注意与精神病特质相关的行为。除此以外,严格的诊断标签还包括如何对假病人的生活史进行绘声绘色的解释,有些甚至是曲解。

● **本研究的意义**

罗森汉恩的研究震动了精神卫生专业领域,这个结果给出了两个关键因素。第一,它表明精神病机构中"心智健全"不能与"心智不全"区别开。第二,他揭示了诊断标签的危险性。一个人如果被贴上了符合某个心理条件的标签,那个标签将掩盖他的所有其他特征。所有行为和人格特征被看作是起源于标签障碍,这种做法最坏的影响是它可以变成自我确认,即当一个人在一段时间里按一定的方式对待时,他的行为也开始变成所对待的那样了。

在很大程度上由于罗森汉恩的研究和其他人的相关研究,精神病标签现在应用得非常小心,并且它们的应用范围也得到了重视。

【拓展阅读】

➤ 心理咨询场景模拟

寻找魅力①

场景:一块屏风、心理咨询室、心理杂志、笔记本、笔。

人物:咨询师,来访者。

(咨询师坐在咨询室里,翻阅心理杂志的同时等待有人来访)

(来访者站在门外,徘徊了一阵子,最后鼓起勇气轻轻叩门,然后把门推开探着头)

来访者:老师,我可以进来吗?

咨询师:请进!

来:(很羞怯地点点头坐在椅子上,点头坐在椅子上,头低垂着,手很规矩地放在膝盖上,欲言又止)

咨:你有什么烦恼的事? 可以告诉我吗?

来:(抬起头)老师,一个女孩没有魅力是不是很可耻? 也许这话说得太唐突了吧,可我……

咨:你觉得女孩没有魅力会很可耻? 你愿意谈谈原因吗?

来:嗯!

旁白:那是一个如大学校园里其他分手故事一样普通的故事,女孩坠入情网,经过一段时间的交往,男孩提出了分手。女孩从此陷入痛苦、自责之中。

来:我现在才知道,都是我的错,我没有其他女孩那种能吸引人的容貌、身材、气质和谈吐,而且我也没有什么特别的才干、能力,什么事都干不好。总之,觉得自己真的很差劲。

---

① 资料来源:百度文库 http://wenku.baidu.com/view/cc216d24ccbff121dd36838d.html

咨:我觉得你要对自己公正些,世界太小,容不下那么多伟人。亘古不变的苍穹下,即使最不起眼的一株小草,也自有其存在的不可替代的意义。谈谈你的情况吧!

来:当初我拿不准他对我到底怎么样,交往一段时间后,我发现他的心根本就不在我身上。我和他一起时,他总是盯着路上别的女孩,我气急了,但有什么办法呢。我知道是我自己没有魅力。我也尝试过改变自己的处境,寻求自身的价值,但还是觉得一无是处,尤其在他提出分手后,我连出门的勇气都没有了,我不敢去面对现实,活着实在太累了!

咨:(站起,往台前走出两步,对观众)

我能理解这位同学此刻的心情,在感情生活上,很多女生认为是外貌和身材的局限限制了她们的选择,感情的渴望和深深的失落造成了强烈的心理冲突,这种冲突加剧了原本就有的焦虑、自卑、失败感,并且导致她们陷入从期盼到失望,从再期盼到更深的失望中。

咨:(回到座位上)你能描述一下自己现在的感受吗?

来:我觉得自己受了欺骗和侮辱……我知道他有权选择爱,可是我有时真想报复他。

咨:我觉得你对那个男孩及自己还有某种感觉没指出。

来:呃……(欲言又止,头低下去沉默)

咨:其实你心里还是倾慕那个男孩,不想真正地报复他,对吧? 你觉得自己没有魅力,因此感到无能为力。是这样吗?

来:是我不好,是我太不争气了。(过了一会儿,收起沮丧的神情用平缓的语调)我的个性有些内向,是的,我常觉得自己没有魅力,习惯于接受失败,而我自己没有能力改变自己。

咨:人不能改变他的过去,关注过去的失败是浪费时间,关注现在和展望未来才是最重要的,我给你点作业吧。(在本子上边写边说)写出你的魅力所在和缺点所在。

来:(摇摇头,为难的)老师,"魅力"这个词太神圣了,还是改为"优点"吧!

咨:行! 先找优点。

来:(思索,拿起笔在纸上写,过了一会儿,把本子递给咨询师)

咨:(拿起本子,向前台走了两步,自言自语)"优点",看得出颇费心思,"缺点",倒显得游刃有余。"不能大方得体地表现自己。遇事冷静有余,热情不够。"……嗯,"缺点"比"优点"多出好几条,(转身回过头,坐到椅子上)从你罗列的优缺点可以看出,你对满足自己的需要,集中在对自己人格的自信,要做到这一点,你想如何使自己感到好受一些呢?

来:我普通,不是我所能改变的。(有些气馁)我怕新的行为方案太复杂,太难,没有成功的可能性。

咨:你不用担心,我们将计划分为几个阶段,刚开始时你每天早上起床后将自己的"优点"读上一遍。然后,每三天做一件与以前不同的快乐的事,并做一些记录。你看,可以做到吗?

来:好的,我试试吧!

咨:那你先回去,下个星期再来找我,好吗?

来:(很高兴地将纸拿着,站起来)谢谢你,老师,再见!(退场)

咨:(退到屏风后)

旁白:一个星期后。

咨:(走出屏风,坐到椅子上)

来:(敲门,推门进入,很开心的,手上拿着笔记本)老师,我来了。(坐到椅子上,递上笔记本)这是我的心得体会。

咨:(接过,往前台走两步)(翻开笔记本,念)每当我不好意思地默念起我的优点时,我不再感到自己不起眼,而是一种很坦然的心情,觉得自己很普通,这也没有什么不好的。(翻页)今天,我主动帮助同学解答难题,我鼓起勇气,硬着头皮主动和同学讲话,同学们似乎都不在意我瘦小的个头……(回过头)很好,你已经体验到一种快乐的感觉。

来:老师,这种刻意做快乐的事的方法会有效吗?

咨:如果你的内心确实不想与人交往的话,那么我也不希望你只是做做样子而已,我情愿听你说,你不想做。

来:不不不,老师,你误会了。你知道,正是因为我一向信不过自己,逢身随缘,容易主动放弃,所以我害怕这个计划的失败,但我会尽力的。

咨:我相信你会意识到自己的魅力,会明白这份行动的价值。

来:谢谢你的鼓励,再见!(退场)

咨:(退到屏后)

旁白:一个月后。

咨:(走向台前,向观众)我想大家一定还记得那位女孩子。咨询期间,她的情绪也出现过波动,但她已经学会从外在条件方面找原因,不再将失败只归因于自己,我能感觉到她身上逐渐产生的良性变化,虽然她每次讲述的都是种种烦恼。她现在可以大方得体地与别人讲话,公开表露自己,不管是否找到了真爱,我想她已走出了最艰难、最阴霾的一段心路历程。瞧,这不来了!

来:(高兴地上场,着装很漂亮,很有精神)

咨:你是如何走出那个阴影的呢?

来:这个月来,我与同学们主动交往,谁有困难我都尽我所能去帮助;我需要帮助时,大家也纷纷伸出援手。我大胆向老师提问,提建议,成绩也有了很大的提高。大家说我的性格也变外向了,像换了一个人似的。英语老师对我影响很大,我一直记着她的话"Tomorrow is a new day!"每天的太阳都是新的。我的心情一天天变好,每天微笑着面对生活,相信生活也会回报我以微笑。

咨:嗯,很好!

来:老师,我真要好好谢谢你。第一次遇见你时,我被卷入了失恋的旋涡,不能自拔,然而,在你的帮助下,现在我已经逐渐走出了那个巨大的阴影,享受着温暖的阳光,我的心中一片光明,我的生活有了新的开始。衷心感谢你,老师!

咨:让我们谢谢大家吧!

(手指观众)来、咨:(向观众鞠躬,退场)

➤ 心灵书籍——《登天的感觉》

这本书是心理学专家岳晓东在心理咨询领域的一本经典之作。本书的写作特点是作者像讲故事一般娓娓道来,生动讲述了他在哈佛大学所做的 10 个心理咨询个案,他对每个个案的深入分析和处理技巧。作者在书中还深入浅出地介绍了心理咨询方面的科学知识。

"我恨我自己,我实在太愚蠢了","我们的爱情还有救吗?"……这些日常生活中随处可见的问题,妨碍着我们对幸福的追求。在处理这些心理个案的过程中,作者展现了心理咨询的神奇技巧——原来一个人的人生道路可能因为几句话而改变!

日常生活中的许多困扰我们的问题实际都是心理问题,本书将给你带来飞翔在云端般的美妙感受——登天的感觉。

本书出版后曾多次再版,深受广大读者欢迎,正文中穿插的作者在哈佛大学活动以及哈佛校园风景的彩色图片,使你在走近作者的同时,获得赏心悦目的阅读感受。

作者简介:

岳晓东博士是中国著名的心理学家,毕业于哈佛大学心理学专业,他在心理咨询、创新思维、青少年偶像崇拜等方面做了大量的研究,成绩斐然。他先后在国内外各类学术刊物上发表学术论文 60 余篇,特别是他的《登天的感觉》一书,使国内成千上万的人对心理咨询开始有所了解,改变了很多人的生活。此外,他撰写的《少年我心》《我是你的粉丝》《心理面面观》等心理学大众读物也深受读者的喜爱。

相关书评:

虽然《登天的感觉》是一本非学术专著,但是这本书可以纠正非心理学人士对心理咨询的误解以及引导一般咨询者在咨询过程中走出常见误区,又可以让心理学工作者对心理咨询有更深入理解。该书的篇幅不长,但在 10 个案例里却已经涵盖了心理咨询许多方面,包括对人本疗法、分析方法、行为疗法、认知疗法、现实疗法、格式塔疗法、交叉疗法等心理咨询与治疗的主要流派及其方法的解释。而且岳晓东博士把心理咨询的理论巧妙地贯穿在各个案例中,显得具体形象生动易懂,同时他还把心理咨询中遇到的问题与解决的方法融会其中,令人深受启发。它被称为所有心理咨询爱好者的入门首选书,使国内成千上万的人对心理咨询开始有所了解,改变了很多人的生活。它的长期热销,证明了人们对真正优秀的心理学图书的渴求。

在书中,最先给人们留下深刻印象的是岳晓东博士在乘飞机去美国波士顿大学求学的途中,他和一个美国心理咨询教授谈话的内容。从谈话中,岳晓东第一次听到了关于心理咨询的描述——那就是登天的感觉。"感到在腾云驾雾","感到自己站在世界之顶","自我感觉良好"……而也正因为这种描述,使人不由想一步步了解蒙着一层神秘面纱的心理咨询的真正面目。在读书的过程中,也禁不住被岳晓东博士那种细致入微的工作态度所打动,同时也深深地感动于他那种帮助别人疏导心理,带来幸福,助人自助而拥有的"登天的感觉"!

《登天的感觉》通过案例分析让人感到心理咨询并不是简单的某一理论的运用,而要具体问题具体分析。例如,在《万般内疚为了谁》中,本来岳晓东博士运用的是现实疗法,但是后来发现来访者还是无法调节自己的心理问题,后来运用分析疗法终于发掘出问题的根源。在《问你是否还爱我》中作者主要运用了认知疗法,但是在咨询的过程中,作者穿插了分析疗法。当我们在处理个案的时候,如何正确选用相应的心理理论,需要我们有相当扎实的理论基础以及个案咨询经验。这还有点像练习武功的境界,充分掌握各种理论,在运用的过程中,于无形在有形之中,以有形变无形之法。好像有人说过,最厉害的咨询方法就是已经没有具体理论方法了,可见各个理论都融会贯通了。

很多事情,"知"与"做"是两码事,心理咨询亦然。学过心理咨询的人一般都知道:在咨询中不是劝慰,不是给建议,不是帮忙做决定。但是很多人在咨询过程中还是不自觉或自觉地犯这样的错误。在《登天的感觉》中,岳晓东也很坦白地告诉读者他在心理咨询中遇到的问题以及犯的一些错误,例如,在《我想从哈佛大学转学》中,岳晓东就用自己的亲身经历谈了一个反移情倾向的问题。我想这是咨询者比较容易犯的一个错误,也是咨询中较难处理的一个问题。因为咨询的原则是:不要给来访者建议,不要帮来访者做决定,但是实际上现在所谓的咨询者可能会在自觉不自觉中就已经帮来访者做了决定。岳晓东在书中用自己的经历告诉读者:这些错误是很微妙的,它要求咨询者要细心,在咨询的时候必须时刻保持客观的态度,时刻注意自己咨询的原则是要"助人自助"!

总之,这是一本值得一读再读的心理咨询读物,因为每读一次你可能会有不同的体会,可能会有新的领悟。它告诉你什么才是真正的心理咨询。

十个案例一口气读下来,终于慢慢明白为什么此书的名字为"登天的感觉"。因为那些长期背负着沉重的心理问题的人,在别人的帮助下重新找回了自己,从自卑自怜的地狱当中走出来,迈向自尊自信的天堂的时候,心中升腾的不就是一种登天的感觉吗?作者亲身感受着这些来访者一天天开心起来,一天天成长起来,不也是一种登天的感觉吗?而读者从本书中不也是体验到一种像飞翔在云端般的美妙感受,那也是登天的感觉啊!愿每个人都来体验一把这登天的感觉!

附录 "和谐班级 你我共创"暨新生班级团体辅导方案

一、团体性质
结构式、发展式、朋辈式、同质性团体

二、团体目标
1. 协助新生班级成员互相认识,能快速适应新环境,融入班集体;

2. 促进班级成员之间更深层次认识了解对方,培养团队成员之间的默契,建立团队信任,提高团队意识和班级凝聚力;

3. 促使个人在交往中认识自我、探讨自我、接纳自我,调整和改善与他人的关系,学习新的态度和行为方式;

4. 让每位成员以更加积极的心态面对大学生活,共同享受到来的美好大学生活。

三、理论依据
团体动力理论、社会学习理论、人际沟通理论、人本主义学习理论等

四、团体对象与规模
新生、以行政班级为单位,40~50人

五、团体活动场所
新生班级固定教室或团体辅导室

六、团体活动时间
建议新生入学前两周的某个时段,单次活动,90分钟左右

七、团体活动安排

活动名称	操 作 流 程	重点	时间	准备工作
(二选一) 捉蜻蜓	1. 伸出双手,右手平铺,左手食指向上,将自己左手食指放到相邻同学右手掌下; 2. 主副训事先确定一个关键词,然后说一段故事,一旦听到关键词,右手迅速抓住相邻同学左手食指,而左手食指则需要迅速逃离; 3. 一旦被抓住,则需要接受惩罚。	打破人际距离,放松情绪,活跃气氛	15′	
一边倒	1. 伸出双手,双手握拳面向自己; 2. 当训师说"1"的时候,伸出左手大拇指,右手小拇指,当训师说"2"的时候,伸出右手大拇指,左手小拇指,需要迅速作出反应; 3. 出现错误的同学要接受惩罚。			

活动名称	操作流程	重点	时间	准备工作
绘图接力	1. 将人员分成三大组； 2. 请以"我的班级"（或"我的大学"）为主题，每组人员以击掌接力的形式依次在黑板上的海报纸上画1—2笔，最后构成一幅完整的图画； 3. 等每组都画完后，发挥自己的想象力，将整幅图联系起来，阐释给大家听，每组选派一名代表对本组的图画进行阐释； 4. 由大家判定哪一组的画最好，但最终解释权归主副训。	分享绘画心理学相关内容知识	25′	三张白纸、三盒蜡笔
同舟共济	1. 以小组为单位，每组10人左右； 2. 将报纸看作本小组在落水时唯一的一艘救生艇，请小组想办法让更多的人站到报纸上获救，每个人都必须踩到报纸作为支点； 3. 主持人宣布比赛开始后（并开始计时，以2分钟为时限），第一轮比赛开始，各个小组开始往报纸上站，站成后举手示意，看哪一组站的人多，人多者获胜。（如果在有限的时间内没有站好，以站在报纸上的人数为准计算人数）看哪一组获救的人最多； 4. 以此类推，进行第二轮比赛，在第二轮比赛中，报纸要对折，其他操作不变；第三轮比赛再对报纸进行对折，其他的操作和第二轮一样，三局两胜； 5. 获胜组可以提出要求，对失败组提出"奖励"。	1. 活动导入可以故事、创设某种相关情境的方式进行 2. 分享有关个体与团队、班集体关系、社会支持、感恩等方面的知识内容	25′	三张报纸（每班最好多领取两张报纸）
我的祝福	1. 培训师说"对于需要在一起生活四年的你们，班级是大家的归属和依靠，今天让我们大家书写我们对于班级、同学、自己未来的美好祝福"；请大家把心中的祝福、期望写在便利贴上，并把它贴在前面墙上，贴成你期望的形状； 2. 全班一起合影留念播放音乐，在音乐中结束这次活动。	1. 挑选部分学生的寄语、祝福分享； 2. 结合过往经验，为新生提一些大学生活之道与建议	15′	音乐、便利贴
活动总结	1. 请同学对此次活动加以感悟分享； （其他同学用纸写下感想，主副训将感想收齐） 2. 培训师对活动进行总结并对新生表达祝福。		10′	

附件：

"和谐班级 你我共创"暨新生班级团体辅导
90分钟活动讲稿

各位同学大家好，我是＊＊学院心协分会的培训师＊＊。（替换介绍自己）

　　首先欢迎大家来到＊＊学院，不知道大家有没有听说过这样一个短语"all hands on deck"，这个短语的主要意思是说所有人同心协力去完成一些事情，希望大家在以后的学习生活工作中也能像这个短语一样在班级里同心协力。所以我们今天举办了这个主题为"和谐班级，你我共创"的活动。好了，话不多说了，我们开始今天的活动吧。不过在活动之前，我还要向大家提几点小要求哦。

第一，希望大家在活动中手机调至静音或关机状态，以便能更好地投入活动中来。

第二，请大家忽视性别问题，今天我们有共同的身份就是班级的一分子。

第三，安全问题也是非常重要的。希望大家把身上的尖锐物品拿开，避免伤到他人。

好了，我们先来做一个热身的小活动。

来，大家跟着我一起做。首先，伸出双手，双手握拳面向自己。接着，我说"1"的时候，伸出左手大拇指和右手小拇指，我说"2"的时候，大家伸出右手大拇指和左手小拇指。大家可以先练习一下，待会儿做错的同学要上来接受一个小奖励哦……

大家刚刚的表现都非常不错，其实手指间的配合就像是人与人之间的互助，只有相互熟悉，才能做到心有灵犀，配合默契。

经过刚才的活动，想必大家都已经活跃起来了，下面就让我们集中精神到下一环节了。

刚刚进入大学的你们就像刚驶进大海的小船，只有拥有明确的方向和目标才能高效地行驶，所以请同学们按照刚刚分的组到黑板上来完成"我的大学"这幅图。我们以击掌接力的形式每人到黑板上画1到2笔，构成一幅完整的图。好了，大家可以上来画了。

好了，大家画完了，可以先讨论几分钟，等会儿我会找每组的一个代表来给大家阐释一下你们的图。

好，代表们都说得非常好，在大家刚刚画图的过程中我也发现了一些小细节：

这组同学采用了红色、黄色，可以看出这个同学阳光积极的性格；

这位同学在这个角落画的，那这个同学可能是一个非常谨慎的人；

大家再看一下这幅图是不是特别像一个人画的，说明这组同学的配合很默契。

再看下细节部分，有的同学单刀直入，占了整张海报纸很大的区域，说明他是个比较豁达开放的人，可能也比较容易相处，想身边也有很多朋友吧；有的同学落笔较轻或者绘图较小，可能是比较内向低调的人，但是这类同学往往是善于自我反思，有较强自我觉察能力的人；有的同学在绘图时能够考虑到线条的上下、前后衔接，说明这些同学有一定的大局意识，比较善于体察周围的人和事，通常这类同学都有一定奉献精神和爱心，相对比较体贴，等等。

在刚才，每一个同学都参与了击掌接力和传递蜡笔的过程，这就是一个从不接纳到接纳的过程，希望大家以后都能同心协力做事啊。

大家还记不记得刚开始我刚开始提到的一个短语，all hands on deck，这个词其实源于船员遇紧急情况时对大家的号召。那么，现在请大家想象一下，如果大家在一条船上真的遇到了紧急情况该怎么办呢？

现在以小组为单位，将报纸看作本小组在落水时唯一的一艘救生艇，让更多的人站在报纸上获救，人数多的小组为获胜，获胜的小组可向输的小组提个小要求。

在这里，我还要强调一下安全问题，大家注意一下。

刚刚我看到了有的同学愿意牺牲自己，让别人站在救生艇上。

有的同学则像一个小军师在旁边出谋划策。

同学们都有奉献精神，都有感恩的心。

　　同学们的执行力也都很棒，正是因为彼此之间有了合作才能事半功倍，相信大家在活动中也都感受到了集体的力量。

　　倘若我们当中有一个同学有洁癖，不愿与他人接触，这个任务都将成为不可能的任务；倘若没有一个同学愿意多承担一些，多付出一些，我们能获救的小组成员都不会达到这么多；倘若我们大家都只顾自己，各有其方，各行其是，都难以在这么短的时间里完成任务。因此，我们更能体会个人对于团体的作用，我们每个人都是这个集体非常重要的一员，切不可妄自菲薄，隐退其后。

　　对于需要在一起生活四年的你们，班级是大家的归属和依靠，今天让我们大家书写我们对于班级、同学、自己未来的美好祝福，请大家把心中的祝福、期望写在便利贴上，并把它贴到墙上，贴成你期望的形状。

　　好，大家都写好贴好了，我们挑选几个祝福与大家共同分享下……

　　这个同学说我要尽快通过英语四六级，希望这个同学可以如愿。说到学习，我想请大家思考下，你们觉得大学的学习与中学的学习是否一样？它们之间可能有什么差别？是的，这两者之间的差异还是很大的，比如，老师上课通常可以讲20～30页，甚至30～40页，如果没有课下提前预习，一堂课下来还是很累的，所以一定要养成课下自主预习的习惯；大学里，老师们不会像高中老师那样经常督促我们的学习，这里的学习全凭大家的自觉，因而一定要养成自主学习的习惯，不能依赖学校、老师的硬管理，即使到了大二，学校不要求咱们上晚自习，咱们都得保持上晚自习的习惯，等等。其实当时，我的英语成绩也不好，也害怕过不了，不过学校会安排早晚自习辅导来帮助大家的，希望大家加油，你们可以的。

　　这个同学写的是关于同学相处的，大学里的同学关系、师生关系、宿舍关系都不同于中学。那时候大家一天24小时，用于交往的时间实在有限，即使是中学就住校，同宿舍的也是基本上晚上临睡前见个面，真的就是"宿舍"住宿。现在到了大学，我们的课余时间多了很多，同学交往、宿舍交往频率明显增多了，难免会有分歧。另外，也由于在宿舍时间明显长了很多，也难免有些习惯是需要相互适应的，比如同宿舍同学可能有人是猫头鹰型的，有人是百灵鸟型的，作息时间的差异可能带来一些不融洽、不和谐，但是我们又不能要求谁来按照谁的时间来安排作息，只能调整我们自己，不断地提高我们自己的适应能力，就像我们宿舍……

　　这位同学写到想谈一次轰轰烈烈的恋爱。嗯，收获爱情是正值青春年少的我们的一种正常的需要，但是我不得不提醒大家，大学恋爱需慎重，要理智，处理好了可能是助力，处理不好可能就是阻力了，要清楚自己为什么恋爱，也就是看看自己恋爱动机是什么。有的人可能因为寂寞而恋爱，临时找个陪伴；有的人因为同宿舍都恋爱，不得已被恋爱；有的人的确就是把大学期间的恋爱当练习而已，等等，所以，这个问题应该清楚。再者，当代大学生恋爱成功率的确不高，最后大四分道扬镳的不在少数。当然，这里并不是反对大家谈恋爱，只是想提醒大家学会适时、适地、适宜地谈恋爱，这样它才能带给我们更多的美好。

　　这位同学写到想当学生干部挑战下自己，说到这里，我想分享下我的感受，学校里有四类途径锻炼和提升自己的能力——学生会等管理类组织、以兴趣为导向的社团组织、以社会服务为主的一些志愿型组织，还有就是每学期的社会实践活动。每类都各有侧重，关键看你想要提升和锻炼的是哪方面的能力。有很多新生盲目参加了很多社团组织，而后出现分身之术，导致被占用的学习时间太多，一学期下来，多科目亮红灯、挂科，严重影响了学习，这是要不得的，所以大家要结合自己的实际,有针对性地参加相应组织训练,并且要协调好学习和工作的关系,才能如虎添翼。

我以一个过来人的身份,给大家几条建议:大学一定要有目标感,有计划性,有执行力。当我们具备了这样的条件,我们就把握了选择的主动权。

……

(备注:以上学习、人际关系、加入学生组织等,可以结合自己大学的体验与收获,有选择地进行分享,最后从自己的角度给新生一些建议,一定要言之有物,有实质性的内容,接地气,避免太多号召性的空话)

你们因为有共同的目标聚集在一起,你们将一起学习,一起生活,互相帮助,互相鼓励,你们将一起度过人生最珍贵的四年。所以,你们更应倍感珍惜,你们是同学,一辈子的朋友,更是相亲相爱的一家人!最后请大家上台合影留念一下。

时间差不多了,最后请大家关注心协,谢谢!

参考文献

[1] 樊富珉,王建中.当代大学生心理健康教程[M].武汉:武汉大学出版社,2006.

[2] 唐植文.当代大学生心理健康教程[M].长春:东北师范大学出版社,2010.

[3] 张淑玲,杨凌东.大学生心理健康教育理论与实践[M].天津:南开大学出版社,2009.

[4] 朱卫国,桑志芹.大学生心理健康教程[M].南京:南京大学出版社,2012.

[5] 中国心理卫生协会.心理咨询师(基础知识)[M].北京:民族出版社,2012.

[6] 章志光.心理学[M].第三版.北京:人民教育出版社,2002.

[7] 朱坚,王水珍.健康之路 从新开始——大学生心理调适与发展[M].北京:科学出版社,2010.

[8] 蔡晓军,张立春.自助与成长——大学生心理健康教育[M].北京:教育科学出版社,2010.

[9] 王道荣.学生心理发展教育[M].南京:南京师范大学出版社,2011.

[10] [美]艾伯特·J.伯恩斯坦.情绪管理[M].范蕾等译.北京:中国水利水电出版社.2005.

[11] 姚本先.大学生心理健康教育[M].合肥:安徽大学出版社,2011.

[12] 高兰,向纯.大学生心理健康教育新编[M].北京:国防工业出版社,2011.

[13] 武志红.七个心理寓言[M].北京:世界图书出版公司,2008.

[14] [荷]罗伊·马丁纳.改变,从心开始:学会情绪平衡的方法[M].胡因梦译.昆明:云南人民出版社,2009.

[15] 龚惠香.大学生心理素质训练[M].杭州:浙江大学出版社,2011.

[16] 刘电芝,田良臣高效率学习策略指南[M].北京:科学出版社,2011.

[17] 罗之勇,刘雪珍.大学生心理素质训练[M].北京:教育科学出版社,2011.

[18] 叶琳琳.大学生心理健康教育与心理素质训练[M].北京:北京师范大学出版社,2012.

[19] 何霞红.大学生心理健康[M].北京:北京师范大学出版社,2012.

[20] 陈娜,徐颖.高职大学生心理素质模块训练[M].北京:航空工业出版社,2012.

[21] 赵瑞芳,陈树.大学生心理健康——和谐港湾[M].北京:航空航天大学出版社,2012.

[22] 张信荣.当代大学生心理健康教育[M].北京:中国铁道出版社,2011.

[23] 王军哲,年亚贤.大学生心理健康实训教程[M].西安:陕西师范大学出版总社有限公司,2010.

[24] 张成山,江远.新编大学生心理健康教育[M].北京:清华大学出版社,2010.

[25] 方平.自助与成长[M].北京:教育科学出版社,2010.

[26] 王新文.大学生全程就业指导[M].南京:南京大学出版社,2009.

[27] 陈社甫.大学生职业心理辅导[M].北京:北京出版社,2003.

[28] 刘春雷.当代大学生就业心理问题及其影响因素研究[D].吉林大学,2010.

[29] 曹绍平.女大学生就业焦虑现状调查及教育对策[J].中国大学生就业,2012(16).

[30] 潘少兵,周葆华,刘峰,朱超平.高校师范毕业生职业能力培养模式探讨——以安庆师范学院实习支教为案例[J].高等农业教育,2009(6).

[31] 张兰芳.浅析大学生择业心理问题及调适[J].中国大学生就业,2005(16).

[32] 韩嫣.刍议当前大学生就业心理问题及其调适策略[J].出国与就业(就业版),2010(19).

[33] 张澜,孙莉.大学生就业心理问题及其优化[J].福建教育学院学报,2012(1).

[34] 蔡培培.大学生心理健康教育[M].成都:电子科技大学出版社,2011.

[35] 陈家麟.学校心理健康教育:原理、操作与实务[M].北京:教育科学出版社,2010.

[36] 班华.心育论[M].合肥:安徽教育出版社,1994.

[37] 崔建华等.大学生心理素质拓展教育[M].厦门:厦门大学出版社,2009.

[38] 李汉华.大学生心理健康教育[M].北京:北京理工大学出版社,2011.

[39] 常桦,龚萍.大学生:赢在起跑线上[M].武汉:华中师范大学出版社,2011.

[40] 覃彪喜.读大学,究竟读什么:一位80后董事长给学生的26条忠告[M].上册.广州:南方日报出版社,2012.

[41] 汪向东,王希林,马弘.心理卫生评定量表手册[M].北京:中国心理卫生杂志社,1999.

[42] 王才康,胡中锋,刘勇.一般自我效能感量表的信度和效度研究[J].应用心理学,2001,7(1).

[43] 黄希庭.心理学导论[M].北京:人民教育出版社,2007.

[44] 桑志芹,李绍珠.大学生心理健康教程[M].南京:江苏人民出版社,1999.

[45] 恩格斯.自然辩证法[M].北京:人民出版社,1971.

[46] 赵亚男,郑日昌.中学生意志力问卷的编制[J].中国健康心理学杂志,2006(5).

[47] 叶澜,沈德立等.教育学心理学全国统一(联合)考试大纲及指南[M].北京:北京师范大学出版社,2005.

[48] 李素梅.心理健康与大学生活[M].武汉:华中科技大学出版社,2011.

[49] 叶林菊.心理素质的养成与能力训练[M].天津：南开大学出版社,2009.

[50] 蔡迎春,刘峰.大学生心理健康——心灵成长之旅[M].北京：清华大学出版社,2011.

[51] 徐畅,庞杰.大学生基本素质训练教程[M].北京：清华大学出版社,2012.

[52] 陈琦,刘德儒.当代教育心理学[M].第二版.北京：北京师范大学出版社,2007.

[53] 党政论坛编辑部.时间管理的十一条金律[J].党政论坛,2008(2).

[54] 桑作银,汪小容.大学生人际交往心理学[M].成都：西南财经大学出版社,2008.

[55] 李明,林宁.人际关系与沟通艺术[M].北京：清华大学出版社,2012.

[56] 吴建玲.大学生心理健康与心理素质训练[M].广州：华南理工大学出版社,2007.

[57] 张大均,吴明霞.大学生心理健康[M].北京：清华大学出版社.2007.

[58] 吴增强,张建国.青少年网络成瘾的预防与干预[M].上海：上海教育出版社,2007

[59] 周成龙.网络价值观的形成、冲突与融合[J].中共山西省委党校学报,2009(1).

[60] 黄健.大学生网络行为问题及教育对策研究[D].西安科技大学,2011.

[61] 王长海,管清华.大学生网络成瘾的心理干预研究[J].教育与职业,2011(9).

[62] 侯其锋.大学生网络犯罪相关问题研究[J].中国电子教育,2012(1).

[63] 李文辉.大学生网民网络应用行为及心理成因研究[D].河北大学,2011.

[64] [美]吉拉尔德·科瑞,辛迪·科瑞,赫迪·乔·科瑞.做个 high 大学生——大学生学业与生活成功全书[M].李茂兴译.北京：华龄出版社,2002.

[65] 段鑫星,赵玲.大学生心理健康教育[M].北京：科学出版社,2008.

[66] 文书峰,胡邓,俞国良.大学生心理健康通识[M].北京：中国人民大学出版社,2010.

[67] 肖卫.卡耐基人生测试全书[M].北京：光明日报出版社,2002.

[68] 蔺桂瑞,杨芷英.大学生心理健康与人生发展——成长,从关爱心灵开始[M].北京：高等教育出版社,2010.

[69] 卢梭.爱弥尔(上)[M].北京：商务印书馆,1999.

[70] William Blair Gould 著.弗兰克尔：意义与人生[M].常晓玲等译.北京：中国轻工业出版社,1991.

[71] 陈宇.心理咨询师(二级)(国家职业资格培训教程)[M].北京：民族出版社,2005.

[72] 刘晓明,张明.心理咨询的理论与技术[M].长春：东北师范大学出版社,2002.

[73] 任俊.写给教育者的积极心理学[M].北京：中国轻工业出版社,2010.

[74] 李笑,林波萍.从积极心理学角度探索 90 后大学生积极情绪的培养[J].新课程研究,2011(12).

[75] 姚新华,郑云恒.90 后大学生幸福感的影响因素及教育策略[J].黑龙江高教研究,2016(6):85～87.

[76] 习张倩,郑涌.美国积极心理学介评[J].心理学探新,2003(3).

[77] 齐文娟.当代大学生幸福观教育研究[D].河北经贸大学,2015.

[78] 郭念锋等.心理咨询师(基础知识)[M].北京:民族出版社,2015.

[79] 张兴贵,郑雪.青少年学生大五人格与主观幸福感的关系研究[J].心理发展与教育,2005(2):98~103.

[80] 孔风,王庭照,李彩娜,等.大学生的社会支持、孤独及自尊对主观幸福感的作用机制研究[J].心理科学,2012,35(2):408~411.

[81] 孙颖.思想政治教育柔性化与大学生心理幸福感[M].北京:中国社会科学出版社,2012.

[82] 李有华.大学生心理健康教育[M].北京:科学出版社,2016.

[83] 谭华玉,马利军.大学生心理健康教育:基于积极心理学角度[M].北京:人民邮电出版社,2016.

[84] 魏鹏程.大学生常规团体心理辅导效果的实证研究[M].广州:直接图书出版社广东有限公司,2017.

[85] 叶浩生.积极心理学助你寻找幸福感[J].博览群书,2009(10):61~62.